SOZIALE ARBEIT IM OST-WEST-VERGLEICH

Soziale Probleme und Entwicklungen der Sozialen Arbeit in Deutschland, Russland, Armenien und Kirgisistan

Wolfgang Krieger (Hrsg.)

Unter Mitarbeit von Anna Voroshilova

СОЦИАЛЬНАЯ РАБОТА В СТРАНАХ ЗАПАДА И ВОСТОКА

Социальные проблемы и развитие социальной работы в Германии, России, Армении и Киргизии

Вольфганг Кригер (ред.)

При участии Анны Ворошиловой

СОЦИАЛЬНАЯ РАБОТА В СТРАНАХ ЗАПАДА И ВОСТОКА

Социальные проблемы и развитие социальной работы в Германии, России, Армении и Киргизии

Вольфганг Кригер (ред.)

При участии Анны Ворошиловой

Немецко-русское издание

Soziale Arbeit im Ost-West-Vergleich

Soziale Probleme und Entwicklungen der Sozialen Arbeit in Deutschland, Russland, Armenien und Kirgisistan

Wolfgang Krieger (Hrsg.)

Unter Mitarbeit von Anna Voroshilova

Deutsch-russische Ausgabe

Herausgeber: Dr. phil. Wolfgang Krieger ist Professor für Erziehungswissenschaften an der Hochschule Ludwigshafen am Rhein

Редактор: Кригер Вольфганг, профессор, доктор философских наук, Высшее Учебное Заведение города Людвигсхафен на Рейне, область преподавания: педагогика

Библиографическая информация Немецкой библиотеки
Немецкая библиотека включает данную публикацию в состав Немецкой национальной библиографии; подробная информация доступна в интернете на сайте: http://dnb.ddb.de

Bibliographische Information Der Deutschen Bibliothek
Die Deutsche Bibliothek verzeichnet diese Publikation in der Deutschen Nationalbibliographie; detaillierte Daten sind im Internet über http://dnb.ddb.de abrufbar.

Copyright 2015 by Jacobs-Verlag
Hellweg 72, 32791 Lage
ISBN 978-3-89918-238-5

Inhaltsverzeichnis / Оглавление *Seite*

Vorwort 9
   Предисловие 12

Wolfgang Krieger, Кригер В. (Ludwigshafen am Rhein)
Einführung: Soziale Arbeit und soziale Probleme in den ehemaligen
Sowjetstaaten 15
   Введение: Социальная работа и социальные проблемы в странах
   бывшего СССР 43

I
Präventive Maßnahmen in zentralen Handlungsfeldern der Sozialen Arbeit
Превентивные меры в основных направлениях деятельности социальной работы

Martin Pfeil, Пфейль М. (Ludwigshafen am Rhein)
Kinderschutz: Rechtliche Grundlagen und aktuelle Entwicklungen der
deutschen Gesetzgebung 75
   Защита детей: Правовая основа и актуальные разработки немецкого
   законодательства 85

Juliana G. Melkumyan, Мелкумян Ю. Г. (Yerevan)
Zur institutionellen Transformation von Kinderinstitutionen in Armenien 97
   Институциональная трансформация детских учреждений
   в Армении 105

*Raisa B. Kvesko/Yana I. Chaplinskaya/Svetlana B. Kvesko, Квеско Р. Б./
Чаплинская Я. И./Квеско С. Б. (Tomsk)*
Über die Rolle der Sozialen Arbeit bei der Prävention von Burnout im Beruf
und die Organisation von effektiver professioneller Arbeit 113
   К вопросу о роли социальной работы по предотвращению
   профессионального выгорания и организации эффективнои трудовой
   деятельности 119

Annegret Lorenz, Лоренц А. (Ludwigshafen am Rhein)
Kinderrechte und Kinderautonomie – Wer bestimmt über das Kind? 125
   Права и автономия детей – кто несёт ответственность за ребёнка? 135

Marina A. Makienko/Vera N. Fadeeva, Макиенко М. А./Фадеева В. Н. (Tomsk)
Spezifika der Organisation des Berufslebens für ältere Arbeitnehmer in Russland 147
   Специфика организации трудовой деятельности пожилых людей в России 159

II
Institutionalisierungsprozesse im Sozialwesen
Процессы институционализации социальной работы

Barbara Weiler, Вейлер Б. (Ludwigshafen am Rhein)
Institutionalisierung der Sozialen Arbeit in Deutschland 173
   Институционализация социальной работы в ФРГ 183

Perisat M. Aitbaeva, Айтбаева П. М. (Bishkek)
Haupttendenzen der Entwicklung der Sozialen Arbeit im heutigen Kirgisistan 195
   Основные тенденции развития социальной работы в современном Кыргызстане 206

Artak K. Khachatryan, Хачатрян А. К. (Yerevan)
Die Institutionalisierung Sozialer Arbeit in Armenien 219
   Становление института социальной работы в Армении 224

III
Religion, ethnische Zugehörigkeit und soziale Konflikte
Религия, этническая принадлежность и социальные конфликты

Raushana I. Zinurova, Зинурова Р. И. (Kazan)
Präventive Maßnahmen der Sozialen Arbeit im Kontext regionaler Integration und ethnischer Konflikte 233
   Превентивные меры социальной работы в ракурсе региональной интеграции и этноконфликтологии 243

Andrej R. Tuzikov, Тузиков А. Р. (Kazan)
Die Dynamik bürgerlicher Identifikation und das Potential ethnischer Konflikte in der Republik Tatarstan 253
   Динамика гражданской идентификации и потенциал конфликтов на этнической почве в Республике Татарстан 261

Hans-Ulrich Dallmann, Дальман Г.-У. (Ludwigshafen am Rhein)
Transformation der Religion in modernen Gesellschaften 271
   Трансформация религии в современном обществе 281

Bakitbek A. Maltabarov, Малтабароь Б. А. (Bishkek)
Religiöse Situation und inter-ethnische Beziehungen in der Kirgisischen Republik 291
   Религиозная ситуация и межэтнические отношения Кыргызской Республике 309

Larissa Bogacheva, Богачева Л. В. (Ludwigshafen am Rhein)
Das Eigene und das Fremde. Gesellschaftlich konstruierte Fremdheit als Herausforderung für die Soziale Arbeit 329
   Своё и чужое. Конструируемая обществом чужеродность как задача для социальной работы 341

Wolfgang Krieger, Кригер В. (Ludwigshafen am Rhein)
Interkulturelle, interethnische, interreligiöse Konflikte – Präventive und deeskalative Interventionen durch Sozialpolitik und Soziale Arbeit 355
   Межкультурные, межэтнические, межрелигиозные конфликты – превентивные и деэскалативные вмешательства со стороны социальной политики и социальной работы 376

IV
Interdisziplinäre Kompetenzorientierung in Sozialer Arbeit und Sozialmanagement in Ausbildung und Praxis
Междисциплинарный подход в развитии социальных компетенций в социальной работе и социальной организации во время обучения и на практике

Valery I. Turnaev/Raisa B. Kvesko, Квеско Р. Б./Турнаев В. И. (Tomsk)
Zur Frage der sozialen Bewertung der Sozialen Arbeit: Ein interdisziplinärer Ansatz 401
   К вопросу о социальной оценке социальной работы: Междисциплинарный подход 405

Zulfija Sch. Yachina, Яхина З. Ш. (Kazan)
Der interdisziplinäre Ansatz in der Bildung von kulturellen
Schlüsselkompetenzen im Bachelorstudiengang Soziale Arbeit   409
    Междисциплинарный подход к формированию общекультурных
    компетенций у бакалавров социальной работы   417

*Vera N. Fadeeva/Marina A. Makienko, Фадеева В. Н./Макиенко М. А.
(Tomsk)*
Entwicklung von beruflichen Kompetenzen für Studenten im Studiengang
"Soziale Arbeit" an der Polytechnischen Universität Tomsk   427
    Формирование профессиональных компетенций у студентов,
    обучающихся по специальности социальная работа в Томском
    Политехническом Университете   437

Wolfgang Krieger, Кригер В.(Ludwigshafen am Rhein)
Sozialpädagogische Kompetenzen für die Arbeit mit Kindern und
Jugendlichen   449
    Социально-педагогические компетенции для работы с детьми и
    молодёжью   457

Julia J. Rybasova, Рыбасова Ю. Ю. (Kazan)
Master-Klasse als Technologie der Förderung von kulturellen
Schlüsselkompetenzen bei angehenden Sozialarbeitern   467
    Мастер-класс как технология формирования общекультурных
    компетенций будущего социального работника   475

Autorinnen und Autoren /Авторы   483

Vorwort

Unter dem Leitthema „Präventive Maßnahmen in zentralen Handlungsfeldern der Sozialen Arbeit" fand in der Woche vom 28. April bis zum 2. Mai 2014 an der Hochschule Ludwigshafen am Rhein am Fachbereich für Sozial- und Gesundheitswesen eine Internationale Konferenz statt, an welcher sich neben der deutschen Hochschule fünf Hochschulen aus dem eurasischen und asiatischen Raum, genauer aus der russischen Föderation, Armenien und Kirgisien beteiligten. Die Konferenzsprache war Russisch. Im Zentrum der Konferenz stand das Interesse, den bisherigen Entwicklungsstand der Sozialen Arbeit als Disziplin und Profession in den östlichen Ländern wie auch neue Entwicklungen und Herausforderungen durch aktuelle soziale Probleme kennenzulernen und sie vergleichend den Entwicklungen der Sozialen Arbeit in Deutschland gegenüberzustellen. Anregungen zur Neuorientierung und Chancen für einen Perspektivenwechsel bieten sich so *allen* Beteiligten, wenn auch zu beachten ist, dass die Herausforderungen an Soziale Arbeit wie auch die Bedingungen ihres Wirksamwerdens in den Ländern mehr oder minder verschieden sind und daher jeder Vergleich sich einer Bewertung enthalten muss.

Bei vier der fünf Hochschulen hatten in den letzten zwei Jahren vorbereitende Besuche einer Delegation des o.g. Fachbereichs stattgefunden, in welchen die für den dozentischen Austausch interessierenden Themen erarbeitet worden waren, durch die das Programm für die Konferenz zusammengestellt werden konnte. Zu zwei der Hochschulen, der ASO in Kasan/Russland und TPU in Tomsk/Russland unterhält der Fachbereich für Sozial- und Gesundheitswesen der Hochschule Ludwigshafen am Rhein schon seit mehreren Jahren rege Beziehungen. Mit der Staatlichen Universität Erivan, der Staatlichen Technischen Universität Kasan und der Staatlichen Humanwissenschaftlichen Universität Bischkek wurden erste Verbindungen hingegen erst im Jahre 2013 aufgenommen; dennoch konnte bereits ein Austausch von Lehrenden mit allen Hochschulen durchgeführt werden. Die Partner hatten sich darauf verständigt, dass sie in den kommenden Jahren neben dem dozentischen und studentischen Austausch eine Reihe von Themen durch Vorträge und gemeinsame Veröffentlichungen in den Fokus der Partnerschaftsaktivitäten stellen wollten. Den Anfang für dieses Vorhaben machte die nun an der Hochschule in Ludwigshafen realisierte Konferenz, deren Ertrag durch den vorliegenden Band dokumentiert wird.

Möglich wurde die Konferenz nicht allein durch die Unterstützung des Fachbereichs, die Mithilfe des Büros für Internationale Angelegenheiten, das vorbereitende organisatorische Engagement des Beauftragten für Internationales am Fachbereich und seiner Assistentin, sondern vor allem durch die zahlreichen engagierten Studierenden und AbsolventInnen unserer Hochschule, die die Vorträge übersetzt hatten und ihre Dolmetscherleistungen auch während der Konferenz und bei den Exkursionen ehrenamtlich erbrachten.

Zu allererst ist gewiss jenen zu danken, die für die Organisation der Konferenz wie auch für die Übersetzung der Konferenzbeiträge vom Russischen ins Deutsche und vom Deutschen ins Russische das Wesentlichste geleistet haben, Frau Larissa Bogacheva und Frau Anna Voroshilova. Ohne ihre zuverlässige und kompetente Arbeit wäre weder die Konferenz noch diese Veröffentlichung zustande gekommen. Zu danken ist auch jenen, die für die Betreuung der Gäste zum einen, für die gewissenhafte Unterstützung der Übersetzungsleistungen während der Konferenz zum anderen Verantwortung übernommen haben, den Studierenden und AssistentInnen der Hochschule Ludwigshafen am Rhein Frau Nadja Limanoski, Frau Alena Tumenko, Frau Yevgeniya Em, Frau Aljona Schneider, Frau Larissa Labizina, Frau Vera Oleynikova, Frau Elisabeth Dalbosco, Frau Mira Katynska, Frau Anastasia Yamborko, Frau Olga Dolzhenkova, Frau Irina Hancharuk und Herrn Raman Darhel. Ihnen gebührt höchste Anerkennung für ihre zuverlässige Leistung und Dank für ihr unermüdliches Engagement.

Zu danken ist auch allen KollegInnen aus den Partnerhochschulen, die sich durch Vorträge und Diskussionsbeiträge in der Konferenz engagiert haben und manche Beschwerlichkeit auf sich genommen haben, um an der Konferenz teilnehmen zu können, wie auch den KollegInnen Prof. Dr. Annegret Lorenz, Prof. Dr. Hans-Ullrich Dallmann, Dr. Martin Pfeil, Barbara Weiler und Larissa Bogacheva, die mit ihren Vorträgen „deutsche Perspektiven" zu den Themen einbrachten, und den KollegInnen Prof. Dr. Arnd Götzelmann und Antje Reinhard, die an einem Abend die internationalen Gäste zu einem

Abendessen zu sich nachhause einluden und ihnen so auch einen außerakademischen Blick auf deutsche Kultur eröffneten.

Dank gebührt auch den Mitarbeitern des Büros für Internationale Angelegenheiten, die sowohl in organisatorischen Fragen zur Unterbringung der Gäste wie auch in Fragen der Finanzierung und Zuschussabrechnung der Konferenz in gewohnter Routine Lösungen gefunden haben, Frau Kerstin Gallenstein, Frau Ilse Page, Frau Alexandra Ege und Frau Sabine Klein. Und schließlich gilt es auch der Fachbereichsleitung und -geschäftsführung wie all jenen Kollegen und Kolleginnen aus dem Kreise der Lehrenden zu danken, die die Durchführung der Konferenz am Standort des Fachbereiches möglich gemacht haben und sich in unterschiedlicher Weise unterstützend an der Konferenz und an der Betreuung der Gäste beteiligt haben.

Gefördert wurde die Konferenz u.a. durch Mittel des Ostpartnerschaftenprogramms des DAAD. Die Unterstützung durch diese Mittel besteht für die Hochschule schon seit 2010. Sie war und ist ohne Frage für die Hochschule Ludwigshafen eine unabdingbare Voraussetzung für die Pflege und Intensivierung der Partnerschaften mit Hochschulen in Osteuropa und Zentralasien, auf deren Grundlage auch das Vorhaben zur Durchführung einer solchen Konferenz auf den Weg gebracht worden ist. Wir wollen an dieser Stelle daher auch all jenen danken, die als Programmverantwortliche die Förderanträge der Hochschule mit Wohlwollen und Vertrauen gewürdigt haben.

Ludwigshafen am Rhein, im Februar 2015

Prof. Dr. Wolfgang Krieger

Предисловие

С 28-го апреля по 2-е мая в ВУЗе города Людвигсхафен на Рейне на факультете социального обеспечения и здравоохранения была проведена Международная Конференция на тему «Превентивные меры в основных направлениях деятельности социальной работы», в которой, помимо немецкого ВУЗа, участие также приняли пять ВУЗов из евразийского и азиатского пространства, а именно, из Российской Федерации, Армении и Кыргызстана. Конференция проходила на русском языке. Главной целью конференции было ознакомиться с прежним уровнем развития социальной работы как дисциплины и профессии в западных странах, а также с новыми тенденциями в развитии и сложностями посредством актуальных социальных проблем и сравнительно сопоставить им развитие социальной работы в Германии. Побуждение к переориентации и шансы для смены перспективы предлагаются *всем* участникам, хоть и следует принять во внимание то, что требования к социальной работе, а также условия её осуществления в разных странах более или менее различны и поэтому каждое сравнение должно воздерживаться от оценки.

За последние два года делегация из выше названного факультета нанесла визит четырём из пяти ВУЗов, целью которого являлась подготовка к предстоящей конференции. В рамках этих визитов были разработаны темы, представляющие интерес для обмена между доцентами, эти темы легли в основу программы конференции. С двумя ВУЗами, Академией Социального Образования в городе Казань/Россия и Томским Политехническим Университетом/Россия, факультет социального обеспечения и здравоохранения ВУЗа города Людвигсхафен на Рейне уже многие годы поддерживает активные отношения. С Ереванским Государственным Университетом, Казанским Национальным Исследовательским Технологическим Университетом и Бишкекским Гуманитарным Университетом первые отношения были установлены лишь в 2013 году; но уже был осуществлён преподавательский обмен со всеми ВУЗами. Партнёры пришли к соглашению, что в ближайшие годы наряду с обменом студентами и преподавателями в центре внимания партнёрской деятельности также будет ряд тем, которые будут представлены в виде докладов и совместных публикаций. Началом этого замысла стала проведённая в Людвигсхафене конференция, результат которой будет зафиксирован в этой книге.

Проведение конференции стало возможным не только благодаря поддержке факультета, помощи бюро по международным делам, активному участию в подготовке и организации уполномоченного по международным делам на факультете и его ассистента, но и, прежде всего, благодаря многочисленным активным студентам и выпускникам нашего ВУЗа, которые добровольно перевели доклады и оказывали переводческие услуги также и во время конференции и при проведении экскурсий.

В первую очередь хотелось бы конечно поблагодарить тех, кто внёс наиболее существенный вклад в организацию конференции, а также в перевод докладов для конференции с русского на немецкий и с немецкого на русский языки: Богачеву Ларису и Ворошилову Анну. Благодаря их ответственной и компетентной работе стала возможной организация конференции и эта публикация. Также хотелось бы поблагодарить тех, кто взял на себя ответственность за сопровождение гостей и добросовестную поддержку при выполнении переводов во время конференции, студентов и ассистентов ВУЗа Людвигсхафен на Рейне: Лимановская Надя, Туменко Алёна, Эм Евгения, Шнейдер Алёна, Лабизина Лариса, Олейникова Вера, Дальбоско Элизабет, Катинская Мирослава, Ямборко Анастасия, Долженкова Ольга, Ханчарук Ирина и Дархел Раман. Хотелось бы выразить им большую признательность за их ответственную работу и глубокую благодарность за неустанную активность.

Также хотелось бы поблагодарить всех коллег из ВУЗов-партнёров, которые приняли активное участие в конференции, представляя свои доклады и принимая участие в дискуссиях, которым также пришлось преодолеть некоторые трудности для того, чтобы принять участие в конференции. Благодарность выражается также коллегам: проф. д-р Аннегрет Лоренц, проф. д-р Ганс-Ульрих Дальманн, д-р Мартин Пфейль, Барбара Вейлер и Лариса Богачева, которые в своих докладах привнесли «немецкую перспективу» в тему конференции, и коллегам проф. д-ру Арнду Гётцельманну и Антье Рейнхард, которые одним вечером пригласили гостей из-за границы к себе домой на ужин и показали им внеакадемический кусочек немецкой культуры.

Благодарность хотелось бы выразить также и работникам бюро по международным делам, которые нашли решения как для организации проживания гостей, так и в вопросах финансирования и расчёта доплаты для конференции, это Керстин Галленштейн, Ильзе Паже, Александра Эге и Сабине Клейн. Благодарность выражается также руководству факультета, как и всем коллегам преподавателям, которые сделали возможным проведение конференции на факультете и оказали поддержку на самой конференции и во время сопровождения гостей.

Финансирование для проведения конференции было оказано, прежде всего из средств программы восточного партнёрства DAAD. Поддержка при помощи этих средств оказывается ВУЗу уже с 2010 года. Она без сомнения была и остаётся для ВУЗа города Людвигсхафен неотъемлемой предпосылкой для сохранения и усиления партнёрства с ВУЗами Восточной Европы и Центральной Азии, с помощью которой и стало осуществимым намерение провести подобную конференцию. Поэтому здесь мы хотим поблагодарить всех ответственных за проведение этой программы, кто благосклонно и с доверием одобрил заявку ВУЗа на предоставление целевого финансирования.

Людвигсхафен на Рейне, февраль 2015

Проф. д-р Вольфганг Кригер

Einführung: Soziale Arbeit und soziale Probleme in den ehemaligen Sowjetstaaten

Wolfgang Krieger, Deutschland, Ludwigshafen am Rhein

Entstehungs- und Entwicklungsbedingungen Sozialer Arbeit

Ihrem Selbstverständnis entsprechend konnten sich zu Zeiten der Sowjetunion die sozialistischen Staaten des Ostens einem beruflichen Aktionsfeld „Soziale Arbeit" schwerlich zuwenden, da in der Einheit von Staat und Gesellschaft „das Soziale" als der eigentliche Kern der Staatsverfassung galt, als „Sonderaufgabe" somit vom Ganzen her schon annulliert war, da mithin alles und nichts soziale Arbeit war, was in dieser Gesellschaft realisiert wurde. Tatsächlich hatte das soziale Sicherungs- und Sozialleistungssystem in den Sowjetstaaten soweit effektiv und zuverlässig funktioniert, als es immerhin allen Bürgern einen weitgehenden Schutz vor sozialen Risiken und ein bescheidenes, für die meisten akzeptables Wohlstandsniveau garantierte.[1] Es war sozial so ausgeglichen, dass die Bürger bereit waren, dauerhafte Mangelsituationen selbst in existentiellen Bereichen hinzunehmen. Es schuf aber auch eine Bürgerschaft, die den Staat für allzuständig hielt, wenn es galt, soziale Probleme zu bewältigen, und die im Gegenzug bereit war, diesbezüglich jede Lösung auch hinzunehmen. Folgerichtig konnten Kräfte bürgerlicher Selbstorganisation kaum entstehen, ein Mangel, der bis heute in der fatalistischen Mentalität der Bevölkerung gegenüber staatlichen Entscheidungen und dem geringen Engagement für soziale Anliegen zu spüren ist.

Die soziale Sicherung war in der sowjetischen Zeit eine Sache der staatlichen Verwaltung und sie stand unter dem Diktum eines Gerechtigkeitsmodells, welches die Gleichheit aller, nicht nur in den Chancen, sondern auch in der tatsächlichen Lebensführung, zum Prinzip erkoren hatte.[2] Diese Gleichheit herzustellen sollte durch staatliche Verteilungsmaßnahmen garantiert werden und es bedurfte daher keiner eigenen beruflichen Institution (wie etwa der Sozialen Arbeit), die

---

[1] Vgl. Antropov/Bossert 2005, S. 24.
[2] Insofern war die Logik der gerechten Zuwendung auch mit einer Logik der konformen Lebensführung verbunden – eine Verknüpfung, die sich in der sowjetischen Mentalität tief verwurzelt hat.

soziale Benachteiligungen zu mindern hätte. Entsprechend konnte sich Soziale Arbeit solange weder als Praxis in der Gesellschaft noch als Disziplin an den Hochschulen etablieren, als soziale Probleme, Benachteiligungen oder gar Missstände als undenkbar, nämlich durch Verteilungsmaßnahmen präventiv vermeidbar, galten. Erst mit dem politischen und wirtschaftlichen Systemwechsel konnten jener Freiraum, aber in mancher Hinsicht auch tatsächlich erst jene Verhältnisse hervorgebracht werden, die ein Bewusstsein für soziale Probleme entstehen ließen. Dies entwickelte sich zögerlich, da die ehemals sozialistisch geführten (und an die Tabuisierung sozialer Schieflagen gewohnten) Länder zunächst mit unzähligen praktischen Problemen der Versorgung der Bevölkerung so beschäftigt waren, dass sie ein Gespür für soziale Ungleichheit erst entwickeln konnten, als sich einigermaßen feste Strukturen wieder gebildet hatten.[3] Auch folgte auf die Erkenntnis sozialer Benachteiligungen keineswegs unmittelbar der Ruf nach Sozialer Arbeit, vielmehr bedurfte es teils einer mühsamen Rückbesinnung auf vorsozialistische Traditionen der sozialen Unterstützung, teils eines verschämten Blicks in den Westen, um der Idee Sozialer Arbeit einen Boden zu bereiten.

Formal entstand der Beruf der Sozialen Arbeit in Russland im Jahre 1991; denn in diesem Jahr wurde „Sozialarbeiter" als neuer Beruf in den Qualifikationskatalog der Amtsbezeichnungen von Leitern und Angestellten eingetragen. Diesem Schritt folgte konsequent und ansatzlos die Akademisierung, eher zögerlich aber die Professionalisierung der bereits bestehenden Praxis bzw. die Einrichtung neuer Institutionen Sozialer Arbeit. Es ist ein hochinteressantes Phänomen, auf welche Kriterien sozialer Benachteiligung die verschiedenen Staaten der ehemaligen Sowjetunion nun ihr Augenmerk richteten, und die Ausrichtung dieser Perspektiven ist für die Entstehungsgeschichte der Sozialen Arbeit in diesen Ländern fundamental.

---

[3] Sehr wohl war die politische Führung Anfang der Neunziger allerdings bemüht, einige der jäh auftretenden Lücken der sozialen Sicherung durch gesetzliche Maßnahmen zu schließen, wie Gontmacher betont (vgl. Gontmacher 2010, S. 380). Die Zulassung von NGOs und ihre rechtliche Gleichstellung mit staatlichen Organen, aber auch neue Gesetze zur Versorgung von Rentnern, Invaliden und Flüchtlingen und die Schaffung eines neuen Verwaltungsappates für den sozialen Sektor, so etwa Kinderschutzzentren und Arbeitsämter, fallen in diese Zeit (vgl. ebenda). Allerdings erwiesen sich infolge der schwachen wirtschaftlichen Entwicklung die sozialen Leistungen im geplanten Umfang nicht als finanzierbar und verblieben daher auf einem sehr niedrigen Niveau. Daran konnte auch die Schaffung von staatlichen Sozialfonds und die verwaltungshoheitliche Regionalisierung von sozialen Einrichtungen nichts ändern.

Dass sich Soziale Arbeit als ein berufliches Praxisfeld und mehr noch als eine studierbare Disziplin schwer tut, in diesen Ländern Anerkennung zu finden, hat historische Gründe, die mit der von Anfang an schwachen Institutionalisierung und den mangelnden Professionalisierungsbemühungen zu tun haben. Man muss sich vergegenwärtigen, dass die Sowjetstaaten vor der Zeit des Umbruchs weder Steuern noch ein Versicherungssystem kannten und das explizite Engagement von Sozialpolitik nur jenen galt, die sich um den Staat in besonderer Weise verdient gemacht hatten, vornehmlich Kriegsveteranen und Beschäftigten im Staatsdienst. Diese Logik, dass soziale Leistungen für bestimmte Gruppen vorzusehen seien, aber nicht grundsätzlich nach Kriterien für Bedürftigkeit überhaupt, ist auch in der neueren Sozialpolitik noch erhalten geblieben. Noch 2005 werden 263 Gruppen benannt, die Anspruch auf soziale Leistungen haben. Durch diese Zuweisungskriterien stehen 70% der Bevölkerung soziale Leistungen zu – ungeachtet dessen, ob sie überhaupt bedürftig sind.[4] Andererseits fehlt es an anerkannten Zuweisungskriterien, die die tatsächliche persönliche Bedürftigkeit zum Ausgangspunkt nehmen. Sicherlich sensibilisiert eine solche Sozialpolitik nach dem „Gießkannenprinzip" auch in der Bevölkerung nicht den Sinn für eine kompensationsorientierte Förderung von Bedürftigen und damit auch kein Verständnis der Funktionen von Sozialer Arbeit.

In den Amtszeiten Putins dominiert die Auffassung, dass durch Wirtschaftswachstum sich die sozialen Probleme Russlands von selbst lösen würden. Die Sicherung der staatlichen Teilhabe am Wirtschaftswachstum zur Stärkung des Staates, aber auch zur Bekämpfung der Staatsverschuldung und der Inflation waren hier oberstes Ziel. Demgegenüber standen Ziele der Sozialpolitik zurück, obschon sich in der Bevölkerung durchaus Unzufriedenheit über ausbleibende sozialpolitische Maßnahmen breit machte.[5] Die Tatsache, dass die soziale Entwicklung in Russland hinter der wirtschaftlichen in erheblichem Grade hinterherhinkt,[6] obschon die Regierungsprogramme seit Putins Amtsantritt ehrgeizige Ziele gesetzt hatten, die den Abbau sozialer Ungleichheit explizit im Auge hatten, lässt das gesamte System der sozialen Sicherung auf schwankendem Boden

---

[4] Vgl. Schwedthelm 2005, S. 5. Diese schon seit den Achtzigerjahren bestehende Zuweisungslogik brachte ein gewisses Gefälle zwischen den Bedürftigengruppen durch eine ungerechte Verteilung von sozialen Leistungen hervor, die bis in die Gegenwart hinein nicht überwunden wurde (vgl. Dietz 2007).
[5] In einer Umfrage des russischen Meinungsforschungsinstitutes VCIOM 2008 zeigen sich 15% der Befragten mit der staatlichen Sozialpolitik zufrieden, 41% teils zufrieden, teils unzufrieden und 40% unzufrieden (vgl. Gontmacher 2010, S. 382).
[6] Vgl. Aganbegian 2012, S. 15.

erscheinen. Es bleibt damit auch im Dunkeln, welche Funktion Sozialer Arbeit in diesem System zukommen soll, was von ihr erwartet werden kann und welche Zuständigkeit und Kompetenz ihr zugeschrieben wird. So befindet sich in der öffentlichen Meinung Soziale Arbeit noch eher in einem Status exotischen gesellschaftlichen Engagements als im Status eines anerkannten Berufes. Diese mangelnde Anerkennung findet ihren Niederschlag in mehreren Symptomen: 1. Ein Großteil der MitarbeiterInnen in nichtstaatlichen Organisationen im Feld der Sozialen Arbeit sind nicht formal qualifiziert oder arbeiten ehrenamtlich; der angestrebte Prozess der Ersetzung dieser Kräfte mit AbsolventInnen der Hochschule bzw. der akademischen Nachqualifizierung dieser Kräfte kommt nur schleppend voran (und scheitert zum Teil auch am Widerstand der Nichtqualifizierten). 2. Die Löhne für die HochschulabsolventInnen sind im Durchschnitt nur unwesentlich höher als die der Nichtqualifizierten bzw. als manche Aufwandsentschädigungen für Ehrenamtliche.[7] 3. Teilweise werden Studiengänge der Sozialen Arbeit wieder geschlossen, weil nur eine geringe Zahl von AbsolventInnen tatsächlich in einschlägigen Berufsfeldern untergekommen ist. Zudem hat sich herumgesprochen, dass die Löhne in der Sozialen Arbeit weit unter jenen in der Wirtschaft liegen, weshalb viele auch nach anfänglichem Engagement in der Sozialen Arbeit mit der Zeit doch den Weg in die Wirtschaft suchen, was ihnen angesichts des Arbeitskräftemangels in einigen Regionen zumindest leicht möglich ist. Zugleich sinkt dadurch die Nachfrage nach Studienplätzen.

Durch den wirtschaftlichen Transformationsprozess haben sich für diese Ländern fraglos viele neue Optionen entwickelt, im Blick auf den Handel, auf die Verbesserung der Infrastruktur, auf den internationalen Austausch, auf die Entstehung von neuen Berufen und die beruflichen Entwicklungsmöglichkeiten, auf den Lebensstandard, auf die Schaffung von Besitzeinkommen und Einkommen aus Unternehmertätigkeit, auf individuelle Mobilität, auf die Veränderungen hin zu einer Mediengesellschaft etc. Zugleich aber hat dieser Transformationsprozess in einer historisch bisher beispiellosen Schnelligkeit die sozialen Strukturen neu sortiert und seine eigene, nun kapitalistische Logik von Verteilungsmaßstäben durchgesetzt. Der Bevölkerung wurde damit zugemutet, sich in all ihren sozialen Beziehungen (öffentlichen, beruflichen, ja sogar familiären) auf neue Kriterien des Erfolges und der Verbindlichkeit einstellen zu müssen und sich

---

[7] Während die Durchschnittslöhne in Russland bei etwa 200 € liegen, erhalten viele Sozialarbeiter nicht einmal 125 € Monatslohn und brauchen daher oft eine zweite Arbeitsstelle, um über die Runden zu kommen. In den zentralasiatischen und kaukasischen Ländern liegen die Löhne noch niedriger.

dabei zudem in einem Wertevakuum zu bewegen, welches in seiner Radikalität von manchen als der Verlust der eigenen Geschichte identifiziert wird. Diese Zumutung hat jeden getroffen, jede Person, jede Gemeinschaft und jede soziale Institution: Soziale Rollen und Funktionen wurden fraglich, Formen des Zusammenlebens instabil, gewohnte Einkommensquellen versiegten, bisher zuverlässige Privilegien brachen zusammen, der Wert der eigenen Produkte sank ins Bodenlose, der freie Markt schuf Konkurrenz an jeder Ecke – eine Vielzahl von Phänomenen, auf die die Bürger in keiner Weise vorbereitet waren.

Mit der als Reaktion auf die Wirtschaftskrise Ende der Achtzigerjahre forcierten Umstellung des sozialistischen Wirtschaftssystems auf ein Marktwirtschaftssystem war auch das System der sozialen Sicherung, der betrieblichen sozialen Leistungen und der staatlichen Unterstützung sozialer Einrichtungen (auch Schulen und Krankenhäuser) zusammengebrochen. Die infolge der Preisliberalisierung Anfang der Neunzigerjahre unaufhaltsame Hyperinflation und der Ausverkauf der staatlichen Ressourcen an Private ruinierten Staatshaushalt und Wirtschaft gleichermaßen und schufen die Grundlagen für die heute eklatante soziale Ungleichheit. Die Ausgaben für soziale Einrichtungen wurden im Staatshaushalt drastisch gekürzt, so dass Gemeinden und regionale Behörden ihre Leistungen im Sozialwesen nicht mehr ausreichend finanzieren konnten[8] und sich bei den Leistungsträgern verschulden mussten. Die allenthalben überdeutlichen Probleme, die der Systemumbruch hervorgebracht hat, waren (neue) Armut, die Entstehung einer neuen, bisher unbekannten Unterschicht, ein erheblicher Anstieg der Kinderarmut[9], teilweise Arbeitslosigkeit, Zunahme der Schattenwirtschaft, allgemeine Verschlechterung der Gesundheitssituation, soziale Desintegration, Emigration und demographische Diskontinuität – um nur die wichtigsten zu nennen.[10]

---

[8] ... bis hin heute zu Schließungen von Krankenhäusern, Geburtenhäusern und Sanatorien mit erheblichen Auswirkungen auf die medizinische Versorgung der Bevölkerung. Hintergrund ist aktuell die Gesundheitsreform von 2012, die vorsieht, dass sich der Staat ab 2015 aus der Finanzierung des Gesundheitsbereichs zurückzieht und diese der Kasse der Pflichtversicherungen überantwortet. Deren finanzielles Polster dürfte aber bei weitem nicht reichen, um den derzeitigen (ohnehin bedauernswerten) Stand der gesundheitlichen Versorgung zu halten.
[9] In Russland lag im Jahre 2010 die Kinderarmut bei 24 Prozent. Vgl. Bundeszentrale für politische Bildung 2011.
[10] Die politischen Maßnahmen bezüglich dieser Probleme sind, soweit sie geplant und auch umgesetzt worden sind, noch immer weitgehend ineffektiv. Der Bericht der European Committee of Social Rights 2014 dokumentiert, dass sich die Situation in der russischen Föderation im Bereich der gesundheitlichen Versorgung, der Versorgung alter Menschen und der Versorgung von Arbeitslosen wie in der Einrichtung eines sozialen Sicherungssystems nicht in

Es ist der bloßen Trägheit dieser Prozesse und der „stillen Reserve" an traditioneller Moralität und Religiösität zu verdanken, dass die vom Systemwandel erfassten Länder nicht in Anomie versunken sind und der Egozentrismus der Individuen der neuen Risikogesellschaft, die allesamt ihres eigenen Glückes Schmied nun waren, noch überhaupt eine Grenze erfahren hat. Diese Tendenzen wahrzunehmen war auch eine nicht unwesentliche Ursache für die Einsicht in die Notwendigkeit Sozialer Arbeit, galt es doch auch, dem schlagartig hereinbrechenden Werteverlust und der ausufernden Desolidarisierung zumindest die Idee einer öffentlichen Verantwortung für die Wohlfahrt (oder zumindest humanitäre Mindestversorgung) der Bürger entgegenzusetzen.

Es stand nicht zu erwarten, dass die über Jahrzehnte gepflegte Versorgungsmentalität angesichts der neuen sozialen Probleme, für deren Regulierung der Staat vorerst keine funktionsfähigen Institutionen zu bieten hatte, unmittelbar in eine Aufbruchsstimmung bürgerlichen Engagements umschlagen würde. Dennoch kann man feststellen, dass die Entstehung ehrenamtlichen Engagements in den Neunzigerjahren neben der Präsenz nationaler und internationaler NGOs[11] die Praxis Sozialer Arbeit in diesen Ländern stärker begründet hat als die staatlichen und kommunalen sozialen Einrichtungen, die sich schwer taten, den Modus sowjet-sozialistischer Verteilungsbürokratie abzulegen.

Die Praxis Sozialer Arbeit gestaltete sich auf der einen Seite im behördlichen Rahmen in einem meist trägen Transformationsprozess, auf der anderen Seite in ehrenamtlichem Engagement, durch welches zwar eine gesellschaftlich wahrnehmbare Realität von sozialen Einrichtungen hervorgebracht wurde, zugleich aber auch der Druck auf Staat und Kommunen zur Schaffung und Finanzierung solcher Einrichtungen eher geschwächt wurde. Auch wenn punktuell professionelle Stellen bei internationalen Trägern, Behörden oder regionalen Initiativeinrichtungen zu besetzen waren, so war und ist ein stabiler Markt an ordentlichen Beschäftigungsverhältnissen für die Soziale Arbeit noch kaum wahrnehmbar.

Übereinstimmung mit der Charta befindet oder die hierzu notwendige Datenbasis nicht erhoben wurde (vgl. European Commitee of Social Rights 2014).

[11] Über die Zahl der ausländischen oder vom Ausland geförderten NGOs in Russland gehen die Schätzungen weit auseinander. Bowring vermutet etwa 250.000 NGOs in Russland (vgl. Bowring 2013, S. 3); von russischer Seite wird von 50.000 NGOs gesprochen (vgl. AG Zivilgesellschaft 2011), in russischen Medien ist derzeit häufig von etwa 650 NGOs die Rede. Offenbar ist der Begriff völlig unklar. Es wäre zunächst wichtig, zwischen NGOs als Organisationen und den einzelnen, ihnen unterstehenden Einrichtungen zu unterscheiden. Für erstere geht die UN-Statistik 2010 von 3882 NGOs weltweit aus (vgl. statista.com). Seit dem Inkrafttreten des NGO-Kontrollgesetzes in Russland 2012 („ausländische Agenten") ziehen sich mehr und mehr NGOs aus ihrem Engagement in diesem Land zurück.

Infolgedessen sind die beruflichen Aussichten für AbsolventInnen solcher Studiengänge im einschlägigen Arbeitsfeld noch immer relativ unsicher und das zu erwartende Lohnniveau ist bescheiden.

Anerkennung kommt vor Professionalisierung. Soziale Arbeit befindet sich in den Ländern der ehemaligen Sowjetunion heute in einer paradoxen Situation: Sie sieht sich zum einen in vielen Ländern eklatanten sozialen Notlagen gegenüber, für welche in der nächsten Zeit meist keine gute Prognose gestellt werden kann und aus welchen daher für sie ein wachsender Handlungsbedarf zu erwarten ist, sie sieht sich zum anderen staatlichen Bemühungen der Sozialpolitik gegenüber, die oftmals fehlgeleitet, ohne klare Zielgruppenorientierung und ohne ausreichende Finanzbasis mit mäßigem Erfolg operiert, und sie sieht sich einer Öffentlichkeit gegenüber, die nicht von ihr, sondern in alter Manier vom Staat die Wiederherstellung von sozialer Gerechtigkeit erwartet.

Dass der Professionalisierung der Sozialen Arbeit in vielen Ländern der ehemaligen Sowjetunion nicht unbedingt blühende Zeiten bevorstehen, lässt sich angesichts ihrer Abhängigkeit von Wirtschaft und Staatshaushalt unschwer vorhersagen. Anhaltende Kapitalflucht, Stagnation des Wirtschaftswachstums, wenn nicht Schrumpfung, Subventionskürzungen und Schließung von Großunternehmen mit der Folge von regionaler Massenarbeitslosigkeit, negative Export-Import-Bilanzen und Abwanderung eines nicht geringen Teils der erwerbsfähigen Bevölkerung[12] zehren auf staatlicher und regionaler Ebene das „soziale Polster" in den öffentlichen Haushalten auf und erzwingen Sparmaßnahmen, die erfahrungsgemäß vor allem die Bereiche Kultur, Bildung und Soziales betreffen.[13] Den Institutionalisierungsprozess Sozialer Arbeit und die für diesen förderlichen politischen Entscheidungen könnten solche Sparmaßnahmen ausbremsen. Zugleich könnte die Gewährung von sozialen Leistungen zunehmend eingeschränkt werden, wodurch auch für die Soziale Arbeit die Grundlagen erfolgreicher Arbeit schwinden, während die sozialen Notlagen faktisch wachsen. Prozesse der Institutionalisierung von Sozialer Arbeit, der Entwicklung neuer handlungsfähiger Sozialdienste, der Professionalisierung sozialarbeiterischer

---

[12] In Kirgisistan arbeitet etwa ein Viertel der erwerbsfähigen Bevölkerung im Ausland, vorwiegend in Russland, Kasachstan und Südkorea; in Armenien sind es derzeit etwa 30%.
[13] So sollen in den Jahren 2013 bis 2015 in Russland die Gesundheitsausgaben von 507 auf 373 Mrd. Rubel gekürzt werden. Davon betroffen sind auch Krankenhäuser und Geburtshäuser, die geschlossen werden sollen. In einigen Regionen wird damit die medizinische Versorgung der Bevölkerung vor Ort nahezu zum Erlöschen kommen.

Praxis und der Entwicklung von Rechtsgrundlagen und ihrer Sicherung im sozial-administrativen Alltag stellen nach wie vor dringliche Aufgaben dar. Die mangelnde Anerkennung Sozialer Arbeit steht im Kontext der mangelnden Anerkennung der Sozialen Akteure in den postsowjetischen Staaten und diese wiederum im Kontext der kaum wahrnehmbaren Sozialpolitik. Auch dies hat historische Gründe. Das Bewusstsein dafür, was den inzwischen überall ausgerufenen „Sozialstaat" ausmacht und was das potenzielle Wirkfeld und mit ihm der Verantwortungsbereich staatlicher Sozialpolitik sind, musste sich nicht nur schärfen in der wachen Wahrnehmung der entstandenen Benachteiligungen, sondern sich auch auflehnen gegen die noch immer nachwirkende Mentalität der sozialistischen Ignoranz und Lethargie gegenüber sozialen Defiziten. Bis heute mangelt es in den postsowjetischen Staaten an einer öffentlichen Diskussion über Sozialpolitik im Allgemeinen und Soziale Arbeit im Besonderen. Der Umbau des Sozialsystems wird durch die Staatsmacht in vielen kleinen Schritten vollzogen, von welchen viele zum Scheitern verurteilt sind, weil sie die Bevölkerung als ungerecht oder falsch positioniert empfindet.[14] Die mangelnde Beteiligung der sozial engagierten Akteure in der Gesellschaft, geschweige denn der Betroffenen – Ausnahmen gibt es in einigen Oblasten der russischen Föderation – und das Fehlen einer demokratischen Kultur des Aushandelns verhindern einen öffentlichen Konsens über die Entscheidungen, die zur Entwicklung eines neuen wohlfahrtsstaatlichen Sozialmodells führen könnten. Ein solches existiert in der russischen Föderation weder im Sinne eines liberalen Modells noch im Sinne eines sozialdemokratischen Modells[15] und somit fehlt eine richtungsweisende Orientierung der Sozialpolitik, um die sich in der Öffentlichkeit auch streiten ließe. Der eingeschränkte Handlungsspielraum von Gewerkschaften, das Fehlen bedeutsamer russischer philanthropischer Stiftungen und NGOs und die fehlende Kultur eines sachlichen Austauschs zwischen den Parteien über die soziale Frage schwächen zudem die Chancen auf eine konstruktive und konsensbasierte Fundierung der Sozialpolitik.

Trotz mangelnder Anerkennung und vielleicht auch zuweilen gerade wegen dieser ist in vielen ehemals sowjetischen Ländern Soziale Arbeit in fachlicher Hinsicht in die Offensive gegangen. Die Entwicklung von Leitbildern, von Ethikco-

---

[14] Ein beeindruckendes Beispiel hierfür ist der Widerstand der Bevölkerung gegen die Einführung des „Gesetzes zur Monetarisierung sozialer Leistungen" 2005 in Russland, welches Tausende von Menschen auf die Straßen trieb und sogar zu einem Misstrauensvotum gegen die Regierung führte.
[15] Vgl. Schwedthelm 2005, S. 9.

dices[16] und fachlichen Standards steht oftmals jener in westlichen Ländern, die auf eine hundertjährige Tradition Sozialer Arbeit zurückblicken können, in nichts nach. Das Interesse an methodischer Fortbildung ist, so der Eindruck des Herausgebers, sogar meist höher als im Westen und die Engagiertheit für die KlientInnen überschreitet häufig die Erwartungen, die in der Fachöffentlichkeit an motiviertes Personal gestellt werden. Es haben sich im Feld der Sozialen Arbeit ferner eine Reihe von Berufsverbänden gegründet, die auf regionaler Ebene auch auf die Ausbildungsstandards versuchen Einfluss zu nehmen.[17]

Soziale Arbeit an den Hochschulen. Soziale Arbeit ist als akademische Disziplin inzwischen in fast allen Ländern der ehemaligen Sowjetunion eingeführt, in manchen feiert sie bereits ihr fünfundzwanzigjähriges Jubiläum. Schätzungsweise existieren in Russland heute um die 650 Universitäten, Institute, Hochschulen und Filialen, an welchen Soziale Arbeit bzw. Sozialpädagogik gelehrt wird. Die Zahl der Absolventen dieses Studiums hat 2012 erstmals zehntausend überschritten.[18] Von seinen Anfängen in den Neunzigerjahren, als Soziale Arbeit per Dekret als Studiengang an zwanzig Hochschulen des Landes eingeführt worden war, bis heute hat sich für die Disziplin Soziale Arbeit in Russland also eine gewaltige Entwicklung vollzogen.

Zumeist war (und ist) die oft unmittelbare Entstehung von Studiengängen Sozialer Arbeit in den ehemaligen Sowjetrepubliken in aller Deutlichkeit als Reaktion auf die sozialen Probleme infolge des politischen und wirtschaftlichen Systemwechsels erkennbar. Nach einer „Karenzzeit", in welcher der Staat zunächst mit sozialpolitischen Maßnahmen versucht, die sozialen Problemlagen, die sich aus dem Wegfall des bisherigen Sicherungssystems ergeben, universell zu lösen, stellt sich die Erkenntnis ein, dass diese Maßnahmen alleine nicht in der Lage sind, die faktischen Notlagen zu mindern, sondern es „kundennaher" Arbeitsformen vor Ort bedarf, die die sozialpolitischen Maßnahmen zumindest ergänzen. Das ist, so lässt sich beobachten, die historische Geburtsstunde von Sozialer Arbeit – nicht nur in den postsowjetischen Ländern. Ihre Akademisierung ist zum einen eine Würdigung ihrer Bedeutsamkeit im Rahmen der gesellschaftlichen Lage, zum anderen aber auch ein Tribut an die Verlegenheit um etablierte

---

[16] Seit 2003 existiert in der russischen Föderation ein von der International Federation of Social Workers anerkannter Code of Ethics.
[17] So der „Verband der Sozialarbeiter" (Ассоциация работников социальных служб), der „Verband der Hochschulkollektive und Schulen der Sozialen Arbeit" (Ассоциация коллективов вузов и школ социальной работы) und die „Union der Sozialarbeiter und Sozialpädagogen" (Союз социальных педагогов и социальных работников).
[18] Vgl. Krieger/Nikitina 2015.

Lösungen, die nun auf wissenschaftlich begründetem Wege gefunden und legitimiert werden sollen. In jedem Falle ist die Akademisierung von Sozialer Arbeit eine Anerkennung der Notwendigkeit, dass hinsichtlich der sozialen Notlagen fundierte und wirksame Mittel gefunden werden müssen, um das gesellschaftliche Wohlergehen zu sichern.

Von Anfang an waren fast überall die internationale Orientierung an den Fachbereichen, die interdisziplinäre Ausrichtung und die fachlichen Standards hoch und vom Anspruch her mit den Gegebenheiten in westeuropäischen Ländern in vielen Fällen vergleichbar, wenn auch die theoretischen Grundlagen deutlich weniger entwickelt[19] und die Strukturierung der Studiengänge hinsichtlich der Anwendungsfelder weniger ausgeprägt war.

Die „Russische Zeitschrift der sozialen Arbeit" besteht seit 1995. Seit mehr als zehn Jahren werden auf föderaler staatlicher Ebene auch Standards der beruflichen Hochschulausbildung geschaffen, die landesweit eine Grundstruktur der curricularen Qualifikationsziele bilden sollen.[20] In den letzten Jahren verstärken sich die Bemühungen um das akademisch wissenschaftliche Fundament der Disziplin Soziale Arbeit und um eine Theorie der Sozialen Arbeit merklich.[21] Dennoch klafft ein Hiatus zwischen dem idealistischen Interesse und der alltäglichen Praxis, sind doch überall die Folgen chronischer Unterfinanzierung, mangelnder personeller und sachlicher Ausstattung und fehlender öffentlicher Anerkennung zu spüren.

- -

Im Folgenden sollen einige der zentralen sozialen Probleme in den ehemaligen Sowjetstaaten umrissen werden. Wir wollen uns dabei vornehmlich bei auf Fakten stützen, die die gesellschaftliche Situation in Russland, Armenien und Kirgi-

---

[19] Hier muss man in Rechnung stellen, dass in allen postsowjetischen Staaten anfangs so gut wie keine einschlägige Literatur in den jeweiligen Landessprachen vorlag und für die Lehre daher auf Quellen benachbarter Disziplinen und, soweit möglich, auf englischsprachige, deutsche oder französische Quellen zurückgegriffen wurde. Der bibliothekische Bestand an einschlägiger Literatur für Soziale Arbeit ist an den Hochschulen in vielen Ländern noch immer spärlich, wodurch eine kritisch vergleichende Lektüre verhindert und fast jedes erlangbare Buch zum Lehrbuch wird. Dies erklärt die manchmal dogmatische Enge der Sichtweisen in theoretischen und praktischen Belangen. Gerade hier ist der internationale akademische Austausch eine wichtige Voraussetzung zur Erweiterung der Perspektiven für Lehrende und Studierende.
[20] Die föderalstaatlichen Ausbildungsstandards befinden sich seit 2005 im Status eines Entwurfs, werden aber von den Hochschulen teilweise bereits zur Anwendung gebracht. Vgl. Kepeschuk/Skok 2009.
[21] Vgl. etwa Firsov/Studenova 2007 oder Topchij 2010.

sistan kennzeichnen. Die weitgehende Einschränkung auf diese Länder erfolgt mit Rücksicht auf die Tatsache, dass aus eben diesen Ländern HochschulvertreterInnen an der den hiesigen Beiträgen zugrunde liegenden Internationalen Konferenz in Ludwigshafen teilgenommen haben und daher die Lektüre zu einzelnen hier genannten Problembereichen in diesen Beiträgen vertieft werden kann. Wir wollen uns an dieser Stelle mit der Darstellung ausgewählter Daten zu den Themen *Armut und Arbeitslosigkeit, Jugendkriminalität und Verwahrlosung, Situation der alten Menschen, Menschen mit Behinderungen* und *Migration und interethnische Spannungen* bescheiden.

Armut und (Jugend-)Arbeitslosigkeit. Die Einschätzung der Armutssituation in Russland ist schwierig. Als zentraler Faktor von Armutsrisiken kann das Erwerbseinkommen in den Blick genommen werden. Einerseits zeichnen die offiziellen russischen Statistiken zur Arbeitslosigkeit (um die 6,2% für 2014) ein sehr positives Bild, andererseits wird der Anteil an Schwarzarbeit bei der erwerbstätigen Bevölkerung auf rund 50% geschätzt, wodurch die Zahl der sich arbeitslos Meldenden stark gegenüber der tatsächlichen Arbeitslosigkeit reduziert werden dürfte. Der Anteil an Arbeitslosen unter jungen Menschen (zwischen 15 und 24 Jahren) wird aktuell auf 14% geschätzt.

Wenn das statistische Durchschnittseinkommen in Russland derzeit bei 24.000 Rubel liegen soll, so darf nicht übersehen werden, dass hier die (gegenüber anderen Städten des Landes mehr als doppelt so hohen) Einkommen in Moskau das Bild für die Verhältnisse im ganzen Land erheblich verzerren. Nach den Statistiken der Weltbank leben zurzeit 28,7 Prozent der russischen Bürger unterhalb der Armutsgrenze. Die offiziellen Statistiken in Russland sehen den Anteil der Armen bei 13%.[22] Dabei wird als Armutsgrenze ein verfügbares monatliches Einkommen von 1000 Rubel angesetzt, während das monatliche Existenzminimum bei etwa 7500 Rubel liegt (!).

In den letzten 25 Jahren hat die soziale Ungleichheit im Blick auf die Einkommenssituation, auf Sicherheiten und Rücklagen erheblich zugenommen. Die Erhöhung des Gini-Koeffizienten in Russland von 0,26 im Jahre 1991 auf 0,39 in

---

[22] Vgl. http://www.indexmundi.com/g/g.aspx?v=69&c=rs&l=de. Gegenüber 2001 hat sich damit der Armenanteil halbiert.

1999 und 0,47 in 2011 zeigt die unaufhaltsame Dynamik wachsender Einkommensungleichheit in Russland.[23]

In Armenien gelten für 2012 32,4% der Bevölkerung als arm, von diesen 13,7% als sehr arm, 2,7% als extrem arm. Hier haben sich die Zahlen im Vergleich zu 2008 deutlich verschlechtert.[24] In Kirgisistan gelten 2012 38% als arm, die extreme Armut liegt bei 4,5%. Von 2008 (31,7%) bis 2012 haben sich auch hier die Zahlen erheblich verschlechtert, nachdem sie sich von 2000 an beginnend bei 62% kontinuierlich verbessert hatten.[25]

Die Arbeitslosigkeit in Armenien liegt 2013 offiziell bei 18,7%[26], für 2011 wird eine Jugendarbeitslosigkeitsquote von 57,6% angegeben; allerdings ist die Unterbeschäftigungsrate in Armenien ebenfalls sehr hoch und viele Armenier im erwerbsfähigen Alter emigrieren als Gastarbeiter vor allem nach Russland. Sie lassen ihre Familien und ihre Eltern zurück und versorgen sie vom Ausland aus, soweit dies möglich ist. In Kirgisistan gelten offiziell 8,4% der Bevölkerung 2012 als arbeitslos. Dieser Wert verbessert sich seit 2004, als noch 18% als arbeitslos galten, kontinuierlich.[27] Allerdings ist auch hier von einer deutlich höheren Dunkelziffer auszugehen, da sich die wenigsten Betroffenen arbeitslos melden. In Kirgisistan lag 2004 der Anteil von arbeitslosen Jugendlichen (15-24 Jahre) in der Gesamtgruppe der Arbeitslosen bei 34,9%; dem standen 21,2% in der Gruppe der Beschäftigten gegenüber. Zum Vergleich: In Russland betrug der Anteil von arbeitslosen Jugendlichen zur gleichen Zeit 28,1% und diesem stand ein Anteil von 11,4% unter den Erwerbstätigen gegenüber.[28] Die Differenz der Anteile in beiden Gruppen (etwa um das Zweieinhalbfache) bringt ohne Zweifel eine Krise in der Jugendbeschäftigungssituation zum Ausdruck, deren Folgewirkungen für Jahrzehnte weiterbestehen werden.

Jugendkriminalität und Verwahrlosung. Auch die Entwicklung der Jugendkriminalität in den Ländern der ehemaligen Sowjetunion muss im Zusammenhang mit den Prozessen des postsowjetischen sozialen Wandels gesehen werden. Das

---

[23] Diese Tendenz ist nicht in allen ehemaligen Sowjetstaaten zu verzeichnen: In Armenien ist der Gini-Koeffizient von 0,36 im Jahre 2005 auf 0,30 2012 abgesunken, in Kirgisien von 0,39 2005 auf 0,33 im Jahre 2011.
[24] Vgl. National Statistical Service of the Republic of Armenia 2013, S. 2.
[25] Zu den Daten vgl. Poverty and Inequality Statistics, July 2013. Internet: http://knoema.com/ und www.factfish.com.
[26] Internationale Arbeitsorganisation ILO 2013. In den Krisenzeiten nach 2000 hatte die Arbeitslosigkeit in Armenien sogar 35,9% erreicht.
[27] Zu den Daten vgl. www.indexmundi.com.
[28] Vgl. Baskakova 2007, S. 30.

„Sinken des Lebensstandards, das Scheitern der ideologischen Postulate und der Verlust früherer sozialer und moralischer Orientierungen, die Desintegration des staatlichen Verwaltungssystems und der traditionellen Formen der sozialen Kontrolle – all dies ... führte insgesamt zu einem vermehrt negativen Verhalten und begünstigte insbesondere ein Anwachsen der kriminellen Aktivitäten Jugendlicher"[29], so fassen Tarbagajew, Uss und Schtschedrin die Ursachen zusammen. Insbesondere in der Russischen Föderation sind seit Jahren ein Anstieg der Kriminalität von Kindern und Jugendlichen und eine Tendenz zur Verjüngung der Deliktbereitschaft festzustellen. Unter 53 untersuchten Ländern ist der Anteil an Jugendlichen, die durch Mord und Todschlag zu Tode kommen, in Russland am höchsten (WTO-Bericht 2009). Parallel zum Anstieg der Jugendkriminalität hat sich der Alkoholkonsum wie auch der Konsum anderer Drogen drastisch erhöht.[30] Zwischen beiden Faktoren besteht offenbar ein enger Zusammenhang (Beschaffungskriminalität, Bandenkriminalität, Delikte unter Alkoholeinfluss). Die Bekämpfung dieser Tendenz ist fast überall eines der Hauptziele in der Arbeit mit Kindern und Jugendlichen durch Maßnahmen der Sozialen Arbeit, aber auch durch präventives Engagement von staatlichen Einrichtungen und Vereinen mit musischer oder sportlicher Ausrichtung.[31] Besorgniserregend ist der Anstieg organisierter Jugendkriminalität auch in den Großstädten Zentralasiens. Zusammenhänge zur Drogenkriminalität und zu radikal-islamistischen Bewegungen (die sich auch durch Drogenhandel finanzieren) und die Entstehung maffiaähnlicher Strukturen bis in Politik und Staatsdienst sind hier unübersehbar.[32] Bedingt durch die geographische Lage zwischen Afghanistan und der russischen Föderation, unsichere Grenzen und Korruption sind Länder wie Turkmenistan, Tatschikistan, Usbekistan, Kasachstan und Kirgisistan in einer exponierten Situation als Drogenimportländer für die russische Föderation.

Situation der alten Menschen. Ein soziales Problem, das in den Ländern der ehemaligen Sowjetunion noch immer kaum angegangen wird, ist die Situation der alten Menschen, insbesondere in ländlichen Regionen. Da der Staat überall auf die Fürsorge der Familien setzt, obschon diese immer weniger gewährleistet ist, sind gerade ältere Menschen auf dem Land infolge der Landflucht der er-

---

[29] Tarbagajew/Uss/Schtschedrin 1997, S. 438.
[30] Die volksgesundheitlichen Folgen sind erheblich. So beträgt 2010 der Anteil an suchtmittelbedingten Todesfällen bei Jugendlichen und jungen Menschen (16-35 Jahre) im Gesamt aller Todesfälle in dieser Altersklasse in Russland 76% (vgl. Schikowa 2011, S. 54).
[31] Vgl. Kouprianova 2000, 2014. Biss 2006, S. 53f. Besorgniserregend ist der Anstieg organisierter Jugendkriminalität in Großstädten.
[32] Vgl. Kupatadze 2013.

werbstätigen Bevölkerung fast nur noch auf sich selbst gestellt. Sie sind in besonderem Maße von sozialer und kultureller Isolation bedroht[33] und häufig nur mangelhaft medizinisch und pflegerisch versorgt.[34] Ihre Rücklagen und Einkommensmöglichkeiten neben der Rente sind, falls sie nicht weiterarbeiten, vielfach kaum nennenswert. Trotz mehrfacher Anhebung der Rentensätze sind die Renten für die meisten RentnerInnen nicht ausreichend, um mehr als nur den Lebensunterhalt zu sichern, geschweige denn den gewohnten Lebensstandard zu halten. Für viele reicht die Rente nicht einmal dazu aus, die notwendigen Medikamente zu bezahlen.[35]

Für Russland ist die Abhängigkeit des Rentensystems von der gesamtstaatlichen Haushaltssituation riskant. Schwankungen der Haushaltslage, wie sie derzeit durch die Abhängigkeit des Haushalts von den Einnahmen durch Rohstoffexporte deutlich werden, bedrohen auch die Stabilität des Rentensystems.[36] Die Rentenkasse muss fortgesetzt durch Gelder aus anderen staatlichen Haushaltskassen aufgefüllt werden.[37] Bei sinkenden Staatseinnahmen und wachsender Belastung durch Ausgaben (z.B. durch den jährlichen Anstieg der Rentner um etwa eine Million in Russland), sind früher oder später die Rentenauszahlungen gefährdet. Es ist daher abzusehen, dass das soziale Problem der Prekarisierung der alten Menschen in diesen Staaten ein bedeutsames Feld der Sozialen Arbeit werden wird.

Nicht für alle postsowjetischen Länder stellt sich die demographische Situation gleich dar. In einigen zentralasiatischen Ländern zeigen sich in den letzten Jahren leichte Zuwachsraten in der jungen Bevölkerung, während deren Anteil in Russland, im Kaukasus und in den baltischen Staaten stark abgenommen hat.[38]

---

[33] Vgl Presnjakova 2010.
[34] Vgl. Krasnova 2010.
[35] Vgl. Erdmann-Kutnevic 2006, S. 14. Die Durchschnittsrente liegt derzeit bei etwa 10.000 Rubel in Russland.
[36] Vgl. Ovčarova 2012.
[37] Die „Fremdfinanzierung" durch den Staatshaushalt war von Anfang an eine Notwendigkeit, da über Beitragszahlungen finanzierte Rentenfonds ja erst seit 1990 bestehen und somit die Rentenkasse zunächst leer war. Die vergangenen 25 Jahre haben nicht ausgereicht, um genug Mittel für die heute fälligen Rentenauszahlungen anzusparen. Vielmehr befindet die Rentenkasse noch immer im Aufbau und angesichts schwächelnder Wirtschaft im Wettlauf mit der Zeit. Um diesen Wettlauf mit der Zeit zu gewinnen, müssen wahrscheinlich sowohl die Sozialabgaben erhöht werden als auch der Stabilitätsfond, der aus Einnahmen des Energiegeschäftes rekrutiert wird, in Anspruch genommen werden (vgl. Gontmacher 2012, S. 388).
[38] Dieser Rückgang der jungen Bevölkerung ließ sich durch die Statistiken zur Geburtenrate in den verschiedenen Ländern durchaus vorhersehen. In allen postsowjetischen Staaten, auch Ländern wie Tadjikistan, Turkmenistan und Uzbeskistan, die in den Neunzigern noch kumu-

Dennoch sind alle Länder wie die europäischen auch von einer globalen Alterungstendenz erfasst, die zu politischen Konsequenzen einerseits, zu einer gesellschaftlichen Auseinandersetzung mit dem Wert des Alters andererseits auffordert. In beiden Hinsichten stellen sich für diese Länder Herausforderungen, die insofern von besonderer Brisanz sind, als die ältere Generation durch den Transformationsprozess größtenteils nicht nur materiell, sondern auch hinsichtlich ihres Images erhebliche Einbußen hat erleiden müssen.[39] Die Entdeckung des Alters als eines mit neuen Erfahrungsmöglichkeiten ausgestatteten Lebensabschnitts wie auch die Schaffung der hierzu notwendigen Ressourcen steht hier weitgehend noch aus.

Menschen mit Behinderungen. Eine Bevölkerungsgruppe, die in vielerlei Hinsicht in Russland wie auch in den Staaten des Kaukasus und Zentralasiens in erheblichem Umfang sozial benachteiligt ist, sind Menschen mit geistigen, seelischen und körperlichen Behinderungen.[40] Zu Zeiten der Sowjetunion hatte sich zur diagnostischen Einschätzung von Behinderungen eine sogenannte „Defektologie" herausgebildet, die sich zwar mit den Ursachen und Folgen von körperlichen und geistigen Einschränkungen befasst und bescheidene Rehabilitationsmaßnahmen auf den Weg gebracht hat, allerdings die Entwicklungspotenziale von behinderten Menschen größtenteils übersehen hat. Generell war es üblich, die Existenz von Menschen mit Behinderungen schlicht zu leugnen und auf die Angehörigen erheblichen Druck auszuüben, behinderte Kinder und Jugendliche aus der Öffentlichkeit fernzuhalten. Entsprechend unterentwickelt waren das diagnostische Differenzierungsvermögen der „Defektologie", geschweige denn die Ansätze zur Betreuung von (Schwerst)Behinderten. Diese Haltung strikter Ignoranz hat sich in den Jahren der *Perestroika* und den Jahren der Transformation in dem Maße aufgelöst, in welchem die Bevölkerung im Alltag mit der Existenz von behinderten Menschen konfrontiert worden war und begonnen hatte, die Anliegen der Angehörigen ernst zu nehmen.[41]

---

lative Geburtenraten von 4 Kindern je Frau im fertilen Alter aufwiesen, zeigt sich ein Rückgang dieser Geburtenrate. In Armenien brach die kumulative Geburtenrate von 1990 bis 2005 auf 50% zusammen.Dabei muss die Versorgungsbedürftigkeit von Kindern als der wesentliche Faktor des Geburtenrückgangs erkannt werden: Denn 2003 waren 42,9% der Haushalte mit mehr als vier Kindern von extremer Armut bedroht, während der Anteil von Haushalten mit nur einem Kind nur bei 18,9% lag. Ähnliche Werte und Differenzen liegen für Tadjikistan, Kasachstan und Aserbeidjan vor (vgl. Baskakova 207, S. 10).
[39] Vgl. Levinson 2010.
[40] Siehe zum Überblick die Beiträge in Rasell/Iarskaia-Smirnova 2013.
[41] Rasell/Iarskaia-Smironova weisen darauf hin, dass in diesen Jahren auch international die stärksten Reformwellen im Bereich der Rechte von Menschen mit Behinderungen und im

In der russischen Föderation wird inzwischen auch von der Öffentlichkeit weitgehend anerkannt, dass Menschen mit geistigen oder körperlichen Behinderungen besonderer Fürsorge und Förderung bedürfen und hierfür eine öffentliche Verantwortung besteht. Seelische Behinderungen erfahren allerdings noch wenig Anerkennung in diesem Sinne. Immerhin beginnt hier vielerorts in Russland in den letzten Jahren ein Perspektivwechsel, der auch die Schaffung behindertengerechter Umwelten thematisiert,[42] nicht zuletzt angeregt durch eine Vielzahl von Fortbildungsmaßnahmen im europäischen Westen und in den USA.

In den zentralasiatischen Ländern stellt sich diese Situation anders dar: Hier existieren zwar gesetzliche Grundlagen für eine „inklusive Erziehung" (so in Tadjikistan und Kirgisistan) oder offizielle „sonderpädagogische Lehrpläne" (so in Kasachstan und Turkmenistan, welche die UN-Konvention unterzeichnet haben), doch scheinen diese Konzepte in der Realität kaum eine Rolle zu spielen. So erhalten die meisten Kinder und Jugendlichen mit Behinderungen nach wie vor keine Schulbildung und werden nicht beruflich ausgebildet. Entsprechend werden behinderte Menschen in hohem Maße stigmatisiert und sind sozial weitgehend ausgegrenzt. Die diagnostischen Zugänge sind nach wie vor von einer medizinisch ausgerichteten „Defektologie" geprägt, die die Potenziale von behinderten Menschen kaum erkennt und damit den Zugang zu Bildungseinrichtungen eher begrenzt als befördert.[43] Die Fähigkeit zur geistigen und psychischen Weiterentwicklung wird Behinderten weitgehend abgesprochen.[44] Diese Rahmenbedingungen zeichnen für die Behindertenarbeit ein wenig hoffnungsvolles Bild. Dennoch sind in den zentralasiatischen Ländern zahlreiche nationale und internationale NGOs und Initiativen engagiert, die es sich zum Ziel gesetzt haben, eine bessere Versorgung und Teilhabe von Behinderten am Bildungssystem und am gesellschaftlichen Leben überhaupt zu erreichen. Viele Einrichtungen der Jugendhilfe und Behindertenarbeit versuchen, durch eine effektive Vernetzung mit den regionalen Behörden, sozial engagierten Interessensgruppen und NGOs ihre Arbeitsvoraussetzungen zu verbessern. Für eine erfolgreiche Arbeit der NGOs ist es nicht nur entscheidend, mit den staatlichen Strukturen einvernehmlich zu kooperieren, sondern auch die Einflüsse und Ansprüche tra-

---

Bereich der Anti-Diskrimierungsgesetze zu beobachten waren. Vgl. Rasell/Iarskaia-Smirnova 2013, S. 9.
[42] Vgl. den Beitrag von Fadeeva/Makienko zur Entwicklung beruflicher Kompetenzen in diesem Buch.
[43] Vgl. Isabekova 2013.
[44] Vgl. Open Society Institute 2009, S. 3.

ditioneller Gemeinwesenorganisationen (*schamaaten* in Kirigisistan[45], *mahallas* in Tadschikistan und Usbekistan) zu berücksichtigen.[46]

In Kirgisien erhalten Menschen mit Behinderungen, die nicht erwerbstätig sind und nicht von Angehörigen versorgt werden, eine Sozialhilfe in Höhe von umgerechnet 12€ monatlich. Dies reicht kaum, um Hunger und Obdachlosigkeit zu entkommen, und so sind viele täglich auf das Betteln angewiesen. Allerdings haben sich einige Menschen mit Behinderungen in Kirgisien organisiert[47] und machen in offensiver Weise auf sich und ihre Lebenssituation aufmerksam (beispielsweise durch gemeinsames Auftreten in der Öffentlichkeit oder – wie 2010 geschehen – durch Hausbesetzungen).

Infolge des schweren Erdbebens 1988 in Armenien, welches in den betroffenen Regionen ein enormes Maß an Zerstörungen, Obdachlosigkeit, sozialen und gesundheitlichen Folgen hervorbrachte, die bis in die Gegenwart noch anhalten, engagierten sich zahlreiche internationale humanitäre Organisationen in diesem Lande, deren Augenmerk sich sehr bald auch auf die Situation von behinderten Menschen in Armenien richtete. Zu dieser Zeit hatte Armenien noch so gut wie keine schulischen oder pflegerischen Einrichtungen zur Betreuung oder Förderung von Menschen mit Behinderungen. Die gängige Praxis war vielmehr, behinderte Menschen in den damals menschenunwürdigen Psychiatrien unterzubringen oder sie – verborgen vor den Augen der Öffentlichkeit und abgeschnitten von jeglichen Bildungsmöglichkeiten – in den Familien zu belassen. Durch den Einfluss der internationalen Organisationen, aber auch durch die im Zuge der Auflösung der Sowjetunion erreichte Autonomie und erheblichen Druck durch das westliche Ausland und durch inländische Initiativen wurde die Politik veranlasst, die Rechte von Menschen mit Behinderungen anzuerkennen.

Zunächst hatten die rechtlichen Regelungen kaum Auswirkungen auf die Praxis, da Konzepte zur Förderung von behinderten Menschen und die Frage der Teilnahme an Bildungsangeboten nur zögerlich angegangen wurden. Mit der Umstellung der Schule Nummer 27 in Erivan auf inklusive Erziehung startete 1992 jedoch ein Programm, welches in den Folgejahren auf fünf weitere Schulen übertragen wurde und sodann als *das* Zukunftsprogramm zur Beschulung von behinderten Kindern und Jugendlichen durchsetzte. Im Jahre 2009 existierten in Armenien 115 inklusive Schulen, 14 Internate für Kinder mit Behinderungen

---

[45] Vergleiche den Beitrag von Perisat Aitbaeva in diesem Buch.
[46] Vgl. Katsui 2013, S. 212.
[47] So etwa in der Union of Young Disabled of Chui Oblast.

und 28 spezielle Tagesschulen. Entscheidend war hierfür auch der Einfluss der Initiative „Bridge of Hope" in Erivan, die von Eltern behinderter Kinder 1992 gegründet worden war. Allerdings wuchs die Kritik an den Erfolgen der inklusiven Schulen ab 2000 erheblich, so dass sich die Politik zur Einführung eines pluralen Angebotssystems zur Förderung von behinderten Kindern vor allem an speziellen Tagesschulen entschloss, welches die Zahl der Kinder in Vollzeiteinrichtungen in zehn Jahren halbierte und zur Schließung aller Internate in den ländlichen Regionen führte.[48] Von den geschätzten 11.100 behinderten Kindern (bis 16 Jahre) in Armenien besuchten nach Angaben des Statistischen Jahrbuchs von Armenien im Jahre 2009 2800 behinderte Kinder spezielle Tagesschulen, 1700 Kinder Internate, 360 Kinder Pflegeeinrichtungen und eine unbekannte Zahl die inklusiven Schulen. Die Zahlen verdeutlichen aber auch, dass noch immer jedes zweite behinderte Kind keine Beschulung erfährt.

Zum einen sind die Entwicklungen für Kinder und Jugendliche mit speziellen Förderbedarfen in Armenien – vor allem auch angesichts der bescheidenen wirtschaftlichen Verhältnisse – zukunftsweisend, wenn man ihr offizielles Erscheinungsbild in den Blick nimmt. Zum anderen bestehen aber deutliche Ausbildungsmängel seitens der LehrerInnen und professionellen Pflegenden im Blick auf die Förderung von Kindern und Jugendlichen mit Behinderungen. Dies trifft auf die medizinische Diagnostik ebenfalls zu. SozialarbeiterInnen und -pädagogInnen findet man noch immer kaum in den einschlägigen Praxisfeldern. Gravierend ist aber vor allem die Einstellung der Bevölkerung gegenüber Behinderten. Verbreitet werden körperliche Formen der Behinderung als Indiz für eine geistige Behinderung erachtet, geistig Behinderte werden in ländlichen Verwaltungsbezirken teilweise mit körperlich Behinderten, die im Vollbesitz ihrer geistigen Kräfte sind, in noch immer menschenunwürdigen Psychiatrien untergebracht. Die Präsenz von Behinderten in der Öffentlichkeit wird als peinlich erlebt und als Zumutung gebrandmarkt, Behinderte werden größtenteils in den Familien oder bei den Großeltern versteckt oder (in besser gestellten Familien) in Einrichtungen verbracht, die sie den ganzen Tag über betreuen. Dass sich Eltern ihrer behinderten Kinder schämen und von ihrem sozialen Umfeld stigmatisiert werden, ist Normalität. Oftmals geraten sie als Eltern selbst in eine Situation sozialer und ökonomischer Ausgrenzung. Hartnäckig halten sich antiquierte Vorstellungen über eine genetische Minderwertigkeit des Erbguts, aus welcher sich Behinderungen erklären sollen, oder gar über das Wirksamwerden

---

[48] Vgl. Shmidt 2013, S. 256.

einer Erbschuld oder „Gottesstrafe" für Vergehen der Eltern oder ihrer Vorfahren. Geistig und körperlich Behinderte werden in der Öffentlichkeit vielerorts nicht nur mit Verachtung gestraft, sondern zuweilen sogar körperlich attackiert. Die menschenverachtende Sichtweise von Behinderung impliziert ein hohes Risiko der Gefährdung körperlicher Integrität von Menschen mit Behinderungen (Verwahrlosung, Pflegemängel, Züchtigungen, Zwangsprostitution). Die Mobilität von körperlich Behinderten ist sowohl im öffentlichen Raum, der kaum irgendwo behindertengerecht eingerichtet ist, als auch in den Wohnungen (fehlende oder nicht funktionierende Fahrstühle) erheblich eingeschränkt, was ihre soziale Isolation verstärkt. Bilanzierend muss festgestellt werden, dass Menschen mit Behinderungen in Armenien trotz der offiziellen Inklusionsbemühungen noch immer in extremem Umfang benachteiligt sind und der Umgang der Bevölkerung mit behinderten Menschen als weitgehend desintegrativ zu betrachten ist. Noch immer ist Soziale Arbeit mit Behinderten im außerschulischen Bereich fast überall nur im Rahmen von Projekten von NGOs bzw. in staatlichen Einrichtungen zu finden, die wesentlich vom Ausland finanziert werden.

Sowohl für die russische Föderation wie für die Länder Zentralasiens und des Kaukasus sind die folgenden Punkte als die dringlichsten Anliegen für die Arbeit mit behinderten Menschen zu benennen: a) eine bessere Ausbildung des Fachpersonals, b) eine bessere Ausstattung der Fördereinrichtungen in sachlicher, finanzieller und personeller Hinsicht, c) die tatsächliche Umsetzung von inklusiver Bildung und eine entsprechende Weiterqualifizierung von LehrerInnen bzw. die Einrichtung von sonderpädagogischen Assistenzstellen an den Schulen, d) die Ermöglichung einer breitenwirksamen Öffentlichkeitsarbeit zur Änderung der diskriminierenden Sichtweisen gegenüber den Behinderten.

Migration und interethnische Spannungen. Zunehmender Rassismus aus unterschiedlichen Gründen lässt sich in allen Ländern der ehemaligen Sowjetunion beobachten. Der hohe Anteil illegaler ArbeitsimmigrantInnen schürt in Russland rassistische Motivationen, die auch in der Migrationspolitik neuerdings Auswirkungen zeitigen.[49] In der öffentlichen Meinung wird insbesondere in Russland

---

[49] Fünf bis sechs Millionen Menschen aus den zentralasiatischen Staaten wandern jährlich in die russische Föderation ein. Die Zahl der ImmigrantInnen aus dem Kaukasus könnte ähnlich hoch sein. Es wird vermutet, dass der größere Teil dieser Immigration illegal ist. Der oppositionelle Politiker Alexej Nawalnyj fordert daher seit 2013 eine Visumspflicht für Immigranten aus Zentralasien und dem Kaukasus. Diese Forderung wird nach einer Umfrage von echo moskovski von mehr als der Hälfte der russischen Bevölkerung gestützt. 45% sprechen sich für die Deportation illegaler Migranten aus und für das Verbot der Wiedereinreise. Xenophobe Tendenzen haben in Russland einen historischen Höchststand erreicht. Die Kriminalisie-

verbreitet die Befürchtung artikuliert, von ausländischen Arbeitskräften überschwemmt zu werden.[50] Die Erfahrungen mit den Kriegen in Afghanistan und Tschetschenien, das Erlebnis der „islamischen Wiedergeburten" in Dagestan[51], Tatarstan und in Baschkortistan, die Angst vor radikal-islamistischem Terror und eine zunehmende Entfremdung zwischen der christlichen und der islamischen Bevölkerung selbst in Oblasten, die über Jahrzehnte ein friedliches Zusammenleben von Angehörigen beider Religionen gewährleisten konnten, belasten die Toleranzbereitschaft der Bevölkerung zusätzlich. Bisher gelingende Integrationsformen[52] stehen zur Disposition. Zwei Drittel der Bevölkerung folgen heute der Parole „Russland den Russen",[53] fordern eine Visumspflicht für MigrantInnen aus Zentralasien und dem Kaukasus und sprechen sich für die Ausweisung von illegal Aufhältigen aus. Obschon Russland zur Konsolidierung und Weiterentwicklung der Wirtschaft wie zur Absicherung seiner sozialen Strukturen dringend auf die Einwanderung ausländischer Arbeitskräfte angewiesen wäre, wird die notwendige Integrationspolitik gegenwärtig durch nationalistische Rhetorik und xenophobe Bewegungen behindert bzw. grundsätzlich auf Eis gelegt.

Mit der Erlangung der Autonomie sind im Ringen um die eigene Identität in vielen ehemaligen Sowjetstaaten Formen des ethnischen Nationalismus aufgekommen, aus denen regionale und kulturelle Dominanzansprüche abgeleitet wurden und die heute die Unterdrückung von ethnischen Minderheiten vorantreiben. Die politisch deklarierte Belanglosigkeit ethnischer Zugehörigkeit im sowjetischen Sozialismus erweist sich als eine historische Last insofern, als eine gesellschaftliche Auseinandersetzung mit ethnischen Differenzen einerseits, mit den Erfordernissen interkulturellen Dialogs andererseits zu diesen Zeit nicht stattgefunden hat und heute, wo sie dringend gebraucht würde, weitgehend un-

---

rung von Migranten wird in den Medien und in der Politik mit rhetorischen Mitteln betrieben; durch die Kriminalstatistik lässt sich diese Argumentation allerdings nicht rechtfertigen. Die seit Januar 2015 wirksame Einwanderungsreform, welche von ImmigrantInnen (von außerhalb der eurasischen Union) nicht nur einen Sprachtest und eine ärztliche Untersuchung fordert, sondern auch den Erwerb einer Arbeitsgenehmigung (für 50-180 €), dürfte zwar manche von der Immigration abhalten, andere aber noch stärker in die illegale Beschäftigung hineindrängen (vgl. Golunov 2014).

[50] Die Ethnisierung der Migration ist in Russland sowohl eine Folge der Rückemigration von Russen aus den heute autonomen ehemaligen Sowjetrepubliken in den Neunzigern als auch eine Folge der zunehmenden Immigration von Bürgern aus Zenralasein, China, der Ukraine und dem Kaukasus. Vgl. hierzu Vendina 2012.

[51] Vgl. Lies 2008, Halbach 2010.

[52] Vgl. Gontscharowa 2004.

[53] Vgl. Spahn 2014.

entwickelt ist. Der Bedarf an Dialogen und an der Entwicklung eines entsprechenden Diskurses wird unter sozialwissenschaftlichen Fachleuten erkannt[54], ihre Forderungen haben aber in der öffentlichen Diskussion eher den Stellenwert einer Außenseiterposition. Präventive Arbeit wird daher in Politik und Öffentlichkeit für die Soziale Arbeit kaum als Aufgabe anerkannt, allenfalls fungiert sie als eine Versorgungshilfe für MigrantInnen in Notlagen.

In Armenien liegt, wie dargestellt, das Hauptproblem im Migrationsbereich nicht in der Einwanderungssituation oder im Umgang mit den Minoritäten[55], sondern in der Abwanderung qualifizierter Arbeitskräfte ins Ausland[56], vornehmlich nach Russland, aber auch nach Europa und den USA. Das Land blutet aus.[57] Eine ähnliche Tendenz ist auch in Kirgisistan festzustellen, stärker noch in Usbekistan und Tadschikistan. Hier wären neben der Unterstützung der zurückbleibenden Familienmitglieder Maßnahmen wichtig, die Risiken illegaler Migration mindern, eine Zirkulärmigration unterstützen und die Reintegration fördern.

Interethnische Spannungen sind in Armenien vornehmlich durch die anhaltenden Konflikte mit Aserbeidschan wegen des ungeklärten Status von Nagorno Karabach begründet. Die Minoritäten anderer Ethnien sind weitgehend integriert.[58] In Kirgisistan bestehen interethnische Spannungen vornehmlich im Süden des Landes, insbesondere im Ferganatal, zwischen Usbeken und Kirgisen, aber auch zwischen Tadschiken und Kirgisen am tadschikischen Grenzgebiet. Die Eskalation des Konfliktes mit ethnischen Usbeken 2010 in Osch, bei der 100.000 Usbeken nach Usbekistan vertrieben wurde und 470 Menschen, vornehmlich Usbeken getötet wurden, hat tiefe Gräben zwischen den Ethnien zum Vorschein gebracht. Sie zu überwinden ist inzwischen das aufrichtige Anliegen einer nationalen Politik, die die „Dreisprachigkeit" des Landes propagiert und alles daran setzt, eine integrative bürgerliche Identität zu stärken. Allerdings steht die Aufarbeitung der Verbrechen in Osch noch aus und die faktische Gleichstellung von Usbeken und Kirgisen etwa in Positionen im Staatsdienst

---

[54] Vgl. Zinurova/Krieger 2013, Zinurova 2015 in diesem Band.
[55] Maßnahmen zum Schutz der ehtnischen Minoritäten und zur Förderung ihrer Sprache und Kultur sind etwa dokumentiert im Council of Europe Bericht zum Schutz der Minderheiten in Armenien 2009.
[56] Schätzungsweise ein Drittel der armenischen Bevölkerung ist in den letzten zehn Jahren emigriert. Vgl. hierzu auch den Beitrag von Juliana Melkumyan in diesem Buch.
[57] Allerdings findet derzeit infolge der Fluchtbewegungen aus Syrien eine mäßige Remigration aus armenischen Siedlungsgebieten in Syrien statt.
[58] Zu den Minoritäten in Armenien vgl. Asatryan/Arakelova 2002.

wie auch die Bearbeitung ethnischer Vorurteile bei Polizei und Militär sind noch Zukunftsaufgaben.

Zu den Artikeln des Buches

Entsprechend den Hauptthemen der Konferenz gliedert sich das Buch in vier Hauptabschnitte mit den Themen „Präventive Maßnahmen in zentralen Handlungsfeldern der Sozialen Arbeit" (I), „Institutionalisierungsprozesse im Sozialwesen" (II) „Religion, ethnische Zugehörigkeit und soziale Konflikte" (III) und „Interdisziplinäre Kompetenzorientierung in Sozialer Arbeit und Sozialmanagement in Ausbildung und Praxis" (IV).

1. Präventive Maßnahmen in zentralen Handlungsfeldern der Sozialen Arbeit werden aus deutscher Perspektive von *Martin Pfeil* und *Annegret Lorenz* hinsichtlich ihrer rechtlichen Grundlagen analysiert. *Juliana Melkumyan* beschreibt die Entwicklung und die aktuellen Probleme von Kindereinrichtungen in Armenien, während präventive Maßnahmen im Kontext von Arbeit durch zwei Beiträge von Kolleginnen von der TPU Tomsk umrissen werden: *Raisa Kvesko, Yana Chaplinskaya* und *Svetlana Kvesko* stellen die heutige Sicht des Burnout-Syndroms in Russland dar und skizzieren präventive Maßnahmen im Bereich der Betrieblichen Sozialen Arbeit. Die Entwicklung der Kinderrechte in Deutschland ist der Gegenstand der Erörterung von *Annegret Lorenz*. *Marina Makienko* und *Vera Fadeeva* befassen sich mit der Problematik der Berufstätigkeit von älteren Arbeitnehmern in Russland, die zur Sicherung ihres Lebensunterhaltes sich nicht mit der Rente begnügen können.

2. Institutionalisierungsprozesse im Sozialwesen werden zunächst von *Barbara Weiler* im Blick auf die Entwicklung der Jugendhilfe in Deutschland in ihren wesentlichsten Schritten dargestellt. Sodann zeigt *Perisat Aitbaeva* auf, welche Versuche seitens der Sozialen Arbeit in Kirgisien in den vergangenen Jahren unternommen worden sind, in verschiedenen Handlungsfeldern zu einer institutionalisierten Form zu finden. Für Armenien referiert *Artak Khachatryan* diese Entwicklung, angefangen bei der Entstehung sozialer Projekte im Anschluss an das katastrophale Spitaker Erdbeben 1988 über die Etablierung von Sozialämtern und Arbeitsämtern bis zur Akademisierung der Ausbildung von SozialarbeiterInnen.

3. Religion, ethnische Zugehörigkeit und soziale Konflikte sind in den letzten Jahren in zahlreichen Konfliktkontexten im asiatischen Raum in den Fokus der

Betrachtung geraten. *Raushana Zinorova* stellt die Bedeutung ethnokonfessioneller extremistischer Tendenzen insbesondere für Jugendliche dar und zeigt Ergebnisse eines Forschungsprojektes mit dem Titel „Besonderheiten der Ideologie des Extremismus in den nationalen Republiken der Wolga Region" auf, die die Verbreitung extremistischen Gedankengutes und extremistischer Haltungen und den Umgang der Bevölkerung mit Erfahrungen extremistischer Gewalt, aber auch den Einfluss modernen digitaler Medien dokumentieren. Fragen der ethnischen und nationalen Identifizierung stehen im Mittelpunkt des Forschungsberichtes von *Andrej Tuzikov* über ein Meinungsbild der Bevölkerung Tatarstans. *Hans-Ulrich Dallmann* analysiert vor dem Hintergrund der Religionstheorie Niklas Luhmanns aktuelle Prozesse der Transformation von Religion in modernen Gesellschaften und diskutiert in diesem Rahmen das schwierige Verhältnis der Kirche zu Gesellschaft und Staat unter den entgegengesetzten Ansprüchen von Säkularismus und Fundamentalismus. Die Entwicklungen von Religiösität in der Republik Kirgisistan und die Einstellungen der Bevölkerung zur religiösen Verbindlichkeit des Islam werden von *Bakitbek Maltabarov* differenziert auch in Hinsicht auf die ethnische Zugehörigkeit dargestellt. *Larissa Bogacheva* skizziert ein Modell des interkulturellen Dialogs und zeigt seine Bedeutung für die präventive Praxis in der Migrationssozialarbeit in Deutschland auf. Abschließend unterzieht *Wolfgang Krieger* die Kategorisierung von Konflikten als interethnisch, interkulturell oder interreligiös einer konstruktivistischen Kritik und diskutiert Ansätze zur Prävention und Bewältigung kollektiver Konflikte auch hinsichtlich der Rolle von Sozialer Arbeit in den Konfliktregionen und in den Zielländern von Flüchtlingen.

4. Die Perspektive der akademischen Entwicklung Sozialer Arbeit ist das Thema des letzten Abschnittes zur interdisziplinären Kompetenzorientierung in Sozialer Arbeit und Sozialmanagement in Ausbildung und Praxis. Einleitend begründen *Raisa Kvesko* und *Valery Turnaev* die Bedeutung der Bewertung von Sozialer Arbeit als gesellschaftlicher Praxis und ihre Relevanz für das Ausbildungsprofil von angehenden SozialarbeiterInnen. *Zulfija Yachina* von der ASO in Kasan zeigt auf, wie kulturelle Bildungsprozesse in der Ausbildung auf der Basis interdisziplinärer wissenschaftlicher Arbeit gefördert werden können. Die Orientierung des Studienganges Soziale Arbeit an der Polytechnischen Universität in Tomsk am Bedarf beruflicher Kompetenzen und die Bedeutung des Begriffs der „sozialen Rehabilitation" als Rahmenkonzept der Entwicklung Sozialer Arbeit ist das Thema des Beitrages von *Vera Fadeeva* und *Marina Makienko*. Ebenfalls am Kompetenzbegriff orientiert sich das Ausbildungskonzept für den Bereich

der Jugendhilfe, welches *Wolfgang Krieger* für den Studiengang der Sozialen Arbeit an der Hochschule in Ludwigshafen vorstellt, wie auch die von *Julia Rybasova* von der ASO Kasan vorgestellte Konzeption einer modernen, an Gruppenarbeit und selbstorganisierten Lernprozessen ausgerichteten und mit theaterpädagogischen Präsentationsformen erweiterten Didaktik des Bachelor-Studiengangs der Sozialen Arbeit.

Bilanz der Konferenz

Die Beiträge zur Internationalen Konferenz haben ein breites Spektrum zentraler Themenbereiche der Sozialen Arbeit abgedeckt. Damit konnte eine Vielzahl von Formen Sozialer Arbeit wie auch ihrer Rahmenbedingungen in der Praxis in vergleichender Weise vorgestellt und diskutiert werden. Im Überblick über die Beiträge konnte ansatzweise für die einzelnen Länder ein Bewusstsein über die Präsenz von Sozialer Arbeit, ihren Entwicklungsstand und ihre Rolle in der Gesellschaft gewonnen werden.

Deutlich wurde, in welchem Maße die Etablierung Sozialer Arbeit und ihre Ressourcenausstattung nicht nur von der Brisanz aktueller sozialer Probleme, sondern auch von der wirtschaftlichen Situation der Länder einerseits, von rechtlich garantierten Ansprüchen und vom Bewusstsein sozialer Verantwortung in Staat und Bevölkerung andererseits abhängig sind. Die Frage, für die Bewältigung welcher sozialer Probleme eine Zuständigkeit Sozialer Arbeit erwartet wird, ist selbst historischem Wandel und politischen und kulturellen Einflüssen unterworfen. Hier spielen das traditionelle Bewusstsein für soziale Unterstützung, die öffentliche Wahrnehmung von sozialen Problemen, die Existenz sozialer und religiöser Institutionen des Helfens, aber auch Gerechtigkeits-vorstellungen und Sichtweisen zur Selbstverschuldungsattribution eine bedeutsame Rolle.

Seit der „Einführung" Sozialer Arbeit in Russland und in den ehemaligen Sowjetstaaten sind gewaltige Entwicklungen vollzogen worden, wenn man bedenkt, dass mit der Sozialen Arbeit eine gesellschaftliche Institution, die gemeinsam mit ihrem rechtlichen und sozialpolitischen Kontext erst geschaffen werden musste, sozusagen aus dem Nichts heraus zu etablieren war. Dass dabei noch kein mit westlichen Verhältnissen vergleichbarer Stand erreicht ist, kann angesichts der kurzen Zeit wie auch der schwierigen wirtschaftlichen und politischen Verhältnisse nicht verwundern. Vor allem im rechtlichen Bereich und in der Entwicklung sozialpolitischer Programme sind seit der Zeit der *perestroika* seitens der staatlichen Instanzen eine Vielzahl von Neuansätzen und Reformen auf den Weg gebracht worden, die auf die Bewältigung bestehender oder absehbarer sozialer Problemlagen ausgerichtet waren, von denen aber auch viele ihre Ziele nicht erreichen konnten. Manche Diskussionen in der Konferenz haben erkennen lassen, dass ein Großteil der Probleme mangelnder Wirksamkeit der rechtlichen Vorschriften und politisch grundsätzlich validierter Programme[59] darauf zurückgeht, dass die vorgesehenen Maßnahmen gar nicht oder nur in geringem Umfang realisiert werden bzw. die bestehenden rechtlichen Ansprüche der Bevölkerung kaum bekannt sind und ohne die Öffentlichkeitsarbeit der Sozialen Arbeit auch nicht bekannter werden können. Diese sozialstaatliche „Ladehemmung" hat zum einen wirtschaftliche, zum anderen innenpolitische Gründe; sie hat aber auch etwas damit zu tun, dass sich Soziale Arbeit gesellschaftlich noch nicht deutlich genug artikuliert bzw. infolge mangelnder Ressourcen artikulieren kann. Hier besteht, wenn auch bei verschiedener Ausgangslage, bei den Trägern Sozialer Arbeit Einigkeit in den Bedürfnissen in Deutschland wie in den östlichen Ländern, Soziale Arbeit mit ausreichenden Ressourcen auszustatten, um ihre gesellschaftlichen Funktionen auch erfüllen zu können.

Die Konferenz hat auch gezeigt, dass der Dialog über soziale Fragen und Fragen der Ausbildung und Professionspolitik in der Sozialen Arbeit ein enormes Potenzial bietet, in der Sicht auf die so selbstverständlich gewordenen heimischen Verhältnisse neue Perspektiven zu entdecken und bisher Unhinterfragtes zur Disposition zu stellen. Eine internationale Konferenz, die nicht nur den Ost-West-Vergleich zu bestimmten Themen verfolgt, sondern auch verschiedenen Ländern im asiatischen und eurasischen Raum Gelegenheit bietet, hinsichtlich der vergleichsweise jungen Disziplin Soziale Arbeit ihre geschichtlichen und aktuellen Differenzen darzustellen, kann als „multilaterale Maßnahme" unzählige Anstöße freisetzen, die Kontingenz von sozialen und professionellen Entwicklungen zu beobachten und so eine Reflexionsebene zu erlangen, die im routinierten Schauen auf das Eigene nie erreicht werden kann. Insofern können alle bei einer solchen Konferenz etwas mitnehmen, der eine da, der andere dort, von dem sie später sagen können, dass es ihnen für Neues die Augen geöffnet habe.

---

[59] Zahlreiche Rechtsgrundlagen und Programme wurden vor allem im Kaukasus und in den zentralasiatischen Ländern nur geschaffen, um Auflagen für europäische Förderungen zu entsprechen; dass damit in vielen Bereichen (noch) nicht die Basis für ernsthafte Maßnahmen geschaffen ist, liegt auf der Hand.

Literatur:

Аганбегян А.Г. (2012): О приоритетах социальной политикиюю Spero 12, H.2, 2012. Aganbegian, A.G. (2012): Über die Prioritäten der Sozialpolitik. Internet: http://uisrussia.msu.ru/docs/nov/spero/12/N12_2010_02.pdf

AG Zivilgesellschaft (2001): Protokoll der AG Zivilgesellschaft Hauptversammlung 2011. Petersburger Dialog. http://www.petersburger-dialog.de/ag-zivilgesellschaft-2011?page=0,1

Antropov, Vladislav/Bossert, Albrecht (2005): Die soziale Komponente in der Wirtschaftsordnung der russischen *Föderation. Volkswirtschaftliche Diskussionsreihe* (Institut für Volkswirtschaftslehre der Universität Augsburg), Beitrag 273, 3/2005, S. 1-26.

Asatryan, Garnik/Arakelova, Victoria (2002): The Ethnic Minorities of Armenia. Yerevan. Internet: http://www.minorities-network.org/wp-content/uploads/2014/09/The-ethnic-minorities-of-Armenia.pdf (Zugriff 31.1.2015)

Baskakova, Marina (2007): Social aspects of youth education, gender equality and employment in the Caucasus and Central Asia. Moskau: International Labour Organization. Internet: http://www.ilo.org/public/english/region/eurpro/moscow/areas/gender/baskakova-eng.pdf

Biss, Claudia (2006): Alkoholkonsum und Trunkenheitsdelikte in Russland mit vergleichenden Bezügen zu Deutschland. Diss. Uni Hamburg. Hamburg: Lit.

Bowring, Bill (2013): Gesetze und NGOs in Russland. *Russland-Analysen* Februar 2013, H. 252, S.2-5.

Bundeszentrale für politische Bildung (2011): Analyse: Armut in Russland (Autorin: Natalja Evgeneva Tichonova). Internet: http://www.bpb.de/internationales/europa/russland/48264/analyse-armut-in-russland?p=all (Abruf 12/2014).

Council of Europe (2009): Third Report submitted by Armenia pursuant to article 25, paragraph 2 of the framework convention for the protection of national minorities. Strasbourg, Received on 5th. Nov. 2009 (ACFC/SR/III(209)010). Internet: http://www.coe.int/t/dghl/monitoring/minorities/3_FCNMdocs/PDF_3rd_SR_Armenia_en.pdf.

Dietz, Olga (2007): Entwicklung der Sozialen Arbeit und des Systems der Sozialen Versorgung in der Russischen Föderation. Masterthesis im Studiengang „Unternehmensführung im Wohlfahrtsbereich". Universität Heidelberg/Hochschule Ludwigshafen am Rhein.

Erdmann-Kutevic, Sabine (2006): Die soziale Situation von älteren Menschen in Belarus, Russland und der Ukraine. Fonds „Erinnerung und Zukunft" der Stiftung Erinnerung, Verantwortung und Zukunft. Berlin.

European Commitee of Social Rights (2014): European Social Charter (revisited). Conclusion 2013. Russian Federation. Article 3, 11, 12, 14 of the revised Charter. January 2014. http://www.coe.int/t/dghl/monitoring/socialcharter/Conclusions/State/RussianFederation2013_en.pdf

Firsov, M.B./Studenova, E.G. (2007): Theorie der Sozialen Arbeit. Lehrbuch für Hochschulen. Moskau (Фирсов М.В. Студенова Е.Г. Теория социальной работы: учебное пособие для вузов.-3-е изд.-М.: Академический Проект, 2007.-512 с.)

Golunov, Sergej (2014): Der Zusammenhang zwischen Einwanderung und Kriminalität in Russland. (Сергей Голунов: Взаимосвязь между иммиграцией и преступностью в России) http://echo.msk.ru/blog/ponarseurasia/1334186-echo/(Zugriff 31.1.2105)

Gontmacher, Jewgenij (2010): Sozialpolitik – Entwicklungen und Perspektiven. Aus dem Russ. V. Judith Janiszewski. In: Pleines, Heiko(Schröder, Hans-Henning (Hrsg.): Länderbericht Russland. Bundeszentrale für politische Bildung. Bonn, S.379-390.

Gontscharowa, Natalja (2004): Russische Muslime in Tatarstan und Dagestan. Zwischen Autonomie und Integration. In: Kaiser, Markus (Hrsg.): Auf der Suche nach Eurasien. Bielefeld., S. 226-247.

Halbach, Uwe (2010): Islam in Russland. In: Pleines, Heiko/Schröder, Hans-Henning (Hrsg.): Länderbericht Russland. Bundeszentrale für politische Bildung, Bonn, S. 457-465.

Isabekova, Gulnaz Kubanychbekovna (2013): Children with disabilities and inclusive education policy direction in Kyrgyzstan. How does the child representation define educational opportunities? Edinburgh. Internet: http://soros.kg/wp-content/uploads/2013/08/Children-with-disabilities-and-inclusive-education-policy-direction-in-Kyrgyzstan.How-does-teh-child-representationdefine-educational-opportunities.pdf

Kasui, Hisayo (2013): The challenges of operationalizing a human rights approach to disability in Central Asia. In: Rasell, Michael/Iarskaia-Smirnova (Ed.)(2013): Disability in Eastern Europe and the Former Soviet Union, S. 204-225.

Kepeschuk, Svetlana/Skok, Natalja (2009): Kompetenzverfahren als systembildender Faktor der Berufsausbildung in der Fachrichtung Soziale Arbeit. In: Krüger, R./Kusche, C./Schmitt, C. (Hrsg.): Europäische Dimensionen der Sozialarbeit. Sozial und bildungspolitische Diskussionsbeiträge zur Ausbildung in der Sozialen Arbeit. Lüneburger Schriften zur Sozialarbeit und zum Sozialmanagement, Bd. 8, Berlin: Lehmanns Media, S.63-82.

Kouprianova, Galina (2000): Kinder – und Jugenddelinquenz und Jugendpolitik in Russland. In: Bendit, R. u.a. (Hrsg.): Kinder- und Jugendkriminalität. Strategien der Prävention und Intervention in Deutschland und den Niederlanden. Opladen: Leske + Budrich, S. 319-322.

Kouprianova, Galina (2014): Grundlagen der staatlichen Jugendpolitik der Russischen Föderation. Internet: http://www.coe.int/t/dg4/youth/Source/Resources/Forum21/ Issue_No1/N1_russia_de.pdf (Abruf 10/2014)

Kranova, Olga (2010): Paradoxien des Alters. Gerontologie und soziale Realität in Russland. *Ztschr. Osteuropa* 60.Jg., H.5, S. 191-204.

Krieger, Wolfgang / Nikitina, Tatjana (2015): Soziale Arbeit in Russland. In: Puhl, Ria (Hrsg.): Soziale Arbeit in Europa. Organisationsstrukturen, Arbeitsfelder und Methoden im Vergleich. Weinheim/München: Beltz/Juventa 2015. (in Bearbeitung)

Kupatadze, Alexander (2013): Kyrgyzstan – A virtual narco-state? Internet: http://www.ijdp.org/article/S0955-3959%2814%2900015-2/fulltext (Abruf 12/2014)

Levinson, Aleksej (2010): Flöten wie Sokrates. „Neue Alte" und die alte Realität in Russland. *Ztschr. Osteuropa* 60.Jg., H.5, S.175-190.

Lies, Paul (2008): Ausbreitung und Radikalisierung des islamischen Fundamentalismus in Dagestan. In: Jahn, Egbert (Hrsg.): Studien zu Konflikt und Kooperation im Osten. Bd 17. Berlin.

Moser, Evelyn (2007): Kampf gegen Windmühlen – Straßenkinder in Kirgisistan. *Ztschr. Osteuropa* 57. Jg., H.8–9, S. 567-570.

National Statistical Service of the Republic of Armenia (2013): Social Snapshot and Poverty in Armenia. Internet: http://www.armstat.am/file/doc/99477213.pdf (Abruf 1/2015)

Open Society Institute (2009): Children with Special Education Needs in Kazakhstan, Kyrgyzstan and Tajikistan. Budapest. Internet: http://www.opensocietyfoundations.org/sites/default/files/special-education-en-20091207.pdf (Zugriff 6.1.2015)

Ovčarova, Lilija (2012): Reformbedarf – Russlands Rentensystem. *Ztschr. Osteuropa* 62.Jg., H.6-8, S. 343-356.

Presnjakova, Ljudmila (2010): Altsein in Russland. Soziale Lage und gesellschaftliches Klima. *Ztschr. Osteuropa* 60.Jg., H.5, S. 175-190.

Sidorenko, Aleksandr (2010): Faktizität und Geltung – Altenpolitik im postsowjetischen Raum. *Ztschr. Osteuropa* 60.Jg., H.5, S. 131-142.

Spahn, Susanne (2014): Gelenkte Xenophobie. Migration und nationale Frage in Russland. Ztschr. Osteuropa 64.Jg, H.7, S. 55-68.

Statista.com (2011): Changes in the number of non-governmental organizations (NGOs) with consultative status with ECOSOC* 1948 to 2010. Internet: http://www.statista.com/ statistics/268357/changes-in-the-number-of-ngos-worldwide-since-1948/

Tarbagajew, Alexej/Uss, Alexandr/Schtschedrin, Nikolai (1997): Rußland. In: Dünkel, Frieder/von Kalmthout, Anton/Schüler-Springorum, Horst (Hrsg.): Entwicklungstendenzen und Reformstrategin im Jugendstrafrecht im europäischen Vergleich. Mönchengladbach: Forum Bad Godesberg, S. 437-454.

Topchij, L.V. (2010): Methodologische Probleme der Entwicklung einer Theorie der sozialen Arbeit. Moskau RGSU (Топчий Л. В. Методологические проблемы развития теории социальной работы.- М.: Изд-во РГСУ, 2010).

Rasell, Michael/Iarskaia-Smirnova (2013): Conceptualizing disability in Eastern Europe and the former Soviet Union. In: Dies. (Ed.)(2013): Disability in Eastern Europe and the Former Soviet Union. S. 1-17.

Rasell, Michael/Iarskaia-Smirnova (Ed.)(2013): Disability in Eastern Europe and the Former Soviet Union: History, policy and everyday life: History, policy and everyday life (BASEES/Routledge Series on Russian and East European Studies). London: Routledge.

Schukowa, Tatjana (2011): Jugendliche als Täter und Opfer. *Ztschr. Öffentliche Sicherheit* 2011, H.7-8, S. 53-54.

Schwedthelm, Judith (2005): Russland auf dem Weg zum Sozialstaat? Friedrich-Ebert-Stiftung: *Internationale Politikanalyse Europäische Politik. Politikinformation Osteuropa*, Mai 2005. Internet: http://library.fes.de/pdf-files/id/02854.pdf

Shmidt, Victoria (2013): Lost in transition: missed opportunities for reforming disabled children's education in Armenia, Azerbaijan and Georgia. In: Rasel, M./Iarskaia-Smirnova, E. (Ed.): Disability in Eastern Europe and the Former Soviet Union.

Vendina, Olga (2012): Die Ethnisierung der Migrationsprozesse in Russland. *Russlandanalysen* März 2012, H. 236, S. 9-12.

Zinurova, Raushania Ilshatovna/Krieger, Wolfgang (2013): Educational technologies of immigrants' adaptation in Russia and Germany: "Melting pot" or "Dialogue of Cultures". Vortrag anlässlich der ICIP Conference an der Kazan National Research Technological University KSTU am 25. Sept. 2013.

Введение: Социальная работа и социальные проблемы в странах бывшего СССР

Вольфганг Кригер, Германия, Людвигсхафен на Рейне

Условия возникновения и развития социальной работы

Во времена Советского Союза западные социалистические государства в своём внутреннем понимании едва ли могли обратиться к профессиональному полю деятельности «Социальной работы», поскольку в единстве государства и общества «социальное» служило непосредственным стержнем конституции государства, таким образом, в качестве «особого задания» оно не выступало, т. к. тем временем всё и ничего, что в этом обществе было реализовано, было социальной работой. Фактически система защиты и социального обеспечения в Советском Союзе в целом функционировала эффективно и стабильно, гарантируя всем гражданам по крайней мере устойчивую защиту от социальных рисков и скромный, но приемлемый для многих уровень благосостояния.[1] В социальном плане всё было уравновешено таким образом, что граждане были готовы мириться с длительным дефицитом, даже в жизненно важных сферах. Некоторые граждане возлагали на государство всю ответственность, когда нужно было разрешать социальные проблемы, они же в свою очередь были готовы принять любое решение государства по этому вопросу. Следовательно, едва ли могли появиться силы на создание гражданской самоорганизации – изъян, который и по сей день ощущается в фаталистическом менталитете населения в отношении государственных решений и слабой активности по решению социальных задач.

Социальная система защиты в советское время была задачей государственного управления и являлась предписанием модели справедливости, принципом которой было равенство всех, не только в возможностях, но и в фактическом образе жизни.[2] Становление этого равенства должно было

---

[1] См. Antropov/Bossert 2005, с. 24.
[2] В этом логика справедливого внимания связана с логикой соответственного образа жизни – связь, которая глубоко укоренилась в советском менталитете.

обеспечиваться распределительными мерами и поэтому для этого не требовалось отдельного профессионального органа (как, к примеру, социальная работа), который должен был бы сокращать ущемление интересов. Соответственно, в течении этого времени социальная работа не могла быть основана ни на практике, ни в качестве дисциплины в ВУЗах, пока социальные проблемы, ущемления интересов или даже нарушения считались немыслимыми, а именно, их можно было избежать с помощью профилактических распределительных мер. Лишь со сменой политической и экономической системы могла быть создана та свобода действий, а в некотором отношении действительно лишь те условия, которые бы послужили осознанию социальных проблем. Это развивалось нерешительно, поскольку страны, с некогда социалистическим политическим строем (где было наложено табу на социальный дисбаланс) сначала были так заняты решением многочисленных практических проблем обеспечения населения, что чутьё социального неравенства они смогли развить лишь тогда, когда снова были сформированы более или менее прочные структуры.[3] Но и после осознания социального неравенства не последовал непосредственно призыв социальной работы, а скорее потребовалось частично тягостное возвращение к досоциалистической традиции социальной поддержки, частично робкий взгляд на запад, чтобы подготовить почву для идеи социальной работы.

Формально профессия социальной работы возникла в России в 1991 году; т. к. в этом году «Социальная работа» была внесена в квалификационный справочник должностей руководителей и служащих в качестве новой профессии. Вслед за этим целенаправленно и плавно последовала академизация и, скорее медленно, профессионализация уже существующей практики и учреждение нового института социальной работы. Очень интересен феномен того, на каких критериях социального неравенства различные госу-

---

[3] Политическое руководство начала 90-х гг. всё же весьма старалось заполнить некоторые стремительно появляющиеся пробелы социального обеспечения законными мерами, как подчёркивает Гонтмахер (см. Gontmacher 2010, с. 380). Разрешение НПО и их законное приравнивание к государственным органам, также новые законы обеспечения пенсионеров, инвалидов и беженцев и создание нового аппарата управления для социального сектора, как, к примеру, центры защиты детей и биржи труда, приходятся на это время (см. там же). Однако вследствие слабого экономического развития социальное обеспечение в запланированном объёме трудно было финансировать и поэтому оно осталось на очень низком уровне. Даже создание государственных социальных фондов и суверенной управленческой регионализации социальных учреждений не могли ничего изменить.

дарства бывшего Советского Союза фиксировали своё внимание, и эта установка является фундаментальной для истории возникновения социальной работы в этих странах.

Тот факт, что социальной работе как профессиональной области или, более того, как дисциплине, предлагаемой в ВУЗе для изучения, трудно найти признание в этих странах, имеет исторические обоснования, которые с самого начала связаны со слабой институционализацией и недостаточным стремлением профессионализации. Нужно представить себе, что советские государства перед распадом Советского Союза не имели дела ни с налогами, ни со страховой системой, а явно вовлечёнными в социальную политику были лишь те, кто имел особые заслуги перед государством, это прежде всего ветераны войны и государственные служащие. Этот принцип предоставления социальных пособий определённым группам населения, однако преимущественно совершенно не на основании нужды, ещё сохранился и в новой социальной политике. Ещё в 2005 году было названо 263 группы, которые имеют право на получение социальных пособий. Посредством этих критериев предоставления 70% населения полагается социальное пособие – невзирая на то, являются ли они нуждающимися или нет.[4] С другой стороны, отсутствуют чёткие критерии предоставления помощи, опорой для которых была бы действительная личная нужда. Подобная социальная политика по «принципу лейки» безусловно не пробуждает в населении понимания ориентированной на компенсацию поддержки нуждающихся и, тем самым, понимания функции социальной работы.

Во время пребывания на посту президента Путина доминирует точка зрения, что за счёт роста экономики социальные проблемы России решатся сами собой. Первоочередной целью являлось закрепление государственного участия в росте экономики для укрепления государства, а также для погашения долгов государства и инфляции. На их фоне цели социальной политики уходили на задний план, несмотря на то, что в народе чрезвычайно распространялось недовольство по поводу отсутствующих социально-политических мер.[5] Факт того, что социальное развитие в России фактиче-

---

[4] См. Schwedthelm 2005, с. 5. Эта логика распределения, существующая уже с 80-х гг., породила определённый перепад между группами нуждающихся посредством несправедливого распределения социальной помощи, который до настоящего времени не был преодолён (см. Dietz 2007).
[5] В опросе Всероссийского центра изучения общественного мнения ВЦИОМ 2008 15% опрошенных были довольны государственной социальной политикой, 41% - частично довольны, частично недовольны и 40% - недовольны (см. Gontmacher 2010, с. 382).

ски плетётся за экономическим,[6] хоть и правительственные программы со времени вступления Путина на пост президента ставили перед собой амбициозные цели, которые определённо были нацелены на сокращение социального неравенства, представляет всю систему социального обеспечения без надёжной опоры. Тем самым неизвестным остаётся то, какие функции должна иметь социальная работа, что от неё можно ожидать и какой круг полномочий и компетенции к ней относится. Так, по мнению общественности, социальная работа ещё скорее находится в статусе экзотической общественной деятельности, чем в статусе признанной профессии. Это недостаточное признание отражается в нескольких признаках: 1. Большинство работников негосударственных организаций в сфере социальной работы формально не квалифицированы или работают на общественных началах; желаемый процесс замены этих работников выпускниками ВУЗов или их квалификация продвигается медленно (и терпит неудачу отчасти и из-за сопротивления неквалифицированных работников). 2. Заработная плата выпускников ВУЗов в среднем лишь незначительно выше, чем заработная плата неквалифицированных работников или возмещение затрат у добровольных работников.[7] 3. Частично специальность социальной работы в ВУЗах закрывается, потому что лишь малая часть выпускников действительно устраивается в соответствующих профессиональных сферах. К тому же распространилась и информация о том, что заработная плата в сфере социальной работы намного ниже, чем в сфере экономики, в связи с чем многие, начав работать в сфере социальной работы, со временем пытаются попасть в сферу экономики, что по меньшей мере не так уж и сложно в связи с нехваткой рабочей силы в некоторых регионах. Одновременно снижается спрос на места в ВУЗах.

Посредством экономического трансформационного процесса для этих стран бесспорно обнаружилось много новых возможностей в отношении торговли, улучшения инфраструктуры, международного обмена, возникновения новых профессий и профессиональных возможностей развития, в отношении уровня жизни, учреждения дохода от владения имуществом и дохода от предпринимательской деятельности, индивидуальной мобильно-

---

[6] См. Aganbegian 2012, с. 15.
[7] В то время как средняя зарплата в России составляет примерно 200 €, многие социальные работники не получают даже и 125 € в месяц и вынуждены искать дополнительный заработок, чтобы связать концы с концами. В центрально-азиатских и кавказских странах зарплаты ещё ниже.

сти, перемене в сторону медийного общества и т. д. В то же время этот трансформационный процесс по-новому рассортировал социальные структуры со скоростью, не слыханной доселе в истории, и осуществил собственный капиталистический принцип степени распределения. От населения требовалось, тем самым, ориентироваться на новые критерии успеха и обязательства во всех социальных отношениях (общественных, профессиональных и даже семейных), ограждая себя от ценностей окружающего мира, которые по своей радикальности приравнивались некоторыми к потере собственной истории. Это требование коснулось каждого, каждого человека, каждое сообщество и каждый социальный институт: Социальные роли и функции становились сомнительными, формы совместной жизни – нестабильными, привычные источники дохода – иссякшими, до сих пор стабильные привилегии рушились, ценность продуктов собственного производства сильно снижалась, свободный рынок создавал на каждом углу конкуренцию – огромное количество феноменов, к которым граждане не были готовы.

Вместе с ускоренным переходом от социалистической экономической системы к системе рыночной экономики как реакции на экономический кризис конца 80-х годов разрушилась и система социального обеспечения, производственных социальных выплат и государственной поддержки социальных учреждений (также школ и больниц). Неудержимая гиперинфляция вследствие либерализации цен в начале 90-х годов и распродажа государственных ресурсов частным лицам разорили в равной мере государственный бюджет и экономику и заложили фундамент сегодняшнего вопиющего неравенства. Расходы на социальные учреждения из государственного бюджета были ощутимо урезаны, так что местные самоуправления и региональные органы власти не могли в достаточной мере финансировать услуги в системе социального обеспечения[8] и увязли в долгах перед поставщиками этих услуг. Повсеместными проблемами, возникшими вместе с перестройкой системы, были (новая) бедность, возникновение нового, не ведомого до сих пор нижнего слоя общества, значительный рост

---

[8] … до сегодняшнего дня с закрытием больниц, родильных домов и санаториев со значительными последствиями на медицинское обеспечение населения. Предпосылкой является реформа здравоохранения 2012 г., которая предусматривает, что государство с 2015 г. отступит от финансирования области здравоохранения и передаст это кассе обязательного страхования. Однако её финансовых резервов надолго не хватит, чтобы сохранить нынешнее (и без того жалкое) состояние медицинского обеспечения.

детской бедности[9], частичная безработица, увеличение теневой экономики, общее ухудшение здоровья, социальная дезинтеграция, эмиграция и демографическая неоднородность – это если называть только самые важные проблемы.[10]

Благодаря лишь одной вялости этих процессов и «скрытым резервам» традиционной нравственности и религиозности охваченные переменой системы страны не погрязли в беззаконии и эгоцентризм людей нового общества риска, которые все вместе были кузнецами своего счастья, ещё не изведал границ. Ощутить эти тенденции было также существенной причиной для понимания необходимости социальной работы, а кроме того, противопоставить внезапной потере ценностей и непомерной десолидаризации хотя бы идею об общественной ответственности за благосостояние (или, по меньшей мере, минимальное гуманитарное обеспечение) граждан.

Нельзя было ожидать, что поддерживаемый в течении столетий менталитет обеспечения перед лицом новых социальных проблем, для которых государственное управление не могло предоставить функционального института, перейдёт непосредственно в дух оптимизма гражданской активности. И всё же можно констатировать, что возникновение добровольного участия в 90-е годы наравне с наличием НПО[11] подкрепляло практическую деятельность социальной работы в этих странах сильнее, чем государственные или коммунальные государственные учреждения, которым с трудом давался отказ от модуса советско-социалистической бюрократии распределения.

---

[9] В РФ в 2010 г. детская бедность составляла 24%. См. Федеральный центр политического образования 2011 (Bundeszentrale für politische Bildung).

[10] Политические меры касательно этих проблем, в случае, если они были запланированы и осуществлены, до сих пор являются во многом неэффективными. Отчёт Европейского Комитета по правам человека 2014 документировал, что ситуация в РФ в области медобслуживания, обеспечения пожилых людей и безработных, а также организации социальной системы защиты не согласуется с уставом или необходимая для этого база данных не была поднята (см. European Commitee of Social Rights 2014).

[11] О числе иностранных или поддерживаемых из-за границы НПО в РФ мнения очень расходятся. Боуринг предполагает примерно 250.000 НПО в России (см. Bowring 2013, с. 3); с русской стороны речь идёт о 50.000 НПО (см. AG Zivilgesellschaft 2011), в Российских СМИ в настоящее время часто упоминаются примерно 650 НПО. Очевидно это понятие абсолютно неясно. Важно различать между НПО как организациями и отдельными, подчиняющимися им учреждениями. Для первых статистика США 2010 исходит из 3882 НПО по всему миру (см. statista.com). Со вступления в силу контролирующего НПО закона в РФ 2012 («иностранные агенты») всё больше и больше НПО отходят от своей деятельности в этой стране.

Практическая деятельность социальной работы формировалась, с одной стороны, в административных рамках в часто внутреннем трансформационном процессе, с другой стороны, в добровольном участии, посредством которого хоть и была создана общественно ощутимая реальность социальных учреждений, однако одновременно было скорее ослаблено давление на государство и коммуны по созданию и финансированию подобных учреждений. Даже если местами нужно было занять профессиональные должности у международных представителей, ведомств или региональных инициаторских учреждений, стабильный рынок упорядоченных правовых сфер занятости для социальной работы был и остаётся ещё не видимым. В следствии этого профессиональные перспективы для выпускников таких факультетов в соответствующих профессиональных областях всё ещё неопределённые и ожидаемый заработок слишком скромен.

Признательность приходит перед профессионализацией. Социальная работа в странах бывшего СССР находится сегодня в парадоксальной ситуации: С одной стороны, во многих странах перед ней стоят вопиющие социальные нужды, для которых в ближайшее время по большей части не предвидится хороших прогнозов, в связи с чем от неё ожидается возрастающий призыв к действию, с другой стороны, перед ней стоят государственные стремления к социальной политике, которые часто направлены по неверному пути, оперируемые умеренным успехом без конкретной ориентации на целевую группу и без достаточной финансовой базы, перед ней также стоит общественность, которая не от неё, а в своей прежней манере от государства ожидает восстановления социальной справедливости.

То, что профессионализацию социальной работы во многих странах бывшего Советского Союза ожидают не светлые времена, можно легко предвидеть ввиду её зависимости от экономики и государственного бюджета. Постоянная утечка капитала, стагнация, если даже не падение, роста экономики, сокращение субсидий и закрытие крупных предприятий и, как следствие, региональная массовая безработица, негативные экспортно-импортные балансы и миграция не малой части трудоспособного населения[12] истощают на государственном и региональном уровне государственный резерв в общественном бюджете и принуждают к мерам по экономии,

---

[12] В Кыргызстане примерно четверть трудоспособного населения работает за границей, в основном в России, Казахстане и Южной Корее, в Армении на настоящий момент - примерно 30%.

которые, исходя из опыта, касаются в особенности таких областей, как культура, образование и социальная область.[13] Подобные меры по экономии могут затормозить процесс институционализации социальной работы и требуемые для него политические решения. Одновременно предоставление социальной помощи может быть всё более ограничено, из-за чего и для социальной работы останется меньше предпосылок для успешной деятельности, в то время как социальные нужды фактически вырастут. Процессы институционализации социальной работы, развитие новых дееспособных социальных служб, профессионализация практической деятельности социальной работы и развитие правовых основ и их закрепление в социально-административных буднях по-прежнему представляют собой неотложные задачи.

Недостаточное признание социальной работы находятся в контексте неполного признания социальных актёров в постсоветских государствах, а они, в свою очередь, в контексте едва ощутимой социальной политики. И это имеет историческое основание. Осознание того, что же характеризует тем временем везде созданное «социальное государство» и что является потенциальным поля действия и вместе с ним областью ответственности государственной социальной политики, должно было не только оттачиваться в живом восприятии возникших неравенств, но и противиться всё ещё имеющему последствия менталитету социалистического игнорирования и летаргии социальных дефицитов. До сегодняшнего дня в постсоветских государствах наблюдается дефицит общественных дискуссий о социальной политике в общем и о социальной работе в частности. Перестройка социальной системы осуществляется государственной властью небольшими шагами, многие из которых обречены на провал, т. к. население воспринимает их как несправедливо или неправильно позиционированные.[14] Недостаточное участие социально активных актёров в обществе, не говоря уже о пострадавших – в некоторых областях РФ есть исключения – и отсутствие демократической культуры переговоров препятствуют общественному согласию о решениях, которые могли бы привести к развитию

---

[13] Так с 2013 по 2015 гг. в РФ должны быть сокращены расходы на здравоохранение с 507 на 373 млрд. руб. Это коснётся также больниц и родильных домов, которые должны будут быть закрыты. Тем самым, в некоторых регионах медицинское обслуживание населения локально почти затухнет.

[14] Ярким примером этому служит сопротивление населения введению «Закона монетизации социального обеспечения» 2005 г. в России, тысячи людей вышли на улицу, что даже привело к вотуму недоверия против правительства.

новой социальной модели «государства всеобщего благосостояния». Подобное государство не существует в Российской Федерации ни в смысле либеральной модели, ни в смысле социально-демократической модели[15] и, тем самым, отсутствует направляющая ориентация социальной политики, за которую стоило бы сразиться общественности. Ограниченная свобода действий профсоюзов, отсутствие значимых русских филантропских фондов и НПО и отсутствующая культура делового обмена между партиями по поводу социальных вопросов ко всему прочему ослабляют шансы на конструктивную и обоюдную закладку фундамента социальной политики.

Вопреки недостаточному признанию и, возможно, иногда именно из-за этого во многих бывших советских республиках социальная работа пошла в наступление в профессиональном смысле. Развитие идеалов, этических кодексов[16] и профессиональных стандартов часто ни в чём не соответствует оным в западных странах, за плечами которых столетняя традиция социальной работы. Интерес методического повышения квалификации, по впечатлению редактора, часто даже больше, чем на западе, и ангажированность для клиентов часто превосходит требования, которые в экспертном обществе ставятся перед мотивированными работниками. В области социальной работы образовался ещё ряд профессиональных ассоциаций, которые на региональном уровне пытаются повлиять на стандарты образования.[17]

Социальная работа в ВУЗах. Социальная работа, тем временем, введена во всех государствах бывшего СССР как академическая дисциплина, в некоторых она уже справляет свой 50-летний юбилей. В России сегодня ориентировочно существуют 650 университетов, институтов, ВУЗов и их филиалов, где преподаётся социальная работа или социальная педагогика. Число выпускников по этому направлению перешагнуло в 2012 году десять тысяч.[18] С начала 90-х годов, когда указом социальная работа была введена в качестве специальности в двадцати ВУЗах страны, по сегодняшний день произошло огромное развитие дисциплины социальная работа в России.

---

[15] См. Schwedthelm 2005, с. 9.
[16] С 2003 г. в РФ существует признанный Международной Федерацией Социальных Работников Этический Кодекс (Code of Ethics).
[17] Так, «Ассоциация работников социальных служб», «Ассоциация коллективов ВУЗов и школ социальной работы» и «Союз социальных педагогов и социальных работников».
[18] См. Krieger/Nikitina 2015.

Чаще всего непосредственное возникновение специальности социальная работа в бывших советских республиках совершенно определённо было (и есть) реакцией на социальные проблемы вследствие политических и экономических переходов от одной системы к другой. После «выжидания», какое же государство первым попытается с помощью социально-политических мер универсально решить социальные проблемы, которые возникают в результате упразднения прошлой системы защиты, возникает осознание того, что одни эти меры не в состоянии сократить фактические нужды, а требуются более «ориентированные на клиента» формы труда на местах, которые в некотором смысле дополняют социально-политические меры. Так, можно наблюдать историческое рождение социальной работы – не только в постсоветских странах. Её академизация является, с одной стороны, признанием её значимости в рамках общественного положения, с другой стороны – это попытка поставить под сомнение устоявшиеся решения, которые теперь должны быть доказаны и легитимированы научно обоснованным способом. В любом случае, академизация социальной работы является признанием необходимости того, что относительно социальных нужд должны быть найдены обоснованные и действенные средства, чтобы обеспечить общественное благосостояние.

С самого начала почти везде международное ориентирование на область науки, междисциплинарная подготовка и профессиональные стандарты были высокими и по требованиям во многом сравнимы с фактическим положением в западно-европейских странах, хотя теоретическая база и была значительно меньше развита[19], а структуризация учебных программ относительно областей применения – менее выражена.

Отечественный журнал «Социальная работа» существует с 1995 года. Уже более десяти лет на государственном уровне создаются стандарты профессионального образования, которые по всей стране должны создавать базо-

---

[19] Здесь следует принять в расчёт то, что во всех постсоветских государствах сначала почти не было соответствующей литературы на национальном языке, для обучения использовали источники смежных дисциплин и, насколько возможно, источники на английском, немецком или французском языках. Наличие в библиотеках соответствующей литературы по социальной работе в ВУЗах во многих странах до сих пор скудно, что препятствует критическому сравнению литературы и вследствие чего почти каждая доступная книга становится учебником. Это объясняет зачастую догматичную узость взглядов в теоретическом и практическом отношении. Именно здесь международный академический обмен является важной предпосылкой для расширения перспектив для преподавателей и учащихся.

вую структуру квалификационных целей программ обучения.[20] За последние годы заметно усилилось стремление к академическому научному фундаменту дисциплины социальной работы и к теории социальной работы.[21] И всё же между идеалистическим интересом и будничной практикой зияет пробел, чувствуются последствия хронического недостатка финансирования, недостаточного кадрового и материального оснащения и отсутствующего общественного признания.

- -

Далее будут рассмотрены центральные социальные проблемы бывших государств Советского Союза. Главным образом мы будем опираться на факты, которые характеризуют общественную ситуацию в России, Армении и Кыргызстане. Заострение внимания лишь на этих странах объясняется тем фактом, что представители ВУЗов именно их этих стран приняли участие в международной конференции, в основе которой лежат наши доклады, поэтому и названные здесь отдельные проблемы могут быть более глубоко освещены в этих докладах. В настоящем разделе мы хотели бы остановиться на темах *Бедность и безработица*, *Подростковая преступность и беспризорность*, *Ситуация пожилых людей*, *Люди с инвалидностью* и *Миграция и межэтническая напряжённость*, представив некоторые данные.

Бедность и безработица (среди молодёжи). Оценить ситуацию бедности в России тяжело. В качестве центрального фактора рисков бедности можно рассматривать трудовой доход. С одной стороны, официальные российские статистики по безработице (около 6,2% за 2014 г.) рисуют очень позитивную картину, с другой стороны, доля нелегальной трудовой деятельности среди трудоспособного населения составляет примерно 50%, за счёт чего число числящихся безработными сильно отличается от фактической безработицы. Доля безработных среди молодых людей (между 15 и 24 годами) составляет 14%.

Если статистически средняя заработная плата в России составляет на настоящий момент 24.000 рублей, то нельзя не заметить, что (в сравнении с другими городами страны более чем вдвое высокий) доход в Москве искажает картину соотношений во всей стране. По статистике Всемирного

---

[20] Федерально-государственные стандарты образования с 2005 г. находятся в статусе разработки, но уже частично используются в ВУЗах. См. Kepeschuk/Skok 2009.
[21] См. к примеру Firsov/Studenova 2007 или Topchij 2010.

банка на сегодняшний день 28,7% российских граждан живут за чертой бедности. Согласно официальным статистикам в России доля бедных составляет 13%.[22] При этом в качестве черты бедности устанавливается располагаемый месячный доход в размере 1000 рублей, в то время как месячный прожиточный минимум составляет примерно 5500 рублей (!).

За последние 25 лет социальное неравенство значительно усилилось в отношении ситуации дохода, безопасности и сбережений. Повышение коэффициента Гини в России с 0,26 в 1991 г. на 0,39 в 1999 г. и 0,47 в 2011 г. показывает неудержимо растущую динамику неравенства доходов в России.[23]

В Армении за 2012 год 32,4% населения считались бедными, из них 13,7% - очень бедными, 2,7% - крайне бедными. Здесь показатели значительно ухудшились по сравнению с 2008 годом.[24] В Кыргызстане в 2012 году бедными считались 38%, крайняя бедность составляет 4,5%. С 2008 (31,7%) по 2012 года показатели значительно ухудшились после того, как с 2000 года они, начиная с 62%, непрерывно улучшались.[25]

Безработица в Армении официально составила в 2013 году 18,7%[26], в 2011 году безработица среди молодёжи составила 57,6%; тем не менее уровень неполной занятости в Армении также очень высокий и многие армяне трудоспособного возраста эмигрируют с качестве иностранных рабочих в основном в Россию. Они оставляют свои семьи и родителей и, насколько это возможно, обеспечивают их из-за границы. В Кыргызстане 8,4% населения официально считаются безработными. Эти показатели непрерывно улучшаются с 2004 года, когда ещё 18% были безработными.[27] Однако и здесь есть значительные скрытые цифры, поскольку лишь малая часть уведомляет о своей безработице. В Кыргызстане в 2004 году доля безработной молодёжи (15-24 года) среди всех безработных составляла 34,9%; ей проти-

---

[22] См. http://www.indexmundi.com/g/g.aspx?v=69&c=rs&l=de. По сравнению с 2001 г. доля бедных уменьшилась тем самым вдвое.
[23] Эта тенденция отмечена не во всех бывших советских республиках: В Армении коэффициент Гини с 0,36 в 2005 г. снизился на 0,30 в 2012 г., в Киргизии – с 0,39 в 2005 г. на 0,33 в 2011 г.
[24] См. National Statistical Service of the Republic of Armenia 2013, с. 2.
[25] По данным см. Poverty and Inequality Statistics, July 2013. В интернете: http://knoema.com/ и www.factfish.com.
[26] Международная организация труда МОТ 2013. Во время кризиса после 2000 г. безработица в Армении достигла даже 35,9%.
[27] По данным см. www.indexmundi.com.

востояли 21,2% в группе занятых. Для сравнения: В России доля безработной молодёжи в то же время составляла 28,1% и ей противостояла доля в 11,4% среди занятого населения.[28] Разница этих показателей в обеих группах (примерно в два с половиной раза) без сомнения отражает кризис в ситуации занятости молодых людей, последствия которого будут продолжать существовать столетиями.

Подростковая преступность и беспризорность. Развитие подростковой преступности в станах бывшего Советского Союза также должно рассматриваться в совокупности с процессами постсоветских социальных изменений. «Понижение жизненных стандартов, крушение идеологических постулатов и потеря прежней социальной и моральной ориентации, дезинтеграция государственной системы управления и традиционных форм социального контроля – всё это ... в совокупности привело к усиленно негативного поведения и благоприятствовало в особенности усилению криминальной активности среди молодёжи»[29], так Тарбагаев, Усс и Щедрин обобщают причины.

В особенности в Российской Федерации установлен рост преступности среди детей и подростков и тенденция «омолаживания» готовности к деликту. Среди 53-х стран, в которых проводились исследования, доля молодых людей, которые умирают от убийства или умышленного убийства без отягчающих обстоятельств, в России самая большая (отчёт ВТО 2009). Параллельно с растущей преступностью среди молодёжи резко увеличилось и употребление алкоголя и других наркотиков.[30] Между этими двумя факторами очевидно есть связь (преступность, связанная с поставками, бандитизм, преступления в состоянии алкогольного опьянения). Борьба с этой тенденцией почти всегда является главной целью в работе с детьми и молодёжью с помощью мер социальной работы, а также посредством превентивной работы государственных учреждений и объединений с эстетической или спортивной направленностью.[31] Тревогу вызывает и увеличена организованной преступности среди молодёжи в крупных городах центральной Азии. Здесь прослеживаются связь с наркопреступностью и с ра-

---

[28] См. Baskakova 2007, с. 30.
[29] Tarbagajew/Uss/Schtschedrin 1997, с. 438.
[30] Последствия для здоровья народа существенны. Так, доля смертей от наркотиков среди подростков и молодых людей (16-35 лет) от числа всех смертей этой возрастной категории составила в 2010 г. в России 76% (см. Schikowa 2011, с. 54).
[31] См. Kouprianova 2000, 2014. Biss 2006, с. 53 f. Тревогу вызывет увеличение организованной преступности среди молодёжи в крупных городах.

дикальными исламистскими течениями (которые финансируются и за счёт торговли наркотиками) и возникновение мафия-подобных структур в политике и государственных службах.[32] За счёт своего географического положения между Афганистаном и Российской Федерацией, ненадёжных границ и коррупции такие страны, как Таджикистан, Узбекистан, Казахстан и Кыргызстан находятся в роли стран, поставляющих наркотики для Российской Федерации.

Ситуация пожилых людей. Социальная проблема, к которой в бывших советских республиках почти не обращаются – это ситуация пожилых людей, в особенности в сельских регионах. Так как государство везде делает упор на попечение семей, хоть оно и всё меньше обеспечивается, именно пожилые люди в сельской местности вследствие переселения сельского трудоспособного населения в города предоставлены практически только сами себе. Они в большей мере подвержены социальной и культурной изоляции[33] и зачастую недостаточно снабжены медикаментами и уходом.[34] Их сбережения и возможный заработок наряду с пенсией, если они не продолжают работать, часто не представляют собой ничего существенного. Несмотря на многократное повышение размера пенсии, для большинства пенсионеров она остаётся лишь средством к существованию, речь не может идти о привычном жизненном стандарте. Многим пенсии не хватает даже на необходимые лекарства.[35]

Для России рискована зависимость пенсионной системы от общегосударственного бюджета. Колебания бюджета, как, например, сейчас из-за зависимости бюджета от доходов от экспорта сырья, угрожают стабильности пенсионной системы.[36] Пенсионная касса должна пополняться деньгами из других государственных бюджетов.[37] При сокращающейся прибыли и рас-

---

[32] См. Kupatadze 2013.
[33] См Presnakova 2010.
[34] См. Krasnova 2010.
[35] См. Erdmann-Kutnevic 2006, с.14. Средняя пенсия в РФ составляет около 10.000 руб.
[36] См. Ovčarova 2012.
[37] «Финансирование за счёт привлечения средств со стороны» госбюджетом с самого начала было необходимостью, т. к. через уплату взносов финансовые пенсионные фонды существуют лишь с 1990 г. и пенсионная касса, тем самым, сначала была пустой. Прошедших 25-ти лет не хватило, чтобы накопить достаточно средств для сегодняшних пенсионных выплат. Пенсионная касса скорее всё ещё находится на стадии становления и перед лицом ослабевающей экономики – в гонке со временем. Чтобы выиграть эту гонку, возможно должны быть как увеличены социальные отчисления, так и ис-

тущих расходах (к примеру, по причине ежегодного увеличения числа пенсионеров в России примерно на один миллион) рано или поздно выплата пенсий окажется под угрозой. Поэтому следует понимать то, что социальная проблема прекаризации пожилых людей в этих государствах станет значимой областью социальной работы.

Не для всех бывших стран СССР демографическая ситуация выглядит одинаково. В некоторых центрально-азиатских странах в последние годы заметен небольшой прирост молодого населения, в то время как его доля в России, на Кавказе и в балтийских государствах сильно сократилась.[38] И всё же все страны, в том числе и европейские, охвачены глобальной тенденцией старения, которая призывает к политическим выводам с одной, и к общественной дискуссии о ценности возраста с другой стороны. В обоих отношениях перед этими странами встают требования, имеющие в некоторой степени взрывное действие, когда старшее поколение посредством процесса трансформации по большей части не только материально, но и относительно его имиджа должно будет понести значительные убытки.[39] Ценность возраста как отрезка жизни, оснащённого новыми возможностями опыта, а также создание необходимых для этого ресурсов здесь ещё во многом отсутствует.

Люди с инвалидностью. Группа населения, которая во многих отношениях как в России, так и в странах Кавказа и центральной Азии в значительной мере находится в социальном неравенстве – это люди с умственной, психической и физической отсталостью.[40] Во времена Советского Союза для диагностической оценки инвалидности сформировалась так называемая «дефектология», которая хоть и занималась причинами и последствиями физических и психических отклонений и немного разрабатывала меры ре-

---

пользован стабилизационный фонд, который пополняется доходами от энергетического бизнеса (см. Gontmacher 2012, с.388).
[38] Это сокращение молодого населения можно вполне предвидеть с помощью статистик уровня рождаемости в различных странах. Во всех постсоветских государствах, а также в таких странах, как Таджикистан, Туркменистан и Узбекистан, где ещё в 90-х годах суммарный уровень рождаемости составлял 4 ребёнка на женщину в репродуктивном возрасте, наблюдается уменьшение уровня рождаемости. В Армении суммарный уровень рождаемости с 1990 по 2005 гг. уменьшился на 50%. При этом необходимость ухода за детьми – значимый фактор сокращения рождаемости: Т. к. в 2003 г. 42,9% семей с больше чем 4-мя детьми грозила крайняя бедность, в то время как доля семей лишь с одним ребёнком составляла только 18,9%. Похожие показатели и перепады имеются и для Таджикистана, Казахстана и Азербайджана (см. Baskakova 207, с. 10).
[39] См. Levinson 2010.
[40] По теме см. статьи в Rasell/Iarskaia-Smirnova 2013.

абилитации, по большей части она, однако, упускала потенциалы развития людей с инвалидностью. В общем было принято попросту отрицать существование людей-инвалидов, на их близких оказывалось большое давление для того, чтобы они отстраняли детей и молодых людей с инвалидностью от общественности. Таким же слаборазвитым было и диагностическое различение «дефектологии», не говоря уже об уходе за инвалидами (и инвалидами тяжёлой степени). Эта позиция категорического игнорирования отступила в годы перестройки и трансформации и население столкнулось в будничной жизни с существованием людей-инвалидов и начало серьёзно относится к проблемам их близких.[41]

В Российской Федерации общественность тем временем в полной мере признаёт тот факт, что люди с психическими или физическими отклонениями нуждаются в особом уходе и для этого существует общественная ответственность. Умственные отклонения, однако, получили пока в этом смысле меньше признания. И всё же в последние годы в России началась смена перспективы, которая тематезирует также и создание условий с учётом нужд инвалидов,[42] вдохновлённая не в последнюю очередь множеством мероприятий по повышению квалификации на в Европе и в США.

В центрально-азиатских странах эта ситуация представлена по-другому: Здесь хоть и существуют законные основания для «инклюзивного воспитания» (в Таджикистане и Кыргызстане) или официальные «особые педагогические учебные программы» (в Казахстане и Туркменистане, которые подписали конвенцию ООН), но эти концепты, кажется, в реальности не играют никакой роли. Так, большинство детей и молодёжи с инвалидностью как и прежде не получают школьного и профессионального образования. Соответственно, люди-инвалиды в высшей степени стигматизированы и в значительной мере социально обособлены. Диагностические методы как и прежде определяются медицински направленной «дефектологией», которая едва ли распознают потенциалы людей с инвалидностью и, тем самым, скорее ограничивает чем поддерживает доступ к образовательным учреждениям.[43] Способность инвалидов к психическому и ум-

---

[41] Rasell/Iarskaia-Smironova указывают на то, что в эти годы и на международном уровне можно было наблюдать многочисленные реформы в области прав людей с инвалидностью и в области антидискриминационных законов. См. Rasell/Iarskaia-Smirnova 2013, с. 9.
[42] См. ст. Фадеева/Макиенко о развитии профессиональных компетенций в этой книге.
[43] См. Isabekova 2013.

ственному развитию отрицается.[44] Эти общие условия рисуют мало обнадёживающую картину для работы с инвалидами. И всё же в центрально-азиатских странах действуют многочисленные национальные и международные НПО и инициативы, которые поставили себе целью достичь в целом лучшего обеспечения и участия инвалидов в системе образования и в общественной жизни. Многие учреждения помощи детям и молодёжи и работы с инвалидами пытаются улучшить предпосылки для своей работы посредством эффективного создания кооперационных связей с региональными ведомствами, социально активными группами по интересам и НПО. Для успешной работы НПО важна не только обоюдная кооперация с государственными структурами, но и принятие во внимание влияния и потребности традиционных общественных организаций (*Жамааты* в Кыргызстане,[45] *Махалла* в Таджикистане и Узбекистане).[46]

В Киргизии люди с инвалидностью, которые не работают и о которых не заботятся близкие, получают ежемесячную социальную помощь в размере примерно 12€. Этого практически не хватает, чтобы прокормиться и обеспечить себе крышу над головой, поэтому многие вынуждены изо дня в день просить милостыню. Некоторые из инвалидов в Киргизии, однако, организовались[47] и активно пытаются привлечь внимание к себе и своей жизненной ситуации (к примеру, посредством совместного выступления на публике или – как в 2010 году – посредством захвата домов).

Вследствие сильного землетрясения 1988 года в Армении, которое в регионах поражения привело к колоссальным разрушениям, социальным последствиям и последствиям для здоровья, которые ощутимы и по сегодняшний день, а также в результате которого многие лишились крыши над головой, многочисленные международные гуманитарные организации вели активную деятельность в этой стране и очень скоро их внимание обратилось к ситуации людей с инвалидностью в Армении. В этот период в Армении практически не было школ или учреждений по уходу и поддержке людей с инвалидностью. Более распространённой практикой было размещение инвалидов в психиатрических клиниках с нечеловеческими в то время условиями или - скрыв от глаз общественности и отрезав от каких-либо возможностей получить образование – содержание их в семьях. По-

---

[44] См. Open Society Institute 2009, с. 3.
[45] См. статью Айтбаевой П.М. в этой книге.
[46] См. Katsui 2013, с. 212.
[47] Так, к примеру, в Union of Young Disabled of Chui Oblast.

средством влияния международных организаций, а также посредством полученной в ходе распада СССР автономии и существенного давления запада и местных инициатив политика распорядилась признать права людей с инвалидностью.

Сначала законодательные регулирования в действительности почти не имели влияния, так как концепты содействия инвалидам и вопрос об их участии в образовании продвигались очень медленно. Но после перехода школы №27 города Ереван на систему инклюзивного образования в 1992 году стартовала программа, которая в последующие пять лет была перенята и в другими школами и затем внедрилась в качестве *той самой* программы будущего для обучения детей и подростков с инвалидностью. В 2009 году в Армении насчитывалось 115 инклюзивных школ, 14 интернатов для детей-инвалидов и 28 специальных школ продлённого дня. Большую роль здесь также сыграло влияние инициативы «Bridge of Hope» («Мост надежды») в Ереване, которая была основана родителями детей-инвалидов в 1992 году. Однако, начиная с 2000 года, успехи инклюзивных школ сильно критиковались, так что политика решилась на введение плюралистической избирательной системы для поддержки детей-инвалидов в основном в специальных школах продлённого дня, вследствие чего число детей в учреждениях полного рабочего дня за десять лет уменьшилось вдвое и что привело к закрытию всех интернатов в сельских регионах.[48] Из примерно 11.100 детей с инвалидностью (до 16 лет) в Армении по данным статистического ежегодника Армении в 2009 году 2800 посещали специальные школы продлённого дня, 1700 – интернаты, 360 – учреждения по уходу и неизвестное число – инклюзивные школы. Из этих данных видно, что каждый второй ребёнок с инвалидностью до сих пор не посещает учёбу.

С одной стороны, разработки для детей и молодёжи, требующими особого подхода в Армении – прежде всего перед лицом небольших экономических возможностей – являются перспективными, если учитывать её официальное положение. С другой стороны, наблюдается явный недостаток специалистов среди учителей и профессионального уходового персонала для развития способностей детей и подростков с инвалидностью. Это касается и медицинской диагностики. Социальных работников и педагогов в соответствующих профессиональных областях всё ещё сложно найти. Су-

---

[48] См. Shmidt 2013, с.256.

щественным является также отношение населения к инвалидам. Распространены формы физических отклонений, которые считаются свидетельством умственного отклонения, люди с умственными отклонениями в сельских регионах в психиатрических клиниках со всё ещё нечеловеческими условиями частично помещаются вместе с людьми с физическими отклонениями, которые находятся, однако, в здравом уме. Появление инвалидов на публике считается постыдным и воспринимается как вызов, по большей части инвалидов прячут в семьях или у бабушек и дедушек или (в более обеспеченных семьях) их помещают в специальные учреждения по уходу.

То, что родители стыдятся своих детей-инвалидов и вызывают неодобрительные характеристики в социальном окружении – это нормально. Часто они как родители сами попадают в ситуацию социального и экономического изолирования. Упорно сохраняются устарелые представления о генетической неполноценности, чем и должна объясняться инвалидность, или исполнение наследственного проклятья или «наказания свыше» за проступки родителей или предков. Умственно или физически неполноценных людей часто унижают на публике не только пренебрежением, но даже и физической атакой. Презрительное отношение к инвалидности заключает в себе большой риск угрозы физической неприкасаемости людей с инвалидностью (заброшенность, недостаток ухода, наказания, принуждение к проституции). Мобильность физически неполноценных людей сильно ограничена как в общественных местах, которые практически не оборудованы для инвалидов, так и в квартирах (отсутствие или неисправность лифтов), что усиливает их социальную изоляцию. Подводя итог можно сказать, что несмотря на усилия, люди с инвалидностью в Армении до сих пор в значительной мере находятся в неравном положении и населением инвалиды рассматривается дезинтегративно. Внешкольная социальная работа с инвалидами до сих пор существует почти лишь в рамках проектов НПО или в госучреждениях, которые в основном финансируются из-за границы.

Как для Российской Федерации, так и для стран центральной Азии и Кавказа в качестве неотложных задач в работе с инвалидами можно назвать следующие пункты: а) более хорошая подготовка персонала, б) более хорошее оснащение учреждений по развитию способностей инвалидов в функциональном, финансовом и персональном плане, в) действительная реализация инклюзивного образования и соответствующее повышение квалификации учителей или создание особых педагогических должностей для ассистентов в школах, г) осуществление общественной работы широкого спектра действия для изменения дискриминационных представлений об инвалидах.

Миграция и межэтническая напряжённость. Усиливающийся по разным причинам расизм наблюдается во всех странах бывшего Советского Союза. Высокий процент иллегальных рабочих-мигрантов подстрекает в России к расистским мотивам, которые с недавних пор имеют последствия и в миграционной политике.[49] В общественном мнении, особенно в России, широко высказывается опасение грядущего переизбытка иностранными рабочими.[50] Опыт войн в Афганистане и Чечне, пережитое «исламское возрождение» в Дагестане[51], Татарстане и Башкортостане, страх перед радикально-исламистским террором и растущая отчуждённость между христианским и исламским населением даже в тех областях, которые десятилетиями обеспечивали мирное сосуществование приверженцев обеих религий, дополнительно обременяют терпение населения. Удачные ранее формы интеграции[52] остаются в диспозиции. Две трети населения придерживаются сегодня лозунга «Россия для русских»,[53] требуют введения визового режима для мигрантов из центральной Азии и Кавказа и выступают за высылку иллегалсных мигрантов. Хоть Россия и нуждается в срочной иммиграции иностранных рабочих для укрепления и дальнейшего

---

[49] От пяти до шести млн. человек из центрально-азиатских стран ежегодно переселяются в РФ. Количество иммигрантов из Кавказа примерно то же. Предполагается, что большая часть этой иммиграции иллегальна. Поэтому оппозиционный политик Алексей Навальный с 2013 г. требует введения визового режима для иммигрантов из центральной Азии и Кавказа. Это требование, согласно опросу Эхо Москвы, поддерживается больше чем половиной российского населения. 45% выступают за депортацию иллегальных мигрантов и за запрет повторного въезда. Ксенофобные тенденции исторически достигли в России наивысшего уровня. Криминализация мигрантов проводится в СМИ и политике риторическими средствами; тем не менее согласно криминальной статистике эта аргументация не оправдывается. Действующая с января 2015 иммиграционная реформа, которая требует от иммигрантов (не из Евразийского Союза) не только языкового теста и медицинского обследования, но и разрешения на работу (за 50-180€), хоть и удержит некоторых иммигрантов, но загонит других ещё глубже в иллегальную деятельность. См. Golunov 2014.
[50] Этнизация миграции в РФ является как следствием возвращения русских из автономных сегодня бывших советских республик в 90-х, так и следствием увеличивающейся иммиграции граждан из центральной Азии, Китая, Украины и Кавказа. См. Vendina 2012.
[51] См. Lies 2008, Halbach 2010.
[52] См. Gontscharowa 2004.
[53] См. Spahn 2014.

развития экономики, а также для защиты своих социальных структур, необходимой интеграционной политике препятствует националистическая риторика и ксенофобные движения или она откладывается в долгий ящик.

Вместе с получением автономии в борьбе за собственную идентичность во многих бывших советских республиках возникли формы этнического национализма, из которых были выведены региональные и культурные требования превосходства и которые продвигают сегодня подавление этнических меньшинств. Политически объявленная Советским Союзом при социализме несущественность этнической принадлежности оказалась историческим грузом, поскольку общественная дискуссия с одной стороны, с требованиями межкультурного диалога с другой стороны в то время не состоялась и сегодня, когда она была бы так остро необходима, она абсолютно не развита. Потребность в диалоге и развитии соответствующего дискурса сегодня признаётся среди специалистов по социологии[54], однако их требование занимают в общественной дискуссии скорее позицию аутсайдера. Поэтому превентивная работа едва ли признаётся политикой и общественностью в качестве задачи для социальной работы, во всяком случае она выступает в качестве безвозмездной помощи материальными средствами для мигрантов в бедственном положении.

Главная проблема в Армении в миграционной области – это не иммиграционная ситуация или обращение с национальными меньшинствами[55], а эмиграция рабочей силы за границу[56], главным образом в Россию, но и в Европу и США. Страна несёт большие потери.[57] Подобная тенденция наблюдается и в Кыргызстане, ещё сильнее в Узбекистане и Таджикистане. Здесь наравне с поддержкой оставшихся членов семей важны меры по сокращению иллегальной миграции, поддержанию циркулярной миграции и содействию реинтеграции.

Межэтническая напряжённость в Армении в основном основывается на длительном конфликте с Азербайджаном из-за неопределённого статуса

---

[54] См. Зинурова/Кригер (Zinurova/Krieger) 2013, Зинурова 2015 в этой книге.
[55] Меры для защиты этнических меньшинств и для поддержания их языка и культуры зафиксированы в докладе Совета Европы (Council of Europe) о защите меньшинств в Армении 2009.
[56] Приблизительно треть армянского населения эмигрировала за последние десять лет. См. на эту тему также доклад Мелкумян Ю. Г. в этой книге.
[57] Однако вследствие потока мигрантов из Сирии в настоящее время происходит умеренная реэмиграция из армянских поселений в Сирии.

Нагорного Карабаха. Другие этнические меньшинства по большей части интегрированы.[58] В Кыргызстане межэтническая напряжённость наблюдается в основном на юге страны, особенно в Ферганской долине, между узбеками и киргизами, также между таджиками и киргизами возле таджикской границы. Эскалация конфликта с этническими узбеками в городе Ош в 2010 году, во время которой 100.000 узбеков были выселены в Узбекистан и 470 человек, главным образом узбеки – убиты, выявила существование глубокой пропасти между этими двумя этносами. Её преодоление является в настоящий момент искренним стремлением национальной политики, которая пропагандирует «трёхязычность» страны и добивается усиления интегративной гражданской идентичности. И всё же ликвидация последствий преступлений в городе Ош ещё не была осуществлена и фактическое «уравнивание» узбеков и киргизов, к примеру, на постах госслужбы, а также работа с этническими предрассудками в полиции и армии являются будущими задачами.

О статьях этой книги

В соответствии с главными темами конференции книга делится на четыре главных раздела по темам «Превентивные меры в основных направлениях деятельности социальной работы» (I), «Процессы институционализации социальной работы» (II), «Религия, этническая принадлежность и социальные конфликты» (III) и «Междисциплинарный подход в развитии социальных компетенций в социальной работе и социальной организации во время обучения и на практике» (IV).

1. Превентивные меры в основных направлениях деятельности социальной работы с немецкой перспективы анализируются *М.Пфейльем* и *А.Лоренц* с точки зрения правовых основ. *Ю.Г.Мелкумян* описывает развитие и актуальные проблемы детских учреждений в Армении, а превентивные меры в контексте профессиональной деятельности затрагиваются в двух докладах коллег из ТПУ города Томск: *Р.Б.Квеско* и *Я.И.Чаплянская* освещают сегодняшний взгляд на синдром профессионального выгорания в России и описывают меры по его предотвращению в области социальной работы на предприятии. Развитие прав детей в Германии является предметом рассмотрения *А.Лоренц*. *М.А.Макиенко* и *В.Н.Фадеева* занимаются проблема-

---

[58] О национальных меньшинствах в Армении см. Asatryan/Arakelova 2002.

тикой трудовой деятельности пожилых людей в России, которым для обеспечения своих жизненных потребностей не хватает одной лишь пенсии.

2. Процессы институционализации социальной работы представляет сначала *Б.Вейлер* в отношении основных шагов развития помощи детям и молодёжи в Германии. Затем *П.М.Айтбаева* представляет предпринятые в последние годы со стороны социальной работы в Кыргызстане попытки по развитию основных направлений деятельности в институционализированные формы. Это развитие в Армении описывает *А.К.Хачатрян*, начиная с возникновения социальных проектов вследствие Спитакского землетрясения 1988 года, включая внедрение социальных ведомств и бирж труда, и заканчивая академизацией обучения социальных работников.

3. Религия, этническая принадлежность и социальные конфликты стали в последние годы предметом рассмотрения в многочисленных конфликтных контекстах в азиатском пространстве. *Р.И.Зинурова* раскрывает значение этноконфессиональных экстремистских тенденций, в особенности для молодых людей, и представляет результаты исследовательского проекта под названием «Особенности идеологии экстремизма в национальных республиках Поволжья», где показывается распространение экстремистских мыслей и позиций, отношение населения к опыту экстремистского насилия, а также влияние современных дигитальных носителей информации. Вопросы этнической и национальной идентификации находятся в центре внимая доклада *А.Р.Тузикова* об общественном мнении населения Татарстана. *Г.-У.Дальман* на основе теории религии Николаса Люмана анализирует актуальные процессы трансформации религии в современном обществе и в этих рамках рассматривает трудности в отношениях церкви с обществом и государством с противоположными требованиями секуляризма и фундаментализма. Развитие религиозности в Республике Кыргызстан и позиция населения по отношению к религиозным обязательствам ислама приводятся *Б.А.Малтабаровым* также и в отношении этнической принадлежности. *Л.В.Богачева* представляет модель межкультурного диалога и показывает его значение для превентивной практики в миграционной социальной работе в Германии. В заключении *В.Кригер* подвергает категоризацию межэтнических, межкультурных и межрелигиозных конфликтов конструктивной критике и рассматривает концепты по предотвращению и регулированию коллективных конфликтов также и в отношении роли со-

циальной работы в регионах конфликта и в странах, куда направлены потоки беженцев.

4. Перспективам академического развития социальной работы посвящён последний раздел о междисциплинарном подходе в развитии социальных компетенций в социальной работе и социальной организации во время обучения и на практике. В начале *Р.Б.Квеско* и *В.И.Турнаев* обосновывают значение оценки социальной работы в качестве общественной практики и её значимость для подготовки молодых социальных работников различного профиля. *З.Ш.Яхина* из АСО города Казань показывает, каким образом культурные процессы образования могут поддерживаться при обучении на базе междисциплинарной научной работы. Ориентация специальности социальная работа в Томском Политехническом Университете на потребности профессиональных компетенций и значение понятия «социальная реабилитация» в качестве общей концепции развития социальной работы – тема доклада *В.Н.Фадеевой* и *М.А.Макиенко*. На понятие компетенции также ориентируется образовательный концепт в области помощи детям и молодёжи, который для специальности социальной работы в ВУЗе города Людвигсхафен на Рейне представляет *В.Кригер,* а также представляемая *Ю.Ю.Рыбасовой* из АСО города Казань концепция современной дидактики специальности социальной работы (бакалавр), ориентированной на групповую работу и самостоятельную организацию учебного процесса и пополненную элементами технологии делового театра.

Итоги конференции

Доклады, представленные на Международной Конференции, охватили широкий спектр центральных тем социальной работы. Тем самым было сравнительно представлено и рассмотрено большое количество форм социальной работы, а также общие требования на практике. Из докладов можно было получить частичное представление о наличии социальной работы в отдельных странах, её уровне развития и роли в обществе.

Более явственным стало то, в какой мере внедрение социальной работы и оснащение её ресурсами не только зависит от бризантности актуальных социальных проблем, но и от экономической ситуации с одной стороны, от гарантированных правовых требований и осознания социальной ответственности у государства и населения с другой стороны. Вопрос о том, регулирование каких социальных проблем ожидается от компетенции социальной работы, подчинён историческим изменениям, а также политическим и культурным влияниям. Важную роль здесь играют традиционное осознание социальной поддержки, общественное осмысление социальных проблем, наличие социальных и религиозных институтов помощи, а также представления о справедливости и понимание атрибуции долга перед самим собой.

После «введения» социальной работы в России и странах бывшего СССР произошло мощное развитие, если представить, что вместе с социальной работой должен был быть создан общественный институт совместно со своим правовым и социально-политическим контекстом, и всё это практически из ничего. Не удивительно, что за такое короткое время в условиях тяжёлого экономического и политического положения социальная работа здесь пока не достигла по западным меркам аналогичного положения. Со времён перестройки в основном в правовой области и развитии социально-политических программ со стороны государственных инстанций было инициировано большое количество новых подходов и реформ, которые направлены на разрешение существующих и предвидимых проблем, многие из которых, однако, не достигли поставленной цели. Некоторые обсуждения в рамках конференции показали, что причиной большого количества проблем, связанных с недостаточной эффективностью правовых предписаний и политически утверждёнными программами[59] является то, что предусмотренные меры либо совсем не реализуются, либо реализуются лишь в небольшом объёме или о существующих правовых требованиях населения почти неизвестно и без общественной деятельности социальной работы о них сложно будет узнать. Эта социально-государственная «задержка» происходит как по экономическим, так и по другим внутриполитическим причинам; также она имеет отношение к тому, что социальная работа не достаточно ясно заявила о себе в обществе или не могла заявить по причине недостающих ресурсов. Представители социальной работы из Германии и из восточных стран даже и при различных исходных ситуациях сходятся во мнении, что социальную работу следует достаточно оснастить ресурсами, чтобы можно было выполнить её общественную функцию.

---

[59] Многие правовые основы и программы прежде всего на Кавказе и в центрально-азиатских странах были созданы лишь для того, чтобы соответствовать предписаниям европейских требований; то, что тем самым (ещё) не создана основы для серьёзных мер, выявляется во многих областях.

Конференция также показала, что диалог о социальных вопросах и вопросах обучения и профессиональной политики социальной работы представляет собой огромный потенциал для обнаружения новых перспектив в ставших такими естественными внутренних отношениях и обдумывании незамеченного до этого. Международная конференция, которая не преследует лишь сравнение востока и запада в определённых темах, но и предоставляет возможность различным странам в азиатском и евразийском пространстве представить их исторические и актуальные несогласования в отношении сравнительно молодой дисциплины социальной работы, может в качестве «многостороннего мероприятия» привести к многочисленным побуждениям, наблюдать контингентность социальных и профессиональных развитий и, таким образом, достичь уровня самоанализа, который никогда не сможет быть достигнут лишь посредством рутинного созерцания собственной работы. Таким образом, после подобной конференции каждый может открыть для себя что-либо новое, один здесь, другой там, о чём позже он сможет сказать, что это раскрыло ему глаза на нечто неизведанное.

Список использованной литературы:

Аганбегян А.Г. (2012): О приоритетах социальной политикиюю Spero 12, H.2, 2012. Aganbegian, A.G. (2012): Über die Prioritäten der Sozialpolitik. Internet: http://uisrussia.msu.ru/docs/nov/spero/12/N12_2010_02.pdf

AG Zivilgesellschaft (2001): Protokoll der AG Zivilgesellschaft Hauptversammlung 2011. Petersburger Dialog. http://www.petersburger-dialog.de/ag-zivilgesellschaft-2011?page =0,1

Antropov, Vladislav./Bossert, Albrecht (2005): Die soziale Komponente in der Wirtschaftsordnung der russischen *Föderation. Volkswirtschaftliche Diskussionsreihe* (Institut für Volkswirtschaftslehre der Universität Augsburg), Beitrag 273, 3/2005, S. 1-26.

Asatryan, Garnik/Arakelova, Victoria (2002): The Ethnic Minorities of Armenia. Yerevan. Internet: http://www.minorities-network.org/wp-content/uploads/2014/09/The-ethnic-minorities-of-Armenia.pdf (Zugriff 31.1.2015)

Baskakova, Marina (2007): Social aspects of youth education, gender equality and employment in the Caucasus and Central Asia. Moskau: International Labour Organization. Internet: http://www.ilo.org/public/english/region/eurpro/moscow/areas/gender/baskakova-eng.pdf

Biss, Claudia (2006): Alkoholkonsum und Trunkenheitsdelikte in Russland mit vergleichenden Bezügen zu Deutschland. Diss. Uni Hamburg. Hamburg: Lit.

Bowring, Bill (2013): Gesetze und NGOs in Russland. *Russland-Analysen* Februar 2013, H. 252, S.2-5.

Bundeszentrale für politische Bildung (2011): Analyse: Armut in Russland (Autorin: Natalja Evgeneva Tichonova). Internet: http://www.bpb.de/internationales/europa/russland/48264/analyse-armut-in-russland?p=all (Abruf 12/2014).

Council of Europe (2009): Third Report submitted by Armenia pursuant to article 25, paragraph 2 of the framework convention for the protection of national minorities. Strasbourg, Received on 5th. Nov. 2009 (ACFC/SR/III(209)010). Internet: http://www.coe.int/t/dghl/monitoring/minorities/3_FCNMdocs/PDF_3rd_SR_Armenia_en.pdf .

Dietz, Olga (2007): Entwicklung der Sozialen Arbeit und des Systems der Sozialen Versorgung in der Russischen Föderation. Masterthesis im Studiengang „Unternehmensführung im Wohlfahrtsbereich". Universität Heidelberg/Hochschule Ludwigshafen am Rhein.

Erdmann-Kutevic, Sabine (2006): Die soziale Situation von älteren Menschen in Belarus, Russland und der Ukraine. Fonds „Erinnerung und Zukunft" der Stiftung Erinnerung, Verantwortung und Zukunft. Berlin.

European Commitee of Social Rights (2014): European Social Charter (revisited). Conclusion 2013. Russian Federation. Article 3, 11, 12, 14 of the revised Charter. January 2014. http://www.coe.int/t/dghl/monitoring/socialcharter/Conclusions/State/RussianFederation2013_en.pdf

Firsov, M.B./Studenova, E.G. (2007): Theorie der Sozialen Arbeit. Lehrbuch für Hochschulen. Moskau (Фирсов М.В. Студенова Е.Г. Теория социальной работы: учебное пособие для вузов.-3-е изд.-М.: Академический Проект, 2007.-512 с.)

Golunov, Sergej (2014): Der Zusammenhang zwischen Einwanderung und Kriminalität in Russland. (Сергей Голунов: Взаимосвязь между иммиграцией и преступностью в России) http://echo.msk.ru/blog/ponarseurasia/1334186-echo/(Zugriff 31.1.2105)

Gontmacher, Jewgenij (2010): Sozialpolitik – Entwicklungen und Perspektiven. Aus dem Russ. V. Judith Janiszewski. In: Pleines, Heiko(Schröder, Hans-Henning (Hrsg.): Länderbericht Russland. Bundeszentrale für politische Bildung. Bonn, S.379-390.

Gontscharowa, Natalja (2004): Russische Muslime in Tatarstan und Dagestan. Zwischen Autonomie und Integration. In: Kaiser, Markus (Hrsg.): Auf der Suche nach Eurasien. Bielefeld., S. 226-247.

Halbach, Uwe (2010): Islam in Russland. In: Pleines, Heiko/Schröder, Hans-Henning (Hrsg.): Länderbericht Russland. Bundeszentrale für politische Bildung, Bonn, S. 457-465.

Isabekova, Gulnaz Kubanychbekovna (2013): Children with disabilities and inclusive education policy direction in Kyrgyzstan. How does the child representation define educational opportunities? Edinburgh. Internet: http://soros.kg/wp-content/uploads/2013/08/Children-with-disabilities-and-inclusive-education-policy-direction-in-Kyrgyzstan.How-does-teh-child-representationdefine-educational-opportunities.pdf

Kasui, Hisayo (2013): The challenges of operationalizing a human rights approach to disability in Central Asia. In: Rasell, Michael/Iarskaia-Smirnova (Ed.)(2013): Disability in Eastern Europe and the Former Soviet Union, S. 204-225.

Kepeschuk, Svetlana/Skok, Natalja (2009): Kompetenzverfahren als systembildender Faktor der Berufsausbildung in der Fachrichtung Soziale Arbeit. In: Krüger, R./Kusche, C./Schmitt, C. (Hrsg.): Europäische Dimensionen der Sozialarbeit. Sozial und bildungspolitische Diskussionsbeiträge zur Ausbildung in der Sozialen Arbeit. Lüneburger Schriften zur Sozialarbeit und zum Sozialmanagement, Bd. 8, Berlin: Lehmanns Media, S.63-82.

Kouprianova, Galina (2000): Kinder – und Jugenddelinquenz und Jugendpolitik in Russland. In: Bendit, R. u.a. (Hrsg.): Kinder- und Jugendkriminalität. Strategien der Prävention und Intervention in Deutschland und den Niederlanden. Opladen: Leske + Budrich, S. 319-322.

Kouprianova, Galina (2014): Grundlagen der staatlichen Jugendpolitik der Russischen Föderation. Internet: http://www.coe.int/t/dg4/youth/Source/Resources/Forum21/Issue_No1/N1_russia_de.pdf (Abruf 10/2014)

Kranova, Olga (2010): Paradoxien des Alters. Gerontologie und soziale Realität in Russland. *Ztschr. Osteuropa* 60.Jg., H.5, S. 191-204.

Krieger, Wolfgang / Nikitina, Tatjana (2015): Soziale Arbeit in Russland. In: Puhl, Ria (Hrsg.): Soziale Arbeit in Europa. Organisationsstrukturen, Arbeitsfelder und Methoden im Vergleich. Weinheim/München: Beltz/Juventa 2015. (in Bearbeitung)

Kupatadze, Alexander (2013): Kyrgyzstan – A virtual narco-state? Internet: http://www.ijdp.org/article/S0955-3959%2814%2900015-2/fulltext (Abruf 12/2014)

Levinson, Aleksej (2010): Flöten wie Sokrates. „Neue Alte" und die alte Realität in Russland. *Ztschr. Osteuropa* 60.Jg., H.5, S.175-190.

Lies, Paul (2008): Ausbreitung und Radikalisierung des islamischen Fundamentalismus in Dagestan. In: Jahn, Egbert (Hrsg.): Studien zu Konflikt und Kooperation im Osten. Bd 17. Berlin.

Moser, Evelyn (2007): Kampf gegen Windmühlen – Straßenkinder in Kirgisistan. *Ztschr. Osteuropa* 57. Jg., H.8–9, S. 567-570.

National Statistical Service of the Republic of Armenia (2013): Social Snapshot and Poverty in Armenia. Internet: http://www.armstat.am/file/doc/99477213.pdf (Abruf 1/2015)

Open Society Institute (2009): Children with Special Education Needs in Kazakhstan, Kyrgyzstan and Tajikistan. Budapest. Internet: http://www.opensocietyfoundations.org/sites/default/files/special-education-en-20091207.pdf (Zugriff 6.1.2015)

Ovčarova, Lilija (2012): Reformbedarf – Russlands Rentensystem. *Ztschr. Osteuropa* 62.Jg., H.6-8, S. 343-356.

Presnjakova, Ljudmila (2010): Altsein in Russland. Soziale Lage und gesellschaftliches Klima. *Ztschr. Osteuropa* 60.Jg., H.5, S. 175-190.

Sidorenko, Aleksandr (2010): Faktizität und Geltung – Altenpolitik im postsowjetischen Raum. *Ztschr. Osteuropa* 60.Jg., H.5, S. 131-142.

Spahn, Susanne (2014): Gelenkte Xenophobie. Migration und nationale Frage in Russland. Ztschr. Osteuropa 64.Jg, H.7, S. 55-68.

Statista.com (2011): Changes in the number of non-governmental organizations (NGOs) with consultative status with ECOSOC* 1948 to 2010. Internet: http://www.statista.com/statistics/268357/changes-in-the-number-of-ngos-worldwide-since-1948/

Tarbagajew, Alexej/Uss, Alexandr/Schtschedrin, Nikolai (1997): Rußland. In: Dünkel, Frieder/von Kalmthout, Anton/Schüler-Springorum, Horst (Hrsg.): Entwicklungstendenzen und Reformstrategin im Jugendstrafrecht im europäischen Vergleich. Mönchengladbach: Forum Bad Godesberg, S. 437-454.

Topchij, L.V. (2010): Methodologische Probleme der Entwicklung einer Theorie der sozialen Arbeit. Moskau RGSU (Топчий Л. В. Методологические проблемы развития теории социальной работы.- М.: Изд-во РГСУ, 2010).

Rasell, Michael/Iarskaia-Smirnova (2013): Conceptualizing disability in Eastern Europe and the former Soviet Union. In: Dies. (Ed.)(2013): Disability in Eastern Europe and the Former Soviet Union. S. 1-17.

Rasell, Michael/Iarskaia-Smirnova (Ed.)(2013): Disability in Eastern Europe and the Former Soviet Union: History, policy and everyday life: History, policy and everyday life (BASEES/Routledge Series on Russian and East European Studies). London: Routledge.

Schukowa, Tatjana (2011): Jugendliche als Täter und Opfer. *Ztschr. Öffentliche Sicherheit* 2011, H.7-8, S. 53-54.

Schwedthelm, Judith (2005): Russland auf dem Weg zum Sozialstaat? Friedrich-Ebert-Stiftung: *Internationale Politikanalyse Europäische Politik. Politikinformation Osteuropa*, Mai 2005. Internet: http://library.fes.de/pdf-files/id/02854.pdf

Shmidt, Victoria (2013): Lost in transition: missed opportunities for reforming disabled children's education in Armenia, Azerbaijan and Georgia. In: Rasel, M./Iarskaia-Smirnova, E. (Ed.): Disability in Eastern Europe and the Former Soviet Union.

Vendina, Olga (2012): Die Ethnisierung der Migrationsprozesse in Russland. *Russlandanalysen* März 2012, H. 236, S. 9-12.

Zinurova, Raushania Ilshatovna/Krieger, Wolfgang (2013): Educational technologies of immigrants' adaptation in Russia and Germany: "Melting pot" or "Dialogue of Cultures". Vortrag anlässlich der ICIP Conference an der Kazan National Research Technological University KSTU am 25. Sept. 2013.

I

Präventive Maßnahmen in zentralen Handlungsfeldern der Sozialen Arbeit

Превентивные меры в основных направлениях деятельности социальной работы

Kinderschutz: Rechtliche Grundlagen und aktuelle Entwicklungen

Martin Pfeil, Deutschland, Ludwigshafen am Rhein

I. Einführung

Der Schutz von Kindern ist ein Anliegen, das vernünftigerweise in jeder Gesellschaft ohne Rücksicht auf deren politische und rechtliche Verfassung von zentraler Bedeutung sein muss. Denn es ist eine fundamentale natürliche Erkenntnis, dass Kinder aus zahlreichen Gründen einerseits besonders schutzbedürftig sind und andererseits jeglichen Schutz verdienen, und zwar um ihrer selbst willen und nicht nur mit Blick auf ihre Rolle als potentielle zukünftige Stützen der Gesellschaft. In den nächsten Minuten will ich mich folgenden Fragen widmen, die sich um den Kinderschutz in der Bundesrepublik Deutschland ranken:

- Welche Relevanz misst die geltende deutsche Rechtsordnung dem Kinderschutz bei?
- Wie ist die Rollenverteilung zwischen den Eltern und den staatlichen Stellen?
- Welche Instrumente und Möglichkeiten bietet die deutsche Rechtsordnung der Hoheitsgewalt zum effektiven Schutz der Kinder?
- Welche aktuellen Entwicklungen sind zu verzeichnen?

Die Antworten können angesichts der knappen Zeit, die hier zur Verfügung steht, lediglich kursorisch ausfallen und taugen nun dazu, einen groben Überblick zu gewinnen. Ich bitte dafür schon jetzt um Verständnis.

II. Verortung des Kinderschutzes in der Rechtsordnung

1. Kinderschutz auf Verfassungsebene

Die Rechtsordnung der Bundesrepublik Deutschland ist vielschichtig. Sie gliedert sich in mehrere Ebenen. An der Spitze der nationalen Rechtsvorschriften steht das Grundgesetz. Es verkörpert die Verfassung des aus 16 Gliedstaaten gebildeten Bundes und dient der Konstituierung des Gemeinwesens als politische Einheit. Das Grundgesetz enthält vor allem verbindliche Vorgaben für das Verhältnis zwischen den Bürgerinnen und Bürgern und dem Staat sowie für die Organisation und die wesentlichen Funktionen des Staates. Gegenüber den sonstigen nationalen Rechtsnormen ist es – mit gewissen Ausnahmen für die Verfassungen der Länder – vorrangig. Eine ganz entscheidende Bedeutung für das Verhältnis zwischen den einzelnen Mitgliedern der Gesellschaft sowie den Organen und Einrichtungen der Hoheitsgewalt kommt den Grundrechten zu, die sich hauptsächlich im ersten Abschnitt (Art. 1 bis Art. 19 GG) des Grundgesetzes finden. Eine weitere bedeutsame Rolle spielt insoweit das Rechtsstaatsprinzip, das in Art. 20 Abs. 3 GG verankert ist.

Die Grundrechte sind namentlich als effektive Fesseln jeglicher deutschen Hoheitsgewalt ausgestaltet. Sie bieten ihren Trägerinnen und Trägern subjektive, also einklagbare, Rechte gegen den eigenen Staat und seine Untergliederungen, die unterschiedliche Zwecke verfolgen. Die meisten Grundrechte gewährleisten Ansprüche auf die Abwehr rechtswidriger Eingriffe der Hoheitsgewalt in die persönliche Sphäre (insbesondere Freiheit und Eigentum) der Berechtigten. Zugleich sind sie Ausdruck bestimmter objektiver Wertentscheidungen des Verfassungsgebers. Unter gewissen Voraussetzungen vermitteln einzelne Grundrechte auch Ansprüche auf Schutz des Staates. Diese Funktion ist gerade für Kinder erheblich. Darauf werde ich später zurückkommen. Nur in ganz eng begrenzten Ausnahmefällen können Ansprüche auf staatliche Leistungen aus Grundrechten abgeleitet werden, etwa zur Sicherung des Existenzminimums, was ebenfalls für den Kinderschutz Relevanz entfaltet.

Wie eben schon angedeutet, gehören zu den Grundrechtsträgerinnen und -trägern auch Kinder. Denn die Geltung der Grundrechte setzt bereits vor der Geburt ein und dauert auf jeden Fall bis zum Tod der Berechtigten. Kinder jeglichen Alters können sich demnach vor allem auf die Menschenwürde (Art. 1 GG), das allgemeine Persönlichkeitsrecht (Art. 2 Abs. 1 GG in Verbindung mit Art. 1 Abs. 1 GG), das allgemeine Recht auf Gleichbehandlung (Art. 3 Abs. 1 GG) und das Recht auf Schutz von Ehe und Familie (Art. 6 GG) als eigene Rechte gegenüber der Hoheitsgewalt berufen.

Da allerdings auch die Eltern dieselben Grundrechte innehaben, können Spannungsverhältnisse zwischen den einzelnen Rechtsträgerinnen und -träger entstehen, die durch die Rechtsordnung gelöst werden müssen. Nach dem Prinzip der praktischen Konkordanz muss die Lösung so ausfallen, dass prinzipiell ein schonender Ausgleich zwischen den gegenläufigen grundrechtsbedeutsamen

Interessen mit dem Ziel ihrer Optimierung zu finden ist. Verantwortlich hierfür ist regelmäßig der jeweils zuständige Gesetzgeber.

Richtschnur ist dabei stets das Grundgesetz. In Art. 6 Abs. 1 und Abs. 2 GG enthält es eine wesentliche Vorgabe für das Verhältnis zwischen den Kindern und ihren Eltern einerseits und der Hoheitsgewalt andererseits. Gemäß Art. 6 Abs. 1 GG stehen Ehe und Familie unter dem besonderen Schutz der staatlichen Ordnung. Die Kinder und ihre Beziehung zu ihren Eltern werden gesondert in Art. 6 Abs. 2 GG erwähnt. Nach Art. 6 Abs. 2 Satz 1 GG sind Pflege und Erziehung der Kinder das natürliche Recht der Eltern und die zuvörderst ihnen obliegende Pflicht. Über ihre Betätigung wacht gemäß Art. 6 Abs. 2 Satz 2 GG die staatliche Gemeinschaft.

Unter Berücksichtigung des durch Art. 1 Abs. 1 GG in Verbindung mit Art. 2 Abs. 1 GG garantierten allgemeinen Persönlichkeitsrechts leitet die Rechtsprechung aus Art. 6 Abs. 2 Satz 1 GG den umfassenden Begriff des „Kindeswohls" als zu erreichendes Ziel der Bestrebungen aller Beteiligten ab. Inhalte dieses Begriffs sind die Förderung und der Schutz des körperlichen, geistigen und seelischen Wohls eines Kindes.

Die vorhin aufgeworfene Frage nach der Verteilung der Rollen bei der Verwirklichung des „Kindeswohls" lässt sich hinsichtlich der Funktion und der Aufgaben des Staates unmittelbar aus der Verfassung beantworten.

Art. 6 Abs. 2 GG enthält diesbezüglich eine eindeutige Regelung. Danach erkennt das Grundgesetz den Vorrang der Eltern prinzipiell an. Dabei geht es davon aus, dass die Eltern diejenigen sind, die ihrem Kind das Leben gegeben haben und allein deshalb besonders für dessen Wohl – darunter auch dessen Schutz – verantwortlich sind. Das so genannte „Erziehungsprimat" der Eltern besitzt somit Verfassungsrang.

Allerdings gilt es nicht schrankenlos. Dem Recht der Eltern korrespondiert ein Anspruch des Kindes auf Wahrung seiner Interessen. Diesen Anspruch sichert das Grundgesetz dadurch ab, dass es der Hoheitsgewalt durch Art. 6 Abs. 2 Satz 2 GG die Aufgabe und Befugnis zuweist, die ordnungsgemäße Ausübung des „Erziehungsprimats" zu überwachen und nur bei Bedarf zu intervenieren, nämlich falls die Eltern nicht willens oder fähig sein sollten, ihrer Verantwortung gegenüber ihren Kindern gerecht zu werden und deshalb das Kindeswohl gefährdet ist. Das so umschriebene „Wächteramt" des Staates genießt ebenfalls Verfassungsrang und stellt sich als zentrale hoheitliche Aufgabe dar, die zwar permanent zu erfüllen ist, aber erst beim „Versagen" der Eltern in die Kompetenz und Pflicht umschlägt, konkrete Maßnahmen zum Schutz des Kindes zu ergreifen. Dieses Prinzip kommt auch in Art. 6 Abs. 3 GG zum Ausdruck, der verfassungsrechtliche Vorgaben für einen speziellen Eingriff der Hoheitsgewalt in die Eltern-Kind-Beziehung enthält, der für die Betroffenen besonders gravierend ist. Danach dürfen Kinder gegen den Willen der Erziehungsberechtigten nur auf Grund eines Gesetzes von der Familie getrennt werden, „wenn die Erziehungsberechtigten versagen oder wenn die Kinder aus anderen Gründen zu verwahrlosen drohen".

Allerdings findet die Ausübung des „Wächteramts" und der damit unter bestimmten Umständen verknüpften Befugnis zu Eingriffen in die Eltern-Kind-Beziehung ihre rechtlichen Grenzen nicht nur in Art. 6 Abs. 3 GG, sondern darüber hinaus in den Anforderungen des Verhältnismäßigkeitsgrundsatzes.

Der Verhältnismäßigkeitsgrundsatz verlangt, dass Maßnahmen der Hoheitsgewalt, die Rechte der Bürgerinnen und Bürger beeinträchtigen, einem legalen Ziel dienen, zur Erreichung des jeweiligen Ziels geeignet und erforderlich sowie mit Blick auf das Verhältnis zwischen dem Nutzen und dem Schaden für den Betroffenen zumutbar sind. Bezogen auf das staatliche „Wächteramt" nach Art. 6 Abs. 2 Satz 2 GG fordert das Verhältnismäßigkeitsprinzip, dass der Ausgleich erkannter, das Kindeswohl konkret gefährdender Defizite der Eltern-Kind-Beziehung das Ziel des hoheitlichen Handelns zu sein hat. Um dieses Ziel zu realisieren, sind Maßnahmen der Prävention stets vorrangig vor Eingriffen einzusetzen. Eingriffe in die elterlichen Erziehungsrechte sind nur zulässig, wenn die Eltern es trotz des Angebots an helfenden oder unterstützenden Maßnahmen des Staates nach Lage der Dinge mit begründeter Wahrscheinlichkeit nicht schaffen, die Gefahr für das Kindeswohl selbst aus eigener Kraft abzuwenden. Ihre Intensität muss den Umständen des jeweiligen einzelnen Falles, der Art und dem Ausmaß des elterlichen Versagens sowie dem Grad der Gefährdung des Kindeswohls Rechnung tragen. Die teilweise oder vollständige Entziehung der elterlichen Sorge kann folglich nur als letzte Möglichkeit („ultima ratio") in Betracht kommen.

2. Konkretisierung des Kinderschutzes durch Bundesgesetze
a) Materiell-rechtliche Bestimmungen

Die eben geschilderten verfassungsrechtlichen Vorgaben sind namentlich durch einzelne Bundesgesetze ausgestaltet und konkretisiert worden. Materiell-rechtliche Bestimmungen zum Kinderschutz enthalten insbesondere das Achte Buch des Sozialgesetzbuchs (SGB VIII), das Bürgerliche Gesetzbuch (BGB) und das Strafgesetzbuch (StGB). In diesen Gesetzen finden sich vorwiegend auch die Instrumente und Möglichkeiten, die das Recht der Hoheitsgewalt zum effektiven Schutz der Kinder bereitstellt, und die Vorschriften, die festlegen, welche staatlichen Einrichtungen für die Umsetzung der materiell-rechtlichen Regeln zuständig sind.

Ich werde mich aus Zeitgründen auf das SGB VIII und das BGB konzentrieren. Andere Bundesgesetze und landesrechtliche Normen müssen leider ausgeblendet bleiben.

aa) SGB VIII

Das SGB VIII sieht in Übereinstimmung mit dem verfassungsrechtlich verbürgten „Erziehungsprimat" der Eltern und in konsequenter Umsetzung des Verhältnismäßigkeitsprinzips zunächst zahlreiche öffentliche Leistungen vor, die den Zweck verfolgen, die Pflege und Erziehung der Kinder in den Familien zu unterstützen oder zu ergänzen und auf diese Weise zur Sicherung des Kindeswohls und somit zum Kinderschutz beizutragen sowie hoheitliche Eingriffe in die Eltern-Kind-Beziehung zu vermeiden.

Zu den unterstützenden Leistungen gehören etwa Beratungen in schwierigen Lebenslagen (§§ 17, 18 SGB VIII) und Hilfen bei der Betreuung und Versorgung eines Kindes in Notsituationen (§ 20 SGB VIII).

Die ergänzenden Leistungen richten sich unter anderem auf die Förderung von Kindern in Tageseinrichtungen und Tagespflege (§§ 22 bis 26 SGB VIII). Unter besonderen Umständen, nämlich wenn eine dem Wohl des Kindes entsprechende Erziehung nicht gewährleistet ist, erstrecken sie sich auf bestimmte Hilfen zur Erziehung unter Erhaltung des Lebensbezugs zur Familie, etwa durch soziale Gruppenarbeit (§ 29 SGB VIII), Unterstützung durch Erziehungsbeistände (§ 30 SGB VIII) oder sozialpädagogische Betreuung und Begleitung (§ 31 SGB VIII).

Schließlich kennt das SGB VIII weitere Hilfen zur Erziehung als Leistungen, die familienersetzenden Charakter haben. Hierzu zählen zum Beispiel die zeitlich befristete oder dauerhafte Vollzeitpflege in einer Pflegefamilie (§ 33 SGB VIII) und die Erziehung in einem Heim oder einer sonstigen betreuten Wohnform (§ 34 SGB VIII). Typisch für diese Hilfeformen ist, dass das Kind nicht länger bei der Herkunftsfamilie lebt, sondern zum Zweck der Verbesserung der Erziehungsbedingungen in anderen geeigneten sozialen Einheiten untergebracht ist.

Alle vorgenannten Leistungen sind antragsabhängig. Sie stellen lediglich Angebote der öffentlichen Hand an die Personensorge- und Erziehungsberechtigten dar und bedürfen deren Annahme, die wiederum regelmäßig auf Freiwilligkeit beruht.

Antragsunabhängige Eingriffe in das Eltern-Kind-Verhältnis zum Schutz des Kindes gegen oder ohne den Willen der Personensorgeberechtigten erlaubt das SGB VIII gemäß § 8a Abs. 3 Satz 2 in Verbindung mit § 42 erst dann, wenn eine dringende Gefahr für das Kindeswohl besteht und eine Entscheidung des Familiengerichts nicht abgewartet werden kann. Unter den eben genannten Voraussetzungen ist eine Inobhutnahme des Kindes durch die zuständige staatliche Stelle gerechtfertigt und geboten. Allerdings ist diese Maßnahme auf Grund des SGB VIII immer nur vorläufiger Natur, wie sich aus § 42 Abs. 3 SGB VIII ergibt. Die endgültige Entscheidung über die erforderlichen Maßnahmen zur Sicherung des Kindeswohls und das Ausmaß des Eingriffs in die Eltern-Kind-Beziehung obliegt dem Familiengericht. Sie richtet sich nach Maßgabe des Bürgerlichen Gesetzbuchs.

Zuständig für die Gewährung der öffentlichen Leistungen mit präventivem Charakter und für die Inobhutnahme eines Kindes ist das jeweilige Jugendamt. Wie schon erwähnt, ist seine Kompetenz für Eingriffe in die Eltern-Kind-Beziehung auf vorläufige Maßnahmen beschränkt. Zu dauerhaften und nachhaltigen Eingriffen in die elterliche Sorge ist das Jugendamt nicht ermächtigt.

ab) BGB

Das Bürgerliche Gesetzbuch enthält die einschlägigen materiell-rechtlichen Vorschriften, die das Verhältnis zwischen dem Kind und seinen Eltern in der verfassungsrechtlich prinzipiell geschützten Privatsphäre regeln. Diese Normen tragen dem „Erziehungsprimat" der Eltern, den das Grundgesetz voraussetzt, Rechnung. Sie bestimmen vor allem, dass den Eltern grundsätzlich die Personen- und Vermögenssorge für ihre Kinder zusteht.

Ausnahmsweise verleihen insbesondere die §§ 1666, 1666a und 1667 BGB unter ganz bestimmten, gesetzlich definierten Voraussetzungen der Hoheitsgewalt in Gestalt des Familiengerichts die Befugnis zu dauerhaften und nachhaltigen Eingriffen in die vorbezeichneten Elternrechte gegen den Willen der Berechtigten. Entsprechend der verfassungsrechtlichen Vorgaben sind derartige Eingriffe nur zulässig, wenn das körperliche, geistige oder seelische Wohl des Kindes oder sein Vermögen gefährdet ist und die Eltern nicht gewillt oder nicht in der Lage sind, die Gefahr abzuwenden. Zu den Maßnahmen gehören gemäß § 1666 Abs. 3 BGB insbesondere

- Gebote, öffentliche Hilfen in Anspruch zu nehmen oder für die Einhaltung der Schulpflicht zu sorgen,
- Verbote, die Familienwohnung zu nutzen oder Verbindung zum Kind aufzunehmen,
- die Ersetzung von Erklärungen des Inhabers der elterlichen Sorge
- und – als „ultima ratio" – die teilweise oder vollständige Entziehung der elterlichen Sorge.

Bei der Entscheidung über derartige Maßnahmen ist immer der Grundsatz der Verhältnismäßigkeit zu beachten.

Zuständig hierfür sind – wie schon oben erläutert – die Familiengerichte, nicht aber die Jugendämter oder andere Behörden. Das ist mit Blick auf die privatrechtliche Natur der Eltern-Kind-Beziehung und die schwer wiegenden Konsequenzen der eingreifenden Maßnahmen nicht bloß konsequent, sondern geboten. Einer Behörde – also einer Stelle der Exekutive – darf und soll eine solche Kompetenz zur endgültigen Regulierung privat-rechtlicher Rechtsverhältnisse nicht übertragen werden.

b) Bestimmungen zur Regelung des Verwaltungs- und Gerichtsverfahrens

Normen zur Regelung des behördlichen Verwaltungsverfahrens – in erster Linie die Handlungen der Jugendämter betreffend – finden sich hauptsächlich im Ersten und Zehnten Buch des Sozialgesetzbuchs (SGB I und SGB X). Der Rechtsschutz gegen hoheitliche Maßnahmen des Jugendamts – etwa gegen die Versagung einer öffentlichen Hilfe – richtet sich nach der Verwaltungsgerichtsordnung (VwGO).

Das Verfahren der Familiengerichte zur Vorbereitung der ihnen zugewiesenen Entscheidungen – zum Beispiel über einen Eingriff in die elterliche Sorge – wird durch das Gesetz über das Verfahren in Familiensachen (FamFG) ausgestaltet.

c) Weitere Bundesgesetze, die für den Kinderschutz bedeutsam sind

Nicht nur das BGB und das SGB VIII dienen dem Kinderschutz, sondern auch weitere Bundesgesetze, auf die ich jedoch heute nicht näher eingehen kann.

Hierzu zählt namentlich das Strafgesetzbuch, das gewisse rechtswidrige und schuldhafte Handlungen, die speziell gegen Kinder begangen werden und insbesondere deren sexuelle Selbstbestimmung verletzen (§§ 176, 176a, 176b 180 StGB), unter Strafe stellt und hierdurch die besondere Missbilligung solcher Taten durch die Gesellschaft zum Ausdruck bringt.

Zuständig für die Aburteilung sind die Strafgerichte, deren Verfahren in der Strafprozessordnung (StPO) normiert ist.

3. Konkretisierung des Kinderschutzes durch Landesgesetze

Kinderschutz vermitteln ferner die Polizei- und Ordnungsgesetze der Länder, die den zuständigen Behörden die allgemeine Befugnis zur Abwehr von Gefahren einräumen. Sie finden bei Bedarf Anwendung, sofern keine spezialgesetzlichen Ermächtigungsgrundlagen einschlägig sein sollten.

Schließlich sind vor allem die Schulgesetze der Länder zu nennen, die Vorschriften gegen die Vernachlässigung und Misshandlung von Kindern enthalten.

III. Aktuelle Entwicklungen

Die aktuellen rechtlichen Entwicklungen im Kinderschutz kann ich leider nur kurz streifen. Insoweit möchte ich mich auf das am 01.01.2012 in Kraft getretene Bundesgesetz zur Stärkung eines aktiven Schutzes von Kindern und Jugendlichen beschränken. Dieses Bundesgesetz hat die zuvor in etlichen Bundesländern erlassenen Landesgesetze verdrängt, soweit es Regelungen enthält, die mit den landesrechtlichen Vorschriften kollidieren.

Schwerpunkte sind

- angestrebte Verbesserungen im Bereich der Prävention bei grundsätzlicher Anerkennung des elterlichen „Erziehungsprimats",
- die Überarbeitung der vorhandenen Regelungen zur Intervention durch die zuständigen Behörden bei einer konkreten Gefährdung des Kindeswohls, namentlich die Verankerung des Kinderschutzes als Querschnittsthema auch für Berufsgruppen außerhalb der Kinder- und Jugendhilfe, und
- der Schutz für Kinder und Jugendliche vor allem vor sexueller Gewalt in Einrichtungen (wie zum Beispiel Heimen) als Reaktion auf zahlreiche Missbrauchsfälle und -vorwürfe, die in den letzten Jahren der breiten Öffentlichkeit bekannt geworden sind.

Meine Aufmerksamkeit soll allein den neuen Bestimmungen zur Prävention gelten, die sich in Art. 2 §§ 1, 2 BKiSchG und dem geänderten § 16 Abs. 3 SGB VIII (individuelle Präventionsangebote) sowie Art. 2 § 3 BKiSchG (strukturelle Prävention) finden. Dabei geht auch das BKiSchG zutreffend von der Rollenverteilung zwischen den Kindern und ihren Eltern sowie der Hoheitsgewalt aus, die das Grundgesetz vorgibt und die ich bereits zu Anfang meines Beitrags geschildert habe.

Die Ansätze für individuelle Prävention sind in Art. 2 §§ 1, 2 BKiSchG als staatliche Angebote zur Unterstützung aller Eltern bei der Ausübung ihrer Verantwortung gegenüber ihren Kindern ohne Rücksicht auf einen besonderen Bedarf hauptsächlich durch Information, Beratung und Hilfe angelegt.

In Art. 2 § 1 Abs. 4 BKiSchG wird nunmehr das Konzept „Früher Hilfen" bundeseinheitlich festgeschrieben. Kern soll die Vorhaltung eines möglichst frühzeitigen, koordinierten und multiprofessionellen Angebots mit Blick auf die Entwicklung von Kindern vor allem in den ersten Lebensjahren sein. Zielgruppe hierfür sind nicht nur die Eltern neu geborener Kinder, sondern auch werdende Eltern.

Art. 2 § 2 BKiSchG verpflichtet die zuständigen öffentlichen Träger dazu, die Zielgruppen über Leistungsangebote im örtlichen Einzugsbereich zur Beratung und Hilfe in Fragen der Schwangerschaft, Geburt und Entwicklung des Kindes in den ersten Lebensjahren zu informieren und bei Nachfrage für persönliche Gespräche zur Verfügung zu stehen.

§ 16 Abs. 3 SGB VIII in seiner durch das BKiSchG geänderten Fassung greift den Gedanken Früher Hilfen in Form von Informationsangeboten auf. Er sieht die allgemeine Verpflichtung der Jugendhilfeträger vor, Müttern und Vätern sowie schwangeren Frauen und werdenden Vätern Beratung und Hilfe in Fragen der Partnerschaft und des Aufbaus elterlicher Erziehungs- und Beziehungskompetenzen anzubieten.

Art. 2 § 3 BKiSchG widmet sich der strukturellen Prävention. Zu diesem Zweck sind Netzwerkstrukturen zur interdisziplinären Vernetzung der jeweiligen Angebote vor Ort weiterzuentwickeln oder – sofern noch nicht vorhanden - aufzubauen. Verantwortlich hierfür sind vorrangig die örtlichen öffentlichen Träger der Jugendhilfe. Sie sind verpflichtet, weitere Einrichtungen, Stellen und Dienste der öffentlichen und freien Jugendhilfe im Bereich des Kinderschutzes einzubeziehen, unter anderem Gesundheitsämter, Sozialämter, Gemeinsame Servicestellen, Schulen, Polizei- und Ordnungsbehörden, Agenturen für Arbeit,

Krankenhäuser, Sozialpädiatrische Zentren, Frühförderstellen, Familienbildungsstätten, Familiengerichte und Angehörige der Heilberufe. In Abgrenzung zu den individuellen Angeboten für Eltern sollen in den Netzwerken keine Einzelfälle diskutiert werden. Vielmehr sollen sie genutzt werden, um Informationen über Aufgaben und Angebote auszutauschen, strukturelle Fragen der Angebotsgestaltung und -entwicklung zu klären sowie Verfahren im Kinderschutz abzustimmen. Zur Beförderung Früher Hilfen sollen die Netzwerke durch den Einsatz von Familienhebammen gestärkt werden.

Die Finanzierung sichert zumindest bis zum Jahr 2015 eine Bundesinitiative, deren jährliches Budget schrittweise von 30 Mio. EUR auf 51 Mio. EUR gesteigert wird. Langfristig soll ein Fonds die Finanzierung gewährleisten, dessen Ausgestaltung in einer Verwaltungsvereinbarung zwischen Bund und Ländern geregelt wird.

Ob und wie sich die durch das BKiSchG normierten Regelungen zur Prävention in der Praxis bewähren werden, lässt sich gegenwärtig noch nicht verlässlich beurteilen.

Positiv ist meines Erachtens zweifellos, dass sich der Bundesgesetzgeber dieses Themas angenommen und die Möglichkeiten, Gefährdungen des Kindeswohls unter grundsätzlicher Achtung des „Erziehungsprimats" der Eltern effektiv vorzubeugen, ausgebaut hat.

IV. Fazit

Nach alledem beantworte ich die Ausgangsfragen im Rahmen eines kurzen Fazits zusammenfassend wie folgt:

1. Der Kinderschutz besitzt in der deutschen Rechtsordnung einen hohen Stellenwert. Er ist durch die Verfassung gewährleistet und wird durch zahlreiche Bundes- und Landesgesetze konkretisiert. Kinder sind Träger eigener Grundrechte. Kollisionen mit den Grundrechten der Eltern sind durch den jeweils zuständigen Gesetzgeber nach dem Prinzip der praktischen Konkordanz auszugleichen.

2. Die deutsche Rechtsordnung erkennt an, dass die Verantwortung für den Schutz der Kinder primär bei den Eltern liegt. Der Staat hat die Aufgabe und Befugnis, die Ausübung des elterlichen „Erziehungsprimats" zu überwachen und nur bei einer konkreten Gefährdung des Kindeswohls zu intervenieren, das heißt zum Zweck des Kinderschutzes in die jeweilige Eltern-Kind-Beziehung

einzugreifen. Hierbei hat er stets den Grundsatz der Verhältnismäßigkeit zu beachten.

3. Mit Blick auf diese Rollenverteilung und in Umsetzung des Verhältnismäßigkeitsprinzips kennt die deutsche Rechtsordnung vor allem Instrumente der Prävention und Intervention. Um Eingriffe in die Eltern-Kind-Beziehung tunlichst zu vermeiden, sind die öffentlichen Jugendhilfeträger zunächst gehalten, präventive Maßnahmen in Form von Beratung, Unterstützung und Hilfe zur Selbsthilfe anzubieten. Lässt sich eine Gefährdung des Kindeswohls hierdurch nicht abwenden, räumt die Rechtsordnung den zuständigen staatlichen Stellen die Kompetenz zu vorläufigen und endgültigen Eingriffen in das elterliche „Erziehungsprimat" ein, zu denen als „ultima ratio" sogar die teilweise oder vollständige Entziehung der elterlichen Sorge zählt. Zuständig für die endgültigen Eingriffe in die prinzipiell privat-rechtlich ausgestaltete Eltern-Kind-Beziehung sind allein die Familiengerichte.

4. Die aktuellen Rechtsänderungen durch das am 01.01.2012 in Kraft getretene Bundeskinderschutzgesetz zielen auf Verbesserungen im Bereich der individuellen und strukturellen Prävention, die Überarbeitung der vorhandenen Regelungen zur Intervention und den Schutz für Kinder und Jugendliche in Einrichtungen. Sie sind zu begrüßen. Über ihre Effektivität lassen sich momentan noch keine verlässlichen Aussagen treffen.

Защита детей: Правовые основы и актуальные разработки немецкого законодательства

Пфейль Мартин, ФРГ, Людвигсхафен на Рейне

I. Введение

Защита детей - это задача, которая должна занимать в любом обществе центральное место, не взирая на его политический и правовой свод законов. Потому что это является естественным и основополагающим осознанием того, что дети, с одной стороны, по многочисленным причинам особенно нуждаются в защите, с другой, заслуживают всяческую помощь, при этом не только в качестве потенциальной будущей опоры обществу. Этот реферат посвящается следующим вопросам, которые связаны с защитой детей в Федеративной Республике Германии:

- Какое значение приписывает немецкое законодательство защите детей?
- Каково распределение ролей между родителями и государственными учреждениями?
- Какие инструменты и возможности предоставляет немецкое законодательство для эффективной защиты детей?
- Какие актуальные разработки в законодательстве существуют на сегодняшний день?

Ответы на все эти вопросы могут показаться сжатыми и краткими в связи с недостатком времени, отведённым мне, и я прошу прошения за это.

II. Положение защиты детей в немецком законодательстве

1. Защита детей на конституционном уровне

Правовая система Федеративной Республики Германии является многоплановой. Она разделена на несколько уровней. На вершине национального законодательства находится основной закон о правах человека. Он объединяет в себе Конституцию 16-ти федеративных единиц и служит для организации общества как политического единства. Основной закон содержит преимущественно обязательные предписания, регулирующие отношения между гражданами и государством, а также организацию и основные функции государства. По отношению к прочим внутригосударственным правовым нормам – за некоторыми исключениями в Конституциях земель – он имеет приоритет. Одно из решающих значений для отношений между отдельными членами общества, а также органами и учреждениями законодательства имеют основные права граждан, которые зафиксированы в основном в первой главе Конституции (ст. 1- ст. 19 Конституции ФРГ). А также последующую значительную роль играет принцип правового государства (ст. 20 абз. 3 Конституции ФРГ).

Права человека главным образом принимают форму действенных оков всего немецкого законодательства. Они предоставляют своим носителям субъективные права обратиться в суд, против собственного государства и его подразделений, которые преследуют различные цели. Большинство основных прав человека обеспечивают гражданам защиту от незаконного вмешательства в личную сферу и посягательства на личную собственность. При определенных условиях, отдельные основные права человека предоставляют право на защиту государства. Эта функция особенно важна для детей. К этому я вернусь позже. Право на поддержку со стороны государства может быть выведено из основных прав человека только в самых исключительных случаях, в таком, как обеспечение прожиточного минимума, что имеет огромное значение для защиты детей.

Как уже было сказано выше, дети причисляются также к носителям основных прав человека, так как основные права человека начинают действовать ещё до рождения и длятся до смерти носителя. Дети всех возрастов имеют право на достоинство личности (ст. 1 Конституции ФРГ), общее личное неимущественное право (ст. 2, пункт 1 Конституции ФРГ в совокупности со ст. 1, абз. 1 Конституции ФРГ), всеобщее право на равное обращение (ст. 3 абз. 1 Конституции ФРГ) и право на защиту брака и семьи (ст. 6 Конституции ФРГ) как и личные права по отношению к государству.

Так как родители имеют те же основные права, могут возникнуть конфликтные ситуации между отдельными носителями прав, которые должны быть разрешены при помощи правовой системы. По принципу практической конкорданции решение должно быть принято таким образом, чтобы был найден компромисс между расходящимися интересами с целью достижения оптимальных результатов. Ответственность за это несёт, как правило, соответственный уполномоченный законодатель.

Руководящим принципом всегда является основной закон. В ст. 6 абз. 1 и абз. 2 Конституции ФРГ содержатся основные нормы в отношениях между детьми и их родителями с одной стороны, и законодательством с другой. Согласно ст. 6 абз. 1 Конституции ФРГ брак и семья находятся под особой защитой государства. Дети и их отношение к своим родителям отдельно упомянуты в ст. 6 абз. 2 Конституции ФРГ.

В соответствии со ст. 6, абз. 2 предл. 1 Конституции ФРГ попечительство и воспитание детей являются непосредственным правом родителей, и прежде всего их надлежащей обязанностью. За её осуществлением следит государственное сообщество согласно ст. 6 абз. 2 предл. 2 Конституции ФРГ.

С учётом ст. 1 абз. 1 Конституции ФРГ в совокупности с ст. 2 абз. 1 Конституции ФРГ гарантированного всеобщего личного неиму-щественного права юрисдикция выводит из ст.6 абз. 2 предл. 1 Конституции ФРГ всеобъемлющее понятие «благополучие ребенка», как цель для всех участников. Содержание этого понятия являются поддержкой и защитой физического, умственного и духовного благополучия ребенка.

На вышезаданный вопрос о распределении ролей при осуществлении «благополучия ребёнка» относительно функции и задачи государства можно ответить, используя непосредственно Конституцию ФРГ.

Статья 6, абз. 2 Конституции ФРГ содержит в этом отношении четкое регулирование. В связи с ним, Конституция ФРГ абсолютно признает преимущество родителей. При этом, Конституция ФРГ исходит из того, что родители — это те, кто дал жизнь своему ребенку, и уже только поэтому они в ответе за его благополучие и защиту. Таким образом, так называемое «воспитательное преимущество» родителей имеет конституционный статус.

Тем не менее, это действует не безгранично. Право родителей должно соответствовать требованию детей на соблюдение их интересов. Это требование основной закон осуществляет посредством того, что он закрепляет за государственной властью право и задачи соответственно со ст. 6 абз. 2 предл. 1 Конституции ФРГ в надлежащем порядке следить за исполнением «воспитательного преимущества» и змешиваться только при необходимости. Например, в случае если родители не имеют желания и возможности нести ответственность за своих детей, и это ставит под угрозу благополучие ребенка. Таким образом, описанные дежурные ведомства государства представляют собой главную задачу, которая должна постоянно выполняться, но только в том случае, если родители не справляются со своими прямыми обязанностями. В подобных случаях применяются определенные меры для защиты детей. Этот принцип отражен в ст. 6, абз. 3 Конституции ФРГ, который включает в себя правовые нормы вмешательства государства в отношения между родителем и ребенком, которое является особенно тяжёлым для пострадавшей стороны. В соответствии с этой статьёй, дети могут быть изъяты из семьи против воли опекуна, если опекун не способен нести ответственность за ребенка или ребёнок по другим причинам остаётся без присмотра.

При определенных обстоятельствах, дежурное ведомство имеет право на вмешательства в отношения между родителем и ребенком не только в соответствии со ст. 6, абз. 3 Конституции ФРГ, а так же в соответствии с требованиями принципа пропорциональности.

Принцип пропорциональности требует, чтобы меры государственной власти, которые ущемляют права граждан, служили легальной цели, подходили и требовались для достижения этой цели, а также, учитывая пользу и вред для пострадавших, были бы обоснованными.

В соответствии со ст. 6, абз. 2 предл. 2 Конституции ФРГ, дежурное ведомство призывает к принципу соразмерности, главной задачей которого является благополучие ребенка и компенсации недостатков в отношениях родителя и ребенка. Для достижения этой цели должны применяться преимущественно превентивные меры, нежели вмешательства. Вмешательства в права на воспитание родителей допустимы только тогда, когда родитель, несмотря на предложения помощи или поддержки со стороны государства, с обоснованной вероятностью ставит под угрозу благополучие ребенка. В интенсивности их наказания отражаются обстоятельства каждого отдельного случая, вида и масштаба родительской несостоятельности, а также степени угрозы для благополучия ребенка. Частичное или полное лишение родительских прав рассматривается только как крайняя мера ("ulti maratio").

2. Конкретизация защиты детей федеральным законом

а) Материально - правовые положения

Вышеупомянутые конституционные нормы были специально разработаны и уточнены отдельными федеральными законами. Материально-правовые положения по вопросам защиты детей, в частности, находятся в восьмой книге Социального кодекса ФРГ (SGB VIII), Гражданского кодекса ФРГ (BGB) и Уголовного кодекса ФРГ (StGB). В этих законах указаны средства и полномочия, предусмотренные законом для эффективной защиты детей, а также предписания, определяющие, какие государственные учреждения ответственны за исполнение материально-правовых норм.

В данном докладе внимание будет сконцентрировано на восьмой книге Социального кодекса ФРГ (SGB VIII) и на Гражданском кодексе ФРГ (BGB).

аа) Кодекс социальных законов VIII

Кодекс социальных законов ФРГ, том VIII, в соответствии с конституционно-правовым родительским «главенством воспитания» и в последовательной реализации принципа пропорциональности предусматривает многочисленные государственные услуги, их цель заключается в полной или частичной помощи по уходу и воспитанию ребенка в семье, для защиты благополучия ребенка, и, тем самым, внесение своего вклада в защиту детей и стремление избежать суверенного вторжения в детско-родительские отношения.

К услугам поддержки Государства относятся консультации в сложных ситуациях (§§ 17, 18 Кодекса социальных законов ФРГ, том VIII) и помощь по уходу и обеспечению ребенка в особой ситуации (§ 20 Кодекса социальных законов ФРГ, том VIII).

Дополнительные услуги в том числе направлены на поддержку детей в дошкольных учреждениях и группах продленного дня и на профессиональный уход за детьми на дому (§§ 22 – 26 Кодекса социальных законов ФРГ, том VIII). При особых обстоятельствах, а именно, когда не обеспечивается соответствующий уровень воспитания детей, государство оказывает педагогическую помощь через социальные службы с целью сохранения семьи (§ 29 Кодекса социальных законов ФРГ, том VIII), поддержка при содействии опекунов (§ 30 Кодекса социальных законов ФРГ, том VIII) или социально-педагогических служб (§ 31 Кодекса социальных законов ФРГ, том VIII).

Согласно Кодексу социальных законов, тому VIII, известно несколько форм педагогической помощи, которые заменяют семью. К ним относятся, например, временный или постоянный уход в течение полного рабочего дня в опекаемой семье (§ 33 Кодекса социальных законов ФРГ, том VIII), а также воспитание в детском доме или другой форме помощи (§ 34 Кодекса социальных законов ФРГ, том VIII). Для этих форм помощи характерно то, что ребенок больше не живет в родительской семье, а находится в соответствующих социальных учреждениях, с целью улучшения условий получения воспитания.

Все вышеупомянутые услуги имеют ходатайственный характер (требуют подачи заявления). Они предлагаются только в государственном секторе. Чтобы иметь право опеки, от опекунов требуется подтверждение о том, что услуга будет оказываться регулярно и она будет предоставлена на добровольной основе.

Вмешательство в отношения родителя и ребенка с целью защиты ребенка против воли опекуна, не требующее подачи заявления, разрешено согласно Кодексу социальных законов ФРГ, тому VIII, § 8a абз. 3, предл. 2 в сочетании с § 42, только если жизненная опасность угрожает благосостоянию ребенка, и решение суда по семейным делам не может ждать. В вышеупомянутых случаях временное изъятие и размещение ребенка или несовершеннолетнего по необходимости осуществляется посредством соответствующей инстанции. Согласно Кодексу социальных законов ФРГ, тому VIII, эта мера носит лишь временный характер (на основании § 42 абз. 3 Кодекса социальных законов ФРГ, том VIII). Принятие окончательного решения о мерах, необходимых для обеспечения благосостояния ребенка и степень вмешательства в отношения родителя и ребенка, вменяется в обязанности семейного суда. Это предписано положениями Гражданского Кодекса ФРГ.

Ведомство по делам молодежи несет ответственность за исполнение социальных услуг, носящих превентивных характер, и за изъятие и размещение ребенка или несовершеннолетнего в опекунской семье. Как упоминалось выше, его полномочия во вмешательство в отношения родителя и ребенка ограничены. Ведомство по делам молодежи не имеет права на продолжительные и настойчивые вмешательства в родительские права.

аб) Гражданский Кодекс ФРГ

Гражданский кодекс ФРГ содержит в себе соответствующие материально-правовые нормы, которые регулируют отношения между ребенком и его родителями по защищенному Конституцией ФРГ принципу конфиденциальности. Эти нормы отражают «первенство воспитания» родителей, которые предписаны Конституцией ФРГ. Они определяют прежде всего то, что родителям полагается по закону опека над детьми и распоряжение их имуществом.

В порядке исключения §§ 1666, 1666а и 1667 Гражданского Кодекса ФРГ, при определённых предписанных законом обстоятельствах наделяют государство в лице семейного суда правом на продолжительные и настойчивые вмешательства в описанные выше родительские права, вне зависимости от согласия и воли опекунов. В соответствии с конституционными нормами подобные вмешательства допустимы лишь в случаях, если имеется угроза телесному, умственному или духовному благополучию ребенка или его имуществу, и его родители не намереваются или не способны предотвратить эту угрозу. К этим мерам относятся согласно § 1666 абз. 3 Гражданского Кодекса ФРГ в особенности:

- предложения обратиться к общественной государственной помощи или обеспечить обязательное школьное образование;
- запреты на пользование семейным жильем или поддержание связи с

ребенком;
- возмещение заявления владельца родительских прав;
- и как крайняя мера – лишение прав частично или полностью.

При принятии решения о таких мерах всегда должен быть соблюден принцип соразмерности.

Ответственность за это решение несет семейный суд, а не ведомство по делам молодежи или другие государственные инстанции. Учитывая частно-правовой характер отношений родителей и ребёнка и серьёзные последствия мер вмешательства, это является не только последовательным, но и надлежащим. Государственному учреждению, то есть исполнительной власти, подобное полномочие об окончательном регулировании частно-правовых правоотношений не может и не должно быть предоставлено.

b) Положения, регулирующие административные и судебные процессы

Нормы, регулирующие ведомственные и административные процессы, в первую очередь касающиеся действий ведомств по делам молодежи, описаны, в основном, в первом и десятом томах Кодекса социальных законов (Кодекс социальных законов ФРГ I и X). Правовая защита против государственных мер ведомств по делам молодежи, например, против отказа от государственной помощи, регулируются положением об административных судах.

Действия семейного суда и принятие им решений (например, о вмешательстве в родительскую опеку) разрабатываются в соответствии с законом о рассмотрении семейных споров.

c) Другие федеральные законы, которые важны для защиты детей

Для защиты прав детей служат не только Гражданский кодекс и Кодекс социальных законов ФРГ, том VIII, но и другие федеральные законы, которые, однако, не будут рассмотрены подробнее.

К таковым относится и Уголовный кодекс, который описывает противозаконные виновные деяния по отношению к детям, несущие сексуальный характер и ведущие к порокам развития (§§ 176, 176a, 176б, 180 УК ФРГ).

За вынесение приговора в подобных случаях отвечают уголовные суды, действия которых нормированы в Уголовно-процессуальном кодексе ФРГ.

3. Конкретизация защиты детей законодательством земель

Законы о полиции и законы федеративных единиц предоставляют соответствующим учреждениям полномочия по защите детей. Они применяются при необходимости, если не предусмотрены никакие специальные предписанные законом разрешения на полномочия.

Наконец, следует упомянуть законы о школе федеральных единиц, которые содержат предписания против пренебрежительного и жестокого обращения с детьми.

III. Актуальные тенденции развития

В этой главе мы ограничимся федеральным законом, который вступил в силу 01 января 2012 года, по укреплению активной защиты детей и несовершеннолетних. Этот федеральный закон вытеснил ранее принятые государственные законы в нескольких федеральных единицах, поскольку он содержит положения, которые противоречат предписаниям, относящимся к юрисдикции земель.

К основным задачам относятся:

- желаемые улучшения в области профилактики признания основного родительского «первенства воспитания»,
- пересмотр существующих правил вмешательства со стороны уполномоченных ведомств при конкретной угрозе благополучию ребенка, главным образом - закрепление в качестве сквозной темы и для групп профессий, не связанных с помощью детям и подросткам;
- защита детей и несовершеннолетних, прежде всего, от сексуального насилия в учреждениях (например, детских домах) в ответ на многочисленные случаи изнасилований и обвинений в изнасиловании, которые стали известны в последние годы широкой общественности.

Мое внимание сосредоточено, главным образом, на применении новых предписаний для профилактики, которые можно найти в ст. 2, §§ 1, 2 Федерального Закона ФРГ о защите детей и в поправках § 16 абз. 3 Кодекса социальных законов, том VIII (предложения индивидуальной профилактики) и ст. 2, § 3 Федерального Закона ФРГ о защите детей (структурная профилактика)).

Федеральный закон о защите детей применяется с целью распределения ролей между детьми и их родителями, а также государством, которые так же определяет Конституция ФРГ, и которые были описаны в начале.

Предложение для осуществления индивидуальной профилактики описаны в ст. 2 §§ 1, 2 Федерального Закона ФРГ о защите детей, в качестве государственных услуг для поддержки родителей при исполнении их прямых родительских обязанностей по отношению к своим детям, реализуются в основном посредством информации, консультаций и помощи.

В ст. 2 § 1, абз. 4 Федерального Закона ФРГ о защите детей закреплён общефедеральный концепт «ранней помощи», основа которой должна заключаться в, по возможности, раннем, координированном и мультипрофессональном предложении с учётом развития детей, особенно в первые годы жизни. Целевой группой являются не только родители новорожденных детей, но и будущие родители.

Ст. 2 § 2 Федерального Закона ФРГ о защите детей обязует ответственные государственные органы к тому, чтобы целевые группы были проинформированы о предлагаемых на местах услугах в форме консультации и помощи в вопросах беременности, родов и развития ребенка в первые годы жизни и при дополнительном надобности в виде личных бесед.

§ 16 абз. 3 Кодекса Социальных Законов ФРГ, том VIII с внесенными изменениями, посредством Федерального Закона ФРГ о защите детей, поддерживает идею «ранней помощи» в виде информационных ресурсов. Он предусматривает для организаций по оказанию помощи несовершеннолетним общие обязательства в виде предоставления будущим родителям, матерям и отцам, а также беременным женщинам консультации и помощи в вопросах отношений и развитии родительских навыков в вопросах воспитания.

Ст. 2 § 3 Федерального Закона ФРГ о защите детей посвящена структурной профилактике. С этой целью должны развиваться сетевые структуры для межотраслевого объединения местных предложений и услуг. Ответственность за это лежит, в первую очередь, на местных организациях помощи несовершеннолетним. Они должны привлекать к работе в сфере помощи детям общественные и добровольные учреждения, инстанции и службы помощи несовершеннолетним, среди них департаменты здравоохранения, отделы социального обеспечения, центры общего обслуживания, школы, полицию и органы правопорядка, агентства по трудоустройству, центры содействия раннему развитию детей, семейные суды, сотрудников больниц, социальных педиатрических центров, семейных образовательных центров и представителей профессий, направленных на оказание помощи. В отличии от индивидуальных предложений для родителей в сетевых структурах не будут рассматриваться отдельные случаи. Структурные сети должны быть использованы для обмена информацией о задачах и предложениях, обсуждения структурных вопросов об организации и развитии услуг, а также для координации процедуры по защите детей. Для осуществления передачи «ранней помощи» данные структурные сети должны быть укреплены поддержкой со стороны семейных акушеров.

Федеральная инициатива, чей годовой бюджет постепенно увеличился от 30 миллионов евро до 51 миллиона евро, обеспечивает финансирование, по крайней мере, до 2015 года. В долгосрочной перспективе фонд должен обеспечить финансирование, деятельность которого регулируется федеральным правительством и правительствами федеральных единиц.

Когда и каким образом будут работать на практике нормированные положения федерального закона ФРГ о профилактике защиты детей, в настоящее время трудно предположить.

Положительным является, по моему мнению то, что эта тема была принята федеральным законодательством к рассмотрению. Она поможет расширить возможности для эффективного предотвращения угрозы благосостояния ребенка на основе уважения к «главенству воспитания» родителей.

IV. Заключение

После всего выше сказанного я отвечу на заключительные вопросы, в контексте которых выводы сводятся к следующему:

1. Защита детей имеет в немецкой правовой системе важное значение. Она гарантируется Конституцией ФРГ и конкретизируется многочисленными федеральными и государственными законами. Дети являются носителями собственного основного права. Противоречия с основными правами родителей должны быть урегулированы соответственным уполномоченным законодателем по принципу практической конкорданции.

2. Немецкая правовая система признает, что ответственность за защиту детей лежит на их родителях. Государство имеет задачу и полномочие следить за тем, как осуществляется родительское «главенство воспитания», и

вмешиваться только тогда, когда нависла конкретная угроза благосостоянию ребенка, т.е. вмешиваться с целью защиты детей в соответствующих отношениях родителя и ребенка. Здесь должен соблюдаться принцип пропорциональности.

3. С учетом распределения этих ролей и реализации принципа пропорциональности, немецкой правовой системе известны, прежде всего, инструменты профилактики и вмешательства. Чтобы избежать вмешательства в отношения родителя и ребенка, насколько это возможно, ведомства по делам молодежи первоначально предлагают меры профилактики в виде консультаций, поддержки и помощи по оказанию самопомощи. Если угроза благополучию ребенка является неустранимой, то правовая система допускает вмешательство государственных ведомств в родительское «главенство воспитания», частичное или даже полное лишение опекунских прав является крайней мерой. Вопросами вмешательства в соответствующие частноправовые отношения между родителем и ребенком занимаются только семейные суды.

4. Актуальные изменения в законе, посредством вступившего в силу Федерального закона ФРГ о защите детей от 01 января 2012 года, направлены на улучшения в области индивидуальной и структурной профилактики, пересмотр правил для вмешательства и защиты детей и несовершеннолетних в различных учреждениях. Подобные меры приветствуются. Эффективность этих мер ещё не имеет достоверных сведений на данный момент.

Zur institutionellen Transformation von Kindereinrichtungen in Armenien

Juliana G. Melkumyan, Armenien, Erivan

Ein Kind soll in der Familie leben und erzogen werden. So soll es sein.

Armenien, das nach dem Zerfall der Sowjetunion den Status eines unabhängigen Staates erhielt, ist alsbald in große Schwierigkeiten geraten. Diese haben in der Tat alle Lebensbereiche der Gesellschaft betroffen: politische, ökonomische, soziale etc. Wenn man eine positive Entwicklungsdynamik der armenischen Gesellschaft im letzten Jahrzehnt herausstellen will, muss man die Stabilisierung der wichtigsten gesellschaftlichen Institutionen und des Bereiches der sozialen Absicherung erwähnen, man sollte aber auch u.a. auf die Risiken der Gesellschaftsreproduktion eingehen, die die Stabilität der sozialen Struktur bedrohen. Darunter sind Arbeitsplatzmangel, niedrige Löhne, begrenzte Entwicklungsmöglichkeiten für kleinere und mittlere Unternehmen und die Landwirtschaft, das niedrige Niveau der Hochschul- und Fachaus-bildungszugänge, die medizinische Versorgung, die niedrigen Renten und das Fehlen eines Versorgungssystems mit Wohnungen und vieles mehr zu nennen.

Diese Faktoren führten zur Entstehung und Verbreitung von Armut in der Republik Armenien. Im Zusammenhang damit sollte man zwei der am meisten verbreiteten, unkontrollierten und gefährlichen Faktoren, die die armenische Gesellschaftsstruktur bedrohen, herausgreifen. Es handelt sich vor allem um Migrationsprozesse, u.a. um die saisonale Arbeitsmigration, die einerseits die einzige Möglichkeit zum Überleben und zur Sicherung des Familienwohlstandes darstellt und andererseits sehr viele negative Folgen nach sich zieht, die ohne die notwendige Beachtung seitens der sozialen Dienste bleiben.

Ein Großteil der Saisonpendler aus Armenien wandert in die Russische Föderation aus. In jenen Fällen, in welchen das fehlende Familienmitglied regelmäßig Geld überweist, ist die Familie im Stande, ihr Wohlstandsniveau und die ökonomische Lage zu verbessern; im andern Fall gerät die Familie in eine extreme Notsituation. Ein bedeutendes Maß an saisonaler Migration führt zu negativen Veränderungen sowohl auf der Makroebene – Rückgang der Bevölkerung und

Überalterung der Gemeinden – als auch auf der Familienebene (u.a. unvollständige Familien, Scheidungen, Probleme mit der Kindererziehung, psychische Spannungen in den Familienbeziehungen, Änderung der moralisch-sittlichen Atmosphäre in der Familie).

Ein weiterer Faktor, der die Veränderung der sozialen Struktur beeinflusst, ist die Sozialpolitik, die auf Kinderschutz und eine demographische Politik ausgerichtet ist, die auf die Erhöhung der Geburtenrate abzielt. Da gibt es einmalige Hilfeleistungen für jedes neugeborene Kind und ein monatliches Kinderpflegegeld bis zum zweiten Lebensjahr. Im Familienhilfesystem ist die Anzahl der minderjährigen Kinder in der Familie der wichtigste Faktor für die Bestimmung der Leistungshöhe. Natürlich sind die oben genannten Maßnahmen für die Familien am effektivsten, die über ein niedriges Einkommen verfügen, was gewöhnlich durch ein niedriges Bildungsniveau und einen Mangel an sozialen Kompetenzen begleitet wird. Im Endeffekt haben wir es daher mit einer großen Anzahl von kinderreichen Familien zu tun, die kaum die Fähigkeit zur Familienplanung, Kindererziehung und Führung des Familienbudgets haben.

Im Rahmen derselben Sozialpolitik, deren Prioritäten die Kinderrechte und Kinderinteressen sind, vollzieht sich aktuell ein Deinstitutionalisierungsprozess[1], in dessen Folge wir in die Problematik einer mechanischen Deinstitutio-nalisierung hineingeraten, wenn der Betrieb solcher Institutionen wie Kinderheime und Internate ohne Schaffung von notwendigen Alternativen eingestellt wird.

In der modernen Welt leisten die Industrieländer eine Sozialhilfe für die Familien, damit sie sich um ihre Kinder kümmern wollen und können. In Sonderfällen werden die Kinder in Patronatfamilien (Pflegefamilien) untergebracht, während die Unterbringung in Heimen eher selten stattfindet.[2] In Armenien ist hingegen die am meisten verbreitete Lösung die Unterbringung in Kinderheimen. Die geschaffenen Alternativen (Adoption, Familienkinderheime, Pflegefamilien und Vormundschaft) sind noch nicht im Stande, die notwendige Obhut und Pflege der Kinder, die ohne elterliche Fürsorge geblieben sind, zu gewährleisten.

---

[1] UNICEF. Sozialmonitoring// Forschungszentrum UNICEF „Innocenty", Florenz, 2002.
[2] Zhustupov B.S., Alimbekova G.T.: Die Deinstitutionalisierung von Kinderwaisen: Stand, Probleme, Perspektiven. Internet http://ciom.kz/assets/files/Nashi%20publikacii/ Deinstitualizatsiya_detey. pdf, (12.11.2013).

Im November 2003 hat die armenische Regierung ein Reformprojekt der staatlichen Kindereinrichtungen beschlossen.[3] Diese Entscheidung markierte einen Wendepunkt in der Entwicklung einer neuen staatlichen Einstellung zur Poblematik der Versorgung von Kindern, wobei die folgenden Ziele in den Vordergrund gerückt wurden:

- eine Erhöhung des Kinderbestandes in Kinderheimen nicht zuzulassen,
- die Anzahl der Kinder in Kinderheimen zu reduzieren,
- eine Verbesserung der Lebensqualität in Kinderheimen zu erreichen,
- die gesellschaftliche Integration der Kinder zu fördern,
- die soziale Obhut der Kinderheimabgänger zu gewährleisten,
- eine rechtsverbindliche Kontrolle des Funktionierens von Kinderheimen zu schaffen.[4]

Im Juli 2004 beschloss die armenische Regierung das Pilotprojekt mit der Bezeichnung „Deinstitutionalisierung der Kinderheime" (in der armenischen Sprache wird der Begriff Deinstitutionalisierung als „Entlastung" übersetzt). Der Staat betrachtet die Kinderheime, indem er das Recht des Kindes auf ein Leben in der Familie stärkt, als die letzte, am wenigsten erwünschte Variante der Organisation von Kinderobhut und richtet die Sozialpolitik auf die Unterstützung der Familie aus, damit die bestmöglichen Lebens- und Entwicklungsbedingungen des Kindes gewährleistet werden.[5] 2006 beschloss die armenische Regierung für die Jahre 2006 bis 2010 eine Reformierungs-strategie des sozialen Schutzes von Kindern in schwierigen Lebenssituationen.[6]

Natürlich sahen die oben genannten Dokumente die Entwicklung und Etablierung von Alternativen vor, aber die Betonung des Begriffes „Entlastung" in den Projektbezeichnungen und -aufgabenstellungen verstellte den Blick auf die Reformierung. Die Schaffung von Alternativen im System der sozialen Obhut von Kindern nahm viel Zeit, personelle und finanzielle Ressourcen in Anspruch. In

---

[3] Beschluss der Regierung der RA über die Verabschiedung des Staatlichen Strategieprogramms zur Reformierung der Kindereinrichtungen. Nr. 1654- vom 27. November 2003 (in armenischer Sprache) Internet: http://www.arlis.am/DocumentView.aspx? docid=11647 (15.11.2013).
[4] Ebenda.
[5] Beschluss der Regierung der RA über die Verabschiedung des Experimentalprogramms „Deinstitutionalisierung der Kinderheime. Nr. 988- vom 01. Juli 2004 (in armenischer Sprache) Internet: http://www.arlis.am/DocumentView.aspx?docid=12688 (15.11.2013).
[6] Reformierungsstrategie des sozialen Schutzes von Kindern in schwieriger Lebenssituation von 2006-2010. Internet: http://www.edu.am/index.php?id=373&topMenu=-1&menu1=85&menu2=109 (15.11.2013).

der Folge setzte der Prozess der Reduzierung der Kinderzahlen in den Heimeinrichtungen ein. Ohne entsprechenden Alternativen wurde zugleich die Aufnahme von Kindern in die Heimeinrichtungen minimiert. Die Organe der Kinderobhut vermieden die Entscheidungen über die Entziehung des elterlichen Sorgerechtes, wodurch die Aufnahme der Kinder in Kinderheime und -internate behindert wurde; dabei wurden nicht selten die Augen vor der grausamen Behandlung der Kinder in der Familie (physische und psychische Gewalt und Vernachlässigung) geschlossen und die Kinder einer ganzen Reihe an Risiken ausgesetzt.

Zur Verbesserung der Situation wurde der Begriff „Deinstitutionalisierung" durch „institutionelle Transformation" ersetzt, um zum Vorrang der Schaffung von alternativen Hilfen für Kinder zurückzukehren. Bei allen Alternativen wurde besondere Aufmerksamkeit auf inklusive Bildung und die Organisierung von Hortklassen in den Schulen gerichtet.

Inklusive Schulen existieren heutzutage in allen Regionen Armeniens. Trotz des Vorhandenseins von Psychologen, Sozialarbeitern, Sonderpädagogen und Logopäden in den Schulen bleiben die Fragen der Gewinnung von hochqualifiziertem Personal, der Versorgung der Schulen mit der notwendigen Ausstattung und den didaktischen Materialen aktuell, ebenso wie die Frage der Stigmatisierung der Kinder sowohl von Seiten der Altersgenossen als auch der Pädagogen. Die Mängel in der Arbeit mit den Eltern von behinderten Kindern sind ebenfalls offensichtlich. Für die Verbesserung der Inklusiven Schulen ist es heute notwendig, Fortbildungskurse für die Schulpädagogen und Fachkräfte des Inklusivbereichs zu organisieren. Außerdem wäre eine berufliche Supervision durch Externe für die Inklusiven Schulen zu gewährleisten.

Im Transformationsprozess der Kindereinrichtungen ist eine besondere Behandlung von den Kindern und Familien nötig, die ohne die Dienste der Kindereinrichtungen in eine noch schwierigere Situation geraten würden. Hier sind insbesondere zu berücksichtigen

- Familien, die aufgrund ihrer schwachen Finanzlage nicht gewährleisten können:
    - die notwendige Nahrungsversorgung,
    - die notwendige Hygiene,
    - Freizeit und sinnvolle Beschäftigung (Vereine, Hobbies),
    - den notwendigen Schreibwarenbedarf,

- Leistungen von bestimmten Spezialisten (Psychologen, Logopäden etc.),
- die Befriedigung der Bedürfnisse von anderen älteren oder jüngeren Kindern ohne Unterstützung einer Kindereinrichtung (Nahrung, Bildung etc.);
- ferner Familien, die nicht über die notwendigen Wohnbedingungen verfügen (u.a. Familien, die im Mietverhältnis leben, im „Tankwagenhäuschen", ohne minimale Versorgungsleistungen, unter räumlichen Bedingungen, die aufgrund unzureichender Wohnfläche und Ausstattung mit Gebrauchsgegenständen die Kinder nicht im Haus oder in der Wohnung unterzubringen gestatten) und
- Familien, die ihre Kinder bei Hausaufgaben nicht unterstützen können (wegen des Zeit- oder Kenntnismangels der Eltern).

Die Vielfalt und Brisanz der oben genannten Probleme bestätigen die Notwendigkeit einer individuellen Bedürfnisabschätzung für jede einzelne Familie und jedes Kind, das sich in einer Kindereinrichtung befindet, damit die Transformation dieser Einrichtungen positive Folgen sowohl für Kinder als auch für deren Familien zeitigen und der Gefahr von negativen Entwicklungen vorgebeugt werden kann. Eine Kindererziehung in Familien, die unter dauerhaft ungelösten wirtschaftlichen, sozialen und psychologischen Problemen leiden, kann kaum das erwünschte Ergebnis der entwickelten Strategien und Reformen sein: *„In einer Familie ist es gut, wenn es wirklich eine Familie ist".*

Kinderheime, Internate, Sonderschulen erbringen eine Reihe von Leistungen, die von Begünstigten sehr nachgefragt sind, u.a. psychologische Hilfen, Hausaufgabenhilfe, Organisierung von Zirkeln und Sportgemeinschaften, Freizeit, Ernährung. Bei der Entwicklung des Transformationsplanes sollte die Wichtigkeit der Bewahrung dieser Leistungen berücksichtigt werden, u.a. im Format von Alternativleistungen.

Heute gibt es in Armenien keine sozialen Dienstleistungen, die die Arbeit mit der Familie gewährleisten. Die Arbeit mit einem Kind wird aber nicht erfolgreich sein können, wenn nicht parallel auch mit den Eltern, Familien und Gemeinden gearbeitet wird. Und für die Organisation der Arbeit mit der Familie und Gemeinde sind nicht nur professionelle Fachkräfte und materielle Ressourcen nötig, sondern auch Solidarität in der Zielauswahl und effektive Mechanismen der Zusammenarbeit zwischen unterschiedlichen Organen des sozialen Schutzes. In solchen Familien ist ein ganzes Bündel von Problemen vorhanden, die einen systemischen Ansatz und eine systemische Lösung erfordern. Durch die Lösung nur eines einzigen Problems im Familiensystem ist eine Situationsänderung nicht möglich, insbesondere wenn es nicht nur um materielle Probleme der Familie, sondern auch um die Förderung von Bildung geht. Deswegen sollte in erster Linie die soziale Umgebung „saniert" werden, der Mikrokosmos, bevor danach die konkreten Schritte auf dem Weg zur Deinstitutionalisierung unternommen werden können.

Somit sollte über die vordringliche Notwendigkeit der Schaffung von Gemeindezentren der Familienunterstützung gesprochen werden, die mit allen in der Gemeinde engagierten Organisationen zusammenarbeiten sollten. Für die Organisierung der Arbeit solcher Zentren auf dem nötigen Niveau ist es erforderlich, dass Psychologen, Juristen, Ärzte, Sozialarbeiter, Logopäden, Rehabilitologen und Pädagogen beschäftigt werden. Erst dies ermöglicht eine komplexe Problemlösung für jede Familie.

Beim Organisieren von alternativen Dienstleistungen für Kinder ohne elterliche Obhut kann man folgende Arbeitsrichtungen bestimmen:

- Prävention der Gewalt in der Familie,
- Professionelle Intervention in Fällen von Gewalt in der Familie,
- Entwicklung der elterlichen Fertigkeiten,
- Bildungsprogramme, Berufstrainings, Arbeitsplatzvermittlung für Eltern,
- Sexualpädagogik,
- Familienplanung,
- Bildung der Fähigkeiten zum Planen und Führen des Familienetats.

Es ist kein Geheimnis, dass in die Kindereinrichtungen oft auch behinderte Kinder aufgenommen werden. Denn leider gibt es keine sozialen Dienste, die speziell diesen Kindern Dienstleitungen anbieten. Natürlich sollte gerade diesen Kindern im Laufe des Transformationsprozesses der Kindereinrichtungen und der Entwicklung alternativer Dienste eine besondere Aufmerksamkeit geschenkt werden. In erster Linie ist es notwendig, das Spektrum der Probleme der behinderten Kinder zu umreißen. Diese sind:

- *Die Unzugänglichkeit der notwendigen medizinischen Dienstleistungen.* Die behinderten Kinder brauchen eine langfristige medizinische Hilfe, sie sollten ständig unter ärztlicher Beobachtung sein. Jedoch werden solche Dienstleistungen, wenn überhaupt, nur in städtischen Kliniken in Jerewan angeboten und nur entgeltlich ausgeführt.

- *Die Unzugänglichkeit der Bildung.* Trotz des Vorhandenseins der Inklusiven Schulen kann deren Anzahl, Personal- und technische Versorgung sowie das angebotene Dienstleistungsspektrum noch nicht als hinreichend für die Gewährleistung der Inklusion von behinderten Kindern bezeichnet werden.
- *Die erschwerte Zugänglichkeit von Außenräumen und öffentlichen Plätzen.*
- *Die Unzugänglichkeit von speziellen Hilfsmitteln.* Es gibt viele funktionale Beschränkungen, die infolge einer Behinderung entstehen. Die moderne Zivilisation hat eine Vielzahl an Hilfsmitteln geschaffen, die teilweise oder komplett die funktionellen Störungen kompensieren und die Lebensqualität erhöhen können, die aber für viele behinderte Kinder unzugänglich sind. Außer dem Angebot an Hilfsmitteln (Rollstühle, Hörgeräte), die das Ministerium für Arbeit und Sozialfragen Armeniens zur Verfügung stellt und welches dennoch unzureichend ist, gibt es keine Auswahl an Hilfsmitteln, die für die eine oder andere Behinderungsart geeignet sind.
- *Das Fehlen eines Netzwerks von Sozialdiensten für behinderte Menschen.* Neben medizinischen Dienstleistungen brauchen behinderte Menschen auch Dienste von unterschiedlichen Spezialisten: Logopäden, Kunsttherapeuten, Sozialarbeitern etc. Aber das Angebot an solchen Leistungen von entsprechenden Spezialisten ist sehr begrenzt und diese sind bestenfalls in Erivan verfügbar.

Außer den oben genannten Problemen, mit denen die behinderten Kinder konfrontiert sind, sollte auch ihren Familienangehörigen Beachtung geschenkt werden, die nicht minder ernsten wirtschaftlichen und sozialpsychologischen Schwierigkeiten gegenüber stehen und so zur Risikogruppe werden. Besonders zu betonen ist das Problem des fehlenden sozialen Schutzes und der sozialen Unterstützung für Personen, die die behinderten Kinder pflegen. Die Familien, in denen ein behindertes Kind lebt, bekommen weder methodische noch psychologische Hilfe. Letztendlich versuchen sie, die Pflege von behinderten Kindern selbst zu organisieren, was angesichts der fehlenden professionellen Hilfe für die Gesundheit und Entwicklung des Kindes nicht von optimaler Wirkung sein kann. Das gilt auch für die psychologische Hilfe; die Familien-angehörigen der behinderten Menschen bräuchten häufig psychologische Unterstützung, weil es schwierig ist, sich mit der Behinderung eines Angehörigen (insbesondere des eigenes Kindes) abzufinden, sich daran zu gewöhnen, sich darin einzuleben, adäquat zu reagieren und, was am wichtigsten ist, eine effektive, konstruktive Beziehung zum behinderten Kind aufzubauen.

Ist das Problem einer körperlichen Behinderung vorhanden, stellen oft auch die fehlenden Hilfen einer Transportkostenerstattung eine ernste Benachteiligung dar. Das betrifft sowohl die Mobilität einer behinderten Person selbst als auch die seiner Familienangehörigen bzw. Vormünder, die eine behinderte Person begleiten und in deren Interesse handeln. Außerdem muss häufig wegen der Pflege des Kindes einer der Familienangehörigen auf die berufliche Tätigkeit verzichten ebenso wie auf die Möglichkeit eines eigenen Einkommens und auf berufliche Entwicklung. Letztendlich wirkt sich das sowohl auf das Kind als auch auf die ganze Familie aus. Deswegen sollten beim Modellieren von Alternativen die Bedürfnisse der behinderten Kinder beachtet werden.

Das Kind sollte in einer gesunden, gutsituierten und geschützten Familie erzogen werden und die Transformation von Kindereinrichtungen sollte solche Bedingungen bei der transparenten, zielgerichteten Planung der Sozialdienstleistungen gewährleisten.

Heute ist in Armenien die Notwendigkeit der Umorientierung der Sozialpolitik von den Kindern auf die Familie im Ganzen von hoher Dringlichkeit, weil die Lösung der Probleme der Kinder eng mit der Lösung der familiären Probleme verbunden ist, für welche es derzeit weder eine ausgearbeitete Strategie noch einzelne Instrumente gibt. Im Endeffekt bleiben die kinderreichen Familien trotz der finanziellen Unterstützung seitens des Staates in Gestalt von Familienbeihilfen unterhalb der Armutsgrenze, unter den am stärksten benachteiligten Bevölkerungsschichten und ergänzen die Subkultur der Armut. Die Folgen einer solchen Veränderung in der sozialen Struktur werden ohne die notwendigen Maßnahmen sozialer Unterstützung und ohne das erforderliche Spektrum der Sozialdienstleistungen wenig vorteilhaft sein.

Институциональная трансформация детских учреждений в Армении

Мелкумян Юлтяна Г., Армения, Ереван

Ребенок должен жить и воспитываться в семье. Это – истина.

Армения, получившая статус независимого государства после распада Советского Союза, столкнулась с большими трудностями. Они затронули абсолютно все сферы жизни общества: политическую, экономическую, социальную и т. д. Подчеркивая позитивную динамику развития армянского общества за последнее десятилетие, стабилизацию основных социальных институтов и сферы социальной защиты, в частности, необходимо остановиться на рисках воспроизводства социума, угрожающих стабильности социальной структуры. Среди них: недостаток рабочих мест; низкие заработные платы; ограниченные возможности развития малого и среднего бизнеса, а также сельского хозяйства; низкий уровень доступности высшего и средне-специального образования, медицинских услуг; низкие пенсии; отсутствие системы обеспечения жильем и т.д.

Все это приводит к формированию и укоренению культуры бедности в РА. В связи с этим необходимо выделить два наиболее массовых, неконтролируемых и опасных фактора, оказывающих влияние на структу-ру армянского общества. Прежде всего, речь идет о миграционных процессах, в частности, о сезонной трудовой миграции, которая, с одной стороны, зачастую является единственной возможностью выживания и обеспечения уровня благосостояния семьи, а с другой - приводит к многочисленным негативным последствиям, которые остаются без должного внимания социальных служб.

Подавляющее большинство сезонных мигрантов из Армении выезжают в РФ. В тех случаях, если отсутствующий член семьи периодически присылает деньги, семья в состоянии улучшить свое экономическое положение и уровень благосостояния, в противном случае – семья оказывается в крайне затруднительной ситуации. Значительный масштаб сезонной миграции приводит к негативным изменениям как на макроуровне – опустошение населенных пунктов и старение общины, так и на уровне семьи (в том числе: неполные семьи, разводы, проблемы с воспитанием детей, психологическая напряженность в семейных отношениях, изменение морально-нравственной атмосферы в семье).

Еще один фактор, влияющий на изменение социальной структуры, – это социальная политика, направленная на защиту детства в совокупности с демографической политикой, направленной на повышение уровня рождаемости. Это и единовременное пособие на каждого новорожденного ребенка, и ежемесячное пособие по уходу за ребенком до 2 лет. В системе семейного пособия для определения размера пособия также наиболее важным фактором является число несовершеннолетних детей в семье. Естественно, вышеуказанные мероприятия наиболее эффективны в отношении семей, имеющих низкий доход, что обычно сопровождается низким уровнем образования и отсутствием социальных навыков. В итоге мы имеем дело с большим количеством многодетных семей, не имеющих навыков планирования семьи, воспитания детей и ведения семейного бюджета.

Наряду с этим, в рамках той же социальной политики, имеющей приоритетом права и интересы детей, актуален процесс деинсти-туционализации[1], в результате которого мы сталкиваемся с проблемой механической деинституционализации, когда функциониро-вание таких учреждений как детские дома и дома-интернаты сводится на нет без создания необходимых альтернатив.

В современном мире государства с развитой экономикой оказывают социальную поддержку семьям, чтобы они хотели и могли заботиться о своих детях. В особых случаях детей помещают в патронатные семьи, а помещение детей в институты происходит довольно редко[2]. В Армении же наиболее распространенным решением все еще является помещение детей в детские дома. Созданные альтернативы (усыновление, детские дома семейного типа, патронатные семьи и опекунство) пока не в состоянии обеспечить полноценную опеку и уход за детьми, оставшимися без попечения родителей.

---

[1] ЮНИСЕФ. Социальный мониторинг // Исследовательский центр ЮНИСЕФ «Инноченти», Флоренция, 2002.
[2] Жусупов Б.С., Алимбекова Г.Т., Деинституционализация детей-сирот: состояние, проблемы,
перспективы//http://ciom.kz/assets/files/Nashi%20publikacii/Deinstitualizatsiya_detey.pdf, (12.11.2013).

В ноябре 2003 года правительство РА утвердило проект реформирования государственных детских учреждений[3]. Это решение ознаменовало формирование нового государственного отношения к проблемам детства, выдвигая на первый план следующие задачи:

- Не допускать увеличения количества детей в детских домах,
- Сокращение количества детей в детских домах,
- Улучшение качества жизни детей, находящихся в детских домах,
- Интеграция детей в общество,
- Социальная защита выпускников детских домов,
- Контроль за деятельностью детских домов в установленном законом порядке[4].

А в июле 2004 года правительство РА утвердило экспериментальный проект под названием «Деинституционализация детских домов». (На армянский язык термин деинституционализация переведен как «разгрузка».) Государство, закрепляя право ребенка на жизнь в семье, рас-сматривает детские дома, как последний, наименее желательный, вариант организации опеки над детьми, перенаправляя социальную политику на поддержку семьи с целью обеспечения наилучших условий для жизни и развития ребенка[5].

В 2006 году правительство РА утвердило стратегию реформирования социальной защиты детей, находящихся в сложной жизненной ситуации на 2006-2010 гг[6].

Конечно же вышеупомянутые документы предусматривали разработку и создание альтернатив, однако акцентирование понятия «разгрузка» в названиях и задачах проектов существенно исказило вектор реформ. Создание альтернатив в системе социальной защиты детей требовало много времени, профессиональных кадров и должного финансирования. В итоге начался процесс сокращения количества детей в детских

---

[3] Решние правительства РА о утверждении государственной стратегической программы по реформированию детских учреждений N 1654-Ն от 27 ноября, 2003 г.// http://www.arlis.am/DocumentView.aspx?docid=11647, (на арм. языке, 15.11.2013).

[4] Там же.

[5] Решение правительства РА об утверждении экспериментальной программы «деинституционализации детских домов» N 988-Ն от1 июля, 2004 г.// http://www.arlis.am/DocumentView.aspx?docid=12688, (на арм. языке, 15.11.2013).

[6] Стратегия реформирования социальной защиты детей, оказавшихся в сложной жизненной ситуации на 2006-2010 годы, 2006 г. // http://www.edu.am/ index.php?id=373&topMenu=-1&menu1=85&menu2=109, (на арм. языке,15.11.2013).

учреждениях. Без соответствующих альтернатив был доведен до минимума прием детей в детские учреждения. Органы по защите прав детей избегают принятия решения о лишении родительских прав, тем самым не допуская помещения детей в детские дома и дома-интернаты, зачастую по сути, закрывая глаза на жестокое отношение к детям в семье (физическое и психологическое насилие и отсутствие заботы) и подвергая детей целому ряду рисков.

Чтобы исправить ситуацию термин «деинституционализация» заменили понятием «институциональная трансформация», возвращаясь к приоритету создания альтернативных услуг для детей. В числе прочих альтернатив особое внимание уделяется инклюзивному образованию и организации продленного дня в школах.

Инклюзивные школы сегодня действуют во всех регионах Армении. Несмотря на наличие в школах психологов, социальных работников, специальных педагогов, логопедов и т.д., продолжает оставаться актуальным вопрос привлечения высококвалифицированных кадров, обеспечения школ необходимым оборудованием и дидактическими материалами, а также проблема стигматизации детей как со стороны сверстников, так и со стороны педагогов. Недостатки очевидны также в работе с родителями детей с инвалидностью. На данном этапе с целью усиления инклюзивных школ необходимо периодически организовывать курсы по повышению квалификации для педагогов школ и специалистов инклюзивного блока. Кроме того, необходимо обеспечить внешнюю профессиональную супервизию для инклюзивных школ.

В процессе трансформации детских учреждений необходим особый подход к тем детям и семьям, которые в случае отсутствия услуг предоставляемых детскими учреждениями могут оказаться в еще более уязвимой ситуации. Здесь следует отметить:

- семьи, которые по причине материальной необеспеченности не смогут обеспечить для своих детей:
    - должный рацион питания,
    - должную гигиену,
    - досуг и занятость (кружки, хобби),
    - необходимые канцелярские принадлежности,
    - услуги ряда специалистов (психолог, логопед и т.д.),

- удовлетворение потребностей других старших и младших детей, не находящихся в учреждениях (питания, образование и т.д.);
- семьи, не обладающие необходимыми жилищными условиями (в том числе семьи живущие по найму, в цистернах-«домиках», без минимальных коммунальных условий, при физической невозможности разместить детей в доме или квартире ввиду недостаточной жил.площади и предметов обихода),
- семьи, которые не могут помогать детям в подготовке уроков (ввиду нехватки времени и/или недостаточности знаний),

Разнообразие и глубина вышеперечисленных проблем свидетельствует о необходимости оценки потребностей каждой отдельной семьи и каждого ребенка, находящегося в детском учреждении, чтобы трансформация детских учреждений имела позитивные последствия как для детей, так и для их семей, предупреждая возможность развития событий в негативном русле. Воспитание ребенка в семье, страдающей от нерешенных экономических, социальных и психологических проблем, вряд ли сможет стать желанным результатом всех разработанных стратегий и реформ: *«в семье хорошо, если это действительно семья».*

Детские дома, дома-интернаты, спец. школы оказывают ряд услуг, в том числе, психологическую помощь, помощь в подготовке уроков, организацию кружков и секций, досуга, питания, которые очень востребованы бенефициарами. При разработке плана трансформации необходимо учитывать важность сохранения этих услуг, в том числе, в формате альтернативных услуг.

На сегодняшний день в Армении нет социальных услуг, обеспечивающих работу с семьей. Работа с ребенком не будет успешной, если параллельно не ведется работа с родителями, семьей и общиной. А для организации работы с семьей и общиной необходимы не только профессиональные кадры и материальные ресурсы, но и солидарность в выборе цели и эффективные механизмы сотрудничества между различными органами социальной защиты. В подобных семьях на самом деле налицо целый клубок проблем, требующих системного подхода и решения. Решая только одну из многочисленных проблем семейной системы, невозможно изменить ситуацию, в особенности, если речь идет не только о материальных проблемах семьи, но и о низком образовательном цензе. Поэтому в первую очередь следует «оздоровить» социальную среду ребенка, его микрокосм, после чего только можно будет предпринимать конкретные шаги на пути к деинституционализации.

Таким образом, следует говорить о назревшей необходимости в создании общинных центров поддержки семьи, которые будут сотрудничать с остальными организациями, функционирующими в общине. Для организации работы на должном уровне таких центров необходимо, чтобы здесь работали психологи, юристы, врачи, социальные работники, логопеды, реабилитологи, педагоги. Это сделает возможным комплексное решение проблем каждой семьи.

При организации альтернативных услуг для детей, оставшихся без попечения родителей, можно выделить следующие направления работы:
- превенция насилия в семье,
- профессиональная интервенция в случаях насилия в семье,
- развитие родительских навыков,
- образовательные программы, профессиональные тренинги, услуги по трудоустройству для родителей,
- половое воспитание,
- планирование семьи,
- развитие навыков по планированию и ведению семейного бюджета.

Не секрет, что в детских учреждениях часто оказываются дети с инвалидностью. К сожалению, социальных сервисов, оказывающих услуги этим детям, также нет. Естественно, что в процессе трансформации детских учреждений и создания альтернативных сервисов этой группе детей нужно уделить особое внимание. В первую очередь следует очертить круг проблем детей с инвалидностью. Среди них:
- недоступность необходимых медицинских услуг. Детям с инвалидностью нужна долгосрочная медицинская помощь, необходимо постоянно быть под наблюдением врача. Однако подобные услуги, если и оказываются, то только в столичных клиниках и на платных основаниях.
- недоступность образования. Несмотря на наличие в республике инклюзивных школ, их количество, кадровая и техническая обеспеченность и спектр оказываемых услуг пока нельзя назвать достаточными для обеспечения инклюзии детей с инвалидностью.
- труднодоступность окружающего пространства, публичных мест.

- недоступность специального оборудования. Существует множество функциональных ограничений, возникающих как следствие инвалидности. И современная цивилизация создала множество приспособлений, помогающих частично или полностью компенсировать функциональные нарушения и повышающих качество жизни, однако они недоступны для детей с инвалидностью. Кроме того, что количество приспособлений (инвалидные кресла, слуховые аппараты), которые предоставляет Министерство труда и социальных вопросов РА, недостаточно, также, нет выбора оборудования, приспособленного для того или другого типа инвалидности.

- отсутствие сети социальных услуг для людей с инвалидностью. Кроме медицинских услуг, людям с инвалидностью, необходимы услуги различных специалистов: логопедов, эрготерапевтов, арт-терапевтов, социальных работников и т.д. Однако количество таких услуг и соответствующих специалистов очень ограничено, и доступны они, в лучшем случае, в Ереване.

Кроме вышеперечисленных проблем, с которыми сталкиваются дети с инвалидностью, необходимо обратить внимание на членов их семей, которые также сталкиваются с серьезными экономическими и социально-психологическими трудностями, оказываясь в группе риска. Особо нужно отметить проблему отсутствия системы социальной защиты и социальной поддержки людей, ухаживающих за детьми с инвалидностью. Семьям, в которых живет ребенок с инвалидностью не предоставляется ни методическая, ни психологическая помощь. В итоге они пытаются самостоятельно организовать уход за детьми с инвалидностью, что зачастую ввиду отсутствия профессиональной помощи, может не лучшим образом сказаться на здоровье и развитии ребенка. То же верно и в отношении психологической помощи; членам семьи людей с инвалидностью зачастую необходима психологическая поддержка, поскольку сложно смириться, привыкнуть, сжиться с инвалидностью близкого человека (особенно собственного ребенка), адекватно реагировать и, что самое важное строить эффективные, конструктивные отношения с ребенком с инвалидностью.

При наличии проблемы инвалидности серьезным ограничением является отсутствие механизмов возмещения транспортных расходов. Это касается как передвижения самого человека с инвалидностью, так и членов его семьи и/или опекунов, которые сопровождают человека с инвалидностью или действуют в его интересах. Кроме того, для организации ухода за ребенком с инвалидностью кто-либо из членов семьи вынужден не работать, лишаясь тем самым возможности заработка и профессионального совершенствования. Это в итоге отрицательно сказывается и на ребенке, и на всей семье. Поэтому при моделировании альтернатив, необходимо учитывать нужды и потребности детей с инвалидностью.

Ребенок должен жить и воспитываться в здоровой, обеспеченной и защищенной семье, и трансформация детских учреждений может обеспечить такие условия в случае четкого и целевого планирования социальных сервисов.

Сегодня в Армении назрела необходимость переориентации социальной политики с детей на семью в целом, поскольку решение проблем детей обязательно упирается в проблемы семьи, для решения которых нет разработанной стратегии и тем более инструментария. В итоге, многодетные семьи, несмотря на финансовую поддержку со стороны государства в виде семейных пособий, продолжают оставаться за чертой бедности, в числе наиболее уязвимых слоев населения, пополняя субкультуру бедности. Последствия таких изменений в социальной структуре без должных мер социальной поддержки и необходимого спектра социальных услуг вряд ли будут благоприятными.

Über die Rolle der Sozialen Arbeit bei der Prävention von Burnout im Beruf und die Organisation von effektiver professioneller Arbeit

Raisa B. Kvesko, Yana I. Chaplinskaya, Svetlana B. Kvesko, Russland, Tomsk

In jeder Gesellschaft ist das soziale, emotionale, psychologische und materielle Wohlergehen der Menschen der höchste soziale Wert. Die zentralen Interessen des Menschen legen ein gewisses Ideal des Lebens und der Aktivitäten fest, sie bestimmen die höchsten Werte und Ideen der Menschen und der Menschheit schlechthin. Die Idee des sozialen, psychischen, materiellen und emotionalen Wohlergehens ist die Grundlage für die Motivation und die Aktivitäten des Subjektes im sozialen Raum. Wir bringen das Wohl der Menschen in der heutigen Gesellschaft in der informationstechnologischen postindustriellen Epoche in Verbindung mit den soziokulturellen Chancen für die Entwicklung und die Realisierung eigener Bedürfnisse, Interessen und Möglichkeiten zur Selbstverwirklichung im sozialen, psychischen und emotionalen Sinn.

Heutzutage ist das Wohlergehen von Menschen in seinen unterschiedlichen Erscheinungsformen ein wesentlicher Ausdruck für das allgemeine Wohlstandniveau, ein Indikator für das Wirksamwerden des sozialen Engagements der Bürgern und der Gesellschaft überhaupt, für den Grad der Lebenszufriedenheit, der Erfüllung unterschiedlicher Arten von Bedürfnissen, der Lebensqualität, des sozialen und des persönlichen Komforts und der Konkurrenzfähigkeit der Person. Einer der Indikatoren für das menschliche Wohlergehen ist die Messung der Kundenzufriedenheit durch einen Index, den Customer Satisfaction Index (CSI). In diesem gibt es eine Rangliste für den Grad der Zufriedenheit des Menschen als Verbraucher, einem der wichtigsten Faktoren sowohl für die subjektive Wohlstandswahrnehmung als auch objektiv.

In den modernen Bedingungen der vielseitigen funktionalen Entwicklung der Gesellschaft existiert nicht nur das Bedürfnis, sondern sogar die Notwendigkeit zur Integration verschiedener Formen des Wohlergehens, zur Konstruktion eines Modells des Wohlergehens der Menschen in der Zivilgesellschaft und des Wissens, mittels dessen man adäquat bewerten kann und die Wege der Sicherstellung des Wohlergehens der Bevölkerung auf verschiedenen Niveaus ihrer Lebenstätigkeit verbessern und neu schaffen kann, die entsprechenden „Reisekarten" bilden kann. Das theoretische Konzept des Wohlergehens wird die Integration des sozialen Wissens um das Wohlergehen befördern, weil es die Natur und die Grundrichtungen bei der Formierung der Zivilgesellschaft als einer Wohlstandsgesellschaft an den Tag bringt. Die methodologische Grundlage der Theorie des Wohlergehens ist das Vitalitätskonzept des Menschen als biosoziales Individuum und als Persönlichkeit in der modernen Gesellschaft. Die Untersuchung der grundlegenden Eigenschaften eines solchen Modells des Wohlergehens lässt uns nicht nur theoretisch, sondern auch empirisch die allgemeinen und besonderen Indikatoren für die Entwicklung der Lebenskräfte des Menschen und der Bevölkerung überhaupt ermitteln, nicht nur im Berufsleben, sondern auch in anderen Lebensbereichen.

Das theoretische Konstrukt des Modells des menschlichen Wohlergehens erweitert die Anwendung dieses Modells und optimiert die Wohlstands-versorgung in verschiedenen Formen und auf verschiedenen Niveaus. Die Entwicklung des theoretischen Konstrukts ist sowohl mit Hilfe der Forsyth-Methode als auch mit Hilfe des synergetischen, systemischen, strukturellen oder funktionalen Ansatzes möglich. Neben dem allgemeinen theoretischen Konstrukt des Wohlergehensmodells ist es notwendig, ein Modell des soziologischen und sozialpsychologischen Wohlergehens zu entwickeln. Auf Basis dieses Modells ist die Untersuchung und Begründung der individuellen und sozialen Eigenschaften von Subjekten in ihrer sozialen Umgebung möglich. Vor dem Hintergrund dieser Modelle lassen sich auf Basis von empirischen Untersuchungen wesentliche Merkmale und Komponenten des Wohlergehens der Bevölkerung herausheben. Daraus ergibt sich die transparente Erfassung von sozialen und individuellen Wohlergehensmerkmalen, die es möglich machen, die Rolle verschiedener Formen des Wohlergehens für die Organisation der Lebenstätigkeit des Menschen, des Zusammenlebens und der Gesellschaft insgesamt zu bestimmen.

Die Prozesse der Selbstaktualisierung, der Selbstbestimmung und der Selbstrealisierung, die für das ganze System der Lebenstätigkeit des Indivi-duums charakteristisch sind, bezeichnen die wesentlichen Elemente des Wohlstandsphänomens: professionell, im Rahmen der Familie, hinsichtlich des Haushalt, der Freizeit, des politischen Engagements usw. Das Wohlergehen des Menschen muss man als einen kontinuierlichen Prozess der Selbstaktualisierung, der

Selbstbestimmung und der Selbstrealisierung der Persönlichkeit betrachten. Der Wohlstand eines Individuums hängt von dem Gesundheitszustand, der Zufriedenheit mit dem eigenen Leben, dem Erfolg im Beruf, dem Gefühl der Freude, des Glückes, des Gelingens, dem Gefühl der Vollwertigkeit als ganzer Mensch ab. Bei der Durchführung der Forschung orientierten die Autoren der Arbeit an der Bestimmung der Wechselbeziehungen zwischen dem subjektiven Gefühl des Wohlergehens und den Ergebnissen der Tätigkeit des Menschen, wobei eine nicht unwesentliche Bedeutung dem Zustand der physischen, psychischen und sozialen Gesundheit des Menschen als Subjekt des sozialen Raumes zukommt.

Die Selbstverwirklichung ist ein wesentlicher Faktor des Wohlergehens in Bezug auf das Individuum, weil das Selbstverwirklichungsproblem eng in Verbindung mit dem Sozialisationsproblem eines Individuums steht. Der Prozess der Sozialisierung der Persönlichkeit bestimmt auch den Prozess der Selbstbestimmung, der in verschiedener Hinsicht eine der Komponenten der Zufriedenheitsentwicklung des Menschen mit seinem Status in der Gesellschaft darstellt.

Deshalb kann man behaupten, dass das Gefühl des subjektiven Wohlergehens und der Zustand des objektiven Wohlstandes von der aktuellen Tätigkeit, der sozialen Umwelt, der sozialen Situation und der persönlichen Position eines Menschen bestimmt werden. Diese Behauptung basiert auf dem Fundament unserer theoretischen und empirischen Analyse. Sie bringt uns auf dem Gedanken, dass das Wohlergehen des Menschen in der Gesellschaft kein ephemerer Zustand, sondern das reale Gefühl der erfolgreichen Realisierung als Persönlichkeit ist, verbunden mit dem Gefühl des Hedonismus und der Zufriedenheit. Subjektives und objektives Wohlergehen eines Menschen bilden ein einheitliches Konstrukt, welches die Einschätzung des Menschen in seiner Lebenstätigkeit, die Beziehung zu sich und der Umgebung, die Einschätzung der Umgebung der Person und die Beziehung der Umgebung zu sich selbst integriert. Der Wohlstand kann in einem Suchprozess, als Selbstbehauptungs-prozess, Selbstaktualisierung und Selbstrealisierung in der Gesellschaft und der Realisierung des schöpferischen, intellektuellen und lebenspraktischen Potentials erreicht werden.

Die Organisation der Sozialen Arbeit ist von jenen Faktoren, die auf die Qualität des Erwerbslebens der Mitarbeiter und auf die Vorbereitung und Umschulung der Fachkräfte Einfluss nehmen, eine der wichtigsten. Die Bedeutung der Betrieblichen Sozialen Arbeit für die Tätigkeit der erfolgreichen und talentierten Fachkräfte wird uns zweifellos vor Augen gestellt. Die Spezialisten der Sozialen Arbeit nehmen aktiv an der Prägung der Organisationskultur teil, sie pflegen das

Image des Unternehmens und der Mitarbeiter, schaffen korporative Standards, Traditionen und Stilmerkmale. Die Organisation der Sozialen Arbeit ist ausgerichtet auf eine „Marktkultur höherer Ordnung", durch die sich sowohl eine wirksamere Position auf dem Markt der Dienstleistungen als auch eine Verbesserung der weiteren Entwicklung des beruflichen Alltags erreichen lässt.

Soziale Arbeit mit ausgebildeten Spezialisten ist ein wichtiger Teil des Personalmanagements. Im Prozess der Förderung von beruflichen und sozialen Kompetenzen der Fachleute vollzieht sich nicht nur die Anpassung der Mitarbeiter an die Bedingungen des Erwerbslebens, sondern sie werden auch als talentierte, begabte und kreative Persönlichkeiten erkannt, für die eine entsprechende berufliche Karriere vorbereitet oder auch eine Führungsposition ausgelotet werden kann. Aus diesem Blickwinkel lässt sich für die Entwicklung jedes Mitarbeiters ein individueller Plan schaffen. Das System der Zusammenarbeit der Sozialen Arbeit mit den Fachkräften sollte als ein ganzheitlicher, planvoller Mechanismus gedacht werden. Für eine effektive Soziale Arbeit gilt es die individuellen Besonderheiten der Fachkräfte zu berücksichtigen und eine Prozedur der Einschätzungen schaffen, die es bestmöglich erlaubt, das Niveau der Kompetenzen der Fachkraft, seine emotionalen und geistigen Potenziale, die Minderung der negativen Folgen von Stress und die Nutzung der positiven Wirkung von Anforderungen auf den Menschen an den Tag zu bringen. Der moderne Mensch muss eine ständig wachsende Zahl von Aufgaben erledigen. Diese Situation ergibt sich daraus, dass der Mensch fast jede Minute unter Druck steht. Er lebt im Stresszustand. Der Stress drückt sich aus in zunehmender Hyperaktivität. Wenn der Mensch sich in der veränderten Umwelt anpassen kann, dann entkommt er dem Stresszustand. Die entgegensetzte Situation führt hingegen zur Erschöpfung des Organismus. Der menschliche Organismus ist ein System. Er funktioniert so, dass der Organismus bei psychischer Belastung beginnt, durch seine Organe Signale seines vitalen Zustandes zu äußern. Die Entstehung und Dynamik des Stresses hängt grundsätzlich von der Konstitution des menschlichen Nervensystems und von seinem Temperament ab. Folgende Faktoren können die emotionale Beanspruchung verstärken: der physiologische Faktor (etwa Müdigkeit, Hungergefühl); der psychologische Faktor (etwa Einsamkeits-gefühle, eigene Unsicherheit); der sozial-psychologische Faktor (etwa Schwierigkeiten des gegenseitigen Verständnisses in einer Gruppe, Mangel oder Überschuss an Informationen) [1].

Den größten Teil seiner Zeit verbringt der Mensch auf der Arbeit. Die Faktoren der Arbeitstätigkeit stehen in direktem Zusammenhang mit der Entstehung von Stress und dessen Zunahme: lange Arbeitstage; hohe Arbeitsbelastung; Mangel an Schlaf; Konflikte und emotional schwierige Situationen auf der Arbeit; Kontrollmangel; Mangel an sozialer Unterstützung; zu hohe Selbstverantwortung auf der Arbeit. Der reguläre kontinuierliche Stress verursacht Folgen. Die Stressfolgen können chronisch werden. Die Wahrscheinlichkeit nimmt zu, dass man beruflich ausbrennt (unter dem „Burnout" Syndrom leiden wird). Das Phänomen hat drei Merkmale:

a) emotionale Erschöpfung, die mit dem Gefühl der übermäßigen Anspannung und der Erschöpfung der emotionalen Ressourcen charakterisiert wird;
b) Entpersönlichung, die mit dem Gefühl der sozialen Isolation verbunden ist und in ein zynisches Verhältnis zur Arbeit und zu den Kollegen einmünden kann;
c) Reduktion der persönlichen Leistungen, die mit dem Gefühl der Inkompetenz bei der Arbeit und der Erfolglosigkeit verbunden ist.

Das schnelle Tempo der Entwicklung des Burnout-Phänomens hat zur Erweiterung des Begriffes geführt. Man kann heute Aspekte von Gender-, professionellen und Altersunterschieden im Syndrom des beruflichen Burnouts unterscheiden.

Das Tempo der modernen Zivilisation und der rasende Strom der Informationen und Gedanken stellt die sogenannte "Belastbarkeit" des Menschen auf die Probe und bringt jene Vulnerabilität hervor. Leider führt dies häufig zu psychischen Beschwerden beim Einzelnen. Im Rahmen der von uns durchgeführten Forschung konnte eine Reihe von Besonderheiten aufgedeckt werden. Die Befragten mit einer niedrigen Kennziffer für das Niveaus des «Burnout»-Syndroms gehörten zur Gruppe mit hohem Anpassungspotenzial. Die Personen dieser Gruppe passen sich den sich ändernden Bedingungen der Tätigkeit schneller an, gehen in neue Kollektive konfliktlos ein, orientieren sich schnell an der neuen Situation und verfügen über eine strategische Tätigkeitsorientierung. Sie können als konfliktfähige und emotional standfeste Persönlichkeiten charakterisiert werden. Hingegen gehören die Befragten mit einer hohen Kennziffer für das Niveaus des Syndroms zur Gruppe mit wenig Anpassungspotenzial.

Es ist wichtig, das Spektrum der neuropsychischen Vulnerabilität zu beachten, welches das Risiko der Anpassungsprobleme der Persönlichkeit unter Stressbedingungen erfasst, wenn das Emotionssystem ungewöhnlichen Belastungen ausgesetzt ist, die von äußerlichen und innerlichen Faktoren geprägt werden. Getestet wurden Personen mit einer niedrigen Kennziffer des Burnout-Syndroms, d.h. mit einem hohen Niveau der Selbststeuerung, mit einer positiven Selbsteinschätzung und einer realistischen Wahrnehmung der Wirklichkeit. Die Befragten mit einem hohen Niveau des Burnout-Syndroms sind durch ein niedriges Niveau der Selbststeuerung charakterisiert.

Heutzutage gibt es eine einzigartige Möglichkeit, die Bedingungen des beruflichen Alltags der Erwerbstätigen durch den umfassenden Einsatz von Sozialarbeit in den Belegschaften zu verbessern.

Literatur:

[1] Maslach, C.; Schaufeli, W.B.; Leiter, M.P. (2001): Job burnout. Ann. Rev. Psychol. 52, p. 397–422, doi: 0066-4308/01/0201-0397.

К вопросу о роли социальной работы по предотвращению профессионального выгорания и организации эффективной трудовой деятельности

Квеско Раиса Б., Чаплинская Яна И., Квеско Светлана Б., Россия, Томск

В любом обществе высшей социальной ценностью является благополучие людей: социальное, эмоциональное, психологическое, материальное и т.д. Важнейшие интересы людей обусловливает определенный идеал жизни и деятельности, определяют наиболее оптимальные ценности и представления человека и человечества. Идея социального, психологи-ческого, материального и эмоционального благополучия лежит в основе мотивации и актуализации деятельности субъектов социального пространства. Мы связываем благополучие людей в современном обществе с цивилизационными и социокультурными возможностями человека для развития и реализации своих потребностей, интересов и возможностей самореализации в социальном плане, психологическом, эмоциональном, информационном, с актуализированной жизнедеятель-ностью граждан современной информационно-постиндустриальной эпохи.

В настоящее время благополучие людей в единстве его различных формах проявления является интегральным выражением уровня благосостояния, показателем эффективности социальной деятельности граждан общества, степени удовлетворенности своей жизнедеятельности и удовлетворения различного рода потребностей, качества жизни, социального и личностного комфорта, конкурентоспособности человека. Одним из показателей благополучия человека является его измерение согласно индексу удовлетворенности клиентов – Customer Satisfaction Index (CSI). CSI является стандартный международным индексом в системе рейтингов Top 100 Global Brands. В данном случае происходит ранжирование по степени удовлетворенности человека как потребителя, что представляет собой один из основных факторов как субъективного восприятия благополучия, так и объективного.

В современных условиях многостороннего функционального развития общества существует не просто потребность, а необходимость в интеграции различных форм благополучия, построении модели благополучия человека гражданского общества и знаний, на основании которых можно адекватно оценить, оптимизировать и актуализировать пути обеспечения благополучия населения на разных уровнях их жизнедеятельности, сформировать соответствующие дорожные карты. Теоретический концепт благополучия будет содействовать интеграции социального знания о благополучии, так как выявляет природу и основные направления формирования гражданского общества как общества благополучия. Методологи-ческим основанием теории благополучия выступает концепция жизненных сил человека, как биосоциального индивида и как личности в социуме современной эпохи. Исследование основных характеристик и компонентов модели благополучия и его форм позволяет не только на теоретическом, но и на эмпирическом уровне выявить показатели развития жизненных сил человека и населения, в целом, в том числе включая показатели не только в сфере трудовой деятельности, но и в других областях жизнедеятельности.

Теоретический конструкт модели благополучия человека расширяет границы использования этой модели, оптимизирует обеспечение благополучия в различных формах на разных уровнях. Построение теоретического конструкта возможно с позиции методов Форсайта и синергетического, системного, структурного и функционального подходов. Наряду с теоретическим конструктом модели благополучия необходима разработка социологической и социально-психологической моделей благополучия, в рамках которых возможно исследование и обоснование индивидуальных и социальных особенностей субъектов социальной среды. С позиции этих моделей на основании проводимых эмпирических исследований выделяются основные характеристики и компоненты благополучия населения, при этом возможно прозрачное выявление социальных и индивидуальных показателей благополучия, которые способствуют наиболее полной и оптимальной оценке роли различных форм благополучия для организации жизнедеятельности человека, сообществ и общества, в целом.

Одним из основных структурных элементов феномена благополучия является процесс самоактуализации, самоопределения и самореализации, который характерен для всей системы жизнедеятельности индивида: в профессиональной, семейно-бытовой, досуговой, политической и т. д.

Благополучие человека необходимо рассматривать как непрерывный процесс самоактуализации, самоопределения и самореализации личности. Благополучие личности связано с чувством здоровья, удовлетворенностью результатами своей деятельности, чувством радости, счастья, успешности, чувством полноценности как человека. При проведении исследовании авторы работы ориентировались на определение взаимосвязи субъективного чувства благополучия с результатами деятельности человека, причем немаловажное значение имеет состояние физического, психического и социального здоровья человека как субъекта социального пространства. Самореализация личности является существенным фактором благополучия в понимании субъекта, так как проблема благополучия тесно связана с проблемой социализации личности. Процесс социализации личности определяет и процесс самоопределения, который является одним из компонентов процесса удовлетворенности человека своим положением в обществе в различных аспектах.

Поэтому можно утверждать, что чувство субъективного и состояние объективного благополучия обусловлены актуальной деятельностью, социальной средой и социальной ситуацией, а также личностной позицией человека. Подобное утверждение построено на основании теоретического и эмпирического анализа, который приводит нас к мысли, что благополучие человека в обществе – это не эфемерное состояние, а реальное чувство успешной реализации себя как личности, но при этом с наличием чувства гедонизма и удовлетворенности. Субъективное и объективное благополучие человека является интегральным образованием, которое включает оценку человека своей жизнедеятельности, свое отношение к себе и окружающим, оценку окружающих своей личности и отношение окружающих к себе. Достичь благополучие как в субъективном плане, так и в объективном возможно в процессе поиска, самоутверждения, самоактуализации и самореализации в обществе, реализации своего творческого, интеллектуального и жизненного потенциала.

Организация социальной работы является одним из важнейших факторов, который обусловливает качество трудовой деятельности сотрудников, подготовки и переподготовки специалистов. Важность социальной работы в системе деятельности успешных и талантливых специалистов представляется нам несомненной. Специалисты социальной работы принимают активное участие в формировании организационной культуры, создают имидж организации и сотрудников, корпоративные стандарты, традиции, стиль. Направляющей ветвью в организации социальной работы в большей степени является рыночная культура, которая обусловливает эффективное позиционирование на рынке услуг; дальнейшее развитие трудовой деятельности.

Социальная работа со специалистами очень важная составляющая линия кадровой политики. В ходе формирования профессиональных и социально-гуманитарных компетенций специалиста происходит не просто адаптация сотрудников к условиям и среде трудовой деятельности, но и выявление наиболее способных, талантливых, творческих личностей, а в соответствии с этим возможно планирование карьеры сотрудников и выявление лидеров. В контексте этого особое внимание необходимо уделять индивидуальному плану развития каждого сотрудника. Система социальной работы со специалистами – это целостный, продуманный механизм. Для эффективной социальной работы необходимо учитывать индивидуальные особенности специалистов, создать такую процедуру оценки, которая позволяет максимально объективно выявить уровень компетенций специалиста, его эмоциональный и интеллектуальный потенциал, освобождения от негативных последствий стрессов и использования положительных эффектов стрессового воздействия на человека. Человека нашего времени окружает невероятный поток дел, обязанностей и растущих потребностей. Данная ситуация становится следствием того, что человек почти ежеминутно подвергается стрессам. Он живет в состоянии стресса. Стресс проявляется в повышенной активности человека. Если пути приспособления в изменившихся условиях найдены, то человек выходит из состояния стресса. При обратной ситуации происходит истощение организма. Человеческий организм – это система. Он устроен таким образом, что при возникновении психологического дискомфорта организм начинает подавать сигналы через органы жизнедеятельности. Генезис и динамика стресса в значительной степени зависят от типа нервной системы человека и его темперамента. Можно выделить следующие факторы, которые способствуют высокому эмоциональному напряжению: физиологические (усталость, чувство голода); психологические (чувство одиночества, неуверенность в своих силах); социально-психологические (сложности взаимопонимания среди группы людей, нехватка или излишек информации) [1].

Большую часть своего времени человек проводит на работе. Факторы трудовой деятельности, связанные с возникновением стресса и его увеличением: длинный рабочий день; высокая нагрузка на работе; недостаточное количество сна; конфликты и эмоционально ложные ситуации на работе; отсутствие контроля; отсутствие социальной поддержки; автономия на работе. Регулярный стресс несет свои последствия. Он становится хроническим. И возникает вероятность появления у работника профессионального выгорания (синдром «*burnout*»). «*Burnout*» – это длительный ответ на хронические эмоциональные и межличностные стрессоры на работе. Феномен определяется тремя измерениями:

1) эмоциональное истощение, которое характеризуется чувством перенапряжения и истощением эмоциональных ресурсов;
2) обезличивание, возникающее при ощущении социальной изоляции и проявляющееся в циничном отношении к работе и коллегам;
3) снижение личных достижений, которое характеризуется чувством некомпетентности на работе, безуспешности.

Быстрые темпы развития явления профессионального выгорания привели к расширению понятия. Можно определить гендерные, профессиональные и возрастные различия в синдроме профессионального выгорания.

Темп современной цивилизации и быстротечный поток информации и мысли проверяет человека на так называемую «прочность» и формирует его стрессоустойчивость. К сожалению, зачастую это вызывает психологический дискомфорт индивида. В результате проведенного нами исследования был выявлен ряд особенностей. Респонденты с низким показателем уровня синдрома «*Burnout*» относятся к группе высокого адаптивного потенциала. Лица этой группы быстро адаптируются к изменяющимся условиям деятельности, бесконфликтно входят в новый коллектив, ориентированы в ситуации и обладают стратегически направленной деятельностью. Характеризуются как неконфликтные и эмоционально-устойчивые личности. Но опрошенные с высоким показателем уровня синдрома относятся к группе низкого адаптивного потенциала.

Важно отметить шкалу нервно-психической устойчивости, которая показывает риск дезадаптации личности в условиях стресса в тех условиях, когда система эмоций действует в нестандартных условиях, которые формируются внешними и внутренними факторами. Тестируемые с низким показателем уровня синдрома «*Burnout*» – это лица с высоким уровнем поведенческой регуляции, высокой адекватной самооценкой и реальным восприятием действительности. Респонденты с высоким уровнем синдрома «*Burnout*» характеризуются низким уровнем поведенческой регуляции.

Сейчас имеется уникальная возможность улучшения системы жизнедеятельности людей посредством совершенствования социальной работы в трудовых коллективах.

Список использованной литературы:

[1] Maslach, C.; Schaufeli, W.B.; Leiter, M.P. (2001): Job burnout. Ann. Rev. Psychol. 52, p. 397–422. doi:0066-4308/01/0201-0397.

Kinderrechte und Kinderautonomie – Wer bestimmt über das Kind?

Annegret Lorenz, Deutschland, Ludwigshafen am Rhein

I. Vorbemerkung

Jeder Mensch ist Träger von unveräußerlichen Rechten. Dieser Gedanke hat eine lange Tradition und ist wesentlicher Bestandteil unseres Selbstverständnisses. Zündstoff entfaltet das Thema immer dann, wenn es um konkrete gesellschaftliche Gruppen und die Frage nach deren ebenso konkreten Rechten geht. Eine solche Gruppe, die im letzten Jahrhundert zunehmend in das politische Visier geraten ist, sind Kinder.

Treibstoff bekommt die Auseinandersetzung bei uns vornehmlich aus dem internationalen Bereich:

- Das ist zum einen die UN-Kinderrechtskonvention. Sie ist in Deutschland seit 1992 in Kraft, war aber bis 2010 mit einem Vorbehalt versehen, der die Bindungswirkung des Abkommens für Deutschland in zentralen Bereichen weitgehend relativierte. Seit 2010 gilt sie uneingeschränkt für Deutschland.
- Sodann ist es nicht zuletzt die internationale Rechtsprechung durch den Europäischen Gerichtshof für Menschenrechte (EGMR), der Deutschland immer und immer wieder zu Reformen motiviert, um nicht zu sagen zwingt.

Die Frage nach Kinderrechten ist eine Frage nach der rechtlichen Absicherung dessen, was Kinder brauchen. Sie hat zwei Aspekte, eine inhaltliche (was brauchen Kinder) und eine formale oder strukturelle (wie sichere ich das ab). Beide sind Gegenstand unserer nationalen Debatte. Ich möchte Ihnen in diese einen kleinen Einblick geben.

II. Der inhaltliche Aspekt: Das Wohl des Kindes

1. *Allgemeines*

Zunächst zum inhaltlichen Aspekt und der Frage, was Kinder brauchen. Darüber zu sprechen ist immer ein bisschen schwierig. Denn, was wir denken, was Kinder brauchen, ist sehr gesellschafts- und zeitabhängig.

Im letzten Jahrhundert haben wir z.b. von den „Interessen" des Kindes gesprochen und insoweit vor allem an die ökonomischen Belange des Kindes gedacht. Aktuell verwenden wir den Begriff des Kindeswohles und nehmen stärker die Bedürfnisse des Kindes in den Blick. Dabei ist immer auch eines zu sehen: Unsere Gesellschaft (die staatliche Gemeinschaft) hat ein Interesse an einem bestimmen Persönlichkeitstyp als Produkt der Erziehung von Kindern: Das Kind soll vor allem finanziell selbstständig werden und sich materiell selber absichern können. Dementsprechend gab es im letzten Jahrhundert eine verstärkte Einflussnahme des Staates auf die Erziehung von Kindern.

Eine in diesem Zusammenhang immer wieder beschworene Grundannahme ist: Eltern sind in unserer komplexen, ja übermächtig über Medien auch in das Elternhaus hineinwirkenden Gesellschaft eigentlich mit der Erziehung und Wertevermittlung überfordert.

Ich gebe im Folgenden einen Überblick über die Themen, die uns in den letzten 20 Jahren beschäftigt haben.

2. *Eltern-Kind-Verhältnis*

Die Beziehung zwischen Eltern und Kind ist gewissermaßen ein Dauerbrenner. In diesem Zusammenhang ging es um mehrere Fragen.

a) Sorgerecht

Zum einen gab es sorgerechtliche Fragen bei unverheirateten Eltern. Bis 1997 war der unverheiratete Vater komplett von der Sorge für sein Kind ausgeschlossen. 1997 haben wir dann die Möglichkeit geschaffen, dass die unverheiratete Mutter den Vater an der Sorge beteiligen kann. Wenn sie wollte. Gegen ihren Willen hatte er aber keine Möglichkeit, die Sorge auszuüben.

Dem half erst eine Entscheidung des EGMR im Jahre 2009 ab. Daraufhin gab der nationale Gesetzgeber seinen Widerstand auf und schuf eine Möglichkeit für ihn, die Sorge für sein Kind auch gegen den Willen der Mutter gemeinsam zu übernehmen. Das war 2013, letztes Jahr.

b) Umgangsrecht

Der Kontakt des Kindes zu seinen Eltern ist eigentlich umfassend abgesichert. Das gilt für Väter allerdings nur dann, wenn sie tatsächlich rechtlich auch die Vaterschaft innehaben.

Probleme hatte insoweit der Erzeuger, der aber nicht Vater werden konnte, etwa weil die Mutter verheiratet ist und ihr Ehemann rechtlich als Vater des Kindes gilt. Auch hier hat der EGMR nachgeholfen und gesagt: Auch der Erzeuger muss Kontakt zu seinem Kind haben können, egal, ob das Kind schon einen Vater hat oder nicht. Dem hat sich der nationale Gesetzgeber gebeugt und ihm – ebenfalls 2013 – also letztes Jahr – ein eigenes Umgangsrecht geschaffen.

c) Erziehung

Was die inhaltliche Erziehung durch die Eltern anbetrifft, gilt seit 2000 ein absolutes Gewaltverbot in der Erziehung.

Dann gab es ein Fehlurteil eines Landgerichts zur Frage, ob Eltern in medizinisch nicht indizierte Körperverletzungen ihres Kindes einwilligen können. Konkret ging es um die Beschneidung eines kleinen Jungen. Bevor wir auch nur darüber debattieren konnten, wie wir das finden, hatte sich überraschenderweise schon der Gesetzgeber der Angelegenheit angenommen und eine gesetzliche Regelung geschaffen.

d) Fazit

Die Beziehung von Eltern und Kindern kann damit als ziemlich umfassend abgesichert angesehen werden. Ob das alles so zum Wohl des Kindes ist, lasse ich an dieser Stelle offen. Interessant ist, dass der Staat wieder beginnt konkrete erzieherische Fragen zu regeln.

3. Schutz

Ich glaube, wir sind uns alle einig darüber, dass Kinder auf Grund ihres Alters schutzbedürftig sind. In der jüngsten nationalen Debatte stand der Aspekt der Gefahren für das Kind im Elternhaus im Vordergrund.

Wir haben seit 2012 ein eigenes Bundeskinderschutzgesetz. Dieses soll Kinder vor Gefahren in seiner Herkunftsfamilie schützen, also vor Misshandlung und Vernachlässigung. Als insoweit belastende (= potenziell gefährdende) Lebenslagen werden psychische Erkrankungen des Elternteils, aber auch chronische Erkrankungen des Kindes genannt sowie Verschuldung und Gewalt in der Familie.

Das sind relativ häufige Phänomene. Der Gesetzgeber geht offenbar von einem hohen Gefahrenpotenzial für das Kind in der Familie aus.

Der Schutz funktioniert im Wesentlichen durch eine frühzeitige und umfassende „Belagerung" der Familie durch ein Netz aller denkbar möglichen mit der Familie in Kontakt stehenden Institutionen: etwa Krankenhaus, Hebamme, Schulen, Polizei, Arbeitsämter, Sucht- und Schuldnerberatungsstellen (§ 3 KKG).

Dadurch wird ein multiprofessionelles Frühwarn- und Interventionssystem geschaffen. Bei Gefahrenverdacht sollen sämtliche Stellen reagieren können:

- präventiv, indem sie auf die Familie zugehen und diese zur Inanspruchnahme von Hilfen hinwirken (§ 4 III KKG).
- interventiv, indem sie bei Erfolglosigkeit das Jugendamt als die unmittelbar zum Schutz befugte Stelle einschalten können (§ 4 III KKG).

Zeitlich wird versucht, das Kind so früh wie möglich zu erfassen. Dementsprechend konzentrieren sich die Angebote auf die ersten Lebensjahre des Kindes inklusive der Schwangerschaft (§ 1 IV KKG).

4. Erziehung und Bildung

Als dritter grundlegender kindspezifischer Belang wird bei uns derzeit das Bedürfnis von Kindern auf Erziehung und Bildung behandelt. Kinder müssen ihre Persönlichkeit erst noch entfalten und sind auf Anregung, Unterstützung und Förderung angewiesen. Inhaltlich wird folgender Bildungsauftrag gesehen:

- Wertevermittlung: Alle erziehenden Stellen haben die Aufgabe, Kindern bestimmte gesellschaftliche Werte zu vermitteln. In der Sache sollen sie sich in die Erziehung einmischen.
- Individuelle Förderung, unabhängig etwa vom Bildungsniveau oder den Einkommensverhältnissen des Elternhauses. In dieser Hinsicht werden vor allem Migrantenkinder als Problem- und Handlungsfeld benannt.

Die so ausgemachten Handlungsnotwendigkeiten können auf zwei Ebenen verortet werden:

- Es muss ein Bildungsangebot geschaffen werden. Von der Zielgruppe her fokussiert die Debatte auf der Bildungsbedürftigkeit kleiner Kinder (sog. frühkindliche Bildung). In diesem Bereich gab es jüngst eine entsprechende Reform. Seit August 2013 hat jedes Kind ab dem 1. Lebensjahr einen Anspruch auf außerfamiliale Betreuung in einer Einrichtung oder in einer

Pflegestelle. Unter bestimmten Voraussetzungen hat das Kind bereits ab der Geburt dieses Recht.
- Die Nutzung eines entsprechenden Bildungsangebots: Wenn man ein flächendeckendes außerfamiliales Betreuungsnetz für Kinder hat, sollte es auch genutzt werden. In diesem Bereich wird über eine Kindergartenpflicht nachgedacht – auch dies mit Blick auf einen entsprechenden Förderbedarf bei Migrantenkindern.

5. Gesundheit

Dann haben wir neuerdings gesetzliche Reglungen, die sicherstellen sollen, dass Eltern ihre – vor allem kleinen – Kinder medizinisch ausreichend untersuchen lassen. Bei uns sind Früherkennungsuntersuchungen für Kinder eigentlich üblich. Bis vor kurzem waren sie völlig freiwillig und wurden auch nicht kontrolliert. Jetzt aber werden alle Eltern vom Staat angeschrieben und aufgefordert, die üblichen Früherkennungsuntersuchungen bei ihren kleinen Kindern vornehmen zu lassen. Eltern, die dieser Einladung nicht Folge leisten, werden über ein komplexes Meldesystem durch die Gesundheitsämter an die Jugendämter gemeldet, die sodann einen Hausbesuch bei den Eltern durchzuführen haben, um zu überprüfen, ob das Kindeswohl gefährdet ist. Die Durchführung der Früherkennungsuntersuchung wird also nicht erzwungen. Das Unterlassen wird aber als Indikator dafür gewertet, dass Kinder bei ihren Eltern gefährdet sein können, und löst eine Kontrolle der Familie aus.

6. Fazit: Entwicklungslinien im Kinderschutz

Wenn ich ein Fazit ziehen sollte, würde ich wahrnehmen:

- Das Kind und sein Wohl sind uns wichtig. Wir haben seit etwa 15 Jahren einen permanenten gesetzgeberischen Hype mit immer neuen Reformen zum Wohl des Kindes, der noch nicht beendet ist.
- Inhaltlich ist ein zunehmender Zugriff der staatlichen Gemeinschaft auf das Kind und die Erziehung zu beobachten. Der Staat stellt Normen auf für die Erziehung. Er beginnt Gefahrenverdachte auszusprechen, wenn die Normen nicht eingehalten werden, und er beginnt, die Familien zunehmend zu belagern und zu kontrollieren.

III. Die Rechte von Kindern

1. Der Ansatz

In formaler Hinsicht wird die eben aufgezeigte inhaltliche Diskussion überlagert von einem anderen Aspekt: Der Perspektive des Kindes.

Insoweit wird ein Perspektivenwechsels auf das Kind gefordert, um seine eigene Welt und seine Bedürfnisse des Kindes in den Fokus der Wahrnehmung zu rücken. Das Kind soll sich emanzipieren aus der traditionellen Objektstellung, in der es in einer Auseinandersetzung um sein Wohl steht. Es soll als eigener Rechtsträger von Staat und Eltern ernst- und wahrgenommen werden. Es geht um die Autonomie des Kindes.

Handlungsbedarf wird in mehreren Richtungen gesehen. Ich greife an dieser Stelle nur eine zentrale Forderung auf: Nämlich die Verankerung eigener Kinderrechte in der nationalen Verfassung. Mich hat dieser Forderung zunächst sehr verdutzt. Irgendwie war ich davon ausgegangen, dass Kinder eigentlich bei uns verfassungsrechtlich hohen Schutz genießen.

2. Das Kind zwischen Autonomie und Fremdbestimmtheit

a) Kinder als autonome Grundrechtsträger

Kinder tauchen als Rechtsträger in unserer Verfassung nicht ausdrücklich auf. Trotzdem sind sie – wie jeder Mensch – Wesen mit eigener Menschenwürde und einem eigenen Recht auf Entfaltung ihrer Persönlichkeit. Damit sind sie gegenüber dem Staat wie jeder Bürger verfassungsrechtlich geschützt (Grundrechtsfähigkeit). Darüber hinaus besteht eine besondere Schutzpflicht des Staates gegenüber Kindern.

- Deswegen muss sich der Staat, bereits vor der Geburt schützend und fördernd vor das Leben des werdenden Kindes stellen und z.B. Schwangerschaftsabbrüche verhindern (Recht auf Leben, Art. 2 II GG).
- Ferner muss der Staat die für die Entfaltung der Persönlichkeit des Kindes konstitutiven Grundbedingungen schützen. Zu diesen zählt etwa das Recht der Individualitätsfindung. Als dessen Ausprägung hat das BVerfG ein Recht des Kindes gegenüber seinen Eltern und Dritten auf Kenntnis seiner Abstammung abgeleitet.
- Vor allem aber ist der Staat verpflichtet, die Erziehung des Kindes sicherzustellen. Das Kind ist insoweit seinen Eltern zugewiesen. Unsere Verfassung vermutet also, dass das Wohl des Kindes dort am besten aufgehoben

ist. Damit hat das Kind gegenüber dem Staat einen Anspruch auf Respekt der Eltern-Kind-Beziehung.

b) Die Fremdbestimmtheit des Kindes

Diese rechtliche Eigenständigkeit des Kindes steht nun in Widerspruch zur faktischen Ausgangslage menschlichen Lebens. Das Kind ist zu Beginn seines Lebens eben nicht autonom, sondern – im Gegenteil – hilflos und auf besonderen Schutz angewiesen. Fremdbestimmtheit ist damit wesens-immanenter Bestandteil der kindlichen Situation.

Autonomie kann daher nur Perspektive und Bestandteil des Aufwachsens des Kindes sein. Zu Beginn des Lebens des Kindes stellt sich mithin nicht die Frage nach der Autonomie des Kindes, sondern die Frage danach, wer das Kind und wie dazu befähigen soll. Hier stellt sich die Gretchenfrage: Staat oder Eltern.

c) Die Verantwortlichkeit für die Autonomie des Kindes

Die Gretchenfrage wird bei uns (noch) zu Gunsten der Eltern gelöst: Es besteht bei der Erziehung ein Vorrang der Eltern, den der Staat zu achten hat.

Die Erziehung des Kindes ist seinen Eltern zugewiesen – als deren natürliches Recht (Art. 6 II GG). Eltern *müssen* einen Einfluss auf sämtliche Lebens- und Erziehungsbedingungen des Kindes in- und außerhalb der Familie haben. Es ist *ihre* Aufgabe, das Wohl des Kindes zu konkretisieren und zu entscheiden, wie (nicht ob) sie dieser Verantwortung gerecht werden. Staatliche Entscheidungen, die das Kind betreffen, betreffen dadurch nie nur allein das Kind, sondern immer zugleich auch das Elternrecht der Eltern.

Der Staat darf zwar eigene erzieherische Angebote machen. Ein erzieherischer Zugriff des Staates auf das Kind gegen den Willen der Eltern allerdings ist grundsätzlich nur zum Wohle des Kindes möglich sowie aus legitimen öffentlichen Interessen an der Erziehung. Dabei genügt allerdings nicht bereits jedes kindliche oder öffentliche Interesse. Vielmehr ist die Schwelle hoch zu setzen, will man das Elternrecht nicht aushöhlen und die grundsätzliche Zuweisung des Kindes und seines Wohles an die Eltern in Frage stellen. Eine Staatserziehung gegen den Willen der Eltern wird abgelehnt.

3. Der Schutz der Autonomie des Kindes in der jetzigen Konstruktion

a) Autonomie des Kindes gegenüber dem Staat

Wenn man die Rechtsstellung des Kindes aus der Perspektive des Kindes betrachtet, stellt sie sich gegenüber dem Staat eigentlich ganz gut dar.

- Es steht dem Staat mit seinen eigenen Rechten gegenüber, die er zu wahren und zu schützen hat.
- Es steht dem Staat durch seine Eltern gegenüber, die sich inhaltlich gegen Zugriffe des Staates auf die Erziehung des Kindes und die Festlegung seines Wohles durch den Staat mit ihrem Erziehungsprimat zur Wehr setzen können.

Das Kind hat also gegenüber dem Staat einen doppelten Schutz. Nicht nur inhaltlich, sondern auch ganz formal dadurch, dass dem Staat zwei Rechtsträger zur Verteidigung des Kindeswohles gegenüberstehen.

Gerade mit Blick auf die faktisch fehlende Fähigkeit des Kindes, seine Belange geltend zu machen, schafft der Schutz des Kindes durch seine Eltern eine besondere Autonomie des Kindes gegenüber dem Staat.

b) Autonomie des Kindes gegenüber den Eltern

Bleibt das Problem, die Autonomie des Kindes gegenüber seinen erziehungsbefugten Eltern zu schützen. Dieses wird auf mehreren Wegen aufgegriffen:

- Inhaltlich sind die Eltern verfassungsrechtlich an das Wohl des Kindes angebunden. Dies beinhaltet auch den Respekt vor der wachsenden Selbstbestimmung des Kindes. Bei Interessenkonflikten zwischen Eltern und Kind hat das Kindeswohl Vorrang.
- Sodann gibt es ein staatliches Wächteramt. Dieses verpflichtet den Staat bei Gefahren für das Kind durch die Eltern, in die Erziehung einzugreifen, um das Kind zu schützen. Bei konkreten Interessenkollisionen zwischen Eltern und dem Selbstbestimmungsrecht des Kindes kommt, hat der Staat den Vorrang des Kindeswohles durchzusetzen.
- Damit einher geht eine rechtliche Emanzipation des Kindes gegenüber seinen Eltern:
  o So hat es im Eltern-Kind-Konflikt im Prozess eine eigene Stellung als Verfahrensbeteiligter. Es ist durch einen eigenen Verfahrensbeistand vertreten, der die Interessen des Kindes unabhängig von den Eltern vertritt, und steht so seinen Eltern autonom gegen.

o Aber auch ganz grundsätzlich geht das BVerfG neuerdings davon aus, dass Kindern Rechte gegenüber ihren Eltern zustehen. So hat es einen Anspruch des Kindes auf Erziehung und Umgang gegen seine Eltern bejaht. Damit ist es dem Kind möglich, verfassungsrechtlich abgesichert, direkt seine Eltern zu adressieren und sie zur Wahrnehmung ihrer Elternpflicht (konkret: Umgang) zu zwingen.

Damit ist die Autonomie des Kindes gegenüber den Eltern ebenfalls sehr gut abgesichert.

4. Autonomie durch Kinderrechte

Was würde sich nun dadurch ändern, dass Kinderrechte in die Verfassung aufgenommen werden?

- „Nichts", sagen die Befürworter. Aber es ist an der Zeit, diese Selbstverständlichkeit ausdrücklich in der Verfassung auszusprechen.
- „Eben", sagen die Gegner: Weil es jetzt schon eine Selbstverständlichkeit ist, muss man doch nicht die Verfassung strapazieren.

Was aber befürchten die Skeptiker?

Sie befürchten eine Verschiebung des verfassungsrechtlichen Gefüges. Sie befürchten eine Stärkung der kindlichen Rechte gegenüber den Eltern und damit eine Preisgabe der kindlichen Autonomie gegenüber dem Staat:

Kindliche Rechte, die sich gegen die Eltern richten können, beschränken zunächst nur im Innenverhältnis gegenüber dem Kind die elterliche Macht. Sie beschränken damit aber unter Umständen zugleich die Definitionsmacht der Eltern über das Kindeswohl. Diese könnte jetzt der Staat – im Namen und im Auftrag des Kindes – vornehmen.

Das läuft auf eine Schwächung des Elternrechts hinaus und eröffnet dem Staat Zugriffsmöglichkeiten auf das Kind, ohne dass sich die Eltern noch in gleicher Weise wie jetzt gegen den Staat vor das Kind stellen können. Das ebnet einer Staatserziehung im Namen des Kindes die Bahn, abgesichert – vor den Eltern – durch die kindlichen Rechte.

Entsprechende Begehrlichkeiten bestehen:

- Die erzieherische Kompetenz der Eltern wird in Anbetracht einer übermächtigen und komplexen Gesellschaft ohnehin als immer begrenzter angesehen. Staatlicher Erziehung wird damit ein hoher Rang zugemessen.

- Ein Antagonismus zwischen Eltern und Staat (als Grundprämisse) wird als nicht mehr zeitgemäß angesehen. Es wird ein Schulterschluss von Staat und Eltern zu Gunsten des Kindes gefordert.
- Die gesellschaftliche Entwicklung selber geht bereits deutlich in diese Richtung: Der stärkere gesellschaftliche Einfluss auf die Erziehung von Kindern, der derzeit forciert wird, schwächt faktisch den erzieherischen Einfluss der Eltern. Perspektivisch können so gesellschaftliche Vorstellungen des Kindeswohles verankert werden. Der Gesetzgeber selber beginnt ja bereits, entsprechende Normen zu schaffen.

Genau an dieser Stelle zeigt sich aber sofort, dass natürlich ein Antagonismus zwischen Eltern und Staat besteht und man nicht postulieren kann, dass Eltern und Staat eigentlich das gleiche Interesse haben: Das zeigt etwa die Debatte, ob ausländische Eltern ihr Kind in einen deutschen Kindergarten geben müssen oder nicht.

IV. Ein Fazit

Kinder wachsen im Spannungsfeld privater und öffentlicher Interessen auf. Gerade weil das so ist, steht jede Äußerung zu diesem Thema in Gefahr (und in Verdacht), dass im Namen des Kindes ideologische Forderungen vertreten werden. Das gilt auch für die Debatte um Kinderrechte, hinter der sich unter Umständen ein Kampf zwischen Eltern und Staat um das Kind verbirgt.

Es bleibt abzuwarten, wie die Debatte sich entwickelt. Vielleicht wird das, was Gegner und Skeptiker heute befürchten, morgen Normalität und Selbstverständlichkeit sein.

Deutschland ist insoweit im internationalen Ländervergleich tendenziell ängstlich und vorsichtig. Andere Staaten haben bereits Kinderrechte in der Verfassung: Albanien, Andorra, Belgien, Bulgarien, Italien, Island, Kroatien, Montenegro, Polen, Portugal, Rumänien, Schweden, Serbien, Slowakei, Slowenien, Spanien, Tschechien. Vielleicht ist auch in dieser Hinsicht ein Lernen voneinander möglich.

Права и автономия детей – кто несёт ответственность за ребёнка?

Лоренц Аннегрет, ФРГ, Людвигсхафен на Рейне

I. Предисловие

Каждый человек обладает неотъемлемыми правами. Эта идея имеет долгую традицию и является важной составляющей нашего (само)понимания. Но особенно отчётливо эта тема раскрывается тогда, когда речь заходит о конкретных общественных группах и их таких же конкретных правах. Дети – это одна из таких групп, которая в течении последнего столетия постепенно попала в поле зрения политики.
К этой дискуссии нас подтолкнули главным образом, события, происходящие в международной сфере:
- С одной стороны - это Конвенция ООН о правах ребёнка. В Германии она вступила в силу в 1992 г., до 2010 г. она существовала, однако, с одной оговоркой, которая ограничивала обязательность действия соглашения для Германии в основных пунктах. С 2010 г. она действительна для Германии без ограничений.
- Затем, не в последнюю очередь, это международная юрисдикция, исполняемая европейским судом по правам человека, который каждый раз мотивирует Германию к новым реформам, если даже не сказать принуждает.

Вопрос о правах детей это вопрос о правовой защите того, что нужно детям. У этого вопроса есть два аспекта: содержательный (что нужно детям) и формальный или структурный (как это защитить). Оба являются предметом наших дебатов внутри страны. Я хотела бы немного Вас с ними ознакомить.

II. Содержательный аспект: благополучие ребёнка

1. *Общие положения*

Сначала обратимся к содержательному аспекту и вопросу о том, что нужно детям. Говорить об этом всегда немножко тяжело. Так как то, что, по нашему мнению, нужно детям, очень зависит от общества и времени. В прошлом веке, например, мы говорили об «интересах» ребёнка. И в этом отношении имели ввиду по большей мере экономические нужды ребёнка.

На сегодняшний день мы используем понятие благополучия ребёнка. И больше принимаем во внимание потребности ребёнка. При этом всегда следует упомянуть следующее: наше общество (государственное сообщество) заинтересовано в определённом типе личности как продукте воспитания ребёнка: ребёнок должен стать прежде всего финансово независимым и способным обеспечить себя материально. Соответственно, в течении последнего столетия со стороны государства оказывалось усиленное воздействие на воспитание детей. Одно из основных положений, которое всегда упоминается в этой связи: в нашем сложном, даже могущественном обществе, в котором средства массовой информации проникают и в родительский дом, родители, воспитывая детей и прививая им ценности, перегружены. Далее я рассмотрю те темы, которыми мы занимались в последние 20 лет.

2. Отношения детей и родителей

Отношения между родителями и детьми являются, в известной степени, актуальной темой на протяжении долгого времени. В этой связи речь шла сразу о нескольких вопросах.

а) Право родительской опеки

С одной стороны, вопросы о праве родительской опеки возникали у родителей, не состоящих в браке. До 1997 г. неженатый отец полностью отстранялся от опеки над ребёнком. В 1997 г. появилась возможность, что незамужняя мать могла позволить отцу учавствовать в опеке над ребёнком. Если она хотела. Однако против её воли у отца не было возможности опекать ребёнка.

Меры были приняты лишь с решением европейского суда по правам человека в 2009 г. На основании этого, немецкий законодатель прекратил сопротивление и создал для отца возможность вместе с матерью опекать ребёнка, даже против её воли. Это было в 2013, т. е. в прошлом году.

б) Право на общение с ребёнком

Контакт ребёнка с его родителями в принципе, в общем и целом, защищён законом. Для отца это действительно, правда, только если его отцовство действительно является законным.

Проблемы возникали в этом отношении у биологического отца, который не мог фактически стать отцом, если мать была замужем, потому что тогда законным отцом ребёнка считался её муж. И в этом вопросе посодействовал европейский суд по правам человека и сказал: биологический отец должен также иметь возможность контактировать со своим ребёнком, не зависимо от того, есть ли у ребёнка уже отец или нет. Немецкий законодатель подстроился под это и – тоже в 2013 – т. е. в прошлом году – создал для него собственное право на общение с ребёнком.

в) Воспитание

Что касается непосредственно самого родительского воспитания, то с 2000 г. действует абсолютный запрет на применение насилия в воспитании.

Затем судом одной из земель был вынесен ошибочный приговор по вопросу о том, могут ли родители соглашаться на нанесение увечья их ребёнку, которое не является необходимым с медицинской точки зрения. Конкретно речь шла об обрезании маленького мальчика. Ещё прежде чем мы только смогли обсудить то, как мы к этому относимся, законодатель уже неожиданно взялся за это дело и создал законодательное регулирование.

г) Вывод

Отношения детей и родителей могут, таким образом, быть рассмотрены как защищённые законом в довольно широком понимании. Вопрос о том, идёт ли это всё на благо ребёнку, я оставлю открытым. Интересно то, что государство снова начинает регулировать конкрутные вопросы воспитания.

3. Защита

Я думаю, мы все согласны с тем, что дети ввиду из возраста нуждаются в защите. На последних национальных дебатах в центре внимания стоял аспект опасностей для ребёнка в родительском доме.

С 2012 г. у нас действует собственный федеральный закон о защите детей. Он должен защищать детей от опасности в их родительской семье, т. е. от жестокого обращения и пренебрежения. В качестве обременяющих (= потенциально опасных) в этом отношении обстоятельств называют психические заболевания одного из родителей, хронические заболевания ребёнка, а также задолжности и насилие в семье. Это относительно часто встречающиеся феномены. Законодатель очевидно исходит из высокого потенциала опасности для ребёнка в семье.

Защита осуществляется в основном за счёт того, что семью с самого начала начинают со всех сторон, так сказать, осаждать сетью всевозможных учреждений, которые контактируют с этой семьёй, это могут быть больница, акушерка, школа, полиция, биржи труда, пункты консультационной помощи страдающим каким-либо видом зависимости или имеющим долговые обязательства §3 Закона о сотрудничестве и информации в области защиты детей ФРГ (Gesetz zur Kooperation und Information im Kinderschutz).

Посредством этого создаётся мультипрофессиональная система раннего обнаружения и вмешательства. При подозрении опасности все службы могут сразу отреагировать:

- Предупреждение, посредством того, что они лично общаются с семьёй и воздействуют на неё, чтобы она приняла помощь (§4, 3 предл. Закона о сотрудничестве и информации в области защиты детей ФРГ).
- Вмешательство, в случае неудачи к делу могут подключить ведомство по делам молодёжи, как службу, непосредственно уполномоченную по защите (§4, 3 предл. Закона о сотрудничестве и информации в области защиты детей ФРГ).

Эти службы пытаются как можно раньше установить контроль над ребёнком. Соответственно поэтому сфера их деятельности концентрируется на первых годах жизни ребёнка, включая беременность (§1, 4 предл. Закона о сотрудничестве и информации в области защиты детей ФРГ).

4. Воспитание и образование

В качестве третьего основополагающего требования, касающегося детей, у нас в настоящее время рассматривается потребность ребёнка в воспитании и образовании. Ребёнок должен ещё раскрыться как личность, поэтому ему нужны поддержка, побуждение и определённые требования.

В содержательном плане рассматриваются слудующие составляющие пункты образования:

- Передача ценностей: все воспитательные учреждения имеют задачу привить детям определённые общественные ценности. В этом вопросе они должны вмешиваться в воспитание.
- Индивидуальная содействие, независимо ни от уровня образования, ни от материального положения в семье. В этом отношении в качестве проблемы и поля деятельности упоминаются, в основном, дети мигрантов.

Условленные, таким образом, необходимые действия могут быть поделены на 2 уровня:

- Должно быть создано соответствующее образование. Отталкиваясь от целевой группы, дебаты заостряют внимание на том, что маленькие дети нуждаются в образовании (т. н. образование для детей раннего возраста). В этой области недавно была проведена соответствующая реформа. С августа 2013 г. каждый ребёнок с первого года жизни имеет право на заботу и присмотр вне семьи в каком-либо учреждении или месте по уходу. При определённых условиях ребёнок получает это право сразу после рождения.
- Получение соответсвующего образования: Если повсеместно уже есть предложения по уходу за детьми вне семьи, то их нужно использовать. В этой области обсуждается вопрос об обязательном посещении детского сада. Также и в этом вопросе акцент делается на необходимость поддержать детей мигрантов.

5. Здоровье

Затем недавно у нас появились новые законодательные регулирования, которые должны обеспечить то, чтобы родители их – в основном маленьких – детей приводили на медицинские осмотры. Профилактические обследования для раннего выявления болезней у детей для нас, собственно, рутина. До недавнего времени они были добровольными и не контролировались. Сейчас же всем родителям государство присылает письма с требованием провести профилактические обследования для раннего выявления болезней у своих маленьких детей. О родителях, которые не реагируют на эти послания, через сложную систему оповещения от управления здравоохранения уведомляются управления по делам молодёжи, которые затем должны посетить родителей, чтобы проверить, не наносится ли вред ребёнку. Проводить профилактические обследования для раннего выявления болезней т. о. никто не заставляет. Но неисполнение расценивается как показатель того, что ребёнку в семье может быть нанесён вред и ведёт за собой контроль этой семьи.

6. Вывод: Развитие в области защиты детей

Если бы мне нужно было подвести итог, то я бы представила следующее:

- Нам важен ребёнок и его благополучие. Уже примерно 15 лет мы наблюдаем непрерывную активность законодателя с постоянно новыми реформами, направленными на благополучие ребёнка, которые ещё не закончены.
- В содержательном плане можно наблюдать возрастающее вмешательство государственноого сообщества в жизнь и воспитание ребёнка. Государство устанавливает нормы воспитания. Если нормы не соблюдается, то оно начинает выказывать подозрения в опасности и всё больше осаждать и контролировать семьи.

III. Права детей

1. Введение

В формальном смысле только что описанная содержательная дискуссия будет перекрыта другим аспектом: перспективой ребёнка.

В этом смысле смена перспективы будет обращена на ребёнка, чтобы заострить внимание на его собственном мире и потребностях. Ребёнок должен быть эмансипирован от традиционных ценностей, которые противоречат тому, что для него является лучшим. Родители и государство должны воспринимать его серьёзно и как обладателя собственных прав. Речь идёт об автономии (самостоятельности) ребёнка.

Действовать нужно во многих направлениях. Я рассмотрю здесь только одно центральное требование: а именно, закрепление собственных прав детей в национальной конституции. Сначала это требование поставило меня в тупик. Я так или иначе думала, что наши дети в рамках конституции находятся под большой защитой.

2. Ребёнок между самостоятельностью и чужим контролем

а) Дети как самостоятельные обладатели основных прав

Дети не упоминаются чётко в нашей конституции в качестве обладателей каких-либо прав.

И всё же они – как и каждый человек – существа с собственным человеческим достоинством и с собственным правом на раскрытие своей личности. В соответствии с этим они, как и каждый гражданин, защищены в отношении государства конституцией (основная правоспособность).

Сверх этого государство обязано особенно защищать детей.

- Поэтому государство должно защищать и поощрять жизнь будущего ребёнка и, например, избегать аборты (право на жизнь, ст. 2 Конституции ФРГ).
- Затем государство должно защитать основные условия для развития личности ребёнка. К ним относится и право на поиски индивидуальности. Как выражение этого федеральный конституционный суд определил право ребёнка в отношении родителей и третьих лиц на знание своего происхождения.
- Но, прежде всего, государство обязано обеспечить воспитание ребёнка. В этом отношении за ребёнка отвечают его родители. Наша конституция предполагает в этом плане, что в семье благополучие ребёнка сохраняется лучше всего. Поэтому государство должно уважать право ребёнка на отношения с его родителями.

б) Чужой контроль над ребёнком

Эта правовая самостоятельность ребёнка находится в противоречии с фактическим исходным положением человеческой жизни. В начале своей жизни ребёнок как раз не самостоятелен, а, напротив, беспомощен и нуждается в особой защите. Чужой контроль является поэтому имманентной составляющей той ситуации, в которой находится ребёнок.

Самостоятельность может т. о. находиться только в перспективе и являться составляющей взросления ребёнка. В начале жизни ребёнка конечно никто не ставит себе вопрос о его самостоятельности, а скорее вопрос о том, кто и как должен ребёнка этому научить. Здесь и возникает основной вопрос: государство или родители.

в) Ответственность за самостоятельность ребёнка

Этот основной вопрос у нас (пока) решается в пользу родителей: при воспитании родители имеют преимущество, которое государство должно уважать.

Воспитание детей перекладывается на плечи родителей – в качестве их естественного права (ст. 6 II Конституции ФРГ). Родители *должны* иметь влияние на все условия жизни и воспитание ребёнка внутри и вне семьи. Это *их* задача, конкретизировать благополучие ребёнка и решить, как они справятся с этой ответственностью. Государственные решения, которые касаются ребёнка, касаются при этом не только одного ребёнка, но всегда одновременно и права родителей быть родителями.

Хоть государство и может делать свои предложения по воспитанию, но вмешательство государства в воспитание ребёнка против воли родителей возможно принципиально только во благо ребёнка, а также на основании законных общественных интересов в вопросах воспитания. Проще поднять планку, чем ослабить родительское право и поставить под вопрос отношение ребёнка и его благополучия его родителям. Воспитание государством против родительской воли недопустимо.

3. *Защита самостоятельности ребёнка в современной* структуре

а) Самостоятельность ребёнка в отношении государства

Если рассматривать правовой статус ребёнка с пераспективы ребёнка, то по отношеняю к государству он очень хорошо представлен.

- Ребёнок обладает на территории государства собственными правами, которые оно должно охранять и защищать.
- Ребёнка представляют его родители, которые могут сопротивляться вмешательству государства в воспитание ребёнка и установлению его благополучия за счёт того, что они имеют преимущество в воспитании.

Т. о., ребёнок вдвойне защищён перед государством. Не только содержательно, но и формально за счёт того, что перед лицом государства стоят два субъекта права в защиту благополучия ребёнка.

Хоть у ребёнка и отсутствует способность защищать свои интересы, защита ребёнка со стороны родителей создаёт для него особую самостоятельность перед государством.

б) Самостоятельность ребёнка по отношению к родителям

Остаётся проблема защитить самостоятельность ребёнка по отношению к уполномоченным на воспитание родителям. Она решается несколькими путями:

- Содержательно родители должны по конституции обеспечить благополучие ребёнка. Это включает в себя также уважение к растущему самоопределению ребёнка. При столкновении интересов родителей и ребёнка приемущество имеет благополучие ребёнка.
- Затем существует государственный надзирательный орган. При возникновении угрозы для ребёнка со стороны родителей государство поручает ему вмешаться в воспитание, чтобы ребёнка защитить. Если случаются конкретные столкновения интересов между родителями и правом ребёнка на самоопределение, то у государства есть приемущество, чтобы добиться благополучия ребёнка.
- Вместе с этим существует правовая эмансипация ребёнка в отношении его родителей:
    - Т. о., ребёнок, в случае конфликта с родителями, во время судебного процесса может являться самостоятельным участником процесса. Во время процесса его представляет его собственная защита, которая защищает интересы ребёнка независимо от родителей и является, т. о., автономной по отношению к родителям.
    - В последнее время, однако, федеральный конституционный суд исходит принципиально также и из того, что у детей есть права в отношении их родителей. Т. о., он подтвердил требование ребёнка на воспитание и уважительное отношение к себе не в пользу его родителей. Тем самым ребёнок, защищённый конституцией, может напрямую обратиться к родителям и заставить их соблюдать свои родительские обязанности.

Самостоятельность ребёнка, т. о., в отношении его родителей также очень хорошо защищена.

4. Самостоятельность ребёнка через его права

Что изменилось бы, если бы права детей были в конституции

- Защитники ничего не говорят. Но уже пришло время чётко определить эту самостоятельность в конституции.
- противники говорят: т. к. это уже сейсас самостоятельность, не нужно перегружать конституцию.

Но чего опасаются скептики?

Они опасаются смещения конституционной структуры. Они опасаются усиления детских прав в отношении родителей и, тем самым, отказа от самостоятельности в отношении государства.

Права детей, которые могут быть направлены против родителей, ограничивают родительскую власть прежде всего только во взаимоотношениях с ребёнком. Но при определённых обстоятельствах они одновременно ограничивают власть родителей решать то, что хорошо для их ребёнка. Эту власть государство могло бы тогда – от имени и по поручению ребёнка – перенять.

Это может вылиться в ослабление родительского права и открыть для государства возможность ближе подступиться к ребёнку, не давая возможности родителям в той же степени, что и сейчас, за него заступиться. Всё это расчищает дорогу государственному воспитанию во имя ребёнка, которое защищено – от родителей – правами ребёнка.

Существуют следующие предпосылки:

- Учитывая могущественность и комплексность общества, педагогическая компетенция родителей и без того считается всё более ограниченной. Воспитание со стороны государства имеет, т.о., высокий уровень.
- Враждебность между родителями и государством (как основная предпосылка) больше не актуальна. Необходимо сотрудничество государства и родителей для пользы ребёнку.
- Общественное развитие само по себе однозначно движется в этом направлении: сильное общественное влияние на воспитание детей, которое в настоящее время усиливается, фактически ослабляет влияние

родителей на воспитание. В перспективе так могут укрепиться общественные представления о том, что хорошо для ребёнка. Сам законодатель уже начинает создавать соответствующие нормы.

Именно на этом моменте можно заметить, что конечно же есть враждебность между родителями и государством и нельзя предполагать, что родители и государство преследуют, собственно, одни и те же цели: об этом говорят дебаты о том, должны ли родители-иностранцы отдавать своих детей в немецкий детский сад или нет.

IV. Вывод

Дети растут в противоречиях личных и общественных интересов. Именно потому что это так, каждое мнение на эту тему вызывает опасения (стоит под подозрением), что во имя ребёнка могут быть представлены идеологиченкие требования. Это относится также и к дебатам о правах детей, за которыми при определённых обстоятельствах скрывается борьба родителей и государства за ребёнка.

Остайтся лишь ждать, к чему приведут эти дебаты. Возможно то, чего сегодня опасаются противники и скептики, завтра станет абсолютно нормальным и само собой разумеющимся.

По сравнению с другими странами, Германия в этом отношении больше склонна к нерешительности и осторожности. Другие государства уже внесли права детей в конституцию: Албания, Андорра, Бельгия, Болгария, Италия, Исландия, Хорватия, Черногория, Польша, Португалия, Румыния, Швеция, Сербия, Словакия. Словения. Испания, Чехия. Может быть в этом случае и можно поучиться друг у друга.

Spezifika der Organisation des Berufslebens für ältere Arbeitnehmer in Russland

Marina A. Makienko / Vera N. Fadeeva, Russland, Tomsk

Methodologische Grundlagen

Die Entstehung der Altersforschung (Gerontologie) als Wissenschaft beginnt Ende des neunzehnten, Anfang des zwanzigsten Jahrhunderts. Die Alterslehre entwickelte sich Ende des neunzehnten Jahrhunderts in Europa, Amerika und Russland aufgrund von klinischen Beobachtungen, danach entstanden geriatrische Zentren und geriatrische Gesellschaften und es wurden erste wissenschaftliche Konferenzen veranstaltet. Allgemein kann man im Rahmen der heutigen wissenschaftlichen Forschungen drei Hauptansätze in den Alters- und Alterungsuntersuchungen nennen: biologische, psychologische und soziologische. Die Grundgedanken des *biologischen* Ansatz können folgenderweise formuliert werden: Alterung ist ein universeller Prozess, dem alle Populationsmitglieder ausgesetzt sind. Alterung ist eine Eigenschaft jedes Lebewesens, im Laufe deren man degenerative Veränderungen beobachtet. Im Rahmen des biologischen Ansatzes werden verschiedene Alters- und Alterungstheorien gebildet. Im Rahmen der *psychologischen* Alters- und Alterungstheorien erfolgt die Untersuchung von kognitiven, emotionalen, kreativen Charakteristiken des Menschen im Alter. Ursprünglich wurde in der Entwicklungspsychologie von Francis Galton (1822-1911) eine Theorie formuliert, die psychische Alterung als Prozess des psychischen Verfalls sieht. Danach haben sich K. G. Jung, A. Adler, E. Erikson mit dieser Frage befasst. Heutzutage wird im Rahmen der Entwicklungspsychologie das Problem der Sozialfaktoren erforscht, die den Prozess der psychischen Alterung beeinflussen. *Soziologische* Theorien untersuchen die älteren Menschen als Gemeinschaft und behandeln die Grundsätze und Gesetzmäßigkeiten des Zusammenwirkens dieser Gruppe mit anderen Gesellschaftsmitgliedern. Man kann auch den Strukturfunktionalismus in Betracht ziehen, in welchem zwei Richtungen erarbeitet wurden, die die Rolle der älteren Menschen als Gesellschaftsgruppe darstellen, nämlich die Disengagement- und die Aktivitätstheorie. Der Disengagement-Theorie liegt die Idee zugrunde, dass eine Notwendigkeit der

Entfremdung der älteren Menschen von den für die Gesellschaft wichtigen sozialen Rollen und Funktionen besteht. Die Aktivitätstheorie entwirft das Modell des „erfolgreichen Alters", indem behauptet wird, dass die älteren Menschen neue soziale Rollen meistern und aktive Gesellschaftsmitglieder bleiben müssen. Dieser Beitrag wird den soziologischen und psychologischen Ansatz im Alter behandeln.

Forschungsgegenstand

1963 wurde von der Weltgesundheitsorganisation folgende Klassifikation der Altersstruktur der Bevölkerung vorgeschlagen: Menschen im Alter von 60 bis 74 Jahre gelten als „ältere Menschen", Menschen im Altern von 75 bis 89 Jahre als „alte Menschen", Menschen über 90 Jahre als „sehr alte Menschen". Im Rahmen der statistischen Praxis sind drei Altersgruppen üblich: Personen, die das Arbeitsalter noch nicht erreicht haben, Personen im Arbeitsalter, Personen jenseits des Arbeitsalters. Die erste Gruppe in Russland sind Kinder im Alter von 0 bis 15 Jahre, die zweite Gruppe sind Frauen im Alter von 16 bis 54 Jahre und Männer im Alter von 16 bis 59 Jahre, es folgen Personen jenseits des Arbeitsalters, das sind Frauen im Alter von 55 Jahre und älter und Männer im Alter von 60 Jahre und älter. Wir orientieren uns an der statistischen Praxis, die in Russland üblich ist, und werden die Heterogenität der Personen jenseits des Arbeitsalters berücksichtigen.

Relevanz

Die Veränderungen in der demographischen Struktur der Gesellschaft, die mit der steigenden Lebenserwartung und dem Sinken der Geburtenrate verbunden sind, werden in verschiedenen Hinsichten berücksichtigt: zum einen in theoretischen Arbeiten und in der Feststellung von bestimmten Problemen, zum andern in den Interpretationen von statistischen Prognosen. So wurde z.B. um die Jahrhundertwende die Arbeit des berühmten Managementtheoretikers *Peter Ferdinand Drucker* «Management Challenges for the 21st Century» veröffentlicht, die die Erfassung von Faktoren darstellt, die im 21ten Jahrhundert das Organisationsleben beeinflussen werden [1]. Zu diesen Faktoren gehört auch die Alterung der Bevölkerung. Drucker greift folgende Aspekte auf, die das Organisationsleben verändern: die Änderung der Nachfrage, die mit der sinkenden Geburtenrate verbunden ist, die Änderung der Arbeitsverhältnisse aufgrund der

Langlebigkeit der Älteren, das Problem des Einflusses der Finanzmärkte auf dauerhaften Kapitalanlagen in Form von Renten und das rapide Wachstum von einigen Industriebereichen (Pharmaindustrie, Informationsindustrie) und einigen Dienstleistungsbranchen (Bildungsbranche, Finanzbereich). Was bestimmte Programme betrifft, so führen wir hier ein Beispiel an: Der „Vortrag zu den Fragen der globalen Finanzstabilität", der im April 2012 vor dem Internationalen Währungsfond gehalten wurde, beinhaltet den Artikel „Finanzielle Folgen des Langlebigkeitsrisikos" [2]. Behandelt werden hier Probleme
- für die Regierungen – in Form von Rentenplänen der Angestellten und Mechanismen der sozialen Fürsorge;
- für korporative Arbeitgeber, die Rentenprogramme mit einem festen Unterstützungssatz haben;
- für die Versicherer, die Annuitäten verkaufen;
- für natürliche Personen, die nicht über garantierte Rentenauszahlungen verfügen.

Statistische Prognosen werfen dazu noch das Problem des Alters als solches auf. Betrachten wir die statistischen Angaben in Russland etwas näher. Nach den Angaben des Staatlichen Komitees für Statistik der RF von 1.01.2014 wohnen in Russland 143 666 931 Menschen, am 1.01.2013 waren es noch 143 509 995 Menschen [3]. Das Durchschnittsalter der Bevölkerung beträgt nach den Angaben von 1.01. 2013 für Frauen 41,62 Jahre, für Männer 36,55 Jahre. Der Bevölkerungsanteil im Arbeitsalter liegt bei 60,1%, der Kopfbelastungsgrad bei 664 Personen zu 1000. Am 1.01.2013 werden 33,1 Millionen Menschen in Russland im Rentenalter gezählt, das bedeutet, dass jeder fünfte Mensch im Staat Rentner ist [4]. Nach der statistischen Praxis der Organisation der Vereinten Nationen gilt der Staat als „alternd", wenn der Menschenanteil im Alter von 65 Jahre und älter mehr als 7% beträgt. In Russland sind 12,9% der Menschen 65 Jahre alt und älter. Trotz einer gewissen positiven Tendenz (die Geburtenrate ist 2013 auf 1,707 Kinder pro Frau gestiegen, im Vergleich zu 2010: 1,567 Kinder), liegt die Sterbeziffer im Januar 2014 trotzdem um 9,6% höher als die Zahl der Geburten. In Anbetracht dessen, dass laut Prognosen die Lebenserwartung für die Menschen, die 2014 geboren wurden, bei der niedrigen Prognosevariante 68,8 Jahre beträgt, bei der hohen Prognosevariante 71,8 Jahre [4] (für Menschen, die 1961 geboren wurden 68,75 Jahre) und dass weiterhin eine Tendenz zur steigenden Lebenserwartung besteht, sind für Russland die Probleme der sozialen Aktivität der älteren Arbeitnehmer noch immer aktuell.

Problemstellung

Wenn die durchschnittliche Lebenserwartung steigt, nehmen auch die Ausgaben des Staates zu, die mit der Bevölkerungsalterung verbunden sind. Für die Beseitigung von negativen finanziellen Auswirkungen der Langlebigkeit muss man sich mit der Lösung des Problems der Steigerung des Rentenalters, der Steigerung des Pensionsfondbeitrags, der Kürzung der Auszahlungen und der sozialen Sicherheiten befassen. Über die steigende Lebenserwartung wird in der letzten Zeit viel in den Massenmedien in Russland diskutiert, die russische Regierung ergreift aber keine Maßnahmen. Vielleicht gibt es dafür objektive Ursachen. Nach den Angaben der Weltgesundheitsorganisation beträgt die durchschnittliche Lebenserwartung bei den Männern in Russland 62,8 Jahre (nach Angaben des Gesundheitsministeriums in Russland 65,2 Jahre, die durchschnittliche Lebenserwartung bei den Frauen 76,2 Jahre [6]), beim Rentenalter entsprechend 60 und 55 Jahre. Wenn man die oben genannten Aspekte in Betracht zieht, kann unserer Meinung nach das Problem der Erwerbstätigkeit von Mitarbeitern im Rentenalter in Russland so formuliert werden: Wie kann man für die Menschen im Rentenalter die Teilnahme am Arbeitsleben fördern? Dieses Problem hat zwei Bestandteile: Wie kann man bei den Menschen Interesse für die Rentenbemessung wecken, nachdem sie das Rentenalter erreicht haben? Wie kann man bei den Arbeitgebern Interesse für die Erhaltung der Arbeitsplätze von Angestellten im Rentenalter wecken? Wie kann man erfolgreich das Potenzial der älteren Menschen nutzen? Was kann man aus der Erfahrung der älteren Mitarbeiter im Arbeitsleben gewinnen? Welche Arbeitsbedingungen sind für ältere Mitarbeiter optimal? Auf welche Weise soll die Gesetzgebung die Arbeit der älteren Menschen regeln? Im Rahmen dieses Beitrags erheben wir keinen Anspruch auf eine absolut vollständige Darstellung der Lösungen dieser Probleme in Russland. Unser Ziel ist es lediglich, Orientierungen für diese Problemlösungen zu formulieren.

Hauptteil

Die Erwerbstätigkeit von älteren Menschen ist eine Art sozialer Aktivität. Soziale Aktivität beinhaltet ein Beteiligungsausmaß des Menschen am Familienleben, in der Gesellschaft, mit den Mitmenschen. Diese Frage ist aus zwei Perspektiven zu analysieren: zum einen hinsichtlich der gesetzlichen Grundlagen zur Arbeitsaktivität von älteren Arbeitnehmer und zum andern hinsichtlich der sozialen und psychischen Faktoren, die die Möglichkeit der Teilnahme der älteren Arbeitnehmer am Arbeitsleben bestimmen. Zu den gesetzlichen Grundlagen: In wenigen Ländern (z.B. in den USA seit 1968) existiert ein gesetzliches Verbot der Kündigung in einer bestimmten Altersspanne. Ursprünglich betraf dies nur die Mitarbeiter im Alter von 40 bis 65 Jahre, heute ist die Altersbegrenzung aufgehoben. In Russland gibt es in der Arbeitsgesetzgebung keine Einschränkungen für ältere Menschen. Die Kündigung eines älteren Mitarbeiters aufgrund seines Alters auf Veranlassung der Verwaltung ist unzulässig, unzulässig ist auch die Weigerung, einen Arbeitnehmer aufgrund seines Alters einzustellen. Es gibt für einige Stellen eine Altersbegrenzung, z.B. liegt die Altersgrenze im Staatsdienst bei 65 Jahren (Änderungsantrag von 2013 zu Bundesgesetz Nr. 327, Bundesgesetz). Im Gesamten beträgt laut Statistik die Erwerbsquote der Bevölkerung im Alter von 50 bis 54 Jahre 87,7% bei Frauen, 82,2% bei Männern; im Alter von 55 bis 59 Jahre 50,7% bei Frauen, 76,3% bei Männern; im Alter von 60 bis 72 Jahre 14,4% bei Frauen, 24,7% bei Männern. Das Durchschnittsalter der Erwerbstätigen liegt bei 40,3 Jahren [7, S. 27]. Was den Beschäftigungsbereich angeht, so möchte laut soziologischen Umfragen die Mehrheit der älteren Menschen in ihren Organisationen weiterarbeiten, ein geringfügiger Anteil versucht, ein eigenes Geschäft zu gründen, etwa ein Drittel möchte ehrenamtlich arbeiten. Bei der Organisation der Arbeitstätigkeit der älteren Arbeitnehmer ist es notwendig, die Faktoren zu verstehen, die ihre Arbeitsaktivität beeinflussen: das sind Geschlecht, Alter, Gesundheit, Bildung, Rentenart, Arbeitsablauf und Ursachen, die diese Aktivität veranlassen.

Geschlecht und Alter: Die höchste Arbeitsaktivität bei den Männern findet sich im Alter von 60 bis 64 Jahren, bei den Frauen im Bereich von 55 bis 60 Jahren. Nach diesem Alter kommt der Wendepunkt, was die Arbeitsaktivität angeht; dies ist besonders bei den Männern ausgeprägt, die in diesem Alter seltener berufstätig sind. Im Gesamten betragen die Arbeitskräferessourcen in Russland jenseits des Arbeitsalters 6,4% [7].

Gesundheit: Von großer Bedeutung ist hier, inwieweit Arbeitsunfähigkeit vorhanden ist. Ältere Menschen, die eine Versehrtenstufe haben, arbeiten 3,5 Mal weniger. Interessant ist, dass chronische Erkrankungen fast keine Wirkung auf die Arbeitsaktivität bei den älteren Arbeitnehmern haben.

Bildung: Sowohl akademische Bildung als auch Fachausbildung wirken sich positiv auf die Fortsetzung der Erwerbstätigkeit bei den älteren Arbeitnehmern aus, bei den Rentnern mit Hochschulabschluss sinkt aber die Arbeitsaktivität erst mit etwa 75 Jahren, bei Menschen mit Fachausbildung meist schon mit 65

Jahren. Interessant ist die Tatsache, dass schon seit den 60er Jahren weltweit „Universitäten des dritten Alters" entstanden sind; z.B. organisierte man in Japan schon in den 60er Jahren einen speziellen Unterricht für ältere Menschen. 1973 wurde in Toulouse von Pjer Wella eine Spezialuniversität für ältere Menschen gegründet. Im heutigen Russland gibt es ebenfalls Universitäten des dritten Alters, so z.B. die Online-Universität des dritten Alters, unterstützt von der Staatlichen Universität für Informationstechnologien, Mechanik und Optik in Sankt Petersburg. Ihr Ziel ist es, der älteren Generation in Russland die neue Informationskultur nahe zu bringen und die Benachteiligung und Ausschließung von älteren Menschen aus der digitalen Informationswelt zu verringern.

Rentenarten: Ein sehr hohes Niveau der Arbeitsaktivität kann man bei Menschen beobachten, die Witwenrente bekommen. Ein hohes Niveau der Arbeitsaktivität kann man bei älteren Staatsbürgern beobachten, die die Altersrente bekommen, das niedrigste Niveau der Arbeitsaktivität zeigen hingegen die Menschen, die Invalidenrente bekommen. Hier muss man sagen, dass die Rentenhöhe einer der wichtigsten Gründe ist, die die Rentner dazu bewegen weiterzuarbeiten. Nach den Angaben des staatlichen Ausschusses für Statistik betrug 2013 das Existenzminimum in Russland 7429 Rubel, für die erwerbstätige Bevölkerung 8014 Rubel, für Rentner 6097 Rubel, für Kinder 7105 Rubel. Dabei gilt als ein Minimalwert für notwendige Lebensmittel: für erwerbstätige Bevölkerung 3520 Rubel, für Rentner 3009 Rubel, für Kinder 3501 Rubel. Der Lohnmittelwert liegt bei 29578 Rubel, der Rentenmittelwert seit April 2014 bei 11600 Rubel [8]. Der Minimalwert für notwendige Lebensmittel beträgt im Februar 2014 2998,3 Rubel. Auf der Grundlage von Statistiken kann man feststellen, dass das Einkommen von Rentnern in Russland über dem Existenzminimum liegt. Wenn wir aber eine vollwertige Lebensführung für den älteren Menschen zum Maßstab nehmen, d. h. die Möglichkeit, all die Güter zu nutzen, die bei uns üblich sind, sehen wir ein ganz anderes Bild. Z.B. wird die Struktur der Verbrauchsausgaben von Hauswirtschaften vom Statistikkomitee nach folgenden erweiterten Werten berechnet: Lebensmittel und alkoholfreie Getränke, alkoholische Getränke und Tabakwaren, Kleidung und Schuhe, Wohnungsdienstleistungen, Haushaltswaren, Haushaltsgeräte, Hauspflege, Gesundheit, Fahrtkosten, Telekommunikation, Urlaub und Erholung, Bildung, Hotels, Cafés und Restaurants. Wenn man die Rente eines älteren Menschen in Bezug auf die vorgeschlagenen Ausgaben analysiert, wird offensichtlich, dass ein wesentlicher Anteil von diesen Ausgaben für einen Menschen nicht zu leisten ist, der nur von seiner Rente lebt.

Arbeitsablauf: Mehr als zwei Drittel aller berufstätigen Rentner haben eine normale Arbeitswoche mit 36 Stunden und mehr. In der Regel schaffen die Arbeitgeber nur ungern besondere Voraussetzungen im Arbeitsleben für ältere Arbeitnehmer, trotz der Tatsache, dass sich bei Teilzeitarbeit oder freier Arbeitseinteilung der Anteil der älteren Arbeitnehmer im Alter von 65 bis 70 Jahren praktisch verdoppelt gegenüber dem Anteil derjenigen im selben Alter bei Vollzeitarbeit. Man sollte natürlich auch andere Faktoren berücksichtigen, die die Arbeitsaktivität des älteren Menschen beeinflussen, etwa seine physische Form und seine Bereitschaft weiterzuarbeiten.

Rechtsgrundlagen der Erwerbstätigkeit von älteren Arbeitnehmern in Russland

Der Arbeitnehmer findet Berücksichtigung im Geltungsbereich aller Normen der Arbeitsgesetzgebung, die in Russland gelten. Außerdem ist er Gegenstand im Geltungsbereich folgender Normen:

- Die Weigerung, den Arbeitnehmer aufgrund seines Alters einzustellen, ist verboten (Artikel 64 ff. der Arbeitsgesetzgebung der RF).
- Bei Stellenplankürzung haben die Personen mit größerer Arbeitsleistung und höherer Qualifikation Vorrang (Art. 179).
- Bei Auflösung des Arbeitsrechtsverhältnisses durch den beschäftigten Rentner ist dieser nicht verpflichtet, zwei Wochen abzuarbeiten (Art. 80);
- Auf Grund eines schriftlichen Antrags des berufstätigen Rentners ist der Arbeitgeber verpflichtet, ihm Urlaub mit einer Dauer bis 30 Kalendertage bei Lohnausfall zu gewähren (Art. 128);
- Arbeitnehmer im Rentenalter haben Anspruch auf Urlaub zu jedem beliebigen Zeitpunkt, wenn sie Teilnehmer des Großen Vaterländischen Krieges waren und/oder Veteranen des Krieges (Unterpunkt 13, Punkt 1, Art. 15 und Unterpunkt 11, Punkt 1, Art. 16 des Bundesgesetzes von 12.01.95 № 5, Bundesgesetz „Über Veteranen").

Wir haben die Erwerbstätigkeit der Arbeitgeber im Rentenalter in Unternehmen der Stadt Tomsk und im Tomsk-Gebiet, außerdem in Unternehmen der Stadt Kemerovo und der Stadt Taiga analysiert. An der Forschung waren Unternehmen in staatlicher und kommunaler Trägerschaft und Unternehmen in nichtstaatlicher Trägerschaft beteiligt. Im Laufe der Forschung wurde festgestellt, dass der Mitarbeiteranteil in den Unternehmen im Rentenalter zwischen 7 und 35% der Listenanzahl des Personals beträgt. Die Mehrheit des Personals im Rentenalter ist in den Organisationen mit staatlichen und kommunalen Trägerschaft in verschiedenen Berufen tätig (in Russland werden laut dem Gesamtrussischen Beschäftigungsklassifikator alle Berufe in neun Gruppen aufgeteilt: Leiter von Büros, Organisationen und Unternehmen und ihren Organisationseinheiten und Diensten; Fachleute der höchsten Qualifikationsstufe, Fachleute der Mittleren Qualifikationsstufe, Fachleute, die mit Informationsvorbereitung, Belegausfertigung, Rechnungswesen und Dienstleistungen beschäftigt sind; Mitarbeiter im Servicebereich der Wohnungs- und Kommunalwirtschaft, des Handels und in ähnlichen Tätigkeitsgebieten; Facharbeiter der Land-, Forst- und Jagdwirtschaft, der Fischzucht und Fischerei; Facharbeiter der Industriebetriebe, des Bauwesens, des Transports, der Kommunikation, der Geologie und Erdinnererkundung; Bedienungskräfte, Anlagenfahrer, Fahrer; ungelernte Arbeiter).

Zum Abschluss der Forschung sind die Autoren zu der Schlussfolgerung gekommen, dass in vielen Organisationen die Dauer der täglichen Arbeitsschicht des Rentners keine Besonderheiten im Vergleich zu den anderen Mitarbeitern aufweist. Die berufstätigen Rentner gehören nicht zu den Personen, denen gegenüber der Arbeitgeber verpflichtet ist, einen Kurztag oder eine Kurzwoche zu gewähren (Art. 93 Arbeitsgesetzgebung der RF). Dies ist aber auf Antrag des Rentners möglich. Die Arbeitsgesetzgebung Russlands nimmt den berufstätigen Rentnern nicht das Recht auf Nachtarbeit, sie dürfen wie üblich Überstunden machen sowie am Wochenende und an Feiertagen arbeiten. Nur einige Organisationen haben für bestimmte Mitarbeitergruppen im Rentenalter besondere Bedingungen des Arbeitsablaufs vorgesehen. So gibt es z.B. in der Polytechnischen Universität Tomsk die Stelle des „Professorenberaters". Sie wurde ordnungsgemäß vom Rektor der Polytechnischen Universität Tomsk von 31.10.2003 geschaffen mit dem Ziel, das Arbeitspotenzial der Mitarbeiter mit hoher Qualifikation auch im Rentenalter zu nutzen [9]. Der Professorenberater kann ein Viertel oder die Hälfte der üblichen Bezüge haben und ohne Auswahlverfahren eingestellt werden. Seine Hauptverpflichtung ist die Anleitung von Masterstudenten und Doktoranden, wenn notwendig, kann er auch Vorlesungen halten, aber nicht mehr als 70 Stunden im Jahr (die Präsenzunterrichtsbelastung des Dozenten in der TPU in Vollzeit beträgt bis 880 Stunden). Die TPU hat auch eine Verordnung über den Titel „Verdienter Dozent der TPU" erlassen. Laut dieser Verordnung wird der Titel „Verdienter Dozent der TPU" den Mitarbeitern der TPU zugesprochen, deren Dienstalter der wissenschaftlich-pädagogischen Arbeit in TPU mindestens 30 Jahre, deren allgemeines Dienstalter mindestens 40 Jahre ist und die über Auszeichnungen der Russischen Akademie der Wissenschaften verfügen oder deren Mitglied sind, den akademischen Titel eines Professors mindestens 10 Jahre innehaben und das 65ste Lebensjahr erreicht haben. Monatlich erhält ein Verdienter Dozent der TPU die Hälfte der Professorengehalts mit entsprechenden Zuschlägen für die Stelle und den akademischen Grad unter der Bedingung, dass er in der etatmäßigen Stelle höchstens zu einem halben Satz tätig ist.

Man muss aber darauf hinweisen, dass in vielen Unternehmen eine Sozialpolitik vorherrscht, die keine Richtlinien für die Unterstützung der Rentner in dieser Organisation kennt. Die Hauptrichtungen dieser Sozialpolitik betreffen folgende Aspekte:

- Einmalige Unterstützung beim Eintritt in den Ruhestand. Dabei sind die Unterstützungssätze verschieden, meist liegen sie zwischen 3000 und 7000 Rubel.
- Berufsrente. Die Bedingungen für die Berufsrente werden im Betriebskollektivvertrag bestimmt, obligatorisch ist auch die Dauer des bisherigen Arbeitsverhältnisses, mindestens 10 Jahre.
- Teilweiser Ersatz der Kurbehandlung in einer Kuranstalt, die zu der Organisation gehört.
- Hilfeleistung in schweren Lebenssituationen, unter anderem auch für die Beerdigung von nahen Verwandten.

Auf diese Weise sind wir zu der Schlussfolgerung gekommen, dass in den Unternehmen der Stadt Tomsk und im Tomsker Gebiet, auch in den Unternehmen der Stadt Kemerovo und der Stadt Taiga, von den Arbeitgebern keine besonderen Arbeitsbedingungen für die älteren Arbeitnehmer geschaffen worden sind. Man muss ferner betonen, dass die Reform des Rentensystems in Russland, die 2013 durchgeführt wurde, den späteren Eintritt in den Ruhezustand beeinflusst. Laut der heutigen Rentengesetzgebung unterscheidet man drei Arten von Versicherungsrenten: Altersrente, Schwerbehindertenrente, Rente infolge des Verlustes eines Ernährers (Rente für Hinterbliebene). Im Jahre 2025 wird die Beschäftigungszeit, die man für die Altersrente braucht, 15 Jahre erreichen. Für jedes Jahr der Erwerbstätigkeit im Rentenalter wird sich die Versicherungsrente um einen entsprechenden Koeffizienten erhöhen. Wenn jemand z.B. die Rente zehn Jahre, nachdem er das Rentenalter erreicht hat, beantragt, wird sich die gleichbleibende Auszahlung um das 2,11fache erhöhen und die Rentenversicherung um 2,32fache [8]. Daher müssen die Arbeitgeber bereit sein darauf hinzuarbeiten, dass die Zahl der Menschen im Rentenalter, die noch weiterarbeiten möchten, steigt. Dann allerdings müssen Probleme der Organisation der Arbeitstätigkeit von älteren Mitarbeiter angegangen werden: bestimmte Arbeitszeiten, bestimmte Arbeitsformen, die Herstellung von ergonomischen Arbeitsplätzen u.s.w. Außerdem ist auch Hilfe von Seiten des Staates notwendig bei der Schaffung und Auswahl der Arbeitsplätze für Mitarbeiter im Vorrenten- und Rentenalter und für diejenigen, die ihre Beschäftigungszeit verlängern möchten. Heute, nachdem das ressortmäßige Zielprogramm des Tomsker Gebiets „Mitwirkung bei der Bevölkerungsbeschäftigung im Tomsker Gebiet von 2014 bis 2016" analysiert wurde, kann man das Fazit ziehen, dass dieser Aspekt nicht als Bestandteil der Durchführung dieses Zielprogramms angesehen wird. Der Grund ist vielleicht der, dass in Russland die Rentner nicht zu den arbeitslosen Menschen gehören. Aber die Analyse des Handlungskonzeptes auf dem Arbeitsmarkt im Tomsker Gebiet bis 2020 lässt uns den Schluss ziehen, dass die älteren Menschen als Reserven für die Entwicklung eines Arbeitsmarktes unter den Bedingungen eines wahrscheinlichen Arbeitskräftemangels (in der Höhe von ungefähr 25 Tausend Menschen) infolge der demographischen Tendenzen betrachtet werden müssen [11]. Dabei lenkt die Analyse der Arbeitsvermittlung der Stadt Kemerovo unsere Aufmerksamkeit darauf, dass hier Dienstleistungen für die Organisation der Berufsbildung und Zusatzausbildung angeboten werden, um auch gut bezahlte Stellen erreichbar zu machen [12]. Interessant ist auch die Erfahrung des Komitees für Sozialpolitik in Sankt Petersburg, wo die Arbeitsvermittlung eine spezielle Datenbank für offene Stellen für Rentner erstellt hat, außerdem organisiert sie Jobmessen für diese Menschen.

Fazit

1. In Russland existiert keine spezielle Gesetzgebung, die das Arbeitsleben der Mitarbeiter im Rentenalter regelt; die Bedingungen und Arbeitsformen dieser Mitarbeitergruppe unterscheiden sich in vielen Fällen nicht von jenen der Menschen im Erwerbsalter. In manchen Fällen werden besondere Bedingungen und Arbeitsformen für einige Kategorien der älteren Mitarbeiter erschaffen. Der Gesetzgeber muss wahrscheinlich Änderungsanträge vornehmen, die den Arbeitgeber zu der Erschaffung der Arbeitsbedingungen für ältere Mitarbeiten bewegen.

2. In Russland existiert das Stereotyp, dass man die Bemühung der Mitarbeiter schätzen sollte, die einen wesentlichen oder langfristigen Beitrag in die Entwicklung des Unternehmens geleistet haben, was durch viele in der Sozialpolitik

vorhandene Organisationen bestätigt wird, die die Rentner dieses Unternehmens unterstützen. Dieses Stereotyp muss man weiterentwickeln.

3. In der näheren Zukunft droht Russland aufgrund des demographischen Wandels ein Arbeitskräftemangel, was den Staat dazu verpflichtet, die Rentner als Reserve für die Entwicklung des Arbeitsmarktes und der Nationalökonomie anzusehen. Man sollte vielleicht steuerliche Begünstigungen für Arbeitgeber erschaffen, die Arbeitsplätze für ältere Arbeitnehmer anbieten.

4. In manchen Regionen Russlands werden Programme für die Organisation der Berufsbildung der Rentner geschaffen, was unserer Meinung nach zu einem nicht wegzudenkenden Aspekt der Arbeitsvermittlungstätigkeit werden sollte.

5. Es ist notwendig, spezielle Arbeitsbedingungen für ältere Arbeitnehmer zu schaffen, damit nicht nur „junge" Rentner am Arbeitsleben teilnehmen können, sondern auch ältere Menschen, für die übliche Arbeitszeiten und Arbeitsbedingungen unannehmbar werden.

Forschungsperspektiven

Perspektiven für Forschung lassen sich für folgende Bereiche ableiten:

1. Entwicklung von Prinzipien der Tätigkeitsorganisation für ältere und junge Mitarbeiter, die neben den traditionellen Anleitungsformen einen produktiven Zusammenschluss von Erfahrung und Potenzialen ermöglichen;

2. Entwicklung von Prinzipien eines differenzierten Ansatzes für die Organisation des Arbeitslebens der älteren Mitarbeiter aufgrund der Heterogenität dieser Gruppe, und Anwendung der im Fazit genannten Ansätze.

Literatur:

1. Drucker, P.: Management Challenges for the 21st Century. Harper Business 2001.
2. Официальный сайт Международного валютного фонда [Электронный ресурс], https://www.imf.org/external/index.htm, дата обращения – 31.03.2014
3. Данные с сайта официального сайта Федеральной службы государственной статистики [Электронный ресурс], http://www.gks.ru/wps/wcm/connect/rosstat_main/rosstat/ru/statistics/population/demography/#, дата обращения – 15.03.2014
4. Бюллетень «Численность населения Российской Федерации по полу и возрасту на 1 января 2013 года» [Электронный ресурс], http://www.gks.ru/wps/wcm/connect/rosstat_main/rosstat/ru/statistics/publications/catalog/doc_1140095700094, дата обращения – 15.03.2014

5. Данные с сайта официального сайта Федеральной службы государственной статистики [Электронный ресурс], http://www.gks.ru/free_doc/new_site/population/demo/progn7.htm, дата обращения – 21.03.2014
6. Российская газета [Электронный ресурс], http://rg.ru/2014/03/03/skvorcova.html от 03.03.2014, дата обращения – 03.03.2014
7. Труд и занятость в России 2013. Сборник Службы государственной статистики [Электронный ресурс], http://www.gks.ru/bgd/regl/b13_36/Main.htm, дата обращения 20.03.2014
8. Государственный пенсионный фонд. Официальный сайт [Электронный ресурс], http://www.pfrf.ru/pensions/, дата обращения – 31.04.2014
9. Приложение к Приказу ректора ТПУ № 208/од от 31.10.2003 [Электронный ресурс], http://portal.tpu.ru/departments/otdel/ok/pps, дата обращения – 30.03.2014
10. Ведомственная целевая программа Томской области «Содействие занятости населения Томской области на 2014-2016 гг.» Департамент труда и занятости населения Томской области [Электронный ресурс], http://www.trudtomsk.ru/home/rinoktryda/progrproekt.aspx, дата обращения – 19.03.2014
11. Концепция действий на рынке труда Томской области до 2020 года Департамент труда и занятости населения Томской области [Электронный ресурс], http://www.trudtomsk.ru/home/rinoktryda/progrproekt.aspx, дата обращения – 19.03.2014
12. Постановление Администрации Кемеровской области от 26.11.2013 № 520 Об утверждении порядка организации в Кемеровской области работы по профессиональному обучению и дополнительному профессиональному образованию по направлению органов службы занятости населения отдельных категорий граждан [Электронный ресурс], http://www.kemozn.ru/, дата обращения – 19.03.2014
13. Срочная информация по актуальным вопросам и темам. Федеральная служба государственной статистики [Электронный ресурс], http://www.gks.ru/bgd/free/B09_03/IssWWW.exe/Stg/d02/274.htm дата обращения – 20.03.2014

Специфика организации трудовой деятельности пожилых людей в России

Макиенко Марина А., Фадеева Вера Н., Россия, Томск

Методологические основания

Становление геронтологии как науки в мире происходит в конце XIX начале XX вв. В конце XIX в. в Европе, Америке, России формируется учение о старости на основании клинических наблюдений, возникают гериатрические центры, общества гериаторов, проводятся научные конференции. В целом, в рамках научных исследований в современности можно выделить три основных подхода к изучению старости и старения: биологический, психологический и социологический. Основные идеи *биологического* подхода могут быть сформулированы следующим образом: старение – универсальный процесс, которому подвержены все члены популяции; старение – свойство любого живого организма, в процессе которого наблюдаются дегенеративные изменения. В рамках биологического подхода формируются различные теории старости и старения. В рамках *психологических* теорий старости и старения происходит изучение когнитивных, эмоциональных, творческих характеристик человека в пожилом возрасте. Изначально в психологии развития Фрэнсисом Галтоном (1822-1911) была сформулирована теория в рамках которой психологическое старение понимается как процесс психологической деградации. В дальнейшем изучением психологии человека в пожилом возрасте занимались К.Г. Юнг, А. Адлер, Э. Эриксон. В современности в рамках психологии развития изучается проблема социальных факторов, которые оказывают влияние на процесс психологического старения. *Социологические* теории изучают пожилых людей как группу, рассматривают принципы и закономерности взаимодействия группы пожилых с другими элементами общества. Можно акцентировать внимание на структурном функционализме, где разработано два направления, представляющие роль пожилых людей как группы в обществе: теория отчуждения и теория деятельности. В рамках теории отчуждения сформулирована идея о том, что существует необходимость отчуждения пожилых людей от важных для общества социальных ролей и функций. Теория деятельности создает модель «успешной старости», где утверждается, что пожилые люди должны осваивать новые социальные роли, оставаясь активными членами общества. Данный доклад будет ограничен социологическим и психологическим подходом к феномену старости.

Предмет исследования

В 1963 году Всемирной организацией здравоохранения принимается следующая классификация возрастной структуры населения: 60-74 года – пожилые люди, 75-89 лет – старые люди, старше 90 лет – долгожители. В рамках статистической практики принято выделять три возрастные группы: лица, моложе трудоспособного возраста, лица трудоспособного возраста, лица старше трудоспособного возраста. В Росси первая группа – дети в возрасте от 0 до 15 лет; вторая группа – женщины в возрасте от 16 до 54 лет и мужчины в возрасте от 16 до 59 лет; лица старше трудоспособного возраста – женщины 55 лет и старше и мужчины 60 лет и старше. Мы будем ориентироваться на статистическую практику, принятую в России, учитывая гетерогенность группы людей старше трудоспособного возраста.

Актуальность

Изменения в демографической структуре общества, связанные с увеличением продолжительности жизни и сокращением рождаемости осмысляются в различных направлениях: в теоретических работах, в определении конкретных проблем, в интерпретациях статистических прогнозов. Так, например, на рубеже веков выходит работа известного теоретика менеджмента *Peter Ferdinand Drucker* «Management Challenges for the 21st Century», в которой происходит осмысление факторов, которые окажут влияние на жизнь организации в XXI веке [1]. К таким факторам относится и постарение населения. Друкер выделяет следующие аспекты, изменяющие жизнь организации: изменение спроса в связи с сокращением рождаемости, изменение трудовых отношений в связи с долгожительством, проблема долговременные инвестиции в виде пенсии окажут влияние на финансовые рынки, бурный рост некоторых сфер промышленности (фармацевтическая, информационная) и некоторых сфер услуг (образовательная, финансовая). Что касается определения конкретных программ, приведем пример: «Доклад по вопросам глобальной финансовой стабильности, сделанный в апреле 2012 г. Международный валютный фонд делает», в котором присутствует глава «Финансовые последствия риска долгожительства» [2]. Здесь выделены следующие проблемы:

- для правительств в виде пенсионных планов служащих и механизмов социального обеспечения;
- для корпоративных работодателей, имеющих пенсионные программы с установленным размером пособий;
- для страховщиков, которые продают аннуитеты;
- для физических лиц, не имеющих гарантированных пенсионных выплат.

Статистические прогнозы также ставят проблему пожилого возраста. Остановимся боле подробно на статистических данных по России. По данным Государственного комитета статистики РФ на 1.01.2014 в РФ проживает 143 666 931 человека, на 1.01.2013 – 143 509 995 человек [3]. Средний возраст населения по данным на 1.01. 2013 – женщины – 41,62 года, мужчины – 36, 55 лет. Численность населения в трудоспособном возрасте – 60,1%. Показатель демографической нагрузки – 664 человека на 1000. На 1.01.2013 г. 33,1 млн. человек в России – люди пенсионного возраста, это означает, что каждый пятый человек в государстве – пенсионер [4]. По статистической практике Организации объединенных наций государство считается стареющим, если доля людей в возрасте 65 лет и старше выше 7%. В России 12,9% людей достигли возраста 65 лет и старше. Несмотря на некоторую положительную тенденцию (коэффициент рождаемости увеличился в 2013 г. до 1,707 детей на 1 женщину, по сравнению с 2010 г. – 1,567 человек), тем не менее число умерших в январе 2014 г. на 9,6% больше количества родившихся. Учитывая, что по прогнозам ожидаемая продолжительность жизни для людей, родившихся в 2014 году при низком варианте прогноза составит 68,8 лет, а при высоком варианте – 71,8 [4] (для людей, родившихся в 1961 г. – 68,75 лет) и в дальнейшем намечается тенденция увеличения продолжительности жизни, то для России также актуальными являются проблемы социальной активности граждан пожилого возраста.

Постановка проблемы

Если средняя продолжительность жизни возрастет, увеличатся издержки государства, связанные со старением населения. Для устранения негативных финансовых последствий долгожительства, необходимо решать проблему увеличения пенсионного возраста, увеличения взносов в пенсионные фонды, сокращения размеров выплат и социальных гарантий. Увеличение пенсионного возраста активно обсуждается в последнее время в средствах массовой информации в России, но Правительство РФ не принимает столь непопулярную меру. Возможно, для этого есть объективные причины. По данным Всемирной организации здравоохранения средний срок жизни мужчин в России – 62,8 лет (по данным Министерства здравоохранения РФ – 65,2 года, средний срок жизни женщин – 76,2 года [6]) при пенсионном возрасте – 60 и 55 лет соответственно. Учитывая указанные выше аспекты, на наш взгляд проблема трудовой деятельности сотрудников в возрасте старше трудоспособного в России может быть сформулирована таким образом: как возможно стимулировать участие в трудовой деятельности людей пенсионного возраста? Указанную проблему можно разделить на следующие составляющие: как заинтересовать человека обратиться за начислением пенсии позже пенсионного возраста; как заинтересовать работодателя сохранять рабочее место за сотрудником пенсионного возраста; как использовать потенциал пожилого человека; что именно из опыта пожилых сотрудников можно применить в трудовой деятельности; какие условия труда будут оптимальными для сотрудников пожилого возраста; каким образом законодательство регулирует труд пожилых людей. В рамках данного доклада мы не претендуем на абсолютно полное представление о решении данных проблем в России. Наша цель – сформулировать направления в решении данных проблем.

Основная часть

Трудовая деятельность пожилых людей является видом социальной активности. Социальная активность – мера участия человека в жизни семьи, социума, человека. Данный вопрос необходимо проанализировать в двух ракурсах: законодательные основания трудовой активности пожилых людей и социально-психологические факторы, определяющие возможность участия пожилых в трудовой деятельности. Законодательные основания – в немногих странах (например, в США с 1968 г.) существует законодательный запрет на увольнение по возрасту. Изначально это касалось только сотрудников в возрасте от 40 до 65 лет, сейчас возрастное ограничение снято. В РФ трудовое законодательство не содержит ограничений для людей пожилого возраста. Увольнение пожилого сотрудника по причине возраста по инициативе администрации – недопустимо, также недопустим отказ в приеме на работу сотрудника по причине возраста. Есть возрастные ограничения на некоторые должности, например, предельный возраст пребывания на государственной службе ограничен 65 годами (поправка от 2013г. к Федеральному закону № 327-ФЗ). В целом по статистике экономически активное население в возрасте от 50 до 54 лет – 87,7% - женщины, 82,2% - мужчины; в возрасте – от 55 до 59 лет – 50,7% - женщины, 76,3% - мужчины; в возрасте – от 60 до 72 лет – 14,4% - женщины, 24,7% - мужчины. Средний возраст людей, занятых в экономике – 40, 3 лет [7, С. 27]. Что касается сферы занятости, то согласно социологическим опросам большая часть пожилых людей хотели бы продолжать трудовую деятельность в рамках своей организации, незначительная часть пожилых людей предпринимали попытки создать свой бизнес, около трети людей пожилого возраста хотели бы добровольно выполнять общественные работы.

При организации трудовой деятельности пожилых людей необходимо понимать факторы, влияющие на трудовую активность пожилых людей: пол, возраст, здоровье, образование, виды пенсии, режим занятости и причины, которые побуждают к активности.

Пол и возраст – наиболее высокая трудовая активность у мужчин в возрасте от 60 до 64 лет, у женщин – в возрасте от 55 до 60 лет. После указанного возраста наступает перелом в плане трудовой активности, причем наиболее явно это наблюдается у мужчин, которые реже продолжают трудовую активность в этом возрасте. В целом в составе трудовых ресурсов лица старше трудоспособного возраста в России занимают долю в 6,4% [7].

Здоровье – наибольшую значимость имеет наличие инвалидности. Пожилые люди, которые имеют какую-либо степень инвалидности в 3,5 раза работают реже. Интересно, что наличие хронических заболеваний практически не оказывает влияние на трудовую активность пожилых людей.

Образование – наличие как высшего, так и среднего профессионального образования положительно влияет на продолжение трудовой деятельности пожилых людей, но у пенсионеров с высшим образованием снижение трудовой активности часто происходит только к 75 годам, у людей со средним профессиональным образованием трудовая активность в большинстве случаев снижается к 65 годам. Интересным является то, что в современности уже с 60-х годов в мире возникают университеты третьего возраста. Например, в Японии уже в 60-х годах начали создавать специальные занятия для пожилых людей. В 1973 г. в Тулузе профессором Пьером Велла был основан специализированный университет для людей пожилого возраста. В современной России также присутствуют университеты третьего возраста. Например, он-лайн университет третьего возраста на базе Санкт-Петербургского национального исследовательского университета. Его цель – формирование информационной культуры старших поколений в РФ, преодоление информационного неравенства и информационной исключенности пожилых граждан.

Виды пенсии – максимальный уровень трудовой активности наблюдается у людей, которые получают пенсию за выслугу лет. Высокий уровень трудовой активности наблюдается у пожилых граждан, которые получают пенсию по старости, самый низкий уровень трудовой активности у людей, которые получают пенсию по инвалидности. Здесь необходимо сказать, что размер пенсии – это одна из основных причин, которая побуждает пенсионеров продолжать трудовую деятельность. По данным Государственного комитета статистики в 2013 г. минимальный прожиточный минимум по России составил 7429 руб., для трудоспособного населения – 8014 руб., для пенсионеров – 6097 руб., для детей – 7105 руб. При этом минимальный набор стоимости продуктов питания: для трудоспособного населения – 3520 руб., для пенсионеров – 3009 руб., для детей – 3501 руб. При этом средний размер заработной платы – 29578 руб., средний размер трудовой пенсии с апреля 2014 г. – 11600 руб. [8]. Стоимость минимального набора продуктов питания на февраль 2014 г. – 2998,3 руб. Исходя из анализа статистических данных, необходимо отметить, что доходы пенсионеров в России превышают прожиточный минимум. Но если мы поставим проблему полноценной жизни человека пожилого возраста, то есть его возможность пользоваться теми благами, которые считаются нормальными в данную эпоху, то у нас образуется иная картина. Например, структура потребительских расходов домашних хозяйств Комитетом статистики рассчитывается по следующим укрупненным параметрам: продукты питания и безалкогольные напитки; алкогольные напитки и табачные изделия; одежда и обувь; жилищные услуги; предметы домашнего обихода, бытовая техника, уход за домом; здравоохранение; транспорт; связь; организация отдыха; образование; гостиницы, кафе и рестораны. Если анализировать пенсию пожилого человека, ориентируясь на предложенную структуру расходов, то становится очевидным, что существенная часть этих расходов становится невозможной для человека, проживающего только на доход от пенсии.

Режим занятости – более, чем у 2/3 работающих пенсионеров имеют стандартную рабочую неделю с продолжительностью 36 и более часов. Как правило, работодатели в РФ не очень активно идут на создание особого режима трудовой занятости для пожилых, несмотря на то, что доля работающих пенсионеров в возрасте от 65 до 70 лет на условиях неполной рабочей недели или свободного графика работы практически в 2 раза выше, нежели доля работающих пенсионеров этого возраста на условиях полной трудовой занятости. Конечно, необходимо обращать внимание и на другие факторы, оказывающие влияние на трудовую активность пожилого человека – на его физическую форму, на его желание продолжать трудовую деятельность.

Законодательные основы трудовой деятельности пожилых граждан в России

На работника – пенсионера распространяются все нормы трудового законодательства, которые действуют в России. Кроме того, на него распространяются следующие нормы:

- запрещен отказ в приеме на работу по причине возраста (ст. 64 Трудового Кодекса РФ (далее ТК РФ));
- при сокращении штата преимущественное право на оставление на работе предоставлено лицам с более высокой производительностью труда и квалификацией (ст. 179 ТК РФ);
- при увольнении по собственному желанию работнику-пенсионеру не нужно отрабатывать две недели (ст. 80 ТК РФ);
- на основании письменного заявления работающего пенсионера работодатель обязан предоставить ему отпуск без сохранения заработной платы продолжительностью до 30 календарных дней (ст. 128 ТК РФ);
- работники пенсионного возраста имеют право уйти в отпуск в любое удобное для них время, если они являются участниками ВОВ и/или ветеранами боевых действий (подп. 13 п. 1 ст. 15 и подп. 11 п. 1 ст. 16 Федерального закона от 12.01.95 № 5-ФЗ "О ветеранах").

Нами был проведен анализ трудовой деятельности граждан пенсионного возраста на предприятиях города Томска и Томской области, а также на предприятиях города Кемерово и города Тайга. В исследовании были задействованы предприятия государственной и муниципальной формы собственности и предприятия негосударственной формы собственности. В процессе исследования было обнаружено, что количество сотрудников пенсионного возраста на предприятиях – от 7 до 35% от списочной численности персонала. Наибольшее количество сотрудников пенсионного возраста наблюдается в организациях государственной и муниципальной формы собственности в различных профессиональных группах (в России согласно Общероссийскому классификатору занятости выделяют 9 укрупненных профессиональных групп: руководители учреждений, организаций и предприятий и их структурных подразделений и служб; специалисты высшего уровня квалификации, специалиста среднего уровня квалификации, специалисты, занятые подготовкой информации, оформлением документации, учетом и обслуживанием; работники сферы обслуживания жилищно-коммунального хозяйства, торговли и родственных видов деятельности; квалифицированные работники сельского, лесного, охотничьего хозяйств, рыбоводства и рыболовства; квалифицированные рабочие промышленных предприятий, строительства, транспорта, связи, геологии и разведки недр; операторы, аппаратчики, машинисты установок и машин; неквалифицированные рабочие). В результате анализа, авторами был сделан вывод о том, что в большинстве организаций продолжительность ежедневной рабочей смены пенсионера не имеет особенностей по сравнению с другими работниками. Работающие пенсионеры не относятся к лицам, которым работодатель обязан установить неполный рабочий день или неполную рабочую неделю (статья 93 Трудового кодекса РФ). Но это возможно по просьбе пенсионера. Трудовой кодекс РФ не ограничивает работающих пенсионеров в праве на работу в ночное время, им разрешена сверхурочная работа на общих основаниях, как и работа в выходные и праздничные дни. Только в некоторых организациях для определенной группы сотрудников пенсионного возраста присутствуют особые условия организации трудовой деятельности. Например, в Томском политехническом университете введена должность «профессор-консультант». Должность профессора-консультанта была введена Приказом ректора ТПУ от 31.10.2003 с целью использования трудового потенциала сотрудников высокой квалификации пенсионного возраста [9]. Профессор-консультант может занимать 0,25 или 0,5 ставки и принимается на работу без прохождения конкурсного отбора. Основные обязанности профессора-консультанта – руководство магистрами и аспирантами, в случае необходимости профессору-консультанту можно поручить чтение лекций, но не более 70 часов в год (аудиторная нагрузка преподавателя ТПУ, работающего на 1,0 ставки не превышает 880 часов). Также в ТПУ действует Положение о звании «Заслуженный профессор ТПУ». В соответствии с указанным положением, звание «Заслуженный профессор ТПУ» присуждается сотрудникам ТПУ, которые имеют стаж научно-педагогической работы в ТПУ не менее 30 лет, общий стаж не менее 40 лет, награды или членство в Российской академии наук, ученое звание профессора не менее 10 лет и достигли возраста 65 лет. Ежемесячно заслуженному профессору ТПУ выплачивается сумма, равная 0,5 оклада профессора с соответствующей долей надбавок за должность и ученую степень, при условии его работы на штатной должности не более, чем на 0,5 ставки.

Но необходимо отметить, что на многих предприятиях действует социальная политика, в которой присутствуют направления, касающиеся поддержки пенсионеров данной организации. Основные направления социальной политики в этом контексте касаются следующих аспектов:

- единовременное пособие при выходе на пенсию. Размеры пособия различны, но в большинстве случаев от 3000 до 7000 рублей;
- корпоративная пенсия. Условия назначения корпоративной пенсии определяются коллективным договором, обязательным является стаж работы в данной организации, как правило, не менее 10 лет;
- частичная компенсация санаторно-курортного лечения на базе санаторного учреждения, принадлежащего организации;
- оказание помощи в тяжелых жизненных ситуациях, в том числе на организацию похорон близких родственников.

Таким образом, можно сделать вывод о том, что на предприятиях города Томска и Томской области, а также на предприятиях города Кемерово и города Тайга, работодатели не создают специальных условий труда для сотрудников пожилого возраста. Вместе с тем, необходимо отметить, что реформа пенсионной системы РФ, произошедшая в 2013 г. стимулирует уход на пенсию позже достижения пенсионного возраста. В соответствии с современным пенсионным законодательством, выделяют три вида страховых пенсий: пенсия по старости, пенсия по инвалидности, по случаю потери кормильца. К 2025 году трудовой стаж, необходимый для получения пенсии по старости, достигнет 15 лет. За каждый год более позднего выхода на пенсию, будет увеличиваться страховая пенсия на соответствующие коэффициенты. Например, если человек обратился за пенсией через 10 лет после достижения пенсионного возраста, то фиксированная выплата увеличится в 2,11 раз, а страховая часть – в 2,32 раза [8]. Таким образом, работодатели должны быть готовы к тому, что количество людей достигших пенсионного возраста, но желающих продолжать трудовую деятельность будет увеличиваться. Тогда возникает проблема организации трудовой деятельности пожилого сотрудника: либо определенный график работы, либо определенные виды работы, либо создание эргономичного рабочего места, ... Кроме того, необходимо содействие государства в создании или подборе рабочих мест для людей предпенсионного / пенсионного возраста, желающих увеличить трудовой стаж. На сегодня, после анализа Ведомственной целевой программы Томской области «Содействие занятости населения Томской области на 2014-2016 гг.», [10] можно сделать вывод о том, что данный аспект не рассматривается как составляющая реализации указанной целевой программы. Возможно, причиной тому является то, что в РФ пенсионеры не относятся к числу безработных граждан. Но анализ Концепции действий на рынке труда Томской области до 2020 года позволяет сделать выводы о том, что пожилые люди рассматриваются как резервы для развития рынка труда в условиях ожидающегося недостатка рабочей силы (около 25 тыс. человек) в результате демографических тенденций [11]. При этом анализ деятельности Центра занятости населения города Кемерово, обращает наше внимание на то, что здесь предлагаются услуги по организации профессионального обучения и дополнительного образования в целях получения оплачиваемой работы [12].

Интересен также опыт Комитета по социальной политике Санкт-Петербурга, где Службой занятости населения был создан специальный банк вакансий для пенсионеров, организуются ярмарки вакансий для этой категории граждан.

Выводы

1. В России не существует специального законодательства, регламентирующего труд сотрудников пенсионного возраста, условия и режим труда данной категории сотрудников в большинстве случаев не отличаются от

условий и режима труда людей трудоспособного возраста. В некоторых случаях можно наблюдать создание особых условия труда для некоторых категорий пожилых сотрудников. Возможно, необходимо на уровне законодательства вводить поправки. Стимулирующие работодателя к созданию условия труда для пожилых сотрудников;

2. В России сформирован стереотип, согласно которому необходимо ценить труд сотрудников, которые внесли существенный или долговременный вклад в развитие организации, что подтверждается наличием в социальной политике многих организаций направления, касающегося поддержки пенсионеров данного предприятия. Указанный стереотип необходимо развивать;

3. В России в ближайшее время будет наблюдаться дефицит трудовых ресурсов по демографическим причинам, что обязывает государство рассматривать пенсионеров в качестве резерва для развития рынка труда и, соответственно, национальной экономики. Возможно, необходимо создавать налоговые льготы для работодателей, создающих рабочие места для сотрудников пожилого возраста;

4. В некоторых регионах России создаются программы по организации профессионального обучения пенсионеров, что на взгляд авторов, должно стать неотъемлемым аспектом работы службы занятости населения;

5. Необходимо проводить работу по созданию условий труда для граждан пожилого возраста, чтобы в трудовой деятельности могли принимать участие не только молодые пенсионеры, но и люди более старшего возраста, для которых обычный режим и условия труда становятся неприемлемыми;

Перспективы исследования

В качестве перспектив исследования можно обозначить следующие направления: формирование принципов организации деятельности пожилых и молодых сотрудников, способствующих продуктивному объединению опыта и потенциала, помимо традиционной формы наставничества; формирование принципов дифференцированного подхода при организации трудовой деятельности сотрудников пенсионного возраста по причине гетерогенности данной группы, а также реализация положений, указанных в выводах.

Список использованной литературы:

1. Drucker P.: Management Challenges for the 21st Century. Harper Business 2001.
2. Официальный сайт Международного валютного фонда [Электронный ресурс], https://www.imf.org/external/index.htm, дата обращения – 31.03.2014
3. Данные с сайта официального сайта Федеральной службы государственной статистики [Электронный ресурс], http://www.gks.ru/wps/wcm/connect/rosstat_main/rosstat/ru/statistics/population/demography/#, дата обращения – 15.03.2014
4. Бюллетень «Численность населения Российской Федерации по полу и возрасту на 1 января 2013 года» [Электронный ресурс], http://www.gks.ru/wps/wcm/connect/rosstat_main/rosstat/ru/statistics/publications/catalog/doc_1140095700094, дата обращения – 15.03.2014
5. Данные с сайта официального сайта Федеральной службы государственной статистики [Электронный ресурс], http://www.gks.ru/free_doc/new_site/population/demo/progn7.htm, дата обращения – 21.03.2014
6. Российская газета [Электронный ресурс], http://rg.ru/2014/03/03/skvorcova.html от 03.03.2014, дата обращения – 03.03.2014
7. Труд и занятость в России 2013. Сборник Службы государственной статистики [Электронный ресурс], http://www.gks.ru/bgd/regl/b13_36/Main.htm, дата обращения 20.03.2014
8. Государственный пенсионный фонд. Официальный сайт [Электронный ресурс], http://www.pfrf.ru/pensions/, дата обращения – 31.04.2014
9. Приложение к Приказу ректора ТПУ № 208/од от 31.10.2003 [Электронный ресурс], http://portal.tpu.ru/departments/otdel/ok/pps, дата обращения –30.03.2014
10. Ведомственная целевая программа Томской области «Содействие занятости населения Томской области на 2014-2016 гг.» Департамент труда и занятости населения Томской области [Электронный ресурс], http://www.trudtomsk.ru/home/rinoktryda/progrproekt.aspx, дата обращения – 19.03.2014
11. Концепция действий на рынке труда Томской области до 2020 года Департамент труда и занятости населения Томской области [Электронный ресурс], http://www.trudtomsk.ru/home/rinoktryda/progrproekt.aspx, дата обращения – 19.03.2014
12. Постановление Администрации Кемеровской области от 26.11.2013 № 520 Об утверждении порядка организации в Кемеровской области работы по профессиональному обучению и дополнительному профессиональному образованию по направлению органов службы занятости населения отдельных категорий граждан [Электронный ресурс], http://www.kemozn.ru/, дата обращения – 19.03.2014
13. Срочная информация по актуальным вопросам и темам. Федеральная служба государственной статистики [Электронный ресурс], http://www.gks.ru/bgd/free/B09_03/IssWWW.exe/Stg/d02/274.htm, дата обращения – 20.03.2014

II

Institutionalisierungsprozesse im Sozialwesen

Процессы институционализации социальной работы

Institutionalisierung der Sozialen Arbeit in Deutschland

Barbara Weiler, Deutschland, Ludwigshafen am Rhein

Das Statement zu „Institutionalisierung der Sozialen Arbeit in Deutschland" soll Soziale Arbeit als gesellschaftlich erwartbaren Teil der sozialen Infrastruktur in den Blick nehmen und dies am Beispiel einer Kommune veranschaulichen. Dies soll bezogen auf den Konferenzort, die Stadt Ludwigshafen am Rhein, erfolgen. Im Rahmen dieses kurzen Beitrags ist dieses Vorhaben nur um den Preis notwendiger Auslassungen und vieler „weißer Flecken" anzugehen.

Auftrag, Funktion, Selbstverständnis wie institutionelle Formen Sozialer Arbeit konstituieren sich in historisch-konkreten gesellschaftlichen Kontexten als stets umkämpfte Momente des „Sozialen". Die Institution Soziale Arbeit ist maßgeblich beteiligt an der Regulierung gesellschaftlicher Konflikte. Sie hat es dabei nicht schlicht zu tun mit der „Bearbeitung sozialer Probleme". Im Gefüge diskursiver Praxen ist sie vielmehr beteiligt an der Transformation sozialer Konflikte in gesellschaftlich intelligible und institutionell bearbeitbare Formen „sozialer Probleme"[1].

Formen heutiger Sozialer Arbeit haben sich herausgebildet im Wandel und in den Umbrüchen gesellschaftlicher Produktionsweisen – diskursiv in die Figur „Technisierung und Industrialisierung" gebracht. In politisch geführten Prozessen konstituierte sich historisch ein relativ stabiler gesellschaftspolitischer Konsens heraus, gesellschaftlich anerkannte Güter ihrer Kommodifizierung zu entziehen und sie dem Leistungsbereich des Staates zu unterziehen.[2] Diese grundsätzliche Verantwortung des Staates ist in Art 20 (1) Grundgesetz festgelegt, welcher die Bundesrepublik Deutschland als „demokratischen und sozialen Bundesstaat" fasst.

Für Lebensführung unmittelbar relevante Konkretionen des sog. „Sozialstaatsprinzips" finden sich auf der Ebene der Sozialgesetzgebung kodifiziert. Dort sind insbesondere Art, Umfang, Zugangsvoraussetzungen der Leistungen

---

[1] Vgl. Groenemeyer 2010.
[2] Vgl. Sachße/Tennstedt 1998, 2012.

im dreigliedrig versäulten System „sozialer Sicherung" (->„Sozialversicherung"; ->„Versorgung"; ->„Fürsorge"), wie auch die Träger und Erbringer dieser Leistungen dargestellt.³

Die zwölf Teile des Sozialgesetzbuches (SGB) umfassen:
- SGB I – Allgemeiner Teil;
- SGB II – Grundsicherung für Arbeitssuchende;
- SGB III – Arbeitsförderung,
- SGB IV – Gemeinsame Vorschriften für die Sozialversicherung;
- SGB V – Gesetzliche Krankenversicherung;
- SGB V – Gesetzliche Rentenversicherung;
- SGB VII – Gesetzliche Unfallversicherung;
- SGB VIII – Kinder- und Jugendhilfe;
- SGB IX – Rehabilitation und Teilhabe behinderter Menschen;
- SGB X – Verwaltungsverfahren und Sozialdatenschutz;
- SGB XI – Soziale Pflegeversicherung;
- SGB XII – Sozialhilfe.

Weitere Sozialgesetze sind (hier nicht umfassend dargestellt):
- Bundesausbildungsförderungsgesetz (BaföG);
- Bundeselterngeld- und Elternzeitgesetz (BEEG);
- Bundeskindergeldgesetz (BKGG);
- Gesetz zur Verhütung und Bekämpfung von Infektionskrankheiten beim Menschen (IfSG);
- Wohngeldgesetz (WoGG).

In der Perspektive verberuflichter Sozialer Arbeit mögen sich einzelne Teile des Sozialgesetzbuches als unterschiedlich gewichtig darstellen. Aus der Perspektive „Lebensführung/-bewältigung" ist indes bedeutsam, dass viele Adressat_innen Sozialer Arbeit in der Systematik etlicher dieser Gesetze keinen Leistungsanspruch haben.

Die Organisation der verschiedenen Leistungsbereiche des SGB ist nicht einheitlich geregelt. Für einige Bereiche werden Träger auf der Bundesebene bestimmt. Im Bereich der Kinder- und Jugendhilfe (§ 8 SGB I) sowie der Sozialhilfe (§ 9 SGB I) folgt die Organisation jedoch dem föderalen Prinzip und damit

---

³ Ausführlich hierzu: Ortmann 1994, 155ff.

einer langen Tradition der besonderen kommunalen Zuständigkeit für „das Soziale"[4].

Nach der Konstruktion des Grundgesetzes im Modell des zweistufigen Aufbaus des „Staates" ist dieser ausschließlich repräsentiert durch den Bund und die Länder (Zwei-Ebenen-Modell). In diesem Modell sind Kommunen integraler Teil der jeweiligen Landesverwaltung und unterliegen somit dem Aufsichts- und Weisungsrecht der Bundesländer. Allgemeine Rechtsgrundlage für die Tätigkeiten der Gemeindeorgane bilden die Kommunalverfassungen der Bundesländer, bei denen die Gesetzgebungskompetenz für das Kommunalrecht liegt (GG Art. 70ff).

In der Perspektive ihrer verfassungsrechtlich garantierten Eigenständigkeit lassen sich Kommunen aber durchaus als eine „dritte Ebene des Staates" betrachten, wobei deren Hauptfunktion im Bereich der ausführenden, der sog. exekutiven Gewalt liegt.[5] Drei Viertel aller durch Bund und Länder beschlossenen Gesetze werden auf kommunaler Ebene ausgeführt.[6]

Kommunen haben als Körperschaften des öffentlichen Rechts eine Doppelfunktion im Rahmen der föderalstaatlichen Ordnung der Bundesrepublik Deutschland:

→ Gewährleistung des Vollzugs zentralstaatlicher Entscheidungen, Wahrnehmung staatlicher Aufgaben (als Auftragsangelegenheiten oder im Wege der „Organleihe").
→ Als Träger der grundgesetzlich garantierten kommunalen Selbstverwaltung (Art. 28 II GG) bilden Kommunen eine eigene Ebene im Bereich exekutiver Gewalt.

Art. 28 II Satz 1 GG bestimmt, den Gemeinden muss das Recht gewährleistet sein, *alle Angelegenheiten* (-> Allzuständigkeit im Sinne eines Aufgabenzugriffsrechts) *der örtlichen Gemeinschaft* (-> materieller Kern des Selbstverwaltungsrechts) *im Rahmen der Gesetze* (Rechtsstaatsprinzip; Gesetzesvorbehalt öffentlicher Verwaltung) *in eigener Verantwortung zu regeln*[7]. Auf kommunaler Ebene werden so in vielen Politikfeldern wesentliche politische Entscheidungen getroffen.[8]

---

[4] Bettmer 2010, 796.
[5] Vgl. Bieker 2006, 4f.
[6] Schmidt-Eichstaedt 1998, 329.
[7] Vgl. Bieker 2006, 21ff.
[8] Vgl. Bogumil/Holtkamp 2006, 9.

Das Recht kommunaler Selbstverwaltung bedeutet grundsätzlich „... die Freiheit der Gestaltung, das freie Ermessen und die Freiheit von Weisungen bei der Wahrnehmung ... (kommunaler) Selbstverwaltungsaufgaben. ... (insbesondere) *wie* diese Aufgaben erledigt werden, ist – im Rahmen der Gesetze – Sache der Gemeinden (Kommunen)"[9].

In der Perspektive Sozialer Arbeit ist allerdings bedeutsam, dass kommunale Regelungsbereiche hier in erheblichem Umfang durch Gesetze, die auf der Ebene des Bundes oder der Länder beschlossen worden sind, geregelt sind und sich Sozialverwaltung somit häufig im Vollzug bzw. in der konkreten Ausgestaltung dieser gesetzlicher Bestimmungen verwirklicht.

Die klassischen Ämter der kommunalen Sozialverwaltung sind das Jugendamt, das Sozialamt, das Gesundheitsamt und (je nach örtlicher Besonderheit soweit nicht Teil des Jugendamtes) das Amt für Soziale Dienste. 2005 ist mit den Arbeitsgemeinschaften nach SGB II (ARGE) ein neuer lokaler Akteur im Bereich der Arbeitsvermittlung hinzugekommen.[10]

Im Weiteren erfolgt hier eine Fokussierung auf den Bereich der Familien-, Kinder- und Jugendhilfe. Eine In-Blick-Nahme aller der Sozialen Arbeit zugeordneten Handlungsfelder, traditionell systematisiert – und jeweils vielfach ausdifferenziert – in Formen der Alten-/Behinderten-/Kranken- heute eher Gesundheitshilfe, der Familien-/ Kinder- und Jugendhilfe, der Sozialhilfe wie deren Verschränkung mit Politiken und Programmen arbeitsmarktförmiger Sozialpolitik und „wohlfahrtsstaatlichen Diensten" lohnarbeitsbezogener Aktivierung, der justizförmigen Sozialen Arbeit in der Idee von Resozialisierung und dominant ordnungsrechtlich affinen Bereichen wie Nichtsesshaften-/Obdachlosenhilfe, aber auch Streetwork und Quartiermanagement, kann hier nicht erfolgen.

§ 27 (1) SGB I umreißt den Leistungsbereich der Kinder und Jugendhilfe nach Maßgabe des Kinder- und Jugendhilfegesetzes (SGB VIII) wie folgt:

1. Angebote der Jugendarbeit, der Jugendsozialarbeit und des erzieherischen Jugendschutzes;
2. Angebote zur Förderung der Erziehung in der Familie;
3. Angebote zur Förderung von Kindern in Tageseinrichtungen und in Tagespflege;

---

[9] Vogelgesang/Lübking/Ulbrich 2005, 40.
[10] Vgl. Dahme/Wohlfahrt 2011, 11.

4. Hilfe zur Erziehung, Eingliederungshilfe für seelisch behinderte Kinder und Jugendliche sowie Hilfe für junge Volljährige.

Zuständige Träger sind hier „die Kreise und die kreisfreien Städte, nach Maßgabe des Landesrechts auch kreisangehörige Gemeinden" als sog. öffentliche Träger der Jugendhilfe (§ 27 (2) SGB I). § 27 (2) SGB I bestimmt ferner, dass diese mit den sog. freien Trägern der Jugendhilfe zusammenarbeiten.

Im Bereich der Kinder- und Jugendhilfe obliegt den Kommunen somit die Gesamtverantwortung einschließlich der Planungsverantwortung (§ 79 (1) SGB VIII). Diese haben im Rahmen ihrer Planungsverantwortung,

1. den Bestand an Einrichtungen und Diensten festzustellen,
2. den Bedarf unter Berücksichtigung der Wünsche, Bedürfnisse und Interessen der jungen Menschen und der Personensorgeberechtigten für einen mittelfristigen Zeitraum zu ermitteln *und*
3. die zur Befriedigung des Bedarfs erforderlichen Vorhaben rechtzeitig und ausreichend zu planen. Dabei ist Vorsorge zu treffen, dass auch ein unvorhergesehener Bedarf befriedigt wird (§ 80 (1) SGB VIII).

§ 80 (2) SGB VIII führt aus, dass Einrichtungen und Dienste so geplant werden *sollen*, dass insbesondere

1. Kontakte in der Familie und im sozialen Umfeld erhalten und gepflegt werden können,
2. ein möglichst wirksames, vielfältiges und aufeinander abgestimmtes Angebot von Jugendhilfeleistungen gewährt ist,
3. junge Menschen und Familien in gefährdeten Lebens- und Wohnbereichen besonders gefördert werden,
4. Mütter und Väter Aufgaben in der Familie und Erwerbstätigkeit besser miteinander vereinbaren können."

Die Umsetzung dieser und weiterer gesetzlicher Bestimmungen ist – nicht allein, aber gerade auch mit Blick auf die schwierige Finanzsituation vieler Kommunen sowie der aktuellen diskursiven Verfestigung neuer Mechanismen der Regulierung sozialer Konflikte – in besonderer Weise konflikthaft und politisch umkämpft. Auseinandersetzungen über bzw. Verhandlungen sozialer Konflikte erfolgen dabei stets im gesellschaftlichen Gefüge von Macht und Herrschaft, sozialer Ungleichheit und sozialer Ausschließung. Die Adressat_innen und Nutzer_innen Sozialer Arbeit finden sich darin politisch strukturell schwach positioniert. Institutionalisierte Soziale Arbeit ist in dieses Gefüge verstrickt. Sie bedarf in ihrer Orientierung auf soziale Konflikte sowie Formen ihrer Regulierung in der Perspektive der Menschen, die auf Soziale Arbeit verwiesen werden, somit immer auch selbstkritischer Analyse- und Deutungskompetenz.

Institutionalisierung Sozialer Arbeit im Bereich der Familien-, Kinder- und Jugendhilfe auf kommunaler Ebene am Beispiel der Stadt Ludwigshafen am Rhein

Hier einige wenige allgemeine Daten zur Stadt Ludwigshafen am Rhein:

Ludwigshafen ist stadtgeschichtlich eine „junge Stadt". Die Verleihung der Stadtrechte erfolgte erst 1859. Noch vor Stadtgründung siedelten hier erste industrielle Unternehmen an. Bereits 1892 gab es 16 chemische und 14 metallverarbeitende Betriebe in Ludwigshafen, was die Stadtentwicklung enorm dynamisierte: zwischen 1870 und 1900 verdoppelte sich in jedem Jahrzehnt die Einwohnerzahl der Stadt, 1914 lag diese bei 94.000, sechs Jahre später bei 100.000.

Ludwigshafen ist Sitz des Chemie-Konzerns BASF, der seinen weltweit größten Produktionsstandort in Ludwigshafen hat. Die immense Produktivität und Wirtschaftskraft einerseits und die schwierige finanzielle Lage der Stadt andererseits gründet in politischen Entscheidungen im Rahmen einer vielschichtigen „Standortpolitik" wie im Auseinanderklaffen von Wirtschafts- und Einkommenssteuerkraft. Für die Stadt gilt noch heute in hohem Maße, dass „wer es sich leisten kann, nicht in Ludwigshafen lebt".

Ludwigshafen hat 163.947 Einwohner_innen (Stichtag 31.12.2012). Davon sind 34.764 Menschen im Besitz einer anderen Staatsangehörigkeit als der deutschen (Statistische Daten: Stadt Ludwigshafen am Rhein – Stadtentwicklung: Statistischer Jahresbericht 2012).

Im Rahmen der kommunalen Verwaltungsstruktur sind die Aufgaben der Sozialverwaltung im Bereich „Jugend und Familie" organisational dem Dezernat 3 – Kultur, Schulen, Jugend und Familie – zugeordnet. Diesem Dezernat sind die Abteilungen „Jugendamt"; „Schulen und Kindertagesstätten" sowie „Jugendförderung und Erziehungsberatung" angegliedert. Aufgaben des Jugendamtes sind:

- Adoptionsvermittlung;
- Amtsvormundschaften und Pflegschaften;

- Beistandschaften (Feststellungen von Vaterschaften, Geltendmachung von Unterhaltsansprüchen);
- Beratung in Erziehungs- und Familienfragen;
- Beratung in Fragen von Trennung und Scheidung;
- Beurkundungen (Vaterschaftsanerkennungen, Erklärungen zum Sorgerecht; Unterhaltsverpflichtungen);
- Elterngeld (Anspruchsberechtigt sind Eltern, die ihr Kind selbst betreuen und keiner (vollen) Erwerbstätigkeit nachgehen);
- Guter Start ins Kinderleben (Angebot sog. „Früher Hilfen", die mit der Geburt eines Kindes zu bewältigenden Aufgaben unterstützen sollen) und LUna (geschützter Wohnraum für Mütter in finanziell ungesicherten Situationen, Ziel: Unterstützung bei der Entwicklung langfristiger Perspektiven);
- Haus des Jugendrechts (Kooperationsmodell öffentlicher und freier Jugendhilfeträger, Staatsanwaltschaft und Polizei sowie in Zusammenarbeit mit dem Amtsgericht Ludwigshafen. Ziel ist, „abgestuft, zeitnah und pädagogisch sinnvoll" auf strafrechtlich relevantes Handeln junger Menschen reagieren zu können);
- Hilfen zur Erziehung, Hilfen in Krisensituationen;
- Jugendhilfeplanung;
- Leistungen nach dem Bundesausbildungsförderungsgesetz (Schüler-BAföG sowie Meister-BAföG);
- Leistungen nach dem Unterhaltsvorschussgesetz;
- Mitwirkung in gerichtlichen Verfahren vor dem Familiengericht und nach dem Jugendgerichtsgesetz;
- Schulsozialarbeit;
- Wirtschaftliche Jugendhilfe.

Aufgaben der Abteilung Verwaltung von Kindertagesstätten (Tageseinrichtungen für Kinder und Kindertagespflege):

- Bereitstellung von Plätzen in Kindertagesstätten;
- Beratung von Eltern und Erziehungsberechtigten;
- Berechnung und Festsetzung der Elternbeiträge;
- Gewährung von Beitragsermäßigung oder Beitragserlass;
- Festsetzung von Kostgeld;
- Zuschüsse für besondere pädagogische Maßnahmen (z.B. Freizeiten);
- Personalsachbearbeitung für pädagogisches Personal und Wirtschaftskräfte);

- Kooperation mit den freien Trägern und anderen öffentlichen Einrichtungen;
- Planung und Organisation von Fortbildungen für das pädagogische Personal und die Mitarbeiterinnen und Mitarbeiter in der Verwaltung;
- Qualitätsmanagement in den Einrichtungen;
- Fachberatung der Einrichtungen und Beratung zu interkulturellen Aspekten.

In der Perspektive beruflicher Sozialer Arbeit interessieren hier zentral Funktionen der Fachberatung im Bereich Kindertagesstätten. Aus der Perspektive der in Ludwigshafen lebenden Familien mit Kindern erfolgen hier Verwaltungstätigkeiten für einen lebenspraktisch immens wichtigen Bereich.

Das Bundesgesetz (§ 24 (1) SGB VIII) regelt: Kinder unter einem Jahr haben einen individuellen Rechtsanspruch auf einen Platz in einer Kindertagesstätte oder in der Kindertagespflege, „wenn diese Leistung für ihre Entwicklung zu einer eigenverantwortlichen und gemeinschaftsfähigen Persönlichkeit geboten ist" *oder* die Erziehungsberechtigten erwerbstätig oder Arbeit suchend sind *oder* Leistungen zur Eingliederung in Arbeit nach SGB II erhalten *oder* sich in einer beruflichen Bildungsmaßnahme, in der Schulausbildung oder Hochschulausbildung befinden. Der Umfang der täglichen Förderung richtet sich nach dem individuellen Bedarf. Ab Vollendung des ersten Lebensjahrs hat jedes Kind bis zur Vollendung des dritten Lebensjahres Anspruch auf einen solchen Platz im Umfang seines individuellen Bedarfs. Ab Vollendung des dritten Lebensjahres hat ein Kind bis zum Schuleintritt Anspruch auf einen Ganztagesplatz. Bei besonderem Bedarf oder ergänzend kann es auch in Kindertagespflege gefördert werden. Für Kinder im schulpflichtigen Alter hat der öffentliche (kommunale) Träger der Jugendhilfe ein bedarfsgerechtes Angebot in Tageseinrichtungen (Horte) vorzuhalten. Das Landesrecht kann einen weitergehenden Leistungsanspruch sicherstellen.

Aufgaben der Abteilung Jugendförderung und Erziehungsberatung sind wie folgt:

Dem Bereich Jugendförderung organisational zugeordnet sind:

- 14 Kinder- und Jugendzentren in verschiedenen Stadtteilen Ludwigshafens;
- die Jugendberufshilfe;
- die Jugend- und Straßensozialarbeit;

- das Kinder- und Jugendbüro (Planung und Durchführung unter-schiedlicher Projekte in der Idee, Kinder und Jugendliche als Bürger_innen der Stadt Ludwigshafen zu adressieren und ihnen eine Stimme zu geben);
- das Spielmobil Rolli (Bus, der Angebote offener Kinder- und Jugendarbeit mobil und flexibel in die einzelnen Stadtteile Ludwigshafens bringt) *und*
- das online-Kinder- und Jugendportal „www.Lu4u.de" (informiert junge Menschen über Angebote und Einrichtungen für Kinder und Jugendliche. Aber auch Eltern finden dort Ansprechpartner_innen).

Die Jugendförderung arbeitet mit Schulen, Kindertagesstätten, Kultureinrichtungen, Sportvereinen, Beratungsstellen und Sozialen Diensten zusammen. Das kommunale Angebot an Kinder- und Jugendzentren sichert mit zehn weiteren Kinder- und Jugendeinrichtungen freier Träger in jedem Stadtteil Ludwigshafens ein spezifisches Angebot für die Begegnung und Freizeitgestaltung von Kindern und Jugendlichen im Rahmen der Jugendarbeit und Jugendsozialarbeit. Zum Angebot dieser Einrichtungen zählt auch der Bereich „außerschulischer Bildungsarbeit". In der Praxis ist dieser allerdings in seiner Fokussierung auf Schul- und Hausaufgabenhilfe stark auf „Schule" ausgerichtet.

Wie sich der Bereich Jugendförderung im Rahmen der Kinder- und Jugendhilfe im Zuge des von der Landesregierung Rheinland-Pfalz forcierten Ausbaus eines Angebotes an Ganztagsschulen im Rahmen des Landesprogramms „Ganztagsschulen in Angebotsform" transformieren wird, ist derzeit nicht absehbar.

Die Beratungsstelle für Kinder, Jugendliche und Eltern der Stadt Ludwigshafen bietet in drei regionalisiert tätigen Fachteams psychotherapeutisch fundierte Beratung und unterstützt insbesondere Kinder, Jugendliche, Eltern und Familien bei Konflikten in Alltagen von Familien wie in besonderen Situationen im Leben von Familien, z.B. in der Folge von Trennung und Scheidung. Beratend unterstützt werden auch Fachkräfte in Kindertagesstätten und Schulen.

Ebenfalls dem Dezernat 3, Kultur, Schulen, Jugend und Familie, zugeordnet ist das Ludwigshafener Zentrum für individuelle Erziehungshilfe (LuZiE), eine Einrichtung der Jugendhilfe mit einem Angebot an vollstationärer, teilstationärer und ambulanter erzieherischer Hilfen sowie familiärer Betreuungsmöglichkeiten. Darüber hinaus bietet die Einrichtung ein zusätzliches Angebot an Außenwohngruppen in verschiedenen Stadtteilen Ludwigshafens.

Im Bereich vollstationärer Hilfen bietet die Einrichtung:
- vier Außenwohngruppen mit je neun Plätzen;

- zwei Wohngruppen im Zentralgebäude mit je neun Plätzen;
- eine Notaufnahmegruppe für sog. Inobhutnahmen und Eilunterbringungen (max. neun Kinder und Jugendliche; Aufenthaltsdauer max. 3 Monate);
- 30 Plätze in Erziehungsstellen;
- Betreutes Wohnen (Ziel: Verselbständigung junger Menschen);
- Familiäre Betreuungsangebote.

Im Bereich teilstationärer Hilfen bietet die Einrichtung:

- zwei Tagesgruppen für Schulkinder;
- eine heilpädagogische Tagesgruppe für Vorschulkinder.

Im Bereich ambulanter erzieherischer Hilfen bietet die Einrichtung:

- Erziehungsbeistandschaften;
- Sozialpädagogische Familienhilfe;
- Ambulante Krisenintervention (Clearing- und Kriseninterventionsphase auf max. 6 Wochen begrenzt. Ziel ist Entlastung und Erarbeitung/ Klärung des konkreten Hilfebedarfs mit der Familie;
- Elterntrainingskurse (Ziel: Stärkung von Erziehungskompetenz);
- Mutter-Kind-Wohnen;
- Soziale Gruppenarbeit;
- Sozialpädagogische Einzelbetreuung;
- Marte Meo-Programm (Eltern und/oder Bezugspersonen werden dabei unterstützt, Signale ihrer (Bezugs-)Kinder besser wahrzunehmen und zu verstehen).

Darüber hinaus bietet die Einrichtung eine Eltern-Kind-Gruppe „Kinder psychisch kranker Eltern" mit getrennten Angeboten und Gruppen für die teilnehmenden Kinder und ihre Eltern. Ziel ist ein möglichst „niedrigschwelliges" Unterstützungsangebot.

Literatur:

Bettmer, Franz (2010): Die öffentlichen Träger der Sozialen Arbeit. In: Thole, Werner (Hrsg.): Grundriss Soziale Arbeit. Ein einführendes Handbuch. 3., überarb. und erw. Auflage. Wiesbaden: VS Verlag für Sozialwissenschaften, S. 795 – 812.

Bieker, Rudolf (2006): Kommunale Sozialverwaltung. Grundriss für das Studium der angewandten Sozialwissenschaften. München/Oldenbourg, Wissenschaftsverlag.

Bogumil, Jörg/Holtkamp, Lars (2006): Kommunalpolitik und Kommunalverwaltung. Eine policyorientierte Einführung. Wiesbaden: VS Verlag für Sozialwissenschaften, Reihe „Grundwissen Politik", Bd. 42.

Dahme, Heinz-Jürgen/Wohlfahrt, Norbert (Hrsg.) (2011): Handbuch Kommunale Sozialpolitik. Wiesbaden: Springer VS Verlag für Sozialwissenschaften.

Groenemeyer, Axel (Hrsg.) (2010): Doing Social Problems. Mikroanalysen der Konstruktion sozialer Probleme und sozialer Kontrolle in institutionellen Kontexten. Wiesbaden: Springer VS Verlag für Sozialwissenschaften.

Ortmann, Friedrich (1994): Öffentliche Verwaltung und Sozialarbeit. Lehrbuch zu Strukturen, bürokratischer Aufgabenbewältigung und sozialpädagogischem Handeln der Sozialverwaltung. Weinheim: Beltz Juventa.

Sachße, Christoph/Tennstedt, Florian (1998): Geschichte der Armenfürsorge in Deutschland, Bd. 1. 2.,verb. und erw. Aufl., Stuttgart; Berlin; Köln: Kohlhammer.

Sachße, Christoph/Tennstedt, Florian (2005): Die Bundesrepublik – Staat und Gesellschaft. Eine Einführung für soziale Berufe. Weinheim/München: Beltz Juventa.

Sachße, Christoph/ Tennstedt, Florian (2012): Geschichte der Armen-fürsorge in Deutschland, Bd. 4., Stuttgart; Berlin; Köln; Mainz: Kohlhammer.

Schmidt-Eichstaedt, Gerd (1998): Autonomie und Regelung von oben. In: Wollmann/Roth (Hrsg.): Kommunalpolitik. Politisches Handeln in den Gemeinden. Bonn, 2. Aufl., S. 323 – 337.

Stadt Ludwigshafen am Rhein – Bereich Stadtentwicklung: Statistischer Jahresbericht 2012. Entwicklung von Bevölkerung, Wohnbautätigkeit, Beschäftigung, Wirtschaft und Arbeitslosigkeit im Jahr 2012.

Stadt Ludwigshafen am Rhein: Kindertagesstättenbericht 2012/13 (Stichtag der Erhebung 1.03.2013) - Quantitative Aspekte der Tagesbetreuung von Kindern. Internet: http://www.ludwigshafen.de/nachhaltig/stadtentwicklung/veroeffentlichungen/

Vogelgesang, Klaus/Lübking, Uwe/Ulbrich, Ina-Maria (2005): Kommunale Selbstverwaltung. Rechtsgrundlagen – Organisation – Aufgaben – Neue Steuerungsmodelle. 3. überarb. Aufl., Berlin: Erich Schmidt Verlag GmbH&Co.

Институционализация социальной работы в ФРГ

Вейлер Барбара, ФРГ, Людвигсхафен на Рейне

В этом докладе на тему «Институционализация социальной работы в Германии» социальная работа будет рассмотрена как общественная часть социальной инфраструктуры на примере коммуны. Мы рассмотрим это относительно места проведения конференции - в городе Людвигсхафен на Рейне. В рамках 20-минутного доклада это намерение возможно осуществить, лишь опустив некоторые моменты и оставив «белые пятна».

Задача, функция, внутреннее понимание, а также формы социальной работы выявляются из конкретных исторических общественных контекстов как моменты «социального». Институт социальной работы является важным участником в регулировке общественных конфликтов. При этом, ему приходится иметь дело не просто с «обработкой социальных проблем». В структуре дискурсивной практики он больше участвует в преобразовании социальных конфликтов в понятные для общества и поддающиеся организационный обработке формы «социальных проблем»[1].

Формы современной социальной работы образовались в процессе изменений и переломов способов производства – были дискурсивно перенесены в форму «механизации и индустриализации». В политических процессах исторически сформировалось довольно стабильное общественно-политическое одобрение, лишить признанные общественные блага их коммодификации и предоставить их государству.[2]

Эта государственная ответственность оговорена в 20-й статье (1) Конституции ФРГ, которую Федеративная Республика Германии определяет как «демократическое и социальное государство».

Важные непосредственно для жизни конкреции так называемого «принципа социального государства» оговорены на уровне социального законодательства. В особенности там представленны род, размер, условия предоставления услуг по трёхступенчатой системе «социального обеспесения» (->»Социальное страхование», -> «Обеспечение», -> «Попечительство»), а также лица, получающие и лица, предоставляющие эти услуги.[3]

12 книг кодекса социального права ФРГ (КСП) содержат:

- книга I – Общая часть;
- книга II – Базовое обеспечение безработных;
- книга III – Стимуляция занятости,
- книга IV – Общие предписания социального страхования;
- книга V – Государственное медицинское страхование;
- книга VI – Государственное пенсионное страхование;
- книга VII – Государственное страхование от несчастных случаев;
- книга VIII – Помощь детям и подросткам;

---

[1] Groenemeyer 2010.
[2] Sachße/Tennstedt 1998, 2012.
[3] Подробнее Ortmann 1994, 155ff.

- книга IX — Трудоустройство инвалидов;
- книга X — Административный порядок и социальная защита информации;
- книга XI — Социальное страхование на случай потребности в постороннем уходе;
- книга XII — Социальная помощь.

Другие социальные законы ФРГ (здесь представлены не в полном объёме):

- Федеральный закон о содействии образованию (BaföG);
- Федеральный закон о родительском пособии и отпуску по уходу за ребёнком(BEEG);
- Федеральный закон о пособиях многодетным семьям (BKGG);
- Закон о профилактике и лечении инфекционный заболеваний у людей (IfSG);
- Закон о дотации на аренду жилья (WoGG).

Различные услуги в кодексе социального права регламентированы неоднозначно. Для некоторых сфер предоставление услуг устанавливается на федеральном уровне. В сфере помощи детям и подросткам (§ 8 КСП I ФРГ) и социальной помощи (§ 9 КСП I ФРГ) организация всё же следует федеральному принципу и, тем самым, долгой традиции особой муниципальной компетенции в сфере «социального»[4].

В структуре конституции по модели двухступенчатой системы «государство» представлено центральным федеративным правительством и правительством земель (двуступенчатая модель). Коммуны интегрированы в этой модели в соответственные административные земли и подлежат праву по надзору и праву издавать распоряжения федеральных земель. Общее законное основание для деятельности коммуны образуют коммунальные устройства федеральных земель, для которых действует законодательная компетенция для общинного права (Конституция ФРГ, ст., статья 70 и следующие).

В перспективе гарантированной конституцией самостоятельности коммуны рассматриваются, однако, как «третий уровень государства», причём их основная функция лежит в области так называемой исполнительной власти.[5] Три четверти всех принимаемых центральным федеративным прави-

---

[4] Bettmer 2010, 796.
[5] Bieker 2006, 4f.

тельством и правительством земель законов осуществляются на уровне коммуны.[6]

Коммуны как органы публичного права имеют двойную функцию в рамках федеративного строя Республики Германии:

→ Исполнение решений в централизованном государстве, осуществление государственных задач (в качестве дел, переданных на рассмотрение вышестоящим административным органам или путём «заимствования органов»),

→ Как носители муниципального самоуправления (Ст. 28 II Конституции ФРГ) коммуны образуют собственный уровень в области исполнительной власти.

Ст. 28 II предл. 1 Конституции ФРГ гласит, что коммунам должно быть предоставлено право *решать все вопросы* (->всесторонняя юрисдикция общин ФРГ) *местной общины* (-> материальное ядро права самоуправления) *в рамках закона* (принцип правового государства, законодательное ограничение публично-правового управления) *под личную ответственность*.[7] На муниципальном уровне, таким образом, принимаются важные политические решения во многих областях политики.[8]

Право муниципального самоуправления означает «... свободу организации, свободное усмотрение и свободу предписаний при выполнении (муниципальных) задач самоуправления. ... (особенно) то, *как* исполняются эти задачи является – в рамках закона – делом общины (коммуны). »[9]

С перспективы социальной работы, конечно, важно, чтобы муниципальные диапазоны регулирования в значительном объёме регулировались законами, которые принимаются на уровне централизованной власти или власти земель, и социальное управление осуществлялось, таким образом, в форме этих законных предписаний.

Классическими службами социального управления являются ведомство по делам молодёжи, управление социального обеспечения, управление здравоохранения и (в зависимости от местных особенностей) служба социальных услуг. В 2005 году вместе с рабочим сообществом, регулируемым

---

[6] Schmidt-Eichstaedt 1998, 329.
[7] Bieker 2006, 21ff.
[8] Bogumil/Holtkamp 2006, 9.
[9] Vogelgesang/Lübking/Ulbrich 2005, 40.

КСП II ФРГ появился новый местный участник в области трудоустройства.[10]

Далее идёт концентрирование на области помощи семьям, детям и подросткам. В этой работе нельзя, к сожалению, рассмотреть все области социальной работы, которые традиционно классифицируются на помощь пристарелым людям, инвалидам и больным людям, на помощь семьям, детям и подросткам, на социальную помощь и её объединение с политикой и программами социальной политики и с такими сродными административными областями как помощь лицам без определённого мета жительства и бездомным, а также мобильная молодёжная консультация и др.

§ 27 (1) КСП I ФРГ охватывет сферу услуг помощи детям и подросткам в соответствии с законом о помощи детям и подросткам (КСП VIII ФРГ) следующим образом:

1. Работа с молодёжью, социальная помощь для молодёжи и педагогическая охрана молодёжи;
2. Содействие воспитанию в семье;
3. Содействие детям в детских учреждениях и учреждениях по уходу;
4. Помощь в воспитании, помощь в адаптации для душевно больных детей и подростков, а также помощь молодым людям.

Ответственными являются здесь «округа и городские округа, согласно закону земли также и общины районного подчинения» в качестве так называемых официальных исполнителей помощи молодёжи (§ 27 (2) КСП I ФРГ). § 27 (2) SGB (КСП) I ФРГ говорит о том, что они сотрудничают с этими, так называемыми, независимыми представители помощи молодёжи.

В сфере помощи детям и подросткам в обязанности коммун входит также общая ответсвенность, включающая планирование (§ 79 (1) КСП VIII ФРГ). В рамках планирования они должны:

1. установить наличие учреждений и служб;
2. выяснить спрос, учитывая желания, потребности и интересы молодых людей и педагогов в среднесрочный период и
3. своевременно и в достаточной мере запланировать необходимые проекты для удовлетворения потребностей. При этом следует предусмотреть и непредвиденные нужды (§ 80 (1) SGB (КСП) VIII ФРГ).

---

[10] См. Dahme/Wohlfahrt 2011, 11.

§ 80 (2) КСП VIII ФРГ гласит, что учреждения и службы *должны* быть организованы таким образом, чтобы в особенности:
1. в социальном окружении могли сохраняться и поддерживаться семейные связи;
2. было предоставлено, по возможности, эффективное, разностороннее и согласованное предложение услуг в помощи молодёжи;
3. содействие оказывалось в особонности молодым людям и семьям в сложных жизненных ситуациях;
4. матери и отцы могли лучше согласовывать обязанности в семье и на работе.

Осуществление этих и других законных предписаний является особо конфликтным, за него ведётся политичнская борьба, но не только в отношении тяжёлого финансового положения многих коммун, но и обсуждаемого в настоящее время укрепления новых механизмов регулирования социальных конфликтов. Противоречия и переговоры по поводу социальных конфликтов происходят при этом всегда в общественной структуре власти и господства, социального неравенства и социального отстранения. Адресата социальной работы имеют слабые позиции в этой политической структуре.

Институционализированная социальная работа впутана в эту структуру. В своём ориентировании она нуждается в социальных конфликтах и формах их регулирования с перспективы тех, кто ссылается на социальную работу, а также она нуждается в самокритичном анализе и объяснении.

Институционализация социальной работы в сфере помощи семьям, детям и молодёжи на муниципальном уровне на примере города Людвигсхафен на Рейне

Для начала некоторые общие сведения о городе Людвигсхафен на Рейне:

Людвигсхафен является в историческом плане «молодым городом». Правовое положение город получил только в 1869 г. Ещё прежде чем появился сам город, на этом месте основали первые индустриальные предприятия. Уже в 1892 г. в Людвигсхафене были построены 16 химических и 14 металлообрабатывающих предприятий, что сильно ускорило развитие города: между 1870 и 1914 гг. численность населения удваивалась с каждым столетием, в 1914 г. она составила 94.000 чел., через 6 лет уже 100.000 чел.

В Людвигсхафене расположен химического концерн BASF, кроме того здесь находится его самый большой в мире производственный объект. Эта огромная продуктивность и экономическая мощь с одной стороны и тяжёлое финансовое положение с другой образуют в политических решениях в рамках многослойной политики размещения производительных сил, как и в существенном расхождении экономической мощи и способности трудоспособного населения платить налоги. Для города и сегодня является актуальныим высказываение: «Кто может себе это позволить, тот не живёт в Людвигсхафене».

Людвигсхафен насчитывает 163.947 жителей (на 31.12.2012). Из них 34.764 чел. не являются гражданами Германии (статистика: город Лудвигсхафен на Рейне – Развитие города: статистический годовой отсчёт 2012 г.).

В рамках коммунальной административной структуры задачи социального управления в сфере «Молодёжь и семья» присоедины к отделу культуры, школ, молодёжи и семьи.

Этот отдел в включает в себя следующие отделения: ведомство по делам молодёжи, школы и детские сады, а также отделение содействия развитию молодежи и консультации родителей по вопросам воспитания детей. Задачи ведомства по делам молодёжи:

- Посредничество в усыновлении;
- Вопросы опеки и попечительства;
- Вопросы соопекунства (установление отцовства, предъявление требований на алименты);
- Консультация по семейным вопросам и вопросам воспитания;
- Консультация по вопросам расставания и развода;
- Засвидетельствование (признание отцовства, установление права родительской опеки, алиментная обязанность);
- Родительское пособие (право на него имеют родители, которые сами ухаживают за своим ребёнком и не работают на полную ставку);
- Хороший старт ребёнка в жизнь (предлагается т. н . «ранняя помощь», которая должна помочь родителям справиться со всем необходимым при рождении ребёнка) и «Луна» (жильё для матерей в тяжёлом финансовом положении. Цель – поддержка для развития долгосрочных перспектив);

- Дом прав молодёжи (кооперация общественных и свободных помощников молодёжи, прокуратуры, полиции, а также сотрудничество с участковым судом Людвинсхафена. Цель – «постепенно, актуально и педагогически» отреагировать на уголовно-правовые действия молодых людей);
- Помощь в воспитании и кризисных ситуациях;
- Планирование помощи несовершеннолетним;
- Услуги в соответствии с федеральным законом о содействии образованию (для школьников и студентов-магистров);
- Услуги в соответствии с законом об алиментном авансе;
- Содействие в судебных процессах в семейном суде и на основании закона об осуществлении уголовного правосудия в отношении несовершеннолетних;
- Социальная работа в школах;
- Экономическая помощь несовершеннолетним.

Задачи органа управления детскими учреждениями (дневные учреждения для детей и учреждения по уходу):

- Предоставление мест в детских садах;
- Консультация родителей и опекунов;
- Расчёт и установлени родительских взносов;
- Снижения или освобождения от родительских взносов;
- Установление платы за питание;
- Надбавки на особые педагогические мероприятия (например на досуг);
- Ведение документации педагогического и административно-хозяйственного персонала;
- Сотрудничество с независимыми учреждениями и другими общественными учреждениями;
- Планирование и организация повышения квалификации для педагогического персонала и сотрудников управления;
- Обеспечение качества учреждений;
- Консультация специалистов для учреждений и консультация по межкультурным аспектам.

С перспективы социальной работы интерес здесь представляет центральная функция консультации специалиста в сфере детских учреждений. С перспективы живущих в Людвигсхафене семей с детьми здесь происходит административная работа в очень важной для жизни сфере.

Федеральный закон (§ 24 (1) КСП VIII ФРГ) гласит: дети до одного года имеют право на место в яслях или в другом воспитательном учреждении, «если это необходимо для развития в них ответственной личности, способной к жизни в обществе», *или* если их родители работают или находятся в поиске работы, *или* им предоставляются услуги по устройству на работу в рамках КСП II ФРГ, *или* находятся на служебном повышении квалификации, учатся в школе или в ВУЗе. Дневная норма потребления выводится из индивидуальных потребностей. С первого по третий год жизни каждый ребёнок имеет право на такое место в рамках своих собственных потребностей. После третьего года жизни и до школы у ребёнка есть право на место в детском саду. В особых случаях или дополнительно ребёнок может посещать и учреждение по уходу. Для детей школьного возраста общественный (муниципальный) представитель помощи молодёжи предлагает группу продлённого дня.

Законодательство земель может устанавливать и другие обязательства.

Задачи отделения содействия развитию детей и молодёжи и консультация по вопросам воспитания детей:

К сфере содействия развитию детей и молодёжи причисляются:

- 14 детских и молодёжных центров в различных частях города Людвигсхафен;
- Помощь молодёжи в профессиональной реабилитации;
- Социальная работа с детьми и молодёжью;
- Бюро детей и молодёжи (планирование и проведение различных проектов, чтобы показать детям и молодёжи, что они являются полноценными жителями города Людвигсхафен и имеют право голоса);
- Игра «Ролли» (автобус, который быстро доставляет предложения по работе с детьми и подростками во все части города) и
- Онлайн портал для детей и молодёжи „www.Lu4u.de" (информирует молодых людей о предложениях и учреждениях для детей и молодёжи. Родители также могут найти там поддержку).

Отдел содействия развитию детей и молодёжи сотрудничает со школами, детскими садами, культурными учреждениями, спортивными центрами, консультационными пунктами и социальными службами. Муниципальное предложение для детей и молодёжи создаёт совместно с 10ю другими детскими и молодёжными учреждениями в каждой части города специальное предложение для встреч и совместного времяпровождения детей и молодёжи в рамках социальной работы. К услугам этих учреждений относится также сфера «внешкольной учебной работы». На практике организована она почти как в школе и помогает справляться детям со школьными и домашними заданиями.

Как преобразится отделение содействия развитию молодёжи ввиду предложения праительством земли Рейнланд-Пфальц создать школы продлёного дня в рамках земельной программы, пока неизвестно.

Консультация для детей, молодёжи и родителей города Людвигсхафен предлагает в трёх регионах психотерапевтические консультации и поддержку в основном детям, подросткам, родителям и семьям в будничных конфликтах, и в особенности, например, при расставании и разводе. Консультационная поддержка оказывается также педагогам в детских садах и школах.

К тому же к отделу культуры, школ, молодёжи и семьи относится центр индивидуальной помощи в воспитании города Людвигсхафен, это отделение помощи молодёжи, которое предлагает стационарную, полу- стационарную и амбулаторную помощь в воспитании, а также присмотр за детьми. Кроме того этот центр располагает также дополнительными отделениями в различных частях города Лудвигсхафен.

В сфере стационарной помощи центр предлагает:

- 4 жилых отделения за пределами центра, по 9 мест каждое;
- 2 жилых отделения в центральном здании, по 9 мест каждое;
- отделение экстренной медицинской помощи для так называемого попечения и быстрого размещения (максимум 9 детей и подростков; максимальный срок пребывания – 3 месяца);
- 30 мест в воспитательных центрах;
- Сопровождаемое проживание (его цель: приучение молодых людей к самостоятельности);
- Услуги по поддержке семьи.

В сфере полустационарной помощи центр предлагает:

- 2 дневных отделения для детей школьного возраста;

- Одно отделение коррекционной педагогики для детей дошкольного возраста;

В сфере амбулаторной помощи центр предлагает:
- Соопекунство в воспитании;
- Социально-педагогическая помощь семьям;
- Амбулаторная помощь в кризисных ситуациях (эта помощь расчитана максимум на 6 недель. Её целью является уменьшение нагрузки и разработка/выяснение того, в какой помощи нуждается семья);
- Тренировочные курсы для родителей (их цель: укрупление воспитательной компетенции);
- Проживание матери и ребёнка;
- Социальная работа в группах;
- Социально-педагогическое оказание индивидуальной помощи;
- Программа «Марте Мео» (родителям и/или опекунам оказывается поддержка в том, чтобы воспринимать и понимать сигналы их ребёнка).

Кроме того, центр предлагает группу для родителей и детей «Дети психически больных родителей» с отдельными услугами и группы для участвующих родителей и их детей. Целью является по возможности «низкопороговое» оказание поддержки.

Список использованной литературы:

Bettmer, Franz (2010): Die öffentlichen Träger der Sozialen Arbeit. In: Thole, Werner (Hrsg.): Grundriss Soziale Arbeit. Ein einführendes Handbuch. 3., überarb. und erw. Auflage. Wiesbaden:VS Verlag für Sozialwissenschaften, S. 795 – 812.
Bieker, Rudolf (2006): Kommunale Sozialverwaltung. Grundriss für das Studium der angewandten Sozialwissenschaften. München, Oldenbourg, Wissenschaftsverlag.
Bogumil, Jörg/Holtkamp, Lars (2006): Kommunalpolitik und Kommunalverwaltung. Eine policyorientierte Einführung. Wiesbaden: VS Verlag für Sozialwissenschaften, Reihe „Grundwissen Politik", Bd. 42.
Dahme, Heinz-Jürgen/Wohlfahrt, Norbert (Hrsg.) (2011): Handbuch Kommunale Sozialpolitik. Wiesbaden: Springer VS Verlag für Sozialwissenschaften.
Groenemeyer, Axel (Hrsg.) (2010): Doing Social Problems. Mikroanalysen der Konstruktion sozialer Probleme und sozialer Kontrolle in institutionellen Kontexten. Wiesbaden: Springer VS Verlag für Sozialwissenschaften.
Ortmann, Friedrich (1994): Öffentliche Verwaltung und Sozialarbeit. Lehrbuch zu Strukturen, bürokratischer Aufgabenbewältigung und sozialpädagogischem Handeln der Sozialverwaltung. Weinheim: Beltz Juventa.
Sachße, Christoph/Tennstedt, Florian (1998): Geschichte der Armenfürsorge in Deutschland, Bd. 1. 2.,verb. und erw. Aufl., Stuttgart; Berlin; Köln: Kohlhammer.

Sachße, Christoph/Tennstedt, Florian (2005): Die Bundesrepublik – Staat und Gesellschaft. Eine Einführung für soziale Berufe. Weinheim/München: Beltz Juventa.

Sachße, Christoph/Tennstedt, Florian (2012): Geschichte der Armen-fürsorge in Deutschland, Bd. 4., Stuttgart; Berlin; Köln; Mainz: Kohlhammer.

Schmidt-Eichstaedt, Gerd (1998): Autonomie und Regelung von oben. In: Wollmann/Roth (Hrsg.): Kommunalpolitik. Politisches Handeln in den Gemeinden. Bonn, 2. Aufl., S. 323 – 337.

Stadt Ludwigshafen am Rhein – Bereich Stadtentwicklung: Statistischer Jahresbericht 2012. Entwicklung von Bevölkerung, Wohnbautätigkeit, Beschäftigung, Wirtschaft und Arbeitslosigkeit im Jahr 2012.

Stadt Ludwigshafen am Rhein: Kindertagesstättenbericht 2012/13 (Stichtag der Erhebung 1.03.2013) - Quantitative Aspekte der Tagesbetreuung von Kindern. Internet: http://www.ludwigshafen.de/nachhaltig/stadtentwicklung/veroeffentlichungen/

Vogelgesang, Klaus/Lübking, Uwe/Ulbrich, Ina-Maria (2005): Kommunale Selbstverwaltung. Rechtsgrundlagen – Organisation – Aufgaben – Neue Steuerungsmodelle. 3. überarb. Aufl., Berlin: Erich Schmidt Verlag GmbH&Co.

Haupttendenzen in der Entwicklung der Sozialen Arbeit im modernen Kirgisistan

Perisat M. Aitbaeva, Kirgisistan, Bischkek

Heutzutage befindet sich die Soziale Arbeit als öffentliches Phänomen in Kirgisistan noch im Stadium des Entstehens, sie erlebt aber einen intensiven Institutionalisierungsprozess. Im Laufe der Entwicklung der Sozialen Arbeit im modernen Kirgisistan kann man folgende, besonders ausgeprägte Tendenzen beobachten.

Eine der wichtigsten Tendenzen, die im Laufe der Entwicklung der Sozialen Arbeit im Land entstanden sind, umfasst die Professionalisierungsprozesse der Sozialen Arbeit und die Optimierung des Prozesses der Personalausbildung für den sozialen Bereich. 1994 begann in Kirgisistan die Vorbereitung der Fachkräfte für Soziologie und Soziale Arbeit an der Fakultät für Verwaltung und Soziologie der Bischkeker Universität für Geisteswissenschaften. Initiator für die Eröffnung der Fakultät für Verwaltung und Soziologie an der schon bestehenden Universität war der bekannte Wissenschaftler, Professor der Soziologie, Präsident der Soziologischen Assoziation Kirgisistans und Volkslehrer der Kirgisischen Republik Isajew Kussein Issajewitsch. In seiner Nachfolge hat der Psychologie-Professor Eric Orozaliev Sadykovich die Ausbildung der Sozialarbeiter fortgesetzt. Derzeit gibt es in dieser Fakultät Bachelor- und Masterstudiengänge sowie auch Aspirantur und Promotion in den soziologischen Wissenschaften. Der Lehrstuhl der Sozialen Arbeit der Bischkeker Universität für Geistwissenschaften stellt ein grundlegendes Bildungs- und wissenschaftlich-methodisches Zentrum für die Soziale Arbeit in der Republik dar.

Erste Hochschulabsolventen in der Sozialarbeit gab es im Jahr 1998. Von 1998 bis in die Gegenwart ist die Zahl der Studienjahrgänge in der Sozialen Arbeit auf 17 gestiegen. Die Ausbildung im Bereich der Sozialen Arbeit in Kirgisistan wird in Übereinstimmung mit den globalen Trends in der Entwicklung der Bildungsprozesse durchgeführt. Dies wird durch die Internationalisierung der Ausbildung im Bereich der Sozialen Arbeit, durch aktive Interaktion zwischen Wissenschaftlern und Praktikern sowie durch die Unterstützung seitens internationaler Organisationen in der Verbesserung der Fachkräfteausbildung zum Ausdruck gebracht.

Dennoch ist zu bemerken, dass sich in Kirgisistan noch kein vielschichtiges bzw. mehrstufiges System der Personalausbildung für die Soziale Arbeit gebildet hat, welches aus einer Gesamtheit der Bildungseinrichtungen verschiedener Profile und Spezialisierungen bestehen würde (z.b. Berufsschulen, Fachhochschulen, Fachschulen, verschiedene kurzfristige Kurse, Fachgymnasien). Allerdings wächst die Zahl der Universitäten, so lässt sich beobachten, die eine Ausbildung in der Sozialarbeit anbieten.[1]

Zurzeit gilt in Kirgisistan ein System des kontinuierlichen Hochschulstudiums in Vollzeit oder als Fernstudium, welches zwei Stufen beinhaltet: Bachelor- und Masterstudium der Sozialen Arbeit. So werden bestimmte sozialberufliche Gruppen konstituiert und legitimiert: Bachelor- und Masterstudenten der Sozialen Arbeit, Lehrer und Professoren, professionelle Sozialarbeiter. Derzeit werden mehr als 500 Studenten an der Bischkeker Universität für Geisteswissenschaften K. Karassajev im Bereich Soziale Arbeit ausgebildet. 380 Studenten sind für ein Vollzeitstudium und 140 Studenten für ein Fernstudium eingeschrieben. Unter den Studierenden in Vollzeit gibt es 170 Studenten, die ihr Studium auf Vertragsbasis absolvieren, d.h. ihr Studium kostenpflichtig wahrnehmen.

Eine Verbesserung des Berufes wird auch durch die Integration von akademischer Ausbildung und praktischer Arbeit erreicht. Daher bilden praktische Tätigkeiten einen wichtigen Teil der Ausbildung in der Sozialen Arbeit. Die Praxis stärkt die Eigenschaften des Studenten als Persönlichkeit und qualifizierte Fachkraft und ermöglicht eine gründliche Auseinandersetzung mit Problemen, die im sozialen Bereich auftreten können. Neben den vorgeschriebenen Praktika verschiedener Art, wie z.B. einführendes, sozialpädagogisches, sozial-psychologisches und Vorqualifikationspraktikum, engagieren sich die Studenten auch ehrenamtlich in verschiedenen sozialen Institutionen.

Unter den Bedingungen der aktuellen Krise der moralischen Werte kommt der Ethik der Sozialen Arbeit eine besondere Bedeutung zu. In diesem Zusammenhang muss für die zukünftige Soziale Arbeit die Bedeutung der moralischen und

---

[1] Folgende Universitäten bieten derzeit in Kirgisistan sowohl Vollzeit- wie auch Fernstudium in Sozialer Arbeit an: BSU K. Karasaeva, KNU. J. Balasaguna, KSU Arabaev, PSOE bei MLSP, Osch State University, Dschalalabat State University, Issyk-Kul State Univ. K. Tynystanov.

ethischen Erziehung herausgehoben werden. Aus unserer Sicht sollte die moralische Erziehung der Sozialarbeiter ein Studium der ethisch-philosophischen Sichtweisen, der Ideen des Humanismus in der einheimischen Philosophie, der traditionell ausgeprägten Normen der Moral wie auch ein Studium der nationalkulturellen Werte des kirgisischen Volkes umfassen.

Im Allgemeinen kann man sagen, dass sich der aktuelle Professionalisierungsprozess der Sozialen Arbeit in einem Stadium der Modernisierung, die durch die Globalisierungsprozesse bedingt ist, befindet. Das Bildungssystem im Bereich der Sozialen Arbeit erlebt auf der Ebene der Hochschule dieselben Probleme wie das Bildungssystem im Allgemeinen.

In Kirgisistan wird auch die Tendenz verfolgt, die rechtlichen Rahmenbedingungen der Sozialen Arbeit zu stärken. Diese rechtliche Basis erfüllt Unterstützungs-, Organisations-, Steuerungs- sowie Informationsfunktionen bezüglich der Tätigkeiten verschiedener sozialer Einrichtungen und des Sozialamtes. Im Rahmen der Rechtsbedingungen gelten die Sozialarbeiter als legitimiert und mit Rechten und Pflichten im Bereich des sozialen Schutzes der Bevölkerung ausgestattet.

Mit der Entwicklung des Berufes «Soziale Arbeit» in unserem Land ist ein aktiver Verbesserungsprozess des rechtlichen Systems, welches Prozesse der Versorgung, der sozialen Garantien, des Sozialfürsorgesystems und des Schutzes der Bevölkerung reguliert, zu beobachten. Dies führt zu einem Verbesserungsprozess der Rechtsvorschriften hinsichtlich der Förderung der Sozialen Arbeit in benachteiligten Gemeinden. Rechtliche Rahmenbedingungen der Sozialen Arbeit in Kirgisistan umfassen folgende Ebenen: die internationale Ebene, die nationale Ebene und die regionale Ebene.

Bei ihrer Tätigkeit orientieren sich die Subjekte der Sozialen Arbeit an einer Vielzahl von normativ-rechtlichen Dokumenten: der Verfassung der KR (Kirgisische Republik), den KR-Gesetzen, den Verordnungen des Präsidenten der Kirgisischen Republik und des Kirgisischen Parlaments, den Verordnungen der Regierung der Kirgisischen Republik und anderen normativen Rechtsakten, den Entscheidungen des Kollegiums, den Anordnungen des MCP der KR und weiteren Vorschriften und Forderungen.

Jedes rechtliche Dokument stellt eine Grundlage für die Entwicklung der einen oder anderen Richtung der Sozialen Arbeit dar. So wird zum Beispiel die Soziale Arbeit mit der Familie und den Kindern an den folgenden rechtlichen Dokumenten ausgerichtet: «Konvention für die Rechte des Kindes», «Gesetzbuch über die Kinder der KR», «das familiäre Gesetzbuch der KR», das Gesetz der KR «Über die Bildung», die Verordnung «Über die Abteilung der Unterstützung der Familie und der Kinder», "die Empfehlungen des Koordinationsrates für die Kinderarbeit" usw.

Das wichtigste Gesetz für die Tätigkeit der Sozialarbeiter in Kirgisistan ist das Gesetz „Über die Grundlage der sozialen Dienste in der Kirgisischen Republik", welches die Grundlage der Sozialen Arbeit auf der staatlichen Ebene darstellt. Dieses Gesetz beinhaltet folgende Definition der Sozialen Arbeit: „Die Soziale Arbeit ist eine Form der staatlichen und nichtstaatlichen Einwirkung auf den Menschen bzw. auf eine Gruppe der Menschen mit dem Ziel, diesen durch die sozial-medizinische, psychologisch-pädagogische und sozial-rechtliche Hilfeleistung einen angemessenen Lebensstandard zu gewährleisten und ihre eigenen Möglichkeiten zur Überwindung der schwierigen lebenswichtigen Situationen zu aktivieren." In dieser Definition wird der Aspekt des sozialen Wandels besonders unterstrichen. Sozialer Wandel bedeutet hier die Verwandlung des Kunden von einem passiven Empfänger der Hilfe in ein Subjekt, welches fähig ist, sich selbst eigenständig und mit der Unterstützung eines Spezialisten zu helfen. Das Gesetz legt auch die Grundprinzipien des Sozialdienstes fest: Menschlichkeit, Adressierbarkeit, Freiwilligkeit, Verfügbarkeit, usw.[2]

Heutzutage wird die rechtliche Basis auch durch andere rechtliche Dokumente ergänzt: zum Beispiel durch die "Liste" der garantierten sozialen Dienstleistungen für die Bevölkerung der Kirgisischen Republik, der in hohem Maße eine methodische und regulatorische Funktion zukommt. In dieser "Liste" werden die wichtigsten vier Arten von sozialen Dienstleistungen, die von Sozialarbeitern zur Verfügung gestellt werden, definiert:

I. Dienstleistungen, die in den vollstationären Organisationen der sozialen Unterstützung gewährt werden;

II. Dienstleistungen, die in den halbstationären Organisationen und in den Institutionen der sozialen Unterstützung gewährt werden (z.B. in den Zentren oder Abteilungen des Tagesaufenthaltes);

III. Dienstleistungen, die den Bürgern ohne festen Wohnsitz gewährt werden, in halbstationären Einrichtungen und in den Übernachtungseinrichtungen;

---

[2] Об основах социального обслуживания населения КР. Закон Кыргызской Республики от 19 декабря 2001 г., №111.-Ст.4. (Über die Grundlage der sozialen Dienstleistungen für die Bevölkerung der Kirgisischen Republik. Gesetz der Kirgisischen Republik vom 19. Dezember 2001 № 111.-Artikel 4.)

IV. Dienstleistungen, die einsamen älteren Menschen und Behinderten zu Hause zur Verfügung gestellt werden.

Jede Dienstleistungsart der genannten Gruppen beinhaltet folgende untergeordneten Leistungsbereiche: soziale, sozial-medizinische, sozial-psychologische, sozial-pädagogische, sozial-rechtliche und sozial-kulturelle.

In der Verordnung über die beruflichen Pflichten des Sozialarbeiters werden funktionale Pflichten der Sozialen Arbeiter, ethische Verpflichtungen, allgemeine Qualifikationsforderungen, Rechtsbestimmungen, Prinzipien der beruflichen Tätigkeit und andere wichtige Momente explizit aufgeführt. Dieses Dokument trägt zur Erhöhung der Qualität der geleisteten Dienstleistungen und des Rechtschutzes der Sozialen Arbeiter in Kirgisistan bei. Das im März 2011 unterzeichnete Memorandum über die Zusammenarbeit der MCP der KR, BSU- und AKP-KR kann als ein offizieller rechtliches Dokument auch das Verhältnis von Theorie und Praxis in der Sozialen Arbeit im Land klarstellen und voranbringen.

In Kirgisistan wurde eine "Entwicklungsstrategie des sozialen Schutzes der Bevölkerung der Kirgisischen Republik für die Jahre 2015-2017" entwickelt. Diese Strategie ist ein erstes Konzeptpapier, welches eine komplexe Vision des Staates über das zukünftige System des sozialen Schutzes widerspiegelt. Laut der dort genannten Strategie werden Kinder, ältere Bürger, Behinderte und Obdachlose, die sich in einer existenziell schwierigen Situation befinden, ein Hauptobjekt der Sorge des Staates für die drei nächsten Jahre darstellen. Das Ergebnis der Strategierealisierung soll schließlich die Bildung eines komplexen Systems des sozialen Schutzes sein.

Es sollte jedoch beachtet werden, dass die Entwicklung unserer Gesellschaft in den letzten Jahren deutlich auf die Notwendigkeit einer Verbesserung der rechtlichen Rahmenbedingungen der Sozialen Arbeit hinweist. Ferner wird eine umfassende Studie über die rechtlichen und regulatorischen Rahmenbedingungen der Sozialen Arbeit und die Feststellung von Lücken in dem sozialrechtlichen Schutz der bedürftigen Bevölkerung erforderlich sein.

Moderne Soziale Arbeit in Kirgisistan ist durch Offenheit für Veränderungen, Bereitschaft zur Einführung von innovativen Erkenntnissen und Nutzung von weltweiten Erfahrungen charakterisiert. Die philosophischen und die kulturellen Ideologieprinzipien der Sozialen Arbeit in Kirgisistan und im Ausland stimmen nicht notwendig überein. Jedoch hat die reiche, historische, theoretische und organisatorische Erfahrung der Sozialen Arbeit im Ausland einen gewaltigen Einfluss auf die Entwicklung der Theorie und der Praxis der Sozialen Arbeit in unserem Land. Durch die Betrachtung der Erfahrungen bestimmter Länder mit einstigen Traditionen in Fragen der Gewährung von sozialen Dienstleistungen ermitteln Theoretiker und Praktiker auf dem Gebiet der Sozialen Arbeit ständig verschiedene Möglichkeiten zur Entwicklung solcher Modelle der Sozialen Arbeit, die für unser Land annehmbar sind.

Im Vergleich zu anderen Ländern haben wir noch kein vollständiges sozialphilosophisches Verständnis für das Phänomen der Sozialen Arbeit; es wurde auch noch kein nationales Modell für ihre Entwicklung erarbeitet, auch die praktische Basis der Sozialen Arbeit ist noch weit von der Perfektion entfernt. In diesem Zusammenhang ist es notwendig, enge Beziehungen zum Ausland zu unterstützen, denn diese Beziehungen können zu einem Erfahrungsaustausch im Bereich der Sozialen Arbeit in allen ihren Aspekten beitragen. Die Weiterentwicklung der Praxis der Sozialen Arbeit ist unvorstellbar ohne theoretische Ausarbeitungen und wissenschaftliche Forschungen. In einer solchen Situation haben die ausländischen Modelle und Ansätze der Sozialen Arbeit eine Vorbildfunktion. Mit der Orientierung an ausländischen Modellen ist es möglich, ein einheimisches Modell und ein nationales Entwicklungskonzept der Sozialen Arbeit zu erarbeiten. Es ist hier nötig darauf hinzuweisen, dass die Soziale Arbeit, trotz der Ähnlichkeit und Einheitlichkeit der zu lösenden Aufgaben sowie trotz ihres einheitlichen Schwerpunktes, bestimmte eigene Besonderheiten, Traditionen, Funktions- und Entwicklungstendenzen in jedem Land aufweist.

Ein weiteres wichtiges Thema ist die Entwicklung des informellen Bereiches der Sozialen Arbeit in Kirgistan, denn neben der staatlichen Sozialen Arbeit nimmt auch der informelle oder ehrenamtliche Bereich der sozialen Unterstützung an Bedeutung zu. Es handelt sich dabei um Soziale Arbeit in religiösen und karitativen Organisationen, um soziale Tätigkeiten der Gewerkschaften, der politischen Parteien und des dritten Sektors, ferner um ehrenamtliche Bewegungen, Soziale Arbeit in informellen Instituten wie die familiäre gegenseitige Hilfe, die Institution der Freundschaft, die Institution der Nachbarschaft, die Gemeindetätigkeit, soziale Hilfe im Rahmen der kulturellen Traditionen und der öffentlichen Initiativen usw. Einige Funktionen und Aufgabenfelder dieser Institutionen stimmen mit den Zielen und den Aufgaben der Sozialen Arbeit oft überein, obwohl sich die Bereiche eigentlich stark voneinander unterscheiden.

In der letzten Zeit ist eine Wiederbelebung der Rolle der Religion in der Entwicklung der Sozialen Arbeit zu beobachten. Die Prinzipien der sozialen Verantwortung und der Selbstständigkeit, die im Islam besonders ausgeprägt sind, spielen auch in der Sozialen Arbeit eine Schlüsselrolle. Der Islam macht den Menschen nicht nur für seinen eigenen geistigen Zustand verantwortlich, sondern auch für alles, was um ihn herum geschieht, für Wohlstand und Gesundheit der Gesellschaft. Ein Moslem trägt die Verantwortung nicht nur für sich selbst, er trägt auch eine gewisse Verantwortung für die Umwelt, seien es öffentliche Wechselbeziehungen oder ökologische, und für diejenigen, die Hilfe und Unterstützung benötigen. Der Islam ermutigt die Menschen außerdem dazu, für sich selbst Existenzbedingungen durch eigene Aktivität und Arbeit zu schaffen.

In den letzten Jahren werden von den religiösen Organisationen in Kirgisistan einige Aufgaben der Sozialen Arbeit wahrgenommen, wie etwa die Förderung einer gesunden Lebensweise, belehrende Arbeit über die geistige Gesundung der Jugend, Vorbeugung von Kriminalität, Rauschgiftsucht und Alkoholismus, Vorbeugung internationaler Konflikte usw. Religiöse Erziehung trägt zur Umorientierung der Gesellschaft und der einzelnen Menschen in Bezug auf die Umstellung der Prioritäten von materiellen auf geistige Bedürfnisse bei.[3]

Auf dieser Weise trägt die Religion als eine soziale Institution zur Humanisierung der öffentlichen Beziehungen bei, fördert die Prinzipien des Mitleides, des Humanismus und der gegenseitigen Hilfe. Die religiösen Organisationen beteiligen sich immer stärker an dem Prozess der Lösung sozialer Probleme in der Gesellschaft. Dennoch kann man sagen, dass sich die Soziale Arbeit in den religiösen Organisationen unseres Landes noch im Anfangsstadium ihrer Entwicklung befindet.

Die wichtigste Tendenz in der Entwicklung der Sozialen Arbeit ist die Einbeziehung des dritten Sektors und der Zivilgesellschaft in den Entwicklungsprozess der Sozialen Arbeit. Soziale Arbeit ist in erster Linie eine Institution der Zivilgesellschaft. Dabei spielt die Bürgerbeteiligung im Prozess der Beseitigung der sozialen Spannungen in der Gesellschaft eine große Rolle. In Kirgisistan ist eine Zunahme der Nichtregierungsorganisationen (NGOs), der nicht gewinnorientierten Organisationen und der gesellschaftlichen Vereinigungen, die die Aufgaben der Sozialen Arbeit erfüllen, zu beobachten. Moderne NGOs arbeiten fast mit allen Klienten der Sozialen Arbeit. Objekte ihrer Aufmerksamkeit sind Kinder, ältere Menschen, Frauen, Behinderte, Arbeitslose, Obdachlose, Jugendliche usw. Nicht selten handeln sie als Vermittler zwischen den Bürgern und dem

---

[3] Мусаева Н.К., Социальная работа и религия: общее и особенное. Вестник КГПУ им. И. Арабаева. №3. Бишкек-2010. (Musaewa, N.K.: Soziale Arbeit und Religion: im Allgemeinen und im Besonderen. *Der Bote KSPU namens I. Arabajewa.* №3. Bischkek-2010.)

Staat. Sie organisieren Tagungen, Diskussionen, kritische Auftritte, Petitionen und führen Informationsarbeit, Freizeitveranstaltungen usw. durch. Sie bilden die Bevölkerung in den Fertigkeiten der Überwindung von lebenswichtigen Schwierigkeiten aus und motivieren sie zur Selbstgenügsamkeit und zum sozialen Engagement. Dadurch soll die konsumentenhafte Einstellung der Menschen verringert werden. Sie verteidigen die Menschenrechte, setzen sich für die Interessen der Menschen ein, treten in den Massenmedien auf, um dadurch die Aufmerksamkeit der Öffentlichkeit auf die aktuellen Probleme der modernen Gesellschaft zu lenken.

Ein weiterer Trend in der Entwicklung der aktiven Sozialen Arbeit ist die Entwicklung der Freiwilligenarbeit als eine neue Form der Sozialen Arbeit. Neben den professionell ausgebildeten Sozialarbeitern spielen heutzutage die Freiwilligen (volunteers) eine besondere Rolle. Obwohl die Institution des Freiwilligendienstes in Kirgisistan noch nicht lange existiert, kann man heute schon einige positive Ergebnisse wahrnehmen. Die Gemeinsamkeit der beiden Institutionen besteht darin, dass die Hauptziele der Freiwilligenarbeit und der Sozialen Arbeit im Grunde gleich sind.

In Kirgisistan, in einem Land mit einem historisch ausgeprägten System von engen Verwandtschaftsbeziehungen aufgrund der asiatischen Kultur und Mentalität, muss die Bedeutung der Gesellschaft bei der Lösung der Probleme der Individuen unter Mitwirkung eines Sozialarbeiters hoch eingeschätzt werden.

Stark verbreitet wurde der Einsatz solcher Formen der Sozialen Arbeit in der Gemeinde in Gestalt der sogenannten "Schamaat"[4]. Bei dieser Form der Sozialen Arbeit setzt sich eine regionale Gruppe von Menschen mit gemeinsamen sozialen Problemen auseinander, um nicht nur den materiellen Wohlstand, sondern auch die soziale Infrastruktur der Gemeinde zu verbessern. Schamaaten verschiedener Dörfer arbeiten aktiv zusammen und tauschen ihre Berufserfahrungen aus, um einander zu helfen. In diesen Gemeindeorganisationen werden auch kulturelle Veranstaltungen durchgeführt, bei denen die vergessenen nationalen Traditionen und Bräuche wiederbelebt werden. Hier werden auch Rundge-

---

[4] Schamaat (Gemeinde) – eine Form der Gemeindeorganisation, basierend auf der freiwilligen Vereinigung der Mitglieder der lokalen Gesellschaft, die in einer Straße, in einem Viertel oder in einer anderen territorialen Einheit in einem Dorf oder in der Stadt wohnen, ein Zusammenschluss zwecks gemeinsamer Entscheidungen über Sachverhalte von lokaler Bedeutung unter eigener Verantwortung. О жамаатах (общинах) и их объединениях. Закон КР от 3. апрель 2008 г., №38. + http:/online.toktom.kg. (Über Schamaaty (Gemeinden) und ihre Vereinigungen. Das Gesetz der KR vom 3. April 2008, №38. + http:/online.toktom.kg.)

spräche und Dispute zu verschiedenen Themen organisiert. Hauptziele von Schamaaten sind gegenseitige Hilfeleistungen unter den Gemeindemitgliedern und die Erhöhung der Bevölkerungsaktivität in der sozialen Mobilisierung. Die Schamaaten entstehen sowohl auf Initiative der Gemeinde und der Sozialarbeiter als auch auf Initiative von Freiwilligen, von Ortsbewohnern, die vorhaben, sich mit der Lösung der Gesellschaftsproblemen und der Verbesserung der Lebenslage zu beschäftigen. Die Arbeit der Schamaaten kann äußerst vielfältig sein und ist auf verschiedene Aspekte der Lebenstätigkeit ausgerichtet.

Ein weiterer erfreulicher Aspekt in der Entwicklung des sozialen Engagements in der Gesellschaft ist die Wiederbelebung der traditionellen Formen der Unterstützung. Eine bedeutende Rolle in der Unterstützung der Bedürftigen kommt Bräuchen und Traditionen zu, die über eine lange Periode der Geschichte herausgebildet wurden. Infolge des natürlichen Altruismus im Rahmen der Bräuche und Traditionen können sich die Menschen, ohne eine Gegenleistung zu erwarten, gegenseitig helfen. Aus nationalen Traditionen und Ritualen können große Möglichkeiten für die Entwicklung der neuen Methoden der Sozialen Arbeit mit Familien, Kindern, Jugendlichen und älteren Menschen entnommen werden. Die unvergängliche Bedeutung der Traditionen besteht eben darin, dass die junge Generation mehr über die Kultur ihres Volkes und ihre historische Vergangenheit erfährt. In den Bräuchen und Traditionen des kirgisischen Volkes sind moralische Ideale festgelegt wie die Verehrung der Älteren, vor allem der Eltern, Hilfsbereitschaft, Frauen- und Kinderschutz. In den Traditionen und Bräuchen unseres Volkes wurden immer Begriffe wie Kollektivismus, Solidarität, gegenseitige Hilfe gepflegt. Für die moderne Soziale Arbeit liegt in den Traditionen die Funktion der Einigkeit und des Zusammenhaltes des Volkes unter den Bedingungen der sozialen Krisen und sie sind das wirksamste Mittel in der Organisation der kollektiven gegenseitigen Hilfe. Die Auseinandersetzung mit Traditionen, Bräuchen und Ritualen schafft eine moralische Grundlage, ein Gefühl der historischen Volkszugehörigkeit. Wir denken, dass die Soziale Arbeit, die auf den Volkstraditionen basiert, attraktiver, origineller und nachvollziehbarer für die Wahrnehmung unserer Gesellschaft sein wird.

In der Tradition der Kirgisen gibt es Begriffe wie "koshumcha beruu"[5], "yntumak"[6], "rascha". Sie gelten als ein ungeschriebenes Gesetz und stehen für die

---

[5] Hilfe von Verwandten für den Bräutigam bei der Bezahlung des Brautpreises oder für den Festveranstalter für seine Ausgaben.
[6] Hilfe von Verwandten und Freunden mittels Vieh oder Geld, vor allem bei Beerdigungen und Erinnerungsfesten. Um zu helfen, gibt jeder, was er geben kann.

Verpflichtung jedes Mitgliedes einer Gemeinschaft oder einer familiären Gruppe, materielle Unterstützung zu leisten. Unter den verschiedenen Arten von "zhardamdaschuu" oder einer spezifischen Form der Gruppenunterstützung wird zwischen obligatorischen, außersaisonalen und saisonalen Formen unterschieden. Zu ersteren Formen zählen solche Arten von Unterstützung, die durch Extrem- und Notfallsituationen infolge von Bränden, Überschwemmungen oder Massensterben von Vieh usw. hervorgerufen werden.

Eine entwickelte Form der Sozialen Arbeit in unserer Gesellschaft ist die „ascharske" Aktivität. "Aschar " (Hashar, "Hilfe") meint die Tradition der gegenseitigen Unterstützung der Dorf- bzw. Gemeindebewohner, die darin besteht, dass man im Falle einer dringenden Arbeit den Nachbarn zur Mithilfe einladen kann. In der Vergangenheit und heute wurden viele Wohnhäuser und Gewerbegebäude in den Dörfern durch die Organisation von Aschar errichtet. Aschar wird ebenfalls für die landwirtschaftlichen Arbeiten organisiert: beim Pflanzen und Ernten. Zielpersonen der ascharsken Unterstützung sind vor allem junge Familien, Witwen, Waisen und diejenigen, die ein Unglück erlitten, oder die, die zu der Saison in der Landwirtschaft krank sind. Die Unterstützung wird durch das Zur-Verfügung-Stellen von Arbeitstieren, Ausrüstung, Personal, finanziellen Mittel usw. geleistet.[7]

Ein weiteres Beispiel für die Entwicklung der Traditionen unter modernen Bedingungen ist die Wiederbelebung einer sozialen Einrichtung mit Namen "Gericht der Askalen" (Gericht der älteren Menschen), das seine Formalisierung in dem Gesetz "Über Gerichte der Ältesten" vom 5. Juli 2002 Nr. 113 bekam. Gerichte der Askalen lösen Streitigkeiten und Konflikte auf, schützen verletzte oder bestrittene Rechte und legitime Interessen der Dorfbewohner, bringen die Konfliktparteien in Einklang, beugen vor gegen Straftaten in Dörfern, Städten und Gemeinden, bieten ein gewisses Maß an sozialer Gerechtigkeit und helfen somit, Recht und Ordnung in der Gesellschaft zu stärken.

Derzeit kann man eine Tendenz der Statusentwicklung der Sozialen Arbeit in unserer Gesellschaft verfolgen. Hier bildet sich eine bestimmte Sicht auf die Soziale Arbeit, auf die Vertreter des vorliegenden Berufes, auf ihre Funktionen und ihre Bedeutsamkeit. Die effektive und kreative Tätigkeit der Subjekte der Sozialen Arbeit wird als relevant und wichtig anerkannt. Auch die Qualität ihrer Ar-

---

[7] Орозалиев Э.С., Мусаева Н.К. Философия социальной работы. Учебное пособие. Бишкек 2014.-ст.312. (Orozaliev E.S., Musaeva, N.K. Philosophie der sozialen Arbeit. Lehrbuch. Bischkek 2014. S. 312)

beit wird positiv bewertet. Schrittweise gewinnt die Soziale Arbeit so Prestige und einen positiven Status unter anderen Berufen, obwohl es auch nicht wenige Faktoren gibt, die die Bildung des positiven Prestiges und des Status des vorliegenden Berufes behindern. Von der Bevölkerung Kirgisistans wird allerdings die Vermittlungsfunktion des Sozialarbeiters, der die Rolle eines Verbindungsgliedes zwischen dem instabilen Staat und der Gesellschaft, dem Kunden und seiner Umgebung spielt, positiv wahrgenommen. Unsere Gesellschaft begrüßt die interventionelle Tätigkeit, die Tätigkeit der Subjekte der Sozialen Arbeit und ihren Wunsch, positive Veränderungen im Leben der sozial schwachen Bevölkerungsgruppen zu erreichen. «Es ist ein merkwürdiger Beruf. Wer wird dir Hilfe in dieser für alle schwierigen Zeit anbieten? Die Soziale Arbeit ist eine Art der Aufmerksamkeit und Fürsorge des Staates für die Bedürftigen ...», sagte eine der Befragten während der Gruppendiskussion über die Bedeutsamkeit der Sozialen Arbeit für die Überwindung von existenziellen Schwierigkeiten.

Der kreativ-orientierte Ansatz und ein aktiver Stil der meisten sozialen Einrichtungen der Republik tragen zur Entwicklung der positiven Kundenbeziehungen in der Sozialen Arbeit bei. Die Soziale Arbeit in den Regionen des Landes beschränkt sich nicht auf die schlichte Durchführung der sozialen, vom Staat gewährleisteten Dienstleistungen, auf eine passive Datenerfassung zur sozialen Lage der Bevölkerung und eine gewöhnliche Verteilung verschiedener Arten der staatlichen materiellen Hilfe wie Renten, Sozialleistungen, Geld, Medikamente, Lebensmittel, Kleidung, Ermäßigungen, Gutscheine für die ärztliche Behandlung usw. Das Prinzip der Maximierung der sozialen Ressourcen wird vielmehr aktiv realisiert.

Im Rahmen einer Studie wurde aber auch eine Reihe von Faktoren identifiziert, die sich negativ auf die Statusbildung der Sozialen Arbeit auswirken: Aktivitätseinschränkungen im Rahmen des funktionalistischen Verfahrensansatzes, Faktoren bürokratischer Ordnung, Formalismus bei der Gewährung von sozialen Dienstleistungen, Fehlen eines ganzheitlichen psychosozialen Ansatzes, Schwächen des Informationssystems für die Kunden der Sozialen Arbeit, Unzugänglichkeit und schlechte Qualität der sozialen Dienstleistungen, nicht den allgemein anerkannten Standards entsprechend und unvollständig befriedigte soziale Bedürfnisse der Kunden. Jedoch kann die vorliegende Situation in Kirgisistan auch von vielen weiteren objektiven Gründen bedingt sein.

Da die Soziale Arbeit ein relativ neues Tätigkeitsfeld in unserem Land ist, bedarf sie des Zuflusses neuer Ideen, der Bildung eines positiven öffentlichen Images und der allseitigen Unterstützung des Staates.

Die Soziale Arbeit sollte nicht nur als ein Zweig des theoretischen Wissens, als ein für Kirgisistan neues Berufsfeld oder eine neue Studiendisziplin betrachtet werden, sie sollte vielmehr wahrgenommen werden als eine der wichtigsten Komponenten der Sozialpolitik, als ein Phänomen des öffentlichen Lebens und als eine innovative soziale Institution.

Literatur:

1. Орозалиев Э.С. Социальная работа и психология: в вопросах и ответах. Учебное пособие ./ Издательство БГУ, 2006, - 182 с.
2. Орозалиев Э.С., Мусаева Н.К. Философия социальной работы. Учебное пособие. Бишкек 2014,-ст.312.
3. Мусаева Н.К. Социальная работа и религия: общее и особенное. Вестник КГПУ им. И. Арабаева. №3. Бишкек-2010.
4. Закон Кыргызской Республики от 19 декабря 2001 г. «Об основах социального обслуживания населения КР». №111.-Ст.4.
5. Закон КР «О жамаатах (общинах) и их объединениях» от 3. апрель 2008 г., №38. + http:/online.toktom.kg.

Основные тенденции развития социальной работы в современном Кыргызстане

Айтбаева Перизат М., Кыргызстан, Бишкек

На сегодняшний день в Кыргызстане социальная работа как общественное явление находится на стадии становления и переживает интенсивный процесс институционализации. В процессе развития социальной работы можно выделить следующие ее направления и тенденции, которые наиболее ярко проявляются в современном Кыргызстане.

Одной из важных тенденций, проявляющихся в процессе развития социальной работы в стране, являются *процессы профессионализации социальной работы и оптимизации процесса подготовки кадров* для социальной сферы. В 1994 году в Кыргызстане началась подготовка специалистов по социологии и социальной работе на факультете Управления и социологии Бишкекском гуманитарном университете. Инициатором открытия факультета Управления и социологии в данном университете был известный ученый, профессор социологии, президент Социологической ассоциации Кыргызстана, народный учитель Кыргызской Республики Исаев Кусеин Исаевич. В последствии подготовку социальных работников продолжил профессор психологии Орозалиев Эрик Садыкович. В настоящее время на факультете функционирует бакалавриат – магистратура – аспирантура – докторантура по социологическим наукам. Базовым учебным, научно-методическим центром по социальной работе в республике является кафедра социальной работы Бишкекского гуманитарного университета.

Первый выпуск студентов по социальной работе был осуществлен в 1998 году. Количество выпусков с 1998 года по настоящее время составляет 17 выпусков. Образование в области социальной работы в Кыргызстане ведется в русле мировых тенденций развития образовательного процесса. Это проявляется в *интернационализации обучения* социальной работе, активном взаимодействии ученых и практиков, а также в помощи международных организаций в совершенствования подготовки специалистов. Тем не менее, следует отметить, что в Кыргызстане еще не сложилась многоуровневая система подготовки специалистов по социальной работе, которая состоит из совокупности образовательных учреждений различного профиля и специализации (профессиональные училища, колледжи, техникумы, различные краткосрочные курсы, гимназии). Однако, наблюдается динамика роста вузов, осуществляющих подготовку специалистов по социальной работе[1]. В настоящее время в Кыргызстане действует система непрерывного высшего профессионального образования по очной и заочной формам обучения, включающая 2 ступени: подготовка бакалавров и магистров социальной работы. Так идет процесс формирования, установления и легитимизации определенных социальных групп: студентов и ма-

---

[1] В Кыргызстане социальных работников как по очной, так и заочной формам обучения готовят в следующих вузах страны: БГУ им. К. Карасаева, КНУ им. Ж. Баласагуна, КГУ им. И. Арабаева, ИСРП при МТСЗ, Ош ГУ, ЖАГУ, Иссык-Кульский ГУ им. К. Тыныстанова.

гистрантов, обучающихся по направлению «социальная работа», преподавателей, профессиональных социальных работников.

Так, в Бишкекском гуманитарном университете имени К. Карасаева в настоящее время по направлении социальная работа обучается более 500 студентов. 380 студентов обучаются на очном и 140 студентов обучаются на заочном отделении. Из числа студентов, обучающихся на очном отделении 170 студентов на контрактной основе обучения.

Совершенствование профессии достигается также за счет интеграции академической подготовки и практической работы, поэтому особо важной частью образования в области социальной работы, формирующей качества студента как личности и квалифицированного специалиста, является *практика* как базис, на котором осуществляется глубокое изучение проблем, имеющих место в социальной сфере. Помимо специально отведенных недель для прохождения различных видов практики (ознакомительная, социально-педагогическая, социально-психологическая и предквалификационная), студенты занимаются *волонтерской деятельностью* в различных социальных учреждениях.

В условиях кризиса нравственных ценностей важным является этика социальной работы, в связи, с чем основной упор делается на нравственно-этическое воспитание будущих социальных работников. *Нравственное воспитание* социальных работников, на наш взгляд, должно включать в себя изучение этико-философских воззрений и идей гуманизма отечественных философов, традиционно сложившихся норм морали, национально-культурных ценностей кыргызского народа.

В целом, можно сказать, что в настоящее время процесс профессионализации социальной работы находится на стадии модернизации, обусловленной процессами глобализации. Система подготовки специалистов по социальной работе высшей квалификации испытывает те же проблемы, что и образование в целом.

В Кыргызстане прослеживается также тенденция *укрепления правовой базы социальной работы*, которая выполняет обеспечительно-организующую, контрольно-регулирующую и информационно-методологическую функции относительно функционирования деятельности социальных служб. В рамках правового поля социальные работники действуют легитимно, будучи наделенными правами и обязанностями в сфере социальной защиты населения.

С появлением профессии «Социальная работа» в нашей стране идет активный процесс совершенствования правовой системы, регулирующей процессы обеспечения социальных гарантий, системы социального обеспечения, обслуживания и защиты населения. *Идет процесс совершенствования законодательства*, поддерживающего социальную работу с уязвимыми категориями населения. Правовая база социальной работы в Кыргызстане осуществляется на следующих уровнях: *международный уровень, общегосударственный уровень, региональный уровень*.

В своей деятельности субъекты социальной работы руководствуются рядом нормативно-правовых документов: Конституцией КР, Законами КР, Указами, Распоряжениями Президента КР и Жогорку Кенеша, Постановлениями Жогорку Кенеша и Правительства КР и другими нормативно-правовыми актами, решениями коллегии, приказами МСР КР, а также типовыми положениями, инструкциями, требованиями.

Каждый правовой документ является своеобразной основой развития того или иного направления социальной работы. Так, например, социальная работа с семьей и детьми реализуется согласно следующим правовым документам: «Конвенция о правах ребенка», «Кодекс о детях КР», «Семейный кодекс КР» , Закон КР «Об образовании», Типовое положение «Об отделе поддержки семьи и детей», "Координационный совет по вопросам детского труда" и т.д.

Основным законом, регулирующим деятельность социальных работников в Кыргызстане, является Закон КР «««Об основах социального обслуживания населения в Кыргызской Республике», в котором постулируются основы социальной работы на государственном уровне. В данном законе социальной работе дается следующее определение: *«Социальная работа – форма государственного и негосударственного воздействия на человека, группу людей с целью оказания им социально-медицинской, психолого-педагогической, социально-правовой помощи для обеспечения соответствующего уровня жизни и активизации их собственных возможностей для преодоления трудных жизненных ситуаций».* В этом определении наиболее существенным выглядит аспект социальных изменений, позволяющий клиенту постепенно превращаться из пассивного получателя помощи в ее субъекта, способного оказать себе помощь самостоятельно и при поддержке специалиста. В законе также закреплены основные принципы социального обслуживания: гуманность, адресность, добровольность, доступность и т.д.[2]

К настоящему времени правовая база пополняется и другими правовыми документами: Например, «Перечнем» гарантированных социальных услуг, оказываемых населению КР, который выполняет значимые методологическую и регулирующие функции. В «Перечне» определены основные 4 вида социальных услуг, оказываемых социальными работниками:

I. Услуги, предоставляемые в стационарных организациях социального обслуживания;

II. Услуги, предоставляемые в полустационарных организациях и учреждениях социального обслуживания (центрах или отделениях дневного пребывания);

III. Услуги, предоставляемые гражданам, не имеющим постоянного места жительства, в полустационарных организациях и учреждениях ночного пребывания;

IV. Услуги, предоставляемые на дому одиноким пожилым гражданам и ЛОВЗ. Каждый вид услуг по названным группам содержит в себе следующие подвиды: социально-бытовые; социально-медицинские; социально-психологические; социально-педагогические; социально-правовые; социально-культурные.

Положение о социальном работнике, где четко определены функциональные обязанности социальных работников, этические обязательства, общие квалификационные требования, правовое положение, принципы профессиональной деятельности и другие важные моменты. Этот документ способствует повышению качества оказываемых услуг в целом и обеспечению правовой защищенности самих социальных работников в Кыргызстане.

Подписанный в марте 2011 года Меморандум о сотрудничестве МСР КР, БГУ и АСР КР как официально-правовой документ может способствовать установлению и укреплению взаимосвязи теории и практики социальной работы в стране.

Разработана «Стратегии развития социальной защиты населения КР на 2015-2017 годы» Настоящая Стратегия является первым концептуальным

---

[2] Об основах социального обслуживания населения КР. Закон Кыргызской Республики от 19 декабря 2001 г., №111.-Ст.4.

документом, отражающим комплексное видение государства будущей системы социальной защиты. Согласно Стратегии, основным объектом заботы государства на ближайшие три года станут дети, пожилые граждане, ЛОВЗ и бездомные, находящиеся в трудной жизненной ситуации. Результатом реализации Стратегии должно быть создание комплексной системы социальной защиты.

Однако, хотелось бы отметить, что развитие нашего общества в последние годы убедительно показывает необходимость совершенствования правовой базы социальной работы. Также необходимы всестороннее *изучение законодательно-правовой базы социальной работы*, выявление *недостатков социально-правовой защищенности* нуждающихся категорий населения.

Современной социальной работе в Кыргызстане также свойственна *открытость к изменениям и готовность к внедрению инновационных достижений и использование мирового опыта*. Философские и общекультурные основания идеологии социальной работы в Кыргызстане и за рубежом существенно не совпадают, однако богатый исторический, теоретический и организационный опыт социальной работы зарубежных стран, безусловно, оказывает огромное влияние на развитие теории и практики социальной работы в нашей стране. Изучая опыт отдельных стран с давними традициями в вопросах оказания социальных услуг, теоретики и практики в области социальной работы постоянно изыскивают различные возможности по созданию тех моделей социальной работы, которые приемлемы для нашей страны.

По сравнению с другими странами у нас еще нет полного социально-философского осмысления феномена социальной работы, еще не разработана национальная модель ее развития, практическая база социальной работы также далека от совершенства. В этой связи необходимо поддерживать тесную связь с зарубежными странами, которые способствовали бы широкому обмену опытом социальной работы во всех ее аспектах. Развитие практики социальной работы невозможно без ее теоретических разработок и научных исследований. В такой ситуации зарубежные модели и подходы социальной работы выступают как своеобразный эталон, следуя которым можно сформировать отечественную модель и создавать национальные концепции развития. Следует отметить, что, несмотря на схожесть и однотипность решаемых задач, единую целенаправленность социальной работы, в каждой стране он имеет определенную специфику, свои традиции, тенденции функционирования и развития.

Развитие неформального уровня социальной работы. Наряду с государственной социальной работой в Кыргызстане, повышается значимость *неформального или непрофессионального уровня* социальной поддержки. Это социальная работа в религиозных и благотворительных организациях; социальная деятельность профсоюзов, политических партий, третьего сектора (НПО, ГСВ, ГСП, ОО); волонтерские движения; социальная работа в неформальных институтах: родственно-семейная взаимопомощь, институт приятельства или дружбы, институт соседства, деятельность жамаатов, ашарская деятельность, социальная помощь в рамках культурных традиций, общественно-частных инициатив и т.д. Некоторые функции и предназначения этих институтов часто совпадают с целями и задачами социальной работы, хотя, в сущности, сильно различаются между собой.

В последние дни возрождается *роль религии в развитии социальной работы*. В исламе особо провозглашены принципы социальной ответственности и самоорганизации, которые является ключевыми в социальной работе. Возлагая ответственность на человека за его личное духовное состояние, Ислам не снимает и ответственности за то, что происходит вокруг него: за благополучие и здоровье общества. Мусульманин в ответе не только за себя, но и определенную долю ответственности несет за окружающий его мир, будь то общественные взаимоотношения или экология, или ответственность за тех, кто нуждается в помощи и поддержке. Также Ислам побуждает человека создать для себя условия существования, через активность и труд.

В последнее время религиозными организациями в Кыргызстане осуществляются некоторые виды социальной работы: пропаганда здорового образа жизни, назидательная работа по духовному оздоровлению молодежи, профилактики преступности, наркомании, алкоголизма, межнациональных конфликтов и т.д. *Осуществляется религиозное воспитание*, которое способствует переориентации общества и личности в плане перестановки приоритетов с материальных потребностей на духовные[3].

Таким образом, религия как социальный институт способствует гуманизацию общественных отношений, реализует принципы сострадания, гума-

---

[3] Мусаева Н.К. Социальная работа и религия: общее и особенное. Вестник КГПУ им. И. Арабаева. №3. Бишкек-2010.

низма и взаимопомощи. Религиозные организации все активнее включатся в процессы разрешения социальных проблем общества. Можно сказать, что социальная работа в религиозных организациях нашей страны находится на начальной стадии своего становления.

Наиболее существенной тенденцией в развитии социальной работы является *включение третьего сектора и гражданского общества в процесс развития социальной работы*. Социальная работа это институт прежде всего гражданского общества и при этом, велика роль гражданского участия в процесс снятия социального напряжения в обществе. В Кыргызстане наблюдается рост НПО, НКО и ОО, выполняющих функции социальной работы. Современные НПО работают почти со всеми клиентам социальной работы. Объектами их внимания являются дети, пожилые, женщины, ЛОВЗ, безработные, бездомные, молодежь и т.д.

Нередко они выступают в качестве посредников между гражданами и государством. Ими организовываются встречи, круглые столы, критические выступления, обращения, письма, проводится информационная работа, досуговые мероприятия и т.д. Они обучают населения навыкам преодоления жизненных трудностей, тем самым снижает иждивенческие установки людей, мотивируя их на самодостаточность и социальную активность. Они защищают права людей, лоббируют их интересы, выступают в СМИ, тем самым привлекая внимание общественности к актуальным проблемам современного общества.

Другой активной тенденцией развития социальной работы является *развитие волонтерской деятельности как новой формы социальной работы*. В настоящее время, наряду с деятельностью профессионально подготовленных социальных работников, особую роль начинают играть добровольцы (волонтеры).

Хотя институт волонтерства зародился в Кыргызстане недавно, можно отметить на данный момент некоторые положительные результаты. Общность двух институтов заключается в том, что основные цели волонтерства и социальной работы в основном совпадают.

В Кыргызстане, в стране с исторически сложившейся системой тесных родственных связей на основе азиатской культуры и менталитета, более эффективным становится использование роли сообщества в решении проблем индивидуумов при содействии социальных работников. Широко развертывалась такая форма социальной работы в общине, как «*Жамааты*»[4], представляющая собой территориальные группы людей с целью решения общих социальных проблем, направленных на улучшение не только материального благосостояния, но и социальной инфраструктуры села. Жамааты разных сел *активно сотрудничают между собой*, обмениваясь опытом работы и помогая друг другу. В них проводятся также и культурно-массовые мероприятия, возродившие забытые национальные традиции, праздники, организовываются круглые столы, диспуты на разные темы. Основными целями жамаатов являются оказание взаимопомощи членам жамаата (общины) и повышение активности населения по социальной мобилизации. Жамааты создаются как по инициативе местного самоуправления, айыл-окмоту, социальных работников, так и по инициативе добровольцев, местных жителей, которые желают заниматься решением насущных проблем сообщества и улучшением жизнедеятельности. Работа жамаатов может быть крайне разнообразной и ориентированной на различные аспекты жизнедеятельности.

Еще одним из отрадных аспектов развития социальной поддержки в обществе является *возрождение традиционных форм помощи*. Значительную роль в поддержке нуждающихся играют обычаи и традиции, сложившиеся в течение длительного периода истории. В силу природного альтруизма в рамках обычаев и традиций люди могут оказывать помощь друг другу, не ожидая ничего взамен. Из национальных традиций и обрядов можно почерпнуть большие возможности для разработки новых методов социальной работы с семьями, детьми, молодежью и пожилыми людьми. Непреходящее значение традиций в том и состоит, что они приобщают молодое поколение к культуре своего народа, к изучению его исторического прошлого. В обычаях и традициях кыргызского народа заложены нравственные идеалы – в почитании старших, особенно родителей, в стремлении оказать помощь друг другу, защищать женщин и детей. Всегда поддерживались традициями и обычаями нашего народа такие понятия, как коллективизм, сплоченность, взаимопомощь. Для современной социальной работы традиции играют функцию единения и сплочения народа в условиях социальных

---

[4] Жамаат (община) – форма организации местного самоуправления, представляющая собой добровольное объединение членов местных сообществ, проживающих на территории одной улицы, квартала, или другого территориального образования села или города для совместного решения дел местного значения и под свою ответственность. О жамаатах (общинах) и их объединениях. Закон КР от 3. апрель 2008 г., №38. + http:/online.toktom.kg.

кризисов и являются наиболее эффективным средством организации коллективной взаимопомощи. Знакомство с традициями, обычаями и обрядами создает нравственную основу, чувство исторической причастности к своему народу. Мы думаем, что социальная работа, основанная на народных традициях, будет более привлекательной, оригинальной и близкой для восприятия нашим обществом.

В традиции кыргызов есть такие понятия, как *"кошумча берүү"*[5], *"ынтымак"*[6], *"ража"*, которые считаются неписаным законом и долгом каждого члена общины или семейной группы оказывать материальную помощь. Среди различных видов *"жардамашуу"* или специфической формы групповой поддержки выделяются обязательные, внесезонные и сезонные. К первым относятся такие виды поддержки, которые обусловлены экстремальными и чрезвычайными ситуациями: пожарами, наводнениями или массовым падежом скота и т.д.

Развитой формой социальной работы в нашем обществе является *ашарская деятельность*. "Ашар" (хашар; «помочь») - обычай взаимопомощи односельчан-общинников, заключавшийся в приглашении соседей на срочную работу. В прошлом и в наши дни многие жилые дома, хозяйственные стройки возводятся в аилах путем организации ашара. Ашар также устраивается для сельскохозяйственных работ: во время посева и сбора урожая. Объектами ашарской помощи в основном, являются молодые семьи, вдовы, дети-сироты, а также те, кого постигло несчастье или кто заболел в страдную пору. Помощь оказывается путём предоставления рабочего скота, техники, рабочей силы, финансовых средств и т.д[7].

Еще одним примером эволюции традиций в современных условиях является возрождение такого социального института, как «*суд аксакалов*», который получил свое официальное закрепление в Законе КР «О судах аксакалов» от 5 июля 2002 года, № 113. Суды аксакалов решают споры и конфликтные ситуации, защищают нарушенные или оспариваемые права и законные интересы жителей сел, примиряют конфликтующие стороны, предупреждают правонарушения на территории аилов, поселков и городов,

---

[5] помощь родственников жениху при уплате калыма или устроителю пира в его расходах.
[6] помощь родственников и друзей убойным скотом, деньгами, главным образом на похороны и поминки. На помощь каждый даёт то, что может.
[7] Орозалиев Э.С., Мусаева Н.К., Философия социальной работы. Учебное пособие. Бишкек 2014.-ст.312.

обеспечивают в некоторой мере социальную справедливость, тем самым содействуют укреплению законности и правопорядка в обществе.

В настоящее время прослеживается *тенденция формирования статуса социальной работы* в обществе. В нашем обществе складывается определенный взгляд на социальную работу, на представителей данной профессии, функции и ее значимость. Доказывается востребованность и существенность результативной и созидательной деятельности субъектов социальной работы и положительно оценивается качество их работы. Постепенно социальная работа завоевывает престиж и положительный статус среди других профессий, хотя имеется немало факторов, препятствующих созданию положительного престижа и статуса данной профессии. Населением Кыргызстана, наоборот, положительно воспринимается посредническая функция социальных работников, которые играют роль связующего звена между нестабильным государством и обществом, клиентом и его средой. Нашим обществом одобряется интервенционная деятельность, активность субъектов социальной работы и их желание внести положительные изменения в социальную жизнь социально уязвимых категорий населения. «Это - удивительная профессия. Кто тебе предложит помощь в такое трудное для всех время? Социальная работа – это своего рода внимание и забота государства о нуждающихся людях…» говорила один из респондентов в процессе фокус – группового обсуждения вопроса о значимости социальной работы в преодолении жизненных трудностей.

Формированию положительного отношения клиентов социальной работы способствует также и творческо-ориентированный подход и активный стиль работы большинства социальных учреждений республики. Социальная работа в регионах страны не ограничивается простым оказанием социальных услуг, гарантированных государством, пассивным сбором информации о социальном положении населения, обычным распределением различных видов государственной материальной помощи: пенсий, пособий, денег, лекарств, продуктов питания, одежды, льгот, путевок на лечение и т.д. Активно реализуется *принцип максимизации социальных ресурсов*.

В результате исследования выявлен ряд факторов, негативно влияющих на формирование статуса социальной работы: ограниченность деятельности в рамках функционалистического подхода, факторы процедур бюрократического порядка, формальность оказываемых социальных услуг, отсутствие комплексного психосоциального подхода, слабость системы информирования клиентов социальной работы, недоступность и низкое качество социальных услуг, не отвечающие общепризнанным стандартам и не полностью удовлетворяющие социальные потребности клиентов. Однако данная ситуация в Кыргызстане может быть обусловлена многими объективными основаниями и причинами.

Поскольку сама социальная работа – сравнительно новая сфера деятельности в нашей республике, она нуждается в притоке новых идей, создании вокруг неё позитивного общественного мнения и всесторонней поддержки со стороны государства. Социальная работа должна рассматриваться не только как отрасль теоретического знания, новая для Кыргызстана профессия или учебная дисциплина, а как один из важных компонентов социальной политики, как феномен общественной жизни и как инновационный социальный институт.

Список использованной литературы:

1. Орозалиев Э.С. Социальная работа и психология: в вопросах и ответах. Учебное пособие ./ Издательство БГУ, 2006, - 182 с.
2. Орозалиев Э.С., Мусаева Н.К. Философия социальной работы. Учебное пособие. Бишкек 2014.-ст.312.
3. Мусаева Н.К. Социальная работа и религия: общее и особенное. Вестник КГПУ им. И. Арабаева. №3. Бишкек-2010.
4. Закон Кыргызской Республики от 19 декабря 2001 г. «Об основах социального обслуживания населения КР». №111.-Ст.4.
5. Закон КР «О жамаатах (общинах) и их объединениях» от 3. апрель 2008 г., №38. + http:/online.toktom.kg.

Die Institutionalisierung Sozialer Arbeit in Armenien

Artak Khachatryan, Armenien, Erivan

Soziale Arbeit als Beruf entstand in Armenien erstmals nach dem Spitaker Erdbeben 1988. Durch die humanitäre Hilfe, die darauf folgte, kam der Gedanke für soziale Projekte auf. Das Erdbeben änderte das Leben tausender Menschen und brachte viele soziale Probleme hervor, welche maximale Anstrengungen aller sozialen Fachkräfte benötigte um Lösungen zu finden. Der Beruf der Sozialen Arbeit ist bereits seit langem im Westen für solche Ziele erfolgreich eingesetzt worden. Somit diente das Unglück als Katalysator für die Idee, die Soziale Arbeit zu entdecken, einzuführen und zu verbreiten. Der Massencharakter der menschlichen Bedürfnisse bewirkte, dass die Einführung der Sozialen Arbeit als beruflicher Kultur nicht auf professioneller und gut organisierter Basis stattfand. Die Einführung fand vielmehr sehr chaotisch statt und so kam es, dass viel Zeit verloren ging anstatt Zeit zu gewinnen.

Die letzten zwanzig Jahre könnte man als die Periode der Einführung und Institutionalisierung der Sozialen Arbeit in Armenien benennen. Die Hauptverantwortlichen dieses Prozesses mussten verschiedene Probleme bearbeiten: Die Veränderung des öffentlichen Bewusstseins der Bevölkerung, um dieser die Notwendigkeit der Sozialen Arbeit vor Augen zu führen, war eine dieser Aufgaben; die zweite Aufgabe bestand darin, kompetente Menschen zu finden, mit deren Entscheidungsgewalt Veränderungen herbeizuführen wären; eine weitere Aufgabe bestand darin, der Bevölkerung ein soziales Netzwerk zur Verfügung zu stellen und Spezialisten für soziale Hilfen auszubilden.

Die Bewerkstelligung dieses Prozesses erwies sich als beschwerlich, da die noch bestehenden Stereotypen der Sowjetzeit diesen Prozess behinderten. Denn noch bestand die traditionelle bisherige, von den nicht demokratischen Elementen geprägte Kultur, welche dem neuen Beruf entgegenstand, der an demokratischen Prinzipien ausgerichtet war, und schließlich schien den Menschen auch "die Aggressivität" der Sozialen Arbeit fremd. Einerseits hat die Armenische Gesellschaft den Weg zu einer freien Marktwirtschaft betreten, was die aktuelle Einführung der Sozialen Arbeit begünstigte, da sie den sozialen Schutz förderte. Andererseits war es sehr schwierig jene zu überzeugen, die ihre Türen für die Sozialarbeiter, welche „Agenten der Veränderung" genannt wurden, verschlossen hielten.

Im nachsowjetischen Armenien wurde damit begonnen, ein neues System des sozialen Schutzes aufzubauen. Die Zielsetzung der sozialen Unterstützung bestand vor allem darin, den sozial schwachen Familien in der Bevölkerung zu helfen. Dieses Hilfeprogramm wurde *„faros"*, „der Leuchtturm" genannt. Fachkräfte dieses Systems waren Mitarbeiter der verschiedensten Berufe, weil der generelle Gedanke darin bestand, dass es für die Mitarbeiter der sozialen Projekte egal ist, welche Berufe sie ausübten. Dieser Gedanke war ein Überbleibsel des ehemaligen kommunistischen Regimes. Der allgemeine Grund dafür war, dass tausende dieser Mitarbeiter keine richtige Ausbildung hatten. In dieser Gesellschaft stand nicht die Ausbildung im Vordergrund, sondern man achtete hauptsächlich auf die Arbeitserfahrung des Bewerbers. Obwohl in den nachfolgenden Jahren viele Umschulungskurse für die Mitarbeiter organisiert wurden, gelang es nicht, sie zu ernstzunehmenden Sozialarbeitern zu qualifizieren. Die unglückliche Bezeichnung der sozialen „Arbeit" ließ die Menschen glauben, es handele sich um eine entgeltliche Tätigkeit mit Bezahlung. Diese Vorstellung besteht bei manchen noch bis heute und es entwickelte sich so ein falsches Bild von Sozialer Arbeit. Doch in Wirklichkeit steht die finanzielle Unterstützung nicht im Vordergrund. Tatsächlich zeigt sich, wenn wir die Ziele dieses Berufes studieren, dass die Entlohnung nicht an erster Stelle steht.

In den letzten zwei Jahrzenten konnte die Regierung langsam aber sicher die Soziale Arbeit in der armenischen Gesellschaft integrieren. Diese Entwicklung wurde durch die Bedürfnisse der Gesellschaft gestärkt. Manchmal kann man in schriftlichen Quellen über die Soziale Arbeit die Aussage finden, dass die Soziale Arbeit in der armenischen Gesellschaft auf Veranlassung der ehemaligen Regierung entstanden sei. Tatsächlich sollte man eine solche Behauptung aber nicht ernst nehmen. Die Soziale Arbeit an sich ist noch sehr jung und es gibt sie erst seit wenigen Jahrzenten. Natürlich kann man die Formen und Elemente der sozialen Unterstützung in der ganzen Geschichte der Menschheit finden, aber eben nicht als berufliche Arbeit.

Vom ersten Tag der Unabhängigkeit nach der sowjetischen Zeit an musste Armenien ein schwieriges Erbe antreten, welches soziale Probleme und negative Folgen der Transformation der Gesellschaft beinhaltete, ferner die schweren

Folgen des Erdbebens im Jahre 1988 und ein langwieriger Krieg in Karabach. Der Gesellschaft war es nicht möglich, diese Probleme mit den Kräften ihrer traditionellen Institutionen wie Familie, Nachbarschaft, Gemeinschaften zu lösen. Die Probleme waren nicht nur massenhaft vorhanden, sondern auch kompliziert und forderten professionelle Unterstützung. Selbst wenn Armenien das ehemalige System zum Schutz der Bevölkerung verwendet hätte, wäre das Ergebnis nicht ausreichend gewesen, um der Bevölkerung die benötigte Hilfe zu sichern. Sie verfügte nicht über die professionellen Ressourcen, um eine Lösung der sozialen und sozial-psychologischen Probleme zu erreichen wie zum Beispiel die Rehabilitierung der Menschen mit Behinderungen oder die Wiedereingliederung ehemaliger Sträflinge. Es war sehr schwierig, in so kurzer Zeit, die notwendigen Änderungen des öffentlichen Bewusstseins der ganzen Bevölkerung im Land zu erreichen, damit es die Innovationen der "Sozialen Arbeit" entsprechend wahrnehmen und akzeptieren konnte. Trotzdem gelang es, Veränderungen in der Hauptstadt und in den Notstandsgebieten zu verwirklichen. Die Beziehungen zur europäischen Kultur begünstigten die Einführungen der Sozialen Arbeit. Die Projekte für Armenien, die aus Europa stammten, enthielten oft die Komponente Soziale Arbeit, welche eine wichtige Hebelwirkung für erfolgreiche Problemzugänge besaß.

Die ersten Sozialarbeiter arbeiteten im Rehabilitationsdienst der Besserungsanstalten, da das Europaparlament diese Bedingung an die armenische Regierung gestellt hatte.

Das Ministerium für Arbeit und Soziales ist in Armenien verantwortlich für die Soziale Arbeit. Die Institutionalisierung der Sozialen Arbeit in Armenien hat angefangen mit dem System der familiären Unterstützungen durch finanzielle Mittel und hat sich allmählich weiterentwickelt. Es wurde auch ein System des Schutzes für Kinder mittels Kinderheime und Ausbildungsinstitutionen geschaffen.

Man darf nicht außer Acht lassen, dass die armenische Regierung ernstzunehmende Hilfe von internationalen und gesellschaftlichen Organisationen bekommen hat. In den letzten Jahren gab es hunderte von sozialen Projekten, deren Sinn darin bestand, die Gesellschaft über die Aktivitäten der Sozialen Arbeit zu informieren. Viele soziale Techniken wurden in dieser Zeit ebenfalls entwickelt und verbessert.

Im Zuge dieser Prozesse bemühte man sich, Soziale Arbeit auch im Bildungssystem zu manifestieren. Allmählich wurden angehende Sozialarbeiter auch in die Universitäten geschickt, um dort eine ausreichende Sozialausbildung zu genießen. Weitere Entwicklungen der Institution der Sozialen Arbeit führten zur generellen Einführung des Berufes der Sozialen Arbeit in Feldern der Schulbildung, des Gesundheitswesens, der Justiz, der Streitkräfte usw.

Das Erscheinen der Institution der Sozialen Arbeit in der institutionellen Struktur des nachsowjetischen Armeniens hat einen günstigen Einfluss auf den Prozess der Transformation dieser Struktur geleistet. Es wird zuweilen die Meinung vertreten, dass die Institution der Sozialen Arbeit eigentlich keine richtige Institution ist, sondern nur eine Ergänzung, um gesellschaftliche Dysfunktionen zu neutralisieren. Dies entspricht auch teilweise der Wahrheit. Im Laufe der Arbeit der Institutionen für Familie, Bildung und Gesundheit wurden zahlreiche Fälle von Familien beobachtet, die soziale Probleme hatten. Nach dem Übergang in die Marktwirtschaft konnten viele Familien einige Dienstleistungen, einschließlich solcher der Erziehung und der gesundheitlichen Betreuung, nicht mehr bezahlen. Die Sozialarbeiter bemühten sich bestmöglich, diese Dienstleistungen für die Kunden zugänglich zu machen.

Die Sozialarbeiter mussten sich immer der jeweiligen Situation anpassen. Dies zu verwirklichen war nicht immer leicht und auch nicht immer möglich. Beispielsweise helfen heute Sozialarbeiter Opfern des Menschenhandels und Waisenkindern. Die Institution der Sozialen Arbeit übernahm die Verantwortung zur Lösungen dieser Probleme. Infolgedessen wurden die Rechte der Menschen mehr geschützt und die institutionelle Kultur demokratischer.

So können wir behaupten, dass insgesamt der Einführungsprozess der Sozialen Arbeit in Armenien beendet ist und gefruchtet hat: Der Bedarf für diesen Beruf wurde geweckt und seine Notwendigkeit der Bevölkerung klar gemacht. Ungeachtet dessen gibt es noch viele ungelöste Probleme.

Heute besitzt das System des sozialen Schutzes in Armenien viele soziale Dienste. Den wichtigsten Platz darin nimmt das regionale Zentrum des Sozialamtes ein, mit der Zielsetzung, dass die Dienstleistungssysteme familiäre Unterstützungen gewährleisten können. Um diese sozial schwachen Familien aufzuspüren, werden spezielle Methoden verwendet. Die Mitarbeiter dieser Dienste haben den Status des Sozialarbeiters.

Ein anderer Dienst des Sozialamtes befasst sich mit den Arbeitslosen in der Bevölkerung Armeniens. Diese beiden Dienste sind seit 1993 tätig und ihr Personal wird von den ersten Jahren an periodisch geschult. Mit der Lösung der Rentenprobleme sind die Regionalen Zentren der Sozialfürsorge beschäftigt. Eine andere Gruppe des staatlichen Sozialamtes ist der sozial-psychologische Rehabilitationsdienst der Besserungsanstalten.

Der größte Zweig der Sozialen Arbeit befindet sich in der Kinderfürsorge. Sie umfasst elf regionale Abteilungen des Schutzes der Familienrechte, der Frauen und der Kinder, der gemischten Gruppen in Kinderheimen und Schulen und in den Tageszentren für Kinder. Die meisten professionellen Mitarbeiter sind hier tätig. Sie sind Teil der Umsetzung der Kinderschutzmaßnahmen. Sie helfen den Absolventen der Kinderheime sich in die Gesellschaft wieder zu integrieren. Diese Einführung in das öffentliche Leben muss staatliche Kriterien erfüllen.

Die Soziale Arbeit in den Bereichen der Gesundheit und Erziehung ist jedoch verhältnismäßig schwach entwickelt. Es besteht das allgemeine Ziel, dass sich in Zukunft an jeder Schule mindestens ein Sozialarbeiter befindet.

In allen Diensten befinden sich die unterschiedlichsten Sozialarbeiter mit den unterschiedlichsten Ausbildungen, um den Menschen in Ihrer Umgebung zu helfen. Ungeachtet der Vielzahl an Kursen sind die Vorstellungen bezüglich der beruflichen Arbeit ziemlich vielfältig und teilweise auch unangemessen. Es gibt viele Diskussionen über die Notwendigkeit der Zertifizierung von Sozialarbeitern. Der Hauptarbeitgeber der Sozialarbeiter, das Ministerium für Arbeit und Soziales, hat den Maßnahmenverlauf staatlich standardisiert. Diese Standards sind damit für jeden Sozialarbeiter verpflichtend. Dies soll bewirken, dass Qualität, Effektivität und Vertrauenswürdigkeit der Sozialen Arbeit erhöht werden.

Mittlerweile wird das System des sozialen Schutzes in Armenien in das bereits existierende Sozialamt integriert. Der Staat bemüht sich, alle sozialen Dienste unter ein Dach zu bringen. Damit soll nicht nur die Qualität der sozialen Dienstleistungen, sondern auch der Status der Sozialarbeiter wesentlich erhöht werden. In dem neuen Typ des Sozialamtes soll ein Manager eingestellt werden. Es werden sich so neue Perspektiven für die Entwicklung des Berufes der Sozialarbeiter eröffnen.

Zusammenfassend kann man feststellen, dass

1. die Reformen im System des sozialen Schutzes zur Profilierung des Status des Sozialarbeiters in der Struktur der Gesellschaft beigetragen und dessen Ansehen erhöht hat,

2. nachdem anfänglich soziale Ausbildung und Praxis parallel stattfanden, sie heute im Dialog ausgeführt werden, um die beruflichen Kompetenzen weiterzuentwickeln,

3. die praktische Arbeit und die Ausbildung durch Fokussierung und Vertiefung von Wissen und Fertigkeiten der Arbeit verbessert worden sind und

4. die weitere Entwicklung der Institution der Sozialen Arbeit zur Etablierung des Berufes in den Sphären des akademischen Bildungssystems führen wird.

Становление института социальной работы в Армении

Артак Хачатрян, Ереван, Армения

Социальная работа как профессия появилась в списке профессий в Армении после Спитакского землетрясения 1988-ого года. Первые впечатления о профессии появились с поступлением гуманитарной помощи из-за рубежа. Землетрясение породило в жизни сотни тысяч людей такие социальные проблемы, решение которых потребовало внедрения усилий всех специалистов социальной сферы. На западе уже давно в таких целях успешно применялась профессия социальной работы, которая считалась помогающей профессией, так как ее основной миссией считалась помощь людям с социальными проблемами. Землетрясение сыграло своего рода роль катализатора в деле внедрения и распространения идей социальной работы. Острота и массовость человеческих нужд также способствовали, чтобы внедрение профессиональной культуры социальной работы происходило в какой-то мере стихийно: не сохранялись логическая и хронологическая последовательность действий, в должной мере не думалось об адаптации внедряющихся технологий социальной работы, чтобы выиграть время, многие процессы организовывались параллельно, в результате чего пострадала их результативность.

Последние десятилетия можно считать периодом внедрения и институционализации социальной работы в Армении. Основные субъекты этого процесса были вынуждены действовать по нескольким направлениям: изменение общественного сознания населения, чтобы оно должным образом восприняло необходимость новой профессии; работа с правомочными людьми, имеющими право принимать решения, касающиеся судьбы профессии; развитие сети социальных служб и ускоренная подготовка специалистов для этих служб, чтобы организовывать предоставление социальных услуг нуждающемуся населению.

Процесс реализовался с большим трудом, потому что мешали стереотипы - унаследованные от советского строя; пока еще традиционная и полная недемократическими элементами прежняя культура, которой противостояла новая профессия, усыновившая демократические принципы, и, наконец, людям казалось чуждой "агрессивность", характерная профессии социальной работы. С одной стороны Армянское общество вступило на путь установления рыночных отношений, что сделало актуальным внедрение профессии социальной работы, имевшей функцию социальной защиты, с другой стороны, в культурной среде, богатой тоталитарными традициями, трудно было ожидать, что люди с готовностью откроют двери перед социальными работниками, которые на Западе известны как агенты изменения.

В постсоветской Армении на месте бездействующей системы социальной защиты советского типа начали строить новую. Функция социальной поддержки необеспеченных групп населения с 1993-ого года была возложена на только что созданные социальные службы, которые начали претворять в жизнь программу "Фарос"(Маяк), который позже заменила система семейного пособия. Только что созданные службы были пополнены специалистами с разным образованием и профессиями. Пока еще продолжало господствовать представление, что для работы в сфере социальных служб не имеет значения профессия и образование служащего. Такая установка осталась от предыдущего общества, из нескольких тысяч социальных служащих которого ни один не имел соответствующую специальность. В этом обществе рекомендуя к такой работе в лучшем случае брался в счет трудовой стаж кандидата в какой-то общественной организации. Несмотря на то, что в последующие годы были организованы многие курсы переподготовки для сотрудников отмеченных служб, однако так и не удалось превратить их в умелых социальных работников. Этому мешало и название профессии. В словосочетании "социальная работа" слово работа у людей создавало впечатление, что это касается какого-то вида работы. А так как в повседневном сознании людей слово "социальная" ассоциируется с материальным, стихийно формируется неверное представление о профессии социальная работа. Даже сегодня в Армении многие ее идентифицируют с деятельностью служащего, выделяющего денежное пособие. В действительности, когда изучаем содержание функций профессии, оказывается, что денежная поддержка не занимает основное место в них.

В течении последних двух десятилетий с трудом, но основательно, социальная работа основалась в институциональной структуре Армянского общества. Как при формировании любого социального института, формирование института социальной работы обусловливалось появлением соответствующих потребностей общества. Сегодня иногда в письменных источниках о социальной работе отмечается, что социальная работа в Армянском обществе существует с давних времен. В действительности такое утверждение относительно времени появления профессии нельзя воспринимать всерьёз. Профессия социальная работа в мире считается молодой. Её биография измеряется чуть более одним веком. Конечно, формы и элементы социальной поддержки можно найти во всей истории человечества, но здесь слово касается относительно профессиональной деятельности.

С первого дня установления независимости, постсоветская Армения получила в наследство огромное бремя социальных проблем - негативные последствия трансформации общества, к которым добавились тяжёлые последствия землетрясения 1988-ого года и длительной войны за Карабах. Общество уже было не в состоянии решать эти проблемы силами традиционных институтов, таких как семья, соседство, товарищество. Проблемы были не только массовыми, но и сложными и требующими профессиональной интервенции. Если бы даже восстановилась система социальной защиты Советской системы, то население страны не могло ожидать соответствующей защиты. Она не обладала соответствующими профессиональными ресурсами для решения социальных и социально-психологических проблем нового типа, таких, как, например, реабилитация людей с ограниченными возможностями, исправление и реинтеграция заключенных и т.д. За этот короткий срок очень трудно было достичь соответствующего изменения общественного сознания всего населения страны, чтобы оно смогло должным образом воспринять и освоить инновации, связанные с внедрением профессии "социальная работа", но, тем не менее, удалось достичь сегментарных изменений в столице и в Зоне бедствия. Благоприятным условием для этого была интенсификация связей с европейской культурой. Проекты, исходящие от Европы и предусмотренные для Армении, часто содержали компонент социальной работы, который являлся важным рычагом для успешного внедрения нововведений, связанных с социальной работой. Удивительно, но решением Властей социальные работники первыми появились в исправительных учреждениях республики, так как Европарламент поставил такое условие перед правительством РА. Министерство труда и социальных вопросов РА является основным ответственным за процесс институционализации социальной работы в Армении.

Институционализация социальной работы в Армении началось с системы семейных пособий и постепенно распространилась и углубилась в системе защиты детей - в детских домах, центрах ухода, образовательных учреждениях, в общинных центрах, в которых постепенно развивались социальные службы, в которых обязательно представлен социальный работник. Необходимо отметить, что в этом деле государство получило серьёзную поддержку общественного сектора в лице международных и местных общественных организаций. В последние два десятилетия ими были реализованы сотни проектов с компонентом социальной работы, благодаря которым значительно выросла осведомлённость населения о профессии, было разработано и апробировано множество социальных технологий, которые потом внедрились государством, сформировалась и начала развиваться новая социальная культура. В течении всего этого процесса социальная работа старалась институционализироваться в сфере образования. Постепенно сформировалась и состоялась университетская система подготовки социальных работников в республике. Дальнейшее расширение рамок функционирования института социальной работы приведет к массовому внедрению профессии социальной работы в сферах школьного образования, здравоохранения, юстиции, военной обороны и т.д.

Появление института социальной работы в институциональной структуре постсоветской Армении оказало благоприятное влияние на процесс трансформации этой структуры. Есть мнение, что институт социальной работы не является самостоятельным институтом, а только дополняет уже существующие, нейтрализуя их упущения и институциональные дисфункции.

В этом есть определенная доля истины. В процессе функционирования институтов семьи, образования, здравоохранения и права наблюдаются многие случаи, когда в жизни людей, вовлеченных в них, возникают социальные проблемы. Например, после перехода к рыночной экономике, некоторые услуги, в том числе образовательные и медицинские, стали платными и, тем самим, труднодоступными или недоступными для социально уязвимых групп населения. Социальные работники своей интервенцией стараются по мере возможностей увеличить доступность таких услуг для своих клиентов. Они просто превращаются членами персонала образовательных, здравоохранительных и других институтов, чтобы оперативно реагировать в соответствующих случаях. Но кроме реализации подобных дополняющих функций, институт социальной работы реализует также функции, свойственные только ему.

Например, сегодня он активно участвует в работах по реабилитации жертв трафикинга, инклюзивного образования, организации ухода за детьми, оставшимися без присмотра. После установления независимости Армении в процессе начатых институциональных трансформаций социальная работа стала выполнять роль своего рода социального амортизатора. Существующие социальные институты, стараясь адаптироваться к новым принципам, усыновлённым обществом, порождали социальные проблемы для людей. Институт социальной работы взял на себя ответственность решения этих проблем, благодаря чему не обостряется социальное напряжение, становятся более защищенными права людей, а институциональная культура - более демократичной.

Таким образом можем утверждать, что в целом процесс институционализации социальной работы в Армении завершен: сформирована потребность к профессии; осознана необходимость ее удовлетворения; созданы формальные механизмы его удовлетворения; а также решена проблема производства и воспроизводства профессиональных кадров. Несмотря на все это, остается много нерешенных проблем, связанных с этим процессом.

Сегодня система социальной защиты Армении включает в себе многие социальные сервисы с компонентом социальной работы. Среди них важное место занимают региональные центры социальных служб, которые обеспечивают функционирование системы семейного пособия. Клиентами этих служб являются необеспечение семьи и их услуги покрывают всю территорию республики. Для выявления своих клиентов они применяют методологию, обеспечивающую довольно высокую объективность и адресность. Работники этих служб имеют статус социального работника.

Другим типом социальных служб, мишенью которой является все население республики, являются службы занятости. Они работают с безработным населением республики.

Службы обоих этих типов функционируют с 1993-ого года и их персонал, начиная с первых лет, периодически проходит переподготовку. Решением пенсионных проблем заняты Региональные центры социального обеспечения, которые тоже являются государственными организациями и мишенью которых является все население республики третьего возраста.

Другой группой государственных социальных служб с компонентом социальной работы являются социально-психологические реабилитацион-ные службы исправительных учреждений.

Самой большой областью, где представлены социальные работники, является система социальной защиты детей. Она включает 11 региональных отделов защиты прав семей, женщин и детей, междисциплинарные группы в детских домах и инклюзивных школах, в дневных центрах ухода за детьми. Относительно большое число дипломированных социальных работников работает в сфере защиты детей. Они участвуют в реализации национального стратегического плана защиты детей, который имеет несколько компонентов - институционализация детей; превенция институционализации; содействие выпускникам детских домов с целью их интеграции в общество; внедрение государственных критериев при организации ухода за детьми в заведениях круглосуточного ухода.

Социальная работа относительно слабо развита в сферах образования и здравоохранения. Программа инклюзивного образования подает надежды, что очень скоро социальные работники будут представлены и в общеобразовательных школах.

Во всех этих перечисленных и не перечисленных службах роль социальных работников выполняют люди с разным уровнем образования и с разными профессиями. Несмотря на множество курсов переподготовок, их представления относительно своей профессиональной деятельности довольно разнообразны и неправильны. Многочисленные обсуждения по этому поводу приводят к идее, что нужно организовывать процесс сертификации действующих социальных работников, чтобы внести какую-то стандартизацию на поле профессиональной деятельности. Основной работодатель социальных работников, которым является Министерство труда и социальных вопросов, уже начал процесс разработки государственных стандартов социальной работы, внедрением которых будут стандартизированы профессиональные требования, предъявляемые ко всем социальным работникам везде, где бы они ни работали. Это приведет к повышению защищенности профессии и профессионалов.

Сегодня в системе социальной защиты Армении происходит интеграция существующих социальных служб. Государство старается привести под одну крышу отдельно функционирующие некоторые службы. Этим не только значительно повысится качество социальных услуг, но и повысится статус социальных работников. В новых типах социальных служб им отводится главная роль, роль кейс менеджеров. Их появление значительно повысит качество предоставляющихся населению социальных услуг. Откроются новые перспективы для развития профессии социальная работа.

Итак, обобщая, можно сказать, что:

1. Реформы в системе социальной защиты РА способствуют уточнению и утверждению статуса социального работника в профессиональной структуре общества, повышению престижа профессии.

2. Если до сих пор образование по социальной работе и практика развивались отдельно друг от друга, теперь они поворачиваются лицом друг к другу, начинается диалог относительно дальнейшего развития профессии социальной работы.

3. Практика и образование по социальной работе переходят в новую стадию развития, где ударение будет ставится на углубление знаний и навыков специалистов. Практика предъявляет требование подготовки узко специализированных социальных работников, что заставит системы образования пересмотреть учебные планы и процедуры, мобилизовать новые ресурсы.

4. Дальнейшее развитие института социальной работы приведёт к внедрению профессии в сферах образования и здравоохранения, что предаст новый импульс процессу подготовки кадров.

Religion, ethnische Zugehörigkeit
und soziale Konflikte

Религия, этническая принадлежность
и социальные конфликты

Präventive Maßnahmen der Sozialen Arbeit im Kontext regionaler Integration und ethnischer Konflikte

Raushana Zinurova, Russland, Kasan

Russland ist ein multiethnischer Staat, auf dessen Territorium seit Jahrhunderten verschiedene ethnokulturelle Gruppen leben. Das Mosaik der russischen anthropogenen Sphären eröffnet ein breites Spektrum an Möglichkeiten für die wechselseitige Zusammenarbeit und die Entwicklung der Völker auf der Basis eines toleranten interethnischen Austauschs. Allerdings führt die gelebte Praxis des gemeinschaftlichen Lebens auch zu problematischen interkulturellen Kontakten.

Die Beschreibung der aktuellen Situation in Russland und insbesondere in der Republik Tatarstan wäre nicht vollständig ohne die Vergegenwärtigung des Problems der ethno-konfessionellen Beziehungen im Zusammenhang mit dem forcierten Anstieg der Bedeutung ethno-konfessioneller Faktoren für das Bewusstsein und das öffentliche Leben (bspw. der wachsenden Bedeutung der ethnischen Identität, der zunehmenden Religiosität und Bedeutung ethno-konfessioneller Orientierungen und der Beschwörung der Volkszugehörigkeit und der Religion in der Ideologie der politischen Parteien und Bewegungen) unter den zentralen Bedingungen der Transformationsprozesse (der Modernisierung der Gesellschaft, der Demokratisierungsprozesse und der Formierung der zivilen Gesellschaft und der Reformierung der sozio-ökonomische und politischen Systeme).

Die friedliche Koexistenz verschiedener ethnischer Gruppen ist der wichtigste Faktor für eine stabile Entwicklung jeglicher multiethnischer Gesellschaften. Insoweit auf dem Territorium Russlands verschiedene ethnokulturelle Gruppen leben, stellt der Extremismus eine der Hauptgefährdungen der sozio-politischen Stabilität dar. In den letzten Jahren wird seitens der wissenschaftlichen Forschung, seitens der Politik und seitens der Persönlichkeiten des öffentlichen Lebens ein besonderes Augenmerk auf die Entwicklung des Extremismus in den interethnischen Beziehungen gelegt. Besonders anfällig für die „Viren des Nationalextremismus" ist die Jugend. Vom sozial-psychologischen Standpunkt aus sind die jungen Leute in Anbetracht des jugendlichen Maximalismus nicht nur äußerst empfänglich für die Propaganda radikaler und einfacher Lösungen, sondern auch am ehesten bereit zu einem aktiven Engagement in extremistischer Richtung.

Ökonomische Schwierigkeiten einerseits und die Krise der ehemaligen Werte und Normen andererseits (sog. „Anomie") erzeugen einen günstigen Nährboden für die Verbreitung extremistischer Meinungen in der jugendlichen Welt. Von besonderem Interesse ist hier die Situation in nationalen Republiken, wo die sozio-ökonomischen Probleme der Jugendlichen eng mit ihrer Identitätskrise verknüpft sind, was sich widerspiegelt in der Verbreitung radikaler ethnozentrischer und radikaler religiöser Meinungen.

Eine wichtige Rolle („die Rädelsführer") in den Erscheinungsformen des Extremismus in verschiedenem Sinne spielen Jugendgruppierungen. Die moderne russische Gesellschaft befindet sich in einem Transformationsprozess, der besonders empfänglich für extremistische Ideologien ist. Die Jugend hat sich als soziale Gruppe im Laufe der dramatischen sozialen Veränderungen als eine der am meisten verwundbaren Schichten erwiesen, da sie von die Folgen des radikalen Umbaus der sozialen Ordnung in Russland (Arbeitslosigkeit, Drogensucht, Kriminalität, Inflation der familiären Werte, Verschärfung der interethnischen Konflikte) in der Periode ihrer Sozialisierung besonders betroffen ist.

Der Begriff Extremismus steht für die Bereitschaft zu extremen Handlungen und wird außerdem gebraucht zur Bezeichnung äußerst radikaler Meinungen. Die Analyse der akademischen und öffentlichen Diskussionen erlaubt es, das semantische Feld des Extremismus im Hinblick auf interethnische Beziehungen auszuloten. Hierhinein kann man Begriffe einordnen wie Radikalismus, radikaler Nationalismus, Nazitum, ethnischer Zentrismus, Rassismus, Genozid, Diskrimination, Terrorismus, Separatismus usw.; der gemeinsame Bedeutungskern aller Begriffe liegt in der aktiven Ablehnung der Vertreter anderer ethnischer Gruppen als gleichberechtigte Partner in der sozialen Interaktion, in der Zuschreibung verschiedener Verfehlungen und der Übertragung der Verantwortung für die bestehenden Probleme in der Gesellschaft an den „Fremden", wie auch in der Bereitschaft gegenüber dem Fremden regulative Maßnahmen zur Anwendung zu bringen (diskriminierende Gesetze, ethnische Segregation, moralische und physische Gewalt).

Extremismus kann man in eine offene Form und eine latente Form unterscheiden. Offener Extremismus äußert sich in einem direkten extremistischen Bekenntnis und entsprechenden Taten, latenter Extremismus zeigt sich als Akzeptanz von radikalen Meinungen und als Zustimmung zu radikalen Lösungen und Handlungen. Unter bestimmten Bedingungen kann der latente Extremismus in einen offenen übergehen. Deshalb sollten die relativ kleine Zahl der aktiven Vertreter der nationalextremistischen Organisationen und die positiven Bekundungen regionaler Funktionäre bezüglich inter-ethnischer Einigkeit in den Regionen die Politiker und die Öffentlichkeit nicht täuschen. Das Potenzial des Extremismus in der heutigen Gesellschaft ist wesentlich grösser als man denkt.

Es besteht das Risiko des Überganges der heutigen russischen Gesellschaft in eine Konfrontation auf Grund der ethnischen Zugehörigkeiten und das Risiko der Politisierung des ethnischen Faktors in den nationalen Republiken auf dem Hintergrund der Unterentwickeltheit der zivilrechtlichen russischen Nation.

Die zunehmende Bedeutung der Rolle der religiösen Faktoren in weltanschaulichen Fragen vor dem Hintergrund der Schwäche der traditionellen Ideologien bringt ein Potenzial zum „Spiel" mit den höchsten religiösen Symbolen in der extremistischen Propaganda hervor.

Gerade ethno-politische und ethno-konfessionelle Bedeutungen werden in den Ideologien des Extremismus in die Regionen verbreitet und machen die regionalen Besonderheiten der extremistischen Diskussion aus.

Während der Arbeit im Projekt „Besonderheiten der Ideologie des Extremismus in den nationalen Republiken der Wolga Region" wurden empirische Materialien gesammelt, die die Tendenzen interethnischer Reaktionen junger Leute – nämlich der Grad und die Richtung der Identifizierung von Spannungen bei Anwesenheit von anderen ethnischen Gruppen – in den Republiken Baschkortostan, Tatarstan und Udmurtien aufzudecken gestatten.

Die Ergebnisse der Untersuchung zeigen, wie sehr die Meinungen der jungen Leute, die unsere Probanden waren, von kleinen Änderungen in der soziopolitischem und soziokulturellen Situation in ihren Republiken beeinflussbar sind. Deswegen sind präventive Programme für Jugendliche, die auf Prozesse der Konstruktion interethnischer Reaktionen ausgerichtet sind, besonders notwendig, damit der potentielle Extremismus nicht in einen realen mit all seinen negativen Folgen umschlägt.

Das Gesetz zur Eindämmung des Extremismus kann auf dem Wege der Vertreter radikaler Meinungen nur eine rechtliche Barriere darstellen. Wenn es auch die eine oder andere Tat als Fehlverhalten oder Straftat qualifizieren kann, so kann das Gesetz dennoch der Entwicklung extremistischer Ansichten und ihrer

Verbreitung nichts entgegenstellen. So spricht der Mechanismus, der der öffentlichen Bekundung von Extremismus auf Seiten der nationalen Zeitungen und den Telekanälen entgegengerichtet ist, die virtuelle Welt nicht an, wo breite Diskussionen extremistischer Ideen und der Zugang zu Seiten extremistischer Organisationen und Primärquellen angeboten werden, die den Nährboden für die Entwicklung des Extremismus schaffen.

Einer der Faktoren, die extremistische Ansichten und später auch Verhalten hervorbringen können, findet sich in den verschiedenen Arten der Diskrimination, die unsere Probanden erfahren haben.

Die Mehrheit der Befragten hat niemals gegen über sich selbst Diskriminationsverhalten erlebt. Für alle drei Republiken war die Antwort „ich bin niemals negativem Verhalten auf Grund meiner nationalen Zugehörigkeit begegnet" am häufigsten. So waren in Baschkortostan 64,3% der Jugendlichen dieser Meinung, in Udmurtien 74,95% und in Tatarstan 71,4%. Der hohe Grad an Freundlichkeit und das Ausbleiben diskriminierender Empfindungen hinsichtlich der ethnischen Zugehörigkeit in Udmurtien erklärt sich vorwiegend durch die tatarischen (75,4%) und russischen (78,4%) Jugendlichen, während nur 61,8% der udmurtischen Jugendlichen – der Vertreter des Nationalvolkes – mit dieser Meinung übereinstimmten.

Gleichzeitig erlebten im Durchschnitt ca. 30% der Probanden in allen ethnischen Gruppen und allen drei Regionen negative Verhaltensformen gegenüber ihrer nationalen Zugehörigkeit und folglich einen bestimmten Grad an Diskrimination in ethnischer Hinsicht.

In Baschkortostan waren dies ca. 40% der Russen, 25% der Tataren und 32% der Baschkiren. In Tatarstan waren es ca. 35% der Russen, 22% der Tataren. In Udmurtien 21% der Russen, 24% der Tataren und 38% der Udmurten.

Den bemerkenswerten Unterschied in der Bewertung der Diskriminationserfahrungen insgesamt und der Auswirkungen verschiedener Formen negativen Verhaltens gegenüber den jungen Leuten kann man sich dadurch erklären, dass die Antwort auf die direkte Frage nach Diskrimination mit einem oder zwei starken Merkmalen verbunden war: der Ablehnung bei der Aufnahme in das Studium oder dem Zwang zum Wechsel der Aufenthaltsortes. Extreme Formen intoleranten Verhaltens (Drohungen, Zwang zum Wechsel des Aufenthaltsortes, physische Gewalt, körperliche Verletzungen) haben 8,7% aller Befragten erlebt; während in Baschkortostan diese Zahl 9,9% erreicht hat, lag sie in Udmurtien bei 9,2%, und sank in Tatarstan gegenüber dem Durchschnittswert um 6,8% ab.

Einschränkungen beim Zugang zu gewünschten Arbeitsplätzen sehen größtenteils Russen in Baschkirien und Tatarstan. Während der Durchschnittswert bei diesem Merkmal in allen drei Regionen 7,3% beträgt, so liegt er in Baschkortostan schon bei 11,6% (bei Russen 16,9%), in Udmurtien nur bei 2,55% (dabei ist bei Russen der Wert am niedrigsten mit 2,2%), und liegt in Tatarstan im Durchschnitt bei 6,85% (bei Russen 9,8%).

Als konkrete Formen negativen Verhaltens wegen der nationalen Zugehörigkeit der Probanden wurden genannt: offener Unwille zu antworten, Beleidigungen und Spott, Kälte in der Kommunikation, Drohungen und physische Gewalt. Im Durchschnitt ist ein Drittel der Russen, Udmurten und Baschkiren und auch ein Viertel der tatarischen Jugend diesen Formen in allen drei Regionen begegnet. Für die Vertreter nationalethnischer[1] Gruppen, besonders die Baschkiren und Udmurten, ist diese Zahl besonders bedeutsam: Das stärkste Maß an Diskrimination erleben diese, wie die jungen Leute meinen, in jenen Republiken, wo ihre ethnische Gruppe die Nationalgruppe ist.

Emotionale Auswirkung intoleranten Verhaltens bestätigen zum großen Teil Udmurten in Udmurtien und Baschkiren in Baschkortostan. Darunter finden sich 44,7% Baschkiren und 44,1% Udmurten, die Beleidigungen, Verhöhnungen, Aussagen hinter ihrem Rücken, Herzlosigkeit oder sogar offenen Unwillen bei der Kommunikation erlebten. Insgesamt kann man feststellen, dass die Verletzung des nationalen Ansehens in hohem Grades die nationalethnischen Gruppen verspüren – ein Phänomen, das die einheimischen Wissenschaftler festgestellt haben.

Strategien für die Lösung der Konflikte können verschieden sein (sie reichen von relativ friedlichen Vorgehensweisen bis zu gewalttätigen). Die Verhaltenskomponente ist eines der wichtigsten Zeichen der extremistischen Bewusstseinsorientierung von Jugendlichen. In dem hiesigen Forschungsprojekt wurde eine fiktive Trennung der strategischen Verhaltensweisen in eine „Variante mit Gewalt-Wirkung" und „eine Variante ohne Gewalt" vorgenommen. Hauptkennzeichen der „Bereitschaft zur Gewalt" waren die bestätigenden Antworten auf die Frage zur Bereitschaft, physische Gewalt und auch Waffen für den Schutz des nationalen Ansehens und eigener Interessen im Konflikt mit den Menschen anderer Nationen anzuwenden.

---

[1] Mit „nationalethnisch" wird diejenige Gruppe bezeichnet, nach welcher der jeweilige Nationalstaat benannt worden ist, also beispielsweise die Baschkiren in Baschkortostan.

Die nichttoleranten Formen des Verhalten, die sich in Antworten der Probanden widerspiegeln wie: „Ich wende physische Gewalt an um mein nationales Ansehen zu schützen", „Im Notfall kann ich zur Waffe greifen", charakterisieren die definitive Bereitschaft junger Leute zu extremen Massnahmen im Prozess der interethnischen Reaktionen. Die Wahl extremer Varianten der Reaktion in der problematischen Situation lässt sich definitiv beurteilen über das Potential des ethnonationalen Extremismus.

Die Forschung hat ergeben, dass 4,9% der befragten Jugendlichen zu Gewalthandlungen mehr oder weniger bereit sind, davon 1,4% auch bereit zu Waffen zu greifen.

Regionale Besonderheiten zu den Varianten der Gewalthandlungen zeigen sich in Udmurtien, wo mehr Probanden als in anderen Republiken bereit sind, physische Gewalt anzuwenden, ihr Anteil beträgt 4,6% (in Tatarstan 3,8%, in Baschkortostan 2,4%), während in Udmurtien der Anteil der Jungen, die bereit sind zu Waffen zu greifen, mit 0,8% am niedrigsten ist (in Tatarstan 1,1% und Baschkortostan 2%).

Die absoluten Zahlen sehen unbedeutend aus, aber man darf die Rolle der aktiven Minderheit bei der Provokation von ethnischen Konflikten nicht unterschätzen. Während des Massenmeetings Anfang der 90er in Tatarstan wurde mit nicht mehr als 2-4% radikalen Nationalisten gerechnet, dennoch bewerteten über 35% der Russen und 25% der Tataren 1991 das Verhältnis als angespannt und 50% der beiden Gruppen „konnten die Spannung wirklich wahrnehmen".

Die meisten Probanden sind sich einig im Bestreben, nach einem möglichen Konflikt eine versöhnliche Lösung herbeizuführen (44,7% von allen befragten Jugendlichen) – diese Zahl ist nicht regionalspezifisch. 8,4% antwortet: „Ich bemühe mich aufrichtig, einem Konflikt aus dem Wege zu gehen, aber ich verzeihe dem Beleidiger nicht". Diese Gruppe der Probanden wird nach einer solchen Lösung unbefriedigt bleiben und negative Gefühle aufhäufen, vielleicht sogar die Bereitschaft zur Abwehr bei der nächsten zwischenethnischen Spannung entwickeln. Die Antwort „Ich reagiere genauso" haben 10,6% der Probanden gewählt, was zeigt, dass das Szenarium der Entwicklung interethnischer Konflikte unvorhersehbar sein kann, weil die Strategie des Verhaltens in Konfliktsituationen sich nicht nach tolerant oder nichttolerant definiert und nicht auf Tabus beruht, die von der Erziehung auferlegt wurden, vielmehr von den affektiven Besonderheiten in der Wechselwirkung der Persönlichkeiten und Gruppen konstruiert wird.

Zu den Instituten der Konstruktion und Kultivierung des Extremismus in modernen Gesellschaften zählen auch die Massenmedien (SMI). Für eine spezifischere Analyse wurden eingehend die Zeitungen in den Republiken und das Internet analysiert. Die Ergebnisse der Inhaltsanalyse haben gezeigt, dass das Problem des Extremismus Jugendlicher praktisch in keinem der Medien in allen drei Regionen beleuchtet wird. Die Forschung hat allerdings eine bemerkenswerte Besonderheit festgestellt: Im letztem Jahr sind aus den Printmedien alle Materialien, die negative Aussprüche gegenüber Vertretern anderer Nationalitäten, Rassen oder Konfessionen enthalten, praktisch vollständig verschwunden. Unter anderem es in der Republik Tatarstan offenkundig, dass sich eine Tendenz abzeichnet, möglichst wenig Aufmerksamkeit auf interethnische Problemen zu legen, und in der Republik Baschkortostan streben die Massenmedien danach, ein Bild der toleranten multikulturellen Gesellschaft zu zeichnen, in der alle Voraussetzungen geschaffen sind für eine harmonische Entwicklung und ein friedvolles Miteinanderleben der Menschen aller Nationalitäten.

Wir glauben, dass sich dies aus dem Umstand erklären lässt, dass in den Republiken die Publikationen über interethnische Problemen unter der sorgfältigen Obhut der regionalen Staatsbehörden stehen und diese Wirkung in den letzten Jahren auch der Effektivität der rechtlichen Mechanismen zur Bekämpfung der extremistische Propaganda in der Massenmedien zu verdanken ist.

Der Cyber-Raum verfügt im Vergleich zu den Zeitungen bezüglich des oben beschriebenen Kontextes über ein großes Potential für die Kultivierung des Extremismus überhaupt und berücksichtigt die Interessen der Jugendlichen im Internet in besonderer Weise. Die Forschung über Anzeichen des Extremismus im Internet ist eine schwierige Aufgabe, was sich zunächst durch die Besonderheiten des Internets von selbst erklärt. Diese Medium ist kaum zensiert, jede Datei kann hier beliebig verschoben werden, der Zugang zur Information ist außerdem geografisch unbegrenzt. Nichtsdestoweniger kann man Besonderheiten der Wirkung extremistischer Ideen im Internet aufzeigen:

1. Der Mechanismus, der die öffentliche Bekundung zum Extremismus auf den Seiten der nationalen Zeitungen und Telekanälen verhindert, funktioniert nicht im Internet. Das macht das Internet zum günstigsten Medium für die Propaganda extremistischer Ideen. Zur Demonstration dieser Tatsache kann man hier ein Zitat aus einem Artikel des in extremistischen Kreisen bekannten David Duka anführen. Er schreibt: „Das große allgemeine nationale Fernsehnetz und die Stationen des Kabel TV gehören und werden kontrolliert von den Feinden unseres

Erbes. Diese schieben jegliche liberale Themen durch: die Kontrolle über eigene Schusswaffen, die gewaltsame Integration, die Ungerechtigkeit der sozialen Hilfen, die die Steuerzahler bezahlen, die Massen-Integration, gemischte Ehen und auch die allmächtige Regierung und die sogenannte neue Weltordnung. Bis heute kontrollieren sie den größten Teil der Massenmedien, aber heute ändert das Internet alles. Die Meinung der Minderheiten, die die Doktrin der politischen Korrektheit einführt, wird nicht mehr entscheidend." Daher wird heutzutage das Internet von extremistischen Ideologen als attraktive Bühne für die Einführung ihrer ideologischen Propaganda und ihres ideologischen Kampfes bewertet.

2. Die Ressourcen, die radikale Ideen predigen, haben ein sehr großes Auditorium nicht nur regional dort, wo die Ressource sich befindet. Als Beispiel kann man die geographische Herkunft einiger Besucher anführen.

3. Die Analyse der Internetbesucher zeigt, dass bei Jugendlichen unter allen hier vorgestellten ideologischen Richtungen das stärkste Interesse für rechtsradikale Ideologien besteht. Manche Seiten extremistischer Richtungen können hinsichtlich der Zahl der Besucher mit den offiziellen Seiten der Jugendorganisationen konkurrieren, die sich auf mächtige administrative Ressourcen stützen.

4. Der Cyber-Extremismus ist sowohl ein wichtiger Faktor der Kultivierung des latenten Extremismus als auch ein Mittel zur Organisation und Mobilisierung direkter extremistischer Handlungen wie auch schließlich zum Funktionieren der virtuellen extremistischen Organisationen (das Beispiel der Globalisierungsgegner ist hier vorbildlich).

5. Das Internet ermöglicht einen beispiellosen Grad an Freiheit bei der Wahl von Zielpersonen extremistischer Handlungen und der Kultivierung von Feindbildern als Objekten der Gehässigkeit.

Das Forschungsprojekt hat ergeben, dass, obwohl extremistische Aktivitäten bei jungen Leuten nicht offensichtlich sind, der extremistischen Ideologie ein unterschätztes Potenzial zukommt. Unter besonderen Umständen können latente extremistische Ansichten und Stimmungen in konkrete Handlungen übergehen. Extremismus ist für die Jugendlichen gefährlich, weil er einfache und populäre Lösungen bietet. Die russische Gesellschaft und besonders die Jugendlichen sind kaum vor den Verführungen extremistischer Ideologien und Politiken geschützt; deswegen sind Untersuchungen bezüglich der Natur und Wirkung des Extremismus aktuell und sehr wichtig.

- -

Man muss anerkennen, dass die Sozialarbeiter häufig Schwierigkeiten im Umgang mit internationalen (i.e. interethnischen) Beziehungen haben, besonders zu Beginn ihrer beruflichen Tätigkeit. Dies ist unterschiedlich zu begründen. Hauptgrund ist das Fehlen eines spezialisierten Faches in den akademischen Einrichtungen, in welchem die Technologien und Prinzipen der Profession in einer multikulturellen Welt vermittelt werden.

Deshalb erweisen sich die Absolventen der Hochschulen sowie die Mehrheit der jungen Fachkräfte tatsächlich als hilflos, wenn sie in der ersten Zeit mit sozialpsychologischen Phänomenen konfrontiert werden, die sich im multi-ethnischen Prozess wechselseitiger Reaktionen entwickeln. Befragungen zeigen, dass erst nach vier bis fünf Jahren praktischer Tätigkeit ausreichendes Wissen über die Besonderheiten national- und sozio-psychologischer Merkmale jener Menschen, mit denen sie arbeiten, erworben worden ist und erst dann formieren sich stabile Fähigkeiten und Fertigkeiten im Umgang mit interethnischen Gegebenheiten. Dennoch garantiert das Wissen und die Erfahrung noch nicht die Vermeidung von Fehlern.

Ethno-kulturelles Wissen ist in der Vorbereitung der Sozialarbeiter an den russischen Universitäten integriert. Über diese ethno-kulturelle Vorbereitung werden das Wissen und die Orientierungen am Modell einer toleranten interkulturellen Interaktion ins öffentliche Bewusstsein transformiert. In Anbetracht der Tendenzen der interkulturellen Gegebenheiten in unserer Region und in Übereinstimmung mit der Deklaration der Toleranz-Prinzipien der UNESCO, besteht Konsens darüber, dass der konstruktive Austausch zwischen sozialen Gruppen, die verschiedene Werte, religiöse und politische Orientierungen haben, auf der Basis der Erarbeitung von Normen des toleranten Verhaltens und von Fähigkeiten zur interkulturellen Zusammenarbeit erreicht werden muss.

Die Analyse der gesammelter Erfahrungen in diesem Bereich erlaubt es mir, eine Meinung über die Zweckmäßigkeit der Entwicklung von Trainingsprojekten vor Ort auszusprechen, die soziokulturelle und ethnokulturelle Erfahrungen und Traditionen der interkulturellen Zusammenarbeit in den Regionen zum Inhalt haben. „Der Dialog der Kulturen" war eines der ersten regionalen Ausbildungsprogramme, die im System des Sozialarbeitsstudiums approbiert wurden mit dem Ziel, Fertigkeiten des interkulturellen Dialogs zu formieren.

Die Approbation dieses Programm hat belegt, dass die Möglichkeiten prophylaktischer Massnahmen in der Vorbereitung und der weiteren beruflichen Tätigkeit ziemlich effektiv ist. Für die Republik Tatarstan wie auch für Russland insgesamt ist heute die Suche nach Mitteln und Mechanismen zu einer konstruktiven ethnischen Sozialisation, der Herstellung einer positiven ethnischen Identität und der Entwicklung von konstruktiven Fähigkeiten zur interkulturellen Kommunikation hoch aktuell.

Die Ergebnisse experimenteller Arbeiten zeigen, dass man Elemente der ethnokulturellen Kompetenz in jedem Alter entwickeln und insbesondere bei Jugendlichen erfolgreich fördern kann, die Erfahrungen in der interethnischen Interaktion haben und eine positive Einstellung zu interethnischen Beziehungen haben. Angeleitete ethno-psychologische Prozesse können und sollen zur Formierung des toleranten Verhaltens, zur religiösen Toleranz und zu einer friedfertigen Haltung führen. Die Mission der Sozialen Arbeit in der multikulturellen Gesellschaft liegt in der Errichtung des Dialoges zwischen den Kulturen, sie ist geschichtlich formuliert und realisierbar. „Im Wesentlichen Einheit, im Zweifelhaften Freiheit, in allem Liebe" (Heil. Augustinus Aurelius).

Die professionelle Tätigkeit der Sozialarbeiter in der multikulturellen Welt wird durch Tendenzen und Besonderheiten charakterisiert, wie sie in dieser Publikation beschrieben sind; durch sie können präventive Massnahmen Sozialer Arbeit im Kontext regionaler Integration und Konfliktologie aktualisiert werden.

Превентивные меры социальной работы в ракурсе региональной интеграции и этноконфликтологии

Зинурова Раушания И., Россия, Казань

Россия – полиэтничное государство, на территории которого веками живут представители различных этнокультурных групп. Мозаичность российской антропосферы открывает широкие возможности для взаимного сотрудничества и развития народов на принципах толерантного межэтнического взаимодействия. Однако реальная практика совместной жизни приводит и к проблемным межкультурным контактам.
Характеристика современной ситуации в России и Республике Татарстан, в частности, будет неполной без актуализации проблемы этноконфессиональных отношений в связи с резким ростом значимости этноконфессионального фактора в сознании и общественной жизни (подъем этнического самосознания, рост религиозности и значимости этноконфессиональных ориентаций, мобилизации этничности и религиозности в идеологии общественно-политических партий, движений) в условиях кардинальных трансформационных процессов (модернизация общества, демократизационные процессы и формирование гражданского общества, реформирование социально-экономической и политической системы).

Мирное сосуществование разных этнических групп – важнейший фактор стабильного развития любого полиэтнического общества. Так как на территории России живут представители различных этнокультурных групп, то экстремизм представляет собой одну из главных угроз социально-политической стабильности. В последние годы развитие экстремизма в межэтнических отношениях является одной из проблем, вызывающих особое внимание ученых-исследователей, политиков и общественных деятелей. Особенно уязвимой для «вирусов национал-экстремизма» является молодежь. Молодежь, с социально-психологической точки зрения, не только наиболее восприимчива, учитывая феномен юношеского максимализма, к пропаганде радикальных и простых решений, но и наиболее склонна к активным действиям экстремистского толка.

Экономические трудности, с одной стороны, и кризис прежних ценностей и норм (аномия) создал благоприятную почву для распространения экстремистских взглядов в молодежной среде. Особый интерес представляет ситуация в национальных республиках, где социально-экономические проблемы молодежи тесно переплетаются с кризисом идентичности, который находит свое отражение в распространении радикальных этноцентристских и радикальных религиозных взглядов.

Значительная роль («застрельщиков») в проявлениях экстремизма различного толка принадлежит молодежным группировкам. Находящееся в процессе трансформации современное российской общество особенно уязвимо перед экстремистской идеологией. Молодежь, как социальная группа, в процессе драматических социальных перемен, оказалась одной из наиболее уязвимых слоев, так как издержки радикальной смены социального строя в России (безработица, наркомания, криминализация жизни, инфляция семейных ценностей, обострение межэтнических конфликтов) пришлись на период ее социализации.

Понятие «экстремизм» истолковывается как склонность к крайним действиям и также применяется для характеристики крайне радикальных взглядов. Анализ академического и публичного дискурсов позволил выделить семантическое поле экстремизма, применительно к межэтническим отношениям. Сюда можно отнести такие понятия, как «радикализм», «радикальный национализм», «нацизм», «этноцентризм», «расизм», «геноцид», «дискриминация», «терроризм», «сепаратизм» и т.п. Их главный смысл заключается в активном неприятии представителей другой этнической группы в качестве равноправного партнера в социальном взаимодействии, приписывание «чужим» разнообразных грехов и возлагание на них вины за существующие в обществе проблемы, а также готовность применить в отношении «чужаков» радикальные меры (дискриминирующие законы, этническую сегрегацию, моральное и физическое насилие).

Экстремизм можно разделить на явный и латентный. Явный экстремизм проявляется в прямых экстремистских высказываниях и действиях, а латентный экстремизм характеризуется сочувствием к радикальным взглядам и одобрение радикальных решений и поступков. При определенных условиях латентный экстремизм перерастает в явный. Поэтому политиков и общественность не должны обольщать сравнительно небольшое число активистов организаций национал-экстремистской направленности и оптимистичные заявления региональных лидеров относительно «межнационального согласия» в их регионах, потенциал экстремизма в нашем сегодняшнем обществе гораздо больше, нежели принято думать.

Риск перехода нынешнего российского общества в гражданское противостояние по этническому принципу и риск политизации этнического фактора в национальных республиках на фоне несформированности общегражданской российской нации.

Возрастание роли религиозного фактора в мировоззренческих вопросах на фоне слабости традиционных идеологий создает потенциал «игры» с высшими религиозными смыслами в пропаганде экстремисткого характера.

Именно этнополитические и этноконфессиональные смыслы мобилизуются идеологией экстремизма в регионах и составляют главную региональную особенность экстремистского дискурса.

В процессе работы над проектом «Особенности идеологии экстремизма в национальных республиках Поволжья» собран эмпирический материал, позволивший выявить тенденции межэтнического взаимодействия молодежи в Республиках Башкортостан, Татарстан и Удмуртия. Авторским коллективом сделана попытка провести и содержательный анализ межэтнических взаимодействий – уровень и направленность отождествления напряженности с присутствием других этнических групп.

Результаты исследования показывают, насколько податливы мнения молодых людей, оказавшиеся нашими респондентами, к малейшим изменениям в социально-политической и социокультурной ситуации в своих республиках. Поэтому крайне необходимы профилактические программы в молодежной среде, направленные на управление процессами конструирования межэтнического взаимодействия, чтобы потенциальный экстремизм не стал реальным со всеми негативными последствиями.

Закон о противодействии экстремизму способен только поставить юридические преграды на пути сторонников радикальных взглядов. Однако, квалифицируя то или иное действие как проступок или преступление, закон не может предупредить развитие экстремистских взглядов, а также их распространение. Так механизм, препятствующий публичному проявлению экстремизма на страницах общенациональных газет и телеканалов, не срабатывает в кибер-пространстве, где широкое обсуждение экстремистских идей и доступ к сайтам экстремистских организаций и первоисточникам создает благоприятную почву для развития экстремизма.

Одним из факторов, провоцирующих экстремистские взгляды, а впоследствии и поведение, могут быть различные способы дискрими-нации, с которыми пришлось столкнуться нашим респондентам.

Большая часть опрошенных нами респондентов никогда не испытывала по отношению к себе проявление дискриминационных форм поведения. Для всех трех республик наиболее распространенным является ответ «никогда не сталкивался с негативным отношением на национальной почве». Так, в Башкортостане 64,3% молодежи согласны с таким мнением, в Удмуртии - 74,9%, а в Татарстане - 71,4%. Высокий уровень доброжелательности и отсутствие дискриминационных ощущений по этническому признаку в Удмуртии в большей степени формируется за счет представителей татарской (75,4%) и русской (78,4%) молодежи, тогда как 61,8% удмуртов – представителей титульного этноса – согласились с этим мнением.

В то же время, в среднем около 30% респондентов всех этнических групп во всех трех регионах испытали на себе негативные формы поведения в отношении своей национальной принадлежности, следовательно, определенную степень дискриминации на этнической почве:

в Башкортостане – около 40% русских, 25% татар, 32% башкир;
в Татарстане - около 35% русских, 22% татар;
в Удмуртии - 21% русских, 24% татар и 38% удмуртов.

Заметное различие в оценках опыта дискриминации в целом и проявлений различных форм негативного поведения по отношению к молодым людям можно объяснить тем, что на прямой вопрос о фактах дискриминации ответ связывался с одним или двумя «сильными» признаками: отказ в приеме в вуз или принуждение к смене места жительства. Крайнюю форму интолерантного поведения (угрозы, принуждения к перемене места жительства, физические воздействия, телесные повреждения) ощутили 8,7% всех опрошенных, тогда как в Башкортостане этот показатель поднимается до 9,9%, в Удмуртии – до 9,2%, а в Татарстане снижается от среднего показателя до 6,8%.

Ограничения в получении желаемой работы осознают в большей степени русские в Башкирии и Татарстане. Если средний показатель по данному признаку составляет 7,3% по всем трем регионам, то в Башкортостане -

11,6% (а у русских - 16,9%), в Удмуртии – всего 2,5% (причем у русских самый низкий показатель – 2,2%), а в Татарстане – 6,8% в среднем (у русских - 9,8%).

Основными конкретными формами негативного поведения в отношении национальности респондентов также назывались: открытое нежелание разговаривать, оскорбления и насмешки, холодность в общении, угрозы, физические воздействия. В среднем третья часть русской, удмуртской и башкирской, а также четвертая часть татарской молодежи сталкивалась с такими фактами во всех трех регионах. Для представителей титульных этнических групп, в частности башкир и удмуртов, цифры наиболее значительны, причем наибольший уровень дискриминации, как считают молодые люди, им приходиться испытывать именно в республиках, где их этническая группа является титульной.

Эмоциональные проявления интолерантности отмечают в большей степени удмурты в Удмуртской Республики и башкиры в Республике Башкортостан. Среди них 44,7% башкир и 44,1% удмуртов испытывали оскорбительные замечания, насмешки, высказывания за спиной, холодность в общении, открытое нежелание разговаривать. В целом необходимо отметить, что ущемление национального достоинства в большей степени ощущается титульными этническими группами – явления, фиксируемого отечественными исследователями.

Стратегия решения конфликтных ситуаций может быть разной (от относительно мирных способов до силовых). Поведенческий компонент является одним из важнейших показателей экстремистской направленности сознания молодежи. В настоящем исследовательском проекте возможно условное деление стратегий поведения на «силовой вариант действий» и на «не силовой вариант действий». Основными маркерами «готовности к силовым действиям» выступали утвердительные варианты ответов на вопрос о готовности использовать физическую силу, и даже оружие при защите национального достоинства и интересов в ситуации конфликта с человеком другой национальности.

Нетолерантные формы поведения, отраженные в ответах респондентов «применю физическую силу для защиты своего достоинства», «в крайнем случае, могу взяться за оружие», характеризуют определенную готовность молодых людей к крайним способам действий в процессе межэтнических взаимодействий. Выбор крайних способов реагирования на проблемную ситуацию в определенной степени позволяет судить о потенциале этнонационального экстремизма.

Исследование показало, что к силовым действиям в той или иной форме готовы потенциально прибегнуть 4,9% всей опрошенной молодежи, из них 1,4% не остановятся перед необходимостью применить оружие.

Региональные особенности силовых вариантов действий проявляются в том, что несмотря на то, что в Удмуртии количество респондентов, способных применить физическую силу больше, чем в других республиках и составляет 4,6 (в Татарстане -3,8%, в Башкортостане -2,4%), в Республике Удмуртия самый маленький показатель способных взяться за оружие - 0,8% (в Татарстане -1,1%, в Башкортостане -2,0%).

Цифры в абсолютном значении выглядят достаточно ничтожными, но не стоит забывать о роли активного меньшинства в провоцировании этнических конфликтов. На митингах начала 90-х годов в Татарстане радикальных националистов насчитывалось не более 2-4%, все же свыше 35% русских и 25% татар в 1991 г. оценивали отношения как очень напряженные, а 50% и тех и других чувствовали, что «напряжение ощущается».

Большинство респондентов единодушны в стремлении сгладить возможный конфликт (44,7% всей опрошенной молодежи), по этому показателю практически отсутствует какая-либо региональная специфика. Настораживают 8,4% ответивших «постараюсь уйти от конфликта, но не прощу обидчика». Потенциально данная категория респондентов будет испытывать неудовлетворенность от неразрешенности ситуации и накапливать отрицательные чувства, а возможно и готовность к ответу, до возникновения следующего очага межэтнической напряженности. Выбор ответа «отвечу тем же» 10,6% респондентов показывает, что сценарий развития межэтнического конфликта может быть непредсказуем, так как стратегия поведения в конфликтной ситуации определяется не установками на толерантность/интолерантность и не имеет определенных табу, наложенных воспитанием, а конструируется аффективными особенностями взаимодействующих личностей или групп.

К институтам конструирования и культивирования экстремизма в современных обществах можно отнести СМИ. Для более специфического анализа отдельно проанализировали газеты в национальных республиках ПФО и Интернет ресурсы. Результаты контент-анализа показали, что проблема молодежного экстремизма практически не освещается ни в одном из указанных типов изданий в данных трех регионах. Исследование выявило интересную особенность – за прошедший год из печатных СМИ практически полностью исчезли материалы, содержащие негативные высказывания в отношении представителей других национальностей, рас, конфессий. В частности в Республике Татарстан очевидно наметилась тенденция не акцентировать внимание на межэтнических проблемах, а в Республике Башкортостан средства массовой информации стремятся конструировать картину толерантного мультикультурного общества, где созданы все условия для гармоничного развития и сосуществования людей всех национальностей.

Мы считаем, что это объясняется тем, что в национальных республиках ПФО публикации, посвященные проблемам межэтнических отношений, находятся под более пристальным вниманием региональных органов власти, а также повышением в последние годы эффективности функциионирования правовых механизмов по противодействию экстремистской пропаганде в СМИ.

Кибер-пространство по сравнению с газетами в описанных выше обстоятельствах обладает огромным потенциалом для культивирования экстремизма в целом, а учитывая интерес молодежи к всемирной паутине и молодежного в частности. Исследование проявления экстремизма в кибер-пространстве является сложной задачей, что в первую очередь объясняется особенностями самого кибер-пространства. Эта среда в очень незначительной степени подвержена цензуре, любой ресурс здесь может быть в любой момент перемещен на новое место, и, кроме того, доступ к ресурсам неограничен географически. Тем не менее, можно указать на ряд особенностей функционирования экстремистских идей в кибер-пространстве.

1) Механизм, препятствующий публичному проявлению экстремизма на страницах общенациональных газет и телеканалов, не срабатывает в кибер-пространстве. Это делает кибер-пространство благоприятной средой для пропаганды экстремистских идей. В качестве иллюстрации этого положения можно привести отрывок из статьи известного в экстремистских кругах Дэвида Дюка размещенного на сайте Уральского отделения РНЕ. Он пишет: «Крупнейшие общенациональные телевизионные сети и станции кабельного телевидения принадлежат и контролируются врагами нашего наследия. Они проталкивают всяческие либеральные темы: контроль над личным огнестрельным оружием, насильственную интеграцию,

беззаконие с социальными пособиями, оплачиваемыми налогоплательщиками, массовую интеграцию, смешенные браки, и, конечно, всесильное правительство и так называемый Новый Мировой Порядок. До сих пор они контролировали большую часть средств массовой коммуникации, но сегодня интернет все меняет. Мнение меньшинства, которое внедряет доктрину политической корректности, больше не будет решающим». Таким образом, в настоящее время, кибер-пространство, стало расцениваться экстремистскими идеологами как привлекательная площадка для ведения идеологической пропаганды и борьбы.

2) Ресурсы, проповедующие радикальные идеи, имеют очень широкую аудиторию не только в регионах, где физически расположен ресурс. В качестве примера можно указать географию посетителей некоторых сайтов.

3) Анализ посещаемости сайтов показывает, что из всех представленных идеологических направлений у молодежи наиболее велик интерес к праворадикальной идеологии. Некоторые сайты экстремистской направленности по числу посетителей могут конкурировать с сайтами официальных молодежных организации, опирающихся на мощный административный ресурс.

4) «Кибер-экстремизм» является важным фактором культивирования как латентного экстремизма, так и средством организации и мобилизации прямых экстремистских действий, а также функционирования экстремистских виртуальных организаций (пример антиглобалистов тут очень показателен).

5) Кибер-пространство позволяет получить беспрецедентную степень свободы в выборе объектов экстремистских действий и культивирования объектов ненависти.

Проведенные исследования показали, что, несмотря на кажущуюся слабовыраженность явной экстремистской активности среди молодых людей, экстремистская идеология имеет недооцененный потенциал. И при определенных обстоятельствах латентные экстремистские взгляды и настроения могут перерасти в конкретные действия. Экстремизм для молодежи опасен тем, что он предлагает простые и «популярные» решения. Российское общество и особенно молодежь сегодня слабо защищены от соблазнов экстремистской идеологии и политики, поэтому исследования природы и проявлений экстремизма столь актуальны и практически значимы.

Следует признать, что социальные работники испытывают частые и серьезные затруднения в управлении межнациональными отношениями, прежде всего на начальном этапе своей деятельности. Объясняется это целым рядом причин. Главная среди них - отсутствие специальных предметов в учебных заведениях, в ходе овладение которыми разъяснялись бы технологии и принципы профессиональной деятельности в поликультурной среде. Поэтому выпускники вузов, а также большинство молодых специалистов оказываются практически беспомощными, сталкиваясь на первых порах с социально-психологическими явлениями, возникающими в процессе полиэтничного взаимодействия. Социологи-ческие опросы показывают, что только через 4-5 лет после начала практической деятельности появляются достаточные знания национально- и социально-психологических особенностей тех людей, среди которых им приходится работать, и только потом формируются устойчивые умения и навыки регулирования межнациональных отношений. Однако знания и опыт не всегда гарантируют от ошибок.

Этнокультурное знание интегрировано в подготовку социальных работников в российских вузах. Через этнокультурную подготовку знания и установки толерантного межкультурного взаимодействия транслируются в общественное сознание. Учитывая тенденции межкультурного взаимодействия в нашем регионе и следуя Декларации принципов толерантности Юнеско, мы согласны с тем, что конструктивное взаимодействие социальных групп, имеющих различные ценностные, религиозные и политические ориентиры, может быть достигнуто на основе выработки норм толерантного поведения и навыков межкультурного взаимодействия.

Анализ накопленного опыта в данной сфере позволяет также высказать мнение о целесообразности разработки тренинговых образовательных проектов на местах, как учитывающих социокультурный и этнокультурный опыт и традиции межкультурного взаимодействия в регионах. «Диалог культур» стал первой региональной образовательной программой, апробированной в системе подготовки социальных работников с целью формирования навыков межкультурного диалога.

Апробация программы показала, что возможности превентивных мер в подготовке социальных работников и их дальнейшей профессиональной деятельности достаточно эффективны. Для Республики Татарстан сегодня, как и для России в целом, крайне актуальны поиски средств и механизмов конструктивной этнической социализации, формирующей позитивную этническую идентичность и конструктивные навыки межкультурной коммуникации. Результаты экспериментальной работы показывают, что составляющие этнокультурной компетентности можно успешно формировать и развивать в любом возрасте, в особенности, если речь идет о молодых людях, имеющих опыт межэтнического взаимодействия, и присутствует позитивная установка на межэтнические отношения. Управляемые этнопсихологические процессы могут и должны привести к формированию установок толерантного поведения, веротерпимости и миролюбия. Миссия социальной работы в поликультурном обществе в установлении диалога культур исторически сформулирована и выполнима. «В главном – единство, в спорном – свобода, во всем – любовь» (св. Блаженный Августин).

Профессиональная деятельность социальных работников в поликультурной среде, характеризующейся тенденциями и особенностями, описанными в данной публикации, актуализирует превентивные меры социальной работы в ракурсе региональной интеграция и конфликтологии.

Die Dynamik bürgerlicher Identifikation und das Potenzial ethnischer Konflikte in der Republik Tatarstan

Andrej Tuzikov, Russland, Kasan

Die moderne russische Gesellschaft ist stark urbanisiert, trotz der Tatsache, dass der größte Bevölkerungsanteil in mittleren und kleinen Städten lebt. In der Republik Tatarstan, die im zentralen Teil des europäischen Russlands liegt, lebt der größte Anteil der Stadtbevölkerung in Großstädten. Im Wolgagebiet liegen fünf von 13 der größten russischen Millionenstädte: Nischni Nowgorod, Samara, Ufa, Perm und Kasan. Kasan belegt unter diesen fünf Städten den dritten Platz nach der Einwohnerzahl mit 1.106.000 Einwohnern.

Die Republik Tatarstan nimmt im Wolgagebiet eine zentrale Lage ein, und dies nicht nur geografisch gesehen, sondern auch bezüglich des Investitionsvolumens und bezüglich der Lage zwischen den Wassertransportwegen Russlands. 73% der 3.768.200 Einwohner der Republik leben in Städten. Zu den am stärksten bevölkerten Städten gehören Kasan, Nabereschnyje Tschelny (510.000 Einwohner) und Nischnekamsk (ca. 300.000 Einwohner).

Erstens lebt in diesen Städten eine ethnisch sehr heterogene Bevölkerung, jedoch mit einem überwiegenden Anteil an Russen und Tataren. In Kasan leben 48,8% Russen und 47,5% Tataren, in Nabereschnyje Tschelny 33,2% Russen und 51,3% Tataren, in Nischnekamsk 42,9% Russen und 50,5% Tataren.

Zweitens lebt in diesen Städten eine politisch engagierte Bevölkerung. Im Gegensatz zu den kleinen Städten und Kreisstädten lässt sich „die Verwaltungsressource" hier schwerer nutzen. Außerdem wird die gesellschaftliche Stimmung dieser Städte durch das sozialpolitische Bild geprägt. So wird es in den Medien dargestellt.

Drittens befinden sich in diesen Städten die wichtigsten wissenschaftlichen Institute und Bildungseinrichtungen der Republik. Die Arbeit der wissenschaftlichen Mitarbeiter hat Einfluss auf die „Tagesordnung", den herrschenden Mediendiskurs und die Rhetorik der Macht.

Viertens lebt hier der größte Anteil der Studenten der Republik, die eine potentiell aktive sozialpolitische Kraft darstellen.

Die dargestellten Aspekte gehören zu den Prozessen, die Einfluss auf Bildung und das Verständnis der Nationalziele, die Identifizierung, interethnische Beziehungen und die Legitimität politischer Einrichtungen haben. Das hat wiederum Einfluss auf die Probleme, die mit der Sicherheit der modernen russischen Gesellschaft zusammenhängen.

Für die Durchführung des Forschungsvorhabens entschieden wir uns für eine genauere und vielseitig anwendbare Stichprobenmethode. Es wurden 450 Personen ausgewählt, was völlig den Anforderungen der Repräsentativität und der statistischen Signifikanz entspricht. Bei der Personenauswahl wurden folgende Kriterien berücksichtigt: Geschlecht, Alter, Bildung, ethnische Zugehörigkeit, Konfession, Einkommen, Beruf und Wohnort.

In unserer Forschung gingen wir vom Verständnis der führenden Rolle des öffentlichen Bewusstseins im modernen sozialpolitischen Leben aus. Wir wählten als Methode das standardisierte Interview aus. Die Interviews wurden von Juli bis September 2010 durchgeführt. Vor Beginn der Forschung wurden alle Fragen auf Validität geprüft. Sie beinhalteten zwei Themenbereiche:

1. interethnische Probleme, Probleme der gesamtrussischen Identifizierung und Probleme des Föderalismus,
2. Wahrnehmung und Beurteilung der Gefährdung der sozialen Sicherheit.

Merkmale der russischen Identifizierung sind unserer Ansicht nach: Identifizierung der Bürger mit ihrem Staat; Anerkennung aller russischen Nationalziele, unabhängig von ethnischer Zugehörigkeit; Identifizierung mit dem russischen Staat und nicht nur mit einer Region; Wahrnehmung der eigenen Region als integralem Bestandteil Russlands. Fragestellung und Erläuterung während des Interviews zielten darauf ab, mit den Befragten diese wichtigen Aspekte der Identifizierung zu besprechen.

Die Forschungen ergaben, dass durchschnittlich 6,9% der Befragten sich als Bürger Tatarstans identifizierten. In Kasan sind es 7,5% und in Nishnekamsk weniger als 6,6%. Die meisten Befragten, ca. 66,3%, identifizierten sich als Staatsangehörige Russlands und Tatarstans zugleich. Die Ergebnisse lassen sich dem Schaubild 1 entnehmen.

Schaubild 1. Identifizierung der eigenen Staatsangehörigkeit

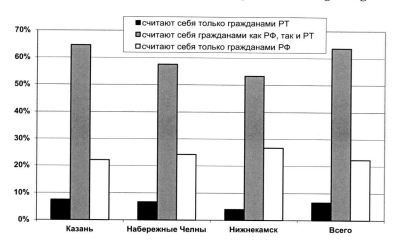

Ca. 10% der Befragten haben Schwierigkeiten, sich der Staatsangehörigkeit zuzuordnen. Bei der Typenbestimmung unterschieden wir zwischen einpoligem (entweder Tatare oder Russe) und zweipoligem Typ der Identifizierung (Tatare und Russe gleichzeitig).

Ich möchte betonen, dass die meisten Befragten aller ethnischen Gruppen Tatarstans für einen einheitlichen Staat für alle dort lebenden Menschen halten. Die Volkszugehörigkeit ist einer der wichtigsten Kriterien der Identifizierung. Sie spielt eine wichtige Rolle in der ethnischen Situation Tatarstans. Die meisten Einwohner der Republik, unabhängig von ihrer ethnischen Selbstidentifizierung, halten die interethnischen Beziehungen für stabil. Jedoch gibt es andere, die der Meinung sind, dass die Beziehungen „angespannt" oder auch „sehr angespannt" sind. In Kasan sind 44,1% der Russen dieser Meinung, unter Tataren sind es 31,5%. In Nabereschnyje Tschelny und Nischnekamsk sind es unter Tataren 27% und 25,7%, unter Russen 17,2% und 18,5%.

Es wurde eine Umfrage unter Russen, Tataren und anderen Völkergruppen bezüglich ihrer Bereitschaft durchgeführt, im Falle eines ethnischen Konflikts aktiv Partei zu ergreifen und tätig zu werden. So ergab sich folgendes Bild: in Kasan zeigen 37,8% der Russen und 36,3% Tataren hierzu eine absolute Bereitschaft.

Bei der Beantwortung dieser Frage ist tatsächlich eine proportionale Gespaltenheit der Bevölkerung zu beobachten, in dem Sinne nämlich, dass circa die Hälfte der Bevölkerung bereit ist, an solchen Konflikten teilzunehmen, die andere Hälfte jedoch keinesfalls. Ein ähnliches Bild zeigt auch die Verteilung der Antworten bezüglich der Legitimation von Gewaltausübung bei der Lösung von Problemen der interethnischen Beziehungen.

Zugleich ist die Mehrheit der in Großstädten lebenden Bevölkerung der Meinung, dass es sinnlos sei, wenn jedes Volk der russischen Föderation seinen eigenen Staat haben will. Es soll nur einen Staat für alle geben. Der Staat soll die Interessen aller Bürger unabhängig von der ethnischen Zugehörigkeit vertreten. Ergebnisse der Befragung in Kasan, Nabereschnyje Tschelny und Nischnekamsk lassen sich den Schaubildern 2, 3 und 4 entnehmen.

Schaubild 2. Meinung über die Zugehörigkeit jedes Volkes der russischen

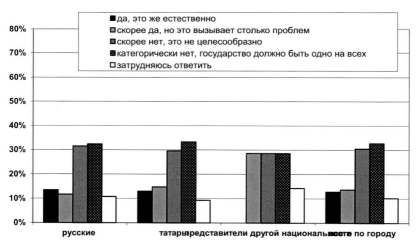

Föderation zu seinem eigenen Staat (Kasan)

Schaubild 3. Meinung über die Zugehörigkeit jedes Volkes der russischen Föderation zu seinem eigenen Staat (Nabereschnyje Tschelny)

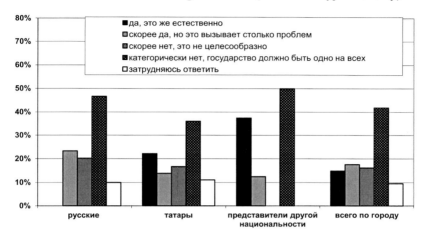

Schaubild 4. Meinung über die Zugehörigkeit jedes Volkes der russischen Föderation zu seinem eigenen Staat (Nischnekamsk)

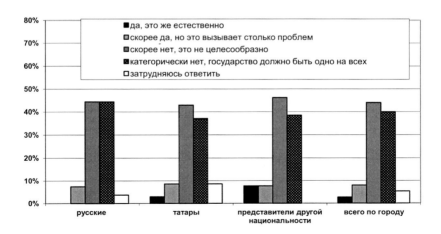

Wie ich bereits erwähnte, ist der zweipolige Typ der Identifizierung (Tatare und Russe gleichzeitig) dominierend.

Um die Befragten hinsichtlich ihres Einkommens einzustufen, benutzten wir folgende Skala. Durch diese wird der Einfluss der Subjektivität auf die Beurteilung weitgehend vermieden. Der Interviewer stellte die Frage: „Welche der folgenden Aussagen ist Ihrer Meinung nach für Ihre finanzielle Lage (oder Ihre Familie) zutreffend?". Er gab folgende Antworten zur Auswahl:

1. Wir kommen kaum über die Runden. Uns fehlt aber oft das nötige Geld für Lebensmittel.
2. Das Geld reicht für Nahrungsmittel aus, aber nicht für den Kauf anderer günstiger Sachen.
3. Das Geld reicht für Nahrungsmittel und günstige Sachen aus, aber nicht für den Kauf teurer Sachen wie Fernseher, Kühlschrank etc.
4. Das Geld reicht für den Kauf teurer Sachen, aber es bleibt kein Geld übrig.
5. Wir haben keine finanziellen Schwierigkeiten und können uns fast alles leisten.

Die erste Antwort stuften wir als sehr niedriges Einkommen ein, die zweite als niedriges Einkommen, die dritte als durchschnittliches, die vierte als hohes Einkommen und die fünfte als sehr hohes Einkommen.

Mithilfe der Gruppenanalyse und auch des Programms SPSS wählten wir drei Gruppen aus. Diese entsprechen den drei Typen „Nichtrussen", „Tatarrussen", „Russen". Aus diesen Gruppen schlossen wir diejenigen Befragten aus, die keine Antwort auf die Frage gegeben hatten, und diejenigen, die sich nicht sofort mit einer Gruppe identifizieren konnten. Von den Befragten waren 13,2% „Nichtrussen", 12,7% „Tatarrussen" und 74,1% „Russen". Diese Situation ist anschaulich in dem Schaubild 6 dargestellt.

Schaubild 6. Typen der Identifizierungsgruppen in der Republik Tatarstan

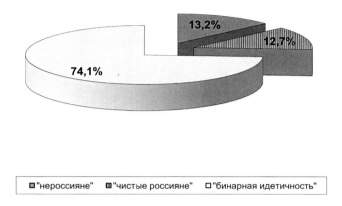

Die Ergebnisse der Gruppenanalyse ergaben, dass in Tatarstan vorherrschend eine „binäre Identität" gezeigt wird. Diese drückt sich aus im Verhältnis zur Republik als dem gemeinsamen Staat aller russischen Bürger, die auf diesem Territorium leben, wie auch als einer Region der russischen Föderation. Diese Daten bestätigen in der derzeitigen Situation die Tendenz zur Stabilisierung der gesamtrussischen Identität in Tatarstan. Im Mittel sieht das „soziale Portrait" der ausgewählten Hauptcluster folgendermaßen aus:

- Unter „Nichtrussen" dominiert die Anzahl von Frauen (74,4%), Tataren (48,1%), Atheisten und Muslime (44,4% und 33,3%), diejenigen mit niedrigem und durchschnittlichem Einkommen (44,4%), mit Mittelschulbildung und Hochschulbildung. Oft sind das Menschen im Alter von 30 bis 49 Jahren, aber auch zwischen 20 und 24 und älter als 50.

- Unter den Vertretern der „binären Identität" sind Männer und Frauen im gleichen Verhältnis vertreten, wobei Frauen mit 57,6% gegen 42,4% Männer überwiegen. Russen und Tataren sind mit 43% und 47,7%, auch im gleichen Verhältnis vertreten, das Bildungsniveau umfasst die mittlere Schulbildung und die Hochschulbildung, bei der religiösen Zugehörigkeit liegt der Anteil der Atheisten und orthodoxe Christen bei 65,4%, bei Muslimen bei 29,8%. Das Einkommen ist niedrig oder durchschnittlich. Vorwiegend geht es um Menschen zwischen 20 und 24 Jahren, 30 und 49 oder älter als 60 Jahre.

- Unter „Russen" ist auch das Verhältnis zwischen Männern und Frauen gleich, wobei die Frauen mit 53,8% gegen 46,2% überwiegen. Russen gibt es hier mehr als Tataren, nämlich 61,5% zu 34,6%. Das Bildungsniveau umfasst die mittlere Schulbildung und die Hochschulbildung. Es gibt ein proportionales Verhältnis zwischen Atheisten, orthodoxen Christen und Muslimen. Das Einkommen ist ein niedriges und durchschnittliches. Vertreten sind Personen zwischen 25 und 39 Jahren, unter jungen Leuten zwischen 20 und 24 und unter Erwachsenen zwischen 40 und 59 Jahren.

Tabelle 1. Rangreihe der Probleme in der Republik Tatarstan

Problem	Kasan	Nabereschnyje Tschelny	Nischnekamsk	R
Korruption / organisiertes Verbrechen	1	1	1	1
Preisanstieg, Inflation, Arbeitslosigkeit	2	2	2	2
Militärischer Angriff von außen	9	5	9	9
Als Rohstofflieferant nur noch Anhängsel der Industriestaaten	5	6	8	6
Terrorismus, politischer Extremismus	3	3	3	3
Bevölkerungsrückgang, hohe Sterblichkeit	4	4	4	4
Zustrom unerwünschter Migranten aus dem Kaukasus/Zentralasien	6	7	6	5
Ethnische Konflikte	8	9	7	8
Massenproteste der Bevölkerung, Aufstände, Aufruhr	11	10	11	10
Separatismus und Zersplitterung des Landes	12	12	10	12
Umweltsicherheit, Natur- und technische Katastrophen	7	8	5	7
Verlust der staatlichen Unabhängigkeit	10	11	12	11

Auf die Frage zu Problemen, mit denen die Befragten im Alltagsleben konfrontiert werden, gaben die Befragten mehrheitlich an, um ihre Zukunft und die Zukunft ihrer Kinder besorgt zu sein. Dieses Problem erkennen in Tatarstan 73,7% der Befragten. Das Problem betrifft alle Städte, wo die Forschung durchgeführt wurde. In Kasan wird das Problem von 73% der Befragten wahrgenommen, in Nabereschnyje Tschelny und Nischnekamsk von 77,3% und 72,2%.

Umweltschutz und schlechte Ökologie stellen ein zweites Problem in der Republik dar. Auf dieses Problem weisen 56,6% der Befragten hin. Es ist zu beachten, dass dieses Problem in Nischnekamsk stark ausgeprägt ist. Denn dort ist es Problem Nummer eins. Hier wiesen 83,8% der Befragten darauf hin, weil die Stadt eines der größten Zentren der Chemieindustrie ist. In Kasan weisen 55,8% der Befragten auf die ökologische Problemlage hin. In Nabereschnyje Tschelny erregt dieses Problem offensichtlich keine große Besorgnis, denn nur 32,9% der Befragten weisen hier darauf hin.

Die Gefahr interethnischer Konflikte und des Separatismus belegt laut der Befragung die Rangplätze 8 und 12. Stabilität sehen die Befragten in der Bereitschaft, den „Status Quo" in den Beziehungen zwischen den wichtigsten ethnischen Gruppen zu bewahren. Außerdem sollte man strittige Situationen auf friedlichem Wege lösen und Kompromisse eingehen können, damit es nicht zu einem Konflikt kommt.

Die durchgeführten Forschungen bestätigen die Notwendigkeit, auch weiterhin interethnische Beziehungen und die Entwicklung der Identifizierung der russischen Bürger zu beobachten.

Динамика гражданской идентификации и потенциал конфликтов на этнической почве в Республике Татарстан

Тузиков Андрей Р., Россия, Казань

Современный российский социум является высоко урбанизированным, даже учитывая тот факт, что большая часть населения проживает в средних и мелких городах. Центрально европейская часть России, где расположена Республика Татарстан в данном контексте отличается, что большая часть городского населения сконцентрирована в крупных городах. В Поволжье находятся 5 из 13 крупнейших российских городов-миллионников (Нижний Новгород, Самара, Уфа, Пермь и Казань). Казань среди этой пятерки по численности населения занимает третье место – 1 миллион 106 тысяч человек.

Республика Татарстан занимает в Поволжском регионе центральное положение с точки зрения географии, объемов инвестиций и места в узле водно-транспортных путей России. 73% от 3 768 200 тысячного населения РТ проживают в городах. Среди городов наиболее населенными являются Казань, Набережные Челны (510 тысяч человек), Нижнекамск (около 300 тысяч человек).

Во-первых, именно в этих городах проживает этнически разнородное население, но с явным преобладанием русских и татар.

Так в г. Казань проживают 48.8% русских и 47.5% татар, в г. Набережные Челны проживают 33.2% русских и 51.3% татар, в г. Нижнекамск проживают 42.9% русских и 50.5% татар.

Во-вторых, в этих городах проживает наиболее политически активное население и по сравнению с малыми городами и райцентрами труднее использовать «административный ресурс». Кроме того, общественные настроения этих городских социумов, во многом определяют социально-политический ландшафт республики. По крайней мере, с точки зрения представленности в масс-медиа.

В-третьих, в этих городах сосредоточены основные научные и образовательные учреждения республики, научные кадры и кадры интеллигенции. Их продукция решающим образом влияет на «повестку дня», господствующий дискурс СМИ и риторику властей.

В-четвертых, именно здесь сконцентрировано подавляющее большинство студенчества республики, которое в потенциале является активной социально-политической силой.

Все перечисленное выше непосредственно относится к процессам, влияющим на формирование и осознание общенациональных целей, идентичности, межэтнические отношения, легитимность политических институтов. А это в свою очередь прямо влияет на проблемы, связанные с безопасностью современного российского общества.

Для проведения исследования было принято решение использовать наиболее точный и широко применяемый (в частности в опросах общественного мнения) метод стратифицированной выборки. Выборка составила 450 человек, что вполне соответствует требованиям репрезентативности и статистической значимости. При построении данной выборки учитывались следующие характеристики: пол, возраст, образование, этническая принадлежность, религиозная конфессия, уровень доходов, профессиональный статус, место жительства.

В своем исследовании мы исходили из понимания ведущей роли массового сознания и управления им в современной социально-политической жизни. В качестве базового инструментария был выбран метод формализованного интервью. Интервьюирование проводилось в июле-сентябре 2010 года. В ходе пилотажного исследования все вопросы интервью прошли валидизацию и включали в себя два базовых тематических блока:

1) Межэтнические проблемы, проблемы общероссийской идентичности и проблемы федерализма,
2) Видение и оценка характера угроз общественной безопасности.

Маркерами сложившейся российской идентичности по нашему мнению выступают: признание себя гражданином страны; признание общности неких базовых для всей российской нации (независимо от этнической принадлежности) целей; идентификация себя с российским государством в целом, а не только с его регионом, восприятие своего региона как неотъемлемой части России. Конструкция вопросов и разъяснения по ходу интервью были нацелены на обсуждение с респондентами именно данных узловых идентификационных тем.

Исследования показали, что в среднем 6.9% респондентов считают себя только гражданами Татарстана. При этом в Казани таковых наибольшее количество – 7.5%, а в Нижнекамске наименьшее – 6.6%. Подавляющее большинство опрошенных (в среднем 66.3%) идентифицирует себя в качестве граждан России и Татарстана одновременно. Результаты отражены на Диаграмме 1.

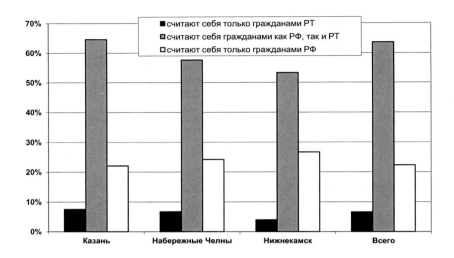

Диаграмма 1. Идентификации собственного гражданства

Примерно 10% респондентов затруднились определиться со своей идентичностью. Проводя идеальную типизацию, мы выделили униполярный тип идентификации («только татарстанец» или «только россиянин») и бинарный тип идентификации (татарстанец и россиянин одновременно).

Надо отметить, что в подавляющем большинстве опрошенные всех этнических групп считают Татарстан общим государством вех постоянно проживающих на территории республики.

Этничность как одна из главных черт идентификации все же проявляется на интерпретации ситуации в сфере оценок межнациональных отношений в Татарстане. Хотя подавляющее большинство жителей РТ вне зависимости от этнической самоидентификации оценивают их как стабильные, имеются различия между количеством русских и татар, оценивающих ситуацию в терминах «имеется некоторая напряженность» и «имеется сильная напряженность». Так, в Казани 44.1% русских склонны использовать вышеупомянутые термины, среди татар таковых – 31.5%. В Набережных Челнах и Нижнекамске, наоборот, больше таковых среди татар – 27% и 25.7%, среди русских – 17.2% и 18.5%.

Заметны различия между русскими, татарами и представителями других национальностей при ответе на вопрос относительно готовности принять участие в конфликте в интересах своей этнической группы. Например в в г. Казани безусловную и ситуационную готовность выражают 37.8% русских, 36.3% татар.

В целом в данном вопросе наблюдается практически пропорциональный раскол, в том смысле, что около половины населения готовы принять участие в таких конфликтах и примерно столько же не готовы делать этого ни в коем случае. Похожую картину показывает и распределение ответов на вопрос о допустимости применения силы в решении проблем межнациональных отношений.

Вместе с тем большинство населения крупных городов Татарстана в настоящее время склоняется к мысли, что нецелесообразно каждому народу Российской Федерации иметь отдельное собственное государство, поскольку государство должно быть одно на всех и представлять интересы всех граждан независимо от этнической принадлежности. Особенности распределения ответов на данный вопрос у респондентов живущих в Казани, Набережных Челнах и Нижнекамске представлены на Диаграммах 2,3,4.

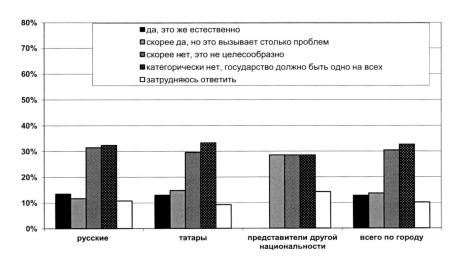

Диаграмма 2. Мнения о целесообразности наличия для каждого народа РФ собственного государства (г.Казань).

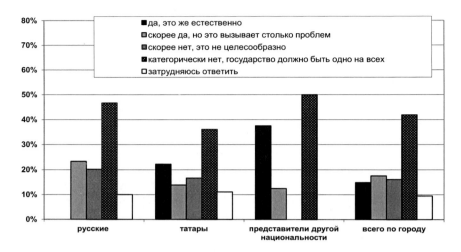

Диаграмма 3. Мнения о целесообразности наличия для каждого народа РФ собственного государства (г. Набережные Челны).

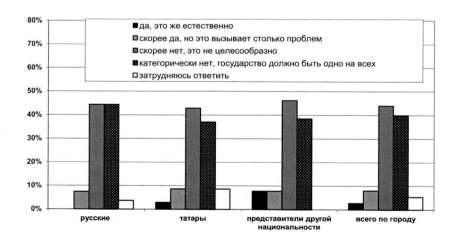

Диаграмма 4. Мнения о целесообразности наличия для каждого народа РФ собственного государства (г. Нижнекамск).

Преобладающим типом идентичности в смысле гражданства, как уже отмечалось выше является бинарный тип «татароросиян».

В основу градации респондентов по такому признаку как размер дохода мы использовали следующую шкалу, которая на наш взгляд позволила избежать излишней субъективности в оценках. Интервьюер задавал вопрос:

«Какое из следующих высказываний, на Ваш взгляд, больше соответствует Вашему (Вашей семьи) материальному положению?» и предлагал следующие варианты ответов:

1. *Еле сводим концы с концами, часто не хватает денег на продукты*
2. *Денег хватает на питание, но покупка даже недорогих вещей вызывает сложности*
3. *Денег хватает на питание и покупку недорогих вещей, но покупка дорогих вещей (телевизора, холодильника и т.п.) вызывает сложности*
4. *Денег хватает на покупку дорогих вещей, но лишних денег как правило нет*
5. *Не испытываем затруднений с деньгами, можем позволить себе практически любые покупки.*

Соответственно мы интерпретировали первый вариант ответа как признак очень низкого дохода, второй – как низкого, третий – как среднего, четвертый – как высокого и пятый – как очень высокого.

С помощью метода кластерного анализа, используя программный пакет SPSS (версия 13) мы выделили три кластерные группы наиболее соответствующие перечисленным выше маркерам, по которым мы выделяли идеальные типы «нероссиян», «татароссиян» и «чистых россиян». Из данных кластеров были исключены те респонденты, которые затруднились с ответами на выделенные вопросы и те, у которых не проявилось одновременное сочетание ответов на идентификационных вопросы. Из них «нероссияне» составили 13.2%, «чистые россияне» - 12.7%, «бинарная идентичность» присуща 74.1%. Наглядно ситуацию отражает Диаграмма 6.

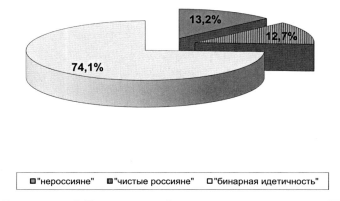

Диаграмма 6. Типы идентификационных кластеров в РТ

Таким образом, и результаты кластерного анализа показали, что доминирующей в Татарстане является «бинарная идентичность», проявляющаяся в отношении к республике как к общему государству всех российских граждан проживающих на ее территории и как к субъекту и региону РФ. Эти данные также подтверждают тенденцию нынешней ситуации к укреплению общероссийской национальной идентификации в РТ.

Усредненный «социальный портрет» основных выделенных кластеров выглядит следующим образом:

- Среди «нероссиянин» преобладают женщины (74.4%), татары (48.1%), атеисты и мусульмане (44.4% и 33.3%), имеющие низкий и средний доход (44.4%), образование среднее и выше. Чаще встречаются в возрасте от 30 до 49 лет (в большей степени) а также и среди 20-24-летних и старше 50 лет (в несколько меньшей степени).

- Среди представителей «бинарной идентичности» мужчины и женщины представлены примерно равными долями, с некоторым преобладанием женщин (57.6 против 42.4%), русские и татары также в этой категории представлены почти поровну (43% и 47.7%), образование средне-специальное и высшее, религиозная принадлежность – атеисты и православные – 65.4%, мусульмане – 29.8%. Доход низкий и средний. Чаще встречаются среди 20-24-летних, 30-49-летних и старше 60 лет.

- Среди «чистых россиян» также примерное равенство по признаку пола, с незначительным преобладанием женщин (53.8% против 46.2%). Русских тут больше чем татар (61.5% и 34.6%). Образование среднеспециальное и выше. Пропорциональное количество атеистов, православных и мусульман. Преобладают низкие и средние доходы. Представлены среди 25-39-летних (в большей степени), среди молодежи 20-24-х лет и среди лиц зрелого возраста 40-59 лет (в несколько меньшей степени).

Отвечая на вопрос о проблемах, которые серьезно беспокоят их в повседневной жизни, респонденты в первую очередь указали на присутствие в их жизни страха за свое будущее и будущее своих детей. Эта проблема в целом по республике беспокоит 73.7% опрошенных и в равной степени затрагивает все города, где проводилось исследование. В Казани эта проблема тревожит 73% опрошенных, а в Набережных Челнах и Нижнекамске – 77.3% и 72.2% опрошенных соответственно.

Таблица 1. Ранги угроз для Республики Татарстан

	Казань	Набережные Челны	Нижнекамск	Всего
Коррупция и организованная преступность	1	1	1	1
Рост цен, инфляция, безработица и бедность	2	2	2	2
Возможность военного нападения извне	9	5	9	9
Превращение в сырьевой придаток развитых государств	5	6	8	6
Терроризм, политический экстремизм	3	3	3	3
Сокращение населения, высокая смертность	4	4	4	4
Приток нежелательных мигрантов с Кавказа, Средней Азии	6	7	6	5
Межэтнические конфликты	8	9	7	8
Массовые выступления населения, восстания, бунты	11	10	11	10
Угроза сепаратизма и раскола страны на части	12	12	10	12
Проблема безопасности окружающей среды, природные и техногенные катастрофы	7	8	5	7
Потеря государственной независимости	10	11	12	11

На второе место по республике выходит такая проблема, как загрязнение окружающей среды, плохая экология. На эту проблему указывают 56.6% опрошенных. Следует отметить, что эта проблема наиболее ярко выражена в г. Нижнекамск, где она вообще занимает первое место в списке тревожащих проблем. На нее здесь указали 83.8% опрошенных, и это не удивительно, так как город является одним из центров химической промышленности. В Казани экологические проблемы волнуют 55.8% респондентов, а в Набережных Челнах эта проблема, очевидно, не является очень значимой – на нее указывают только 32.9% опрошенных.

Угрозы межэтнических конфликтов и сепаратизма опрошенные жители Республики Татарстан ставят на 8 и 12 места. Стабильность в результате уточняющих вопросов интервьюеров выглядит в глазах респондентов как некая ценностная характеристика, определяющая готовность соблюдать «статус кво» в взаимоотношениях основных этнических групп и не доводить дело до конфликта, решая спорные ситуации мирным путем и идя на компромиссы.

Проведенные исследования показывают необходимость постоянного мониторинга межэтнических отношений и динамики идентификаций жителей российских регионов.

Transformation der Religion in modernen Gesellschaften

Hans-Ulrich Dallmann, Deutschland, Ludwigshafen am Rhein

Geht man von Luhmanns Religionstheorie aus, kommen einige Felder in den Blick, die für die Frage der Transformation von Religion von besonderem Interesse sind. Zu nennen sind insbesondere: Religion erfüllt eine gesellschaftliche Funktion, im Blick auf die Personen stellt sich dann die Frage nach der Möglichkeit von Religionslosigkeit.[1] Säkularisierung ist Luhmann zufolge nichts anderes als eine unpräzise Beschreibung von Konsequenzen, die sich aus der funktionalen Differenzierung der Gesellschaft ergeben. Damit – das lag auch nicht in Luhmanns Fokus – ist noch nichts darüber gesagt, wie eine Verhältnisbestimmung zwischen Religion und Gesellschaft bzw. Kirche und Staat konkret ausgestaltet wird oder ausgestaltet werden sollte. Diese zwei Felder verbindend ergibt sich die weitere Frage nach der unterschiedlichen Entwicklung von Religion weltweit und deren Folgen. Schließlich bleibt die Frage nach der Bedeutung von Exklusionsverstärkungen für die Religion.

Auf eines sollte aber zunächst – und das ist nicht einfach nur eine salvatorische Klausel – hingewiesen werden: Versteht man gesellschaftliche Entwicklung – und damit auch die Transformation der Religion – in evolutionstheoretischer Perspektive, dann ist klar, dass aus bisherigen Verläufen keine Rückschlüsse auf zukünftige Entwicklungen gezogen werden können. Auch der gesellschaftlichen Evolution liegt kein Entwicklungsgesetz zugrunde, dessen Entschlüsselung es uns erlauben würde, weitere Entwicklungen mit hinreichender Sicherheit zu prognostizieren. Aber welche Transformationsprozesse sind gegenwärtig zu beobachten? Ohne Anspruch auf Vollständigkeit greife ich vier Bereiche heraus: die entstandene Option, ohne Religion sein Leben zu führen, die Kulturalisierung der Religion und die komplementären Phänomene des Säkularismus und des Fundamentalismus als Reaktion auf die Moderne sowie die Rolle der Religion angesichts weltweit zunehmender Exklusion von Menschen aus den sozialen Systemen.

---

[1] Vgl. Luhmann 1977, 1981, 1989, 2000.

Option Religionslosigkeit

Religionslosigkeit ist empirisch eine Option in modernen Gesellschaften, die immer mehr Personen für ihr Leben wahrnehmen. Monika Wohlrab-Sahr spricht in Deutschland von einem Drittel der Bevölkerung, das konfessionslos ist, von dem wiederum mehr als zwei Drittel als religionslos einzustufen sind.[2] Damit ist diese Gruppe genau so groß wie die Gruppe der Hochreligiösen.[3] Pittkowski kommt im Rahmen der EKD-Erhebung zur Kirchenmitgliedschaft zu ähnlichen Ergebnissen.[4] Deutlich wird bei den Untersuchungen, dass diese Tendenz zur Konfessions- und Religionslosigkeit sich festigt, weil die Verankerung von – insbesondere kirchlich geprägter – Religiosität im Lebens- und Familienzyklus schrumpft. Von einer durchgängigen religiösen Sozialisation kann nicht mehr gesprochen werden. Die absehbare Folge davon ist, dass die Zahl der Hochreligiösen bei den Jugendlichen abnimmt.[5] Die schwindende Bedeutung der Kirchen wird auch nicht – wie in der Öffentlichkeit immer wieder behauptet wird – durch eine „neue Religiosität" ausgeglichen, die sich aus asiatischen und esoterischen Quellen speist.[6] Im Gegenteil: Es lässt sich zeigen, dass der größte Teil des religiösen Pluralismus sich in Deutschland nicht außerhalb, sondern innerhalb der Kirchen abspielt.[7] Darüber hinaus scheint sich auch bei religionslosen Personen so etwas wie eine „agnostische Spiritualität" zu etablieren, die jenseits religiöser Sinnformen sich die Möglichkeit eines Lebens nach dem Tode offenhält.[8] Soweit die Fakten, was aber folgt daraus?

Religion und Kultur – Religion als Kultur?

Zunächst einmal scheint ganz banal, dass sich Religionslosigkeit und Religionsferne – das zeigen die Belege aus Ostdeutschland recht deutlich – von Generation zu Generation vererben und verfestigen. Traditionsbrüche wiegen für die re-

---

[2] Wohlrab-Sahr 2007: 98.
[3] Zulehner 2007: 150.
[4] Vgl. Pittkowski 2006.
[5] Zulehner 2007: 150f.
[6] Vgl. Pollack 2003: 136f und Pollack/Pickel 2003.
[7] Vgl. Gabriel 2007. Gebhardt/Engelbrecht/Bochinger 2005: zeigen anhand von Interviewmaterial, wie individualisiert religiöse Angebote der unterschiedlichsten Art von „spirituellen Wanderern" wahrgenommen werden.
[8] Vgl. Wohlrab-Sahr/Karstein/Schaumburg 2005; die Verfasserinnen interpretieren diesen Befund folgendermaßen: „Offensichtlich ist es gerade in einem von wissenschaftlicher Rationalität, aber auch vom szientifischen Materialismus bestimmten Kontext schwer, das eigene Weiterleben nach dem Tod schlicht *irrational* zu behaupten." (173)

ligiöse Sozialisation schwer und machen eine Wiederanknüpfung an religiöse Traditionen zwar nicht unmöglich, aber doch wenig wahrscheinlich. Das bedeutet zwar nicht unbedingt, dass eine prinzipielle Distanz gegenüber *religiösen Angeboten* besteht, aber tendenziell werden diese vor allem als *kulturelles Ereignis* wahrgenommen. Dies deckt sich mit der Analyse Luhmanns, wenn dieser konzediert: „Wenn von der Religion aus gesehen die Gesellschaft als säkularisiert beschrieben wird, so von der Gesellschaft aus gesehen die Religion als Kultur."[9]

Nun ist die Beobachtung der Religion als Kultur für die Religion alles andere als ein neues Phänomen, man könnte fast zugespitzt sagen: Erfunden haben es die Protestanten. Aber um diese Erfindung beurteilen zu können, ist es notwendig, die Entstehungsbedingungen richtig einzuschätzen. Der Kulturprotestantismus ist eine der Reaktionen auf die Umbrüche des 19. Jahrhunderts. Die Verbindung zwischen Bürgertum und Kirche erodierte schon seit längerer Zeit, das ist zum einen eine Folge der Aufklärung gegen Ende des 18. Jahrhunderts, als sich zunehmend kirchen-, wenn auch nicht zwingend religionskritische Stimmen immer stärker durchsetzten, und zum anderen eine der Französischen Revolution, die sich in ihrem Verlauf antikirchlich – und zeitweise antichristlich – radikalisierte.

Ebenfalls in der Folge der Revolution veränderte sich die politische Kartographie: an die Stelle der alten Herrschaftsverbände trat zunehmend der neue Nationalstaat. In Deutschland war jedoch eine nationale Einigung – auch infolge der Beschlüsse des Wiener Kongresses und der nachfolgenden politischen Restauration – zunächst politisch nicht durchsetzbar. Dies ließ vor allem unter den Intellektuellen der romantischen Zirkel den Wunsch nach einer umfassenden Einheit entstehen. Da politisch nicht in Sicht, wurde die kollektive Identität vor allem in der Kultur und der imaginären Größe des Volkes gesucht.[10] In diesem Zusammenhang dient der Kulturbegriff dazu, „gegenüber sozialer Segmentierung, politischer Fraktionierung und kognitiver Pluralisierung noch einmal eine integrierende Gesamtdeutung menschlicher Wirklichkeit entfalten zu können."[11]

Heute sieht man, warum dies nur kurze Zeit überzeugen konnte – und auch damals nicht alle überzeugte. Der Kulturprotestantismus – den es als solchen natürlich niemals gab und der ein eher vager Titel für eine heterogene theologische Denkrichtung ist – verwendet „Kultur" als Einheitsbegriff. In der als Krise emp-

---

[9] Luhmann 1996: 313; zu Luhmanns Kulturbegriff vgl. Luhmann 1995.
[10] Vgl. dazu ausführlicher Dallmann 2002: 315ff.
[11] Graf/Tanner 1990: 192.

fundenen Gegenwart soll der Bezug auf normative Kulturwerte als Heilmittel dienen. Wie Friedrich Wilhelm Graf eindrucksvoll darstellt, verbindet sich das Verständnis der *Theologie als normativer Kulturwissenschaft* mit dem Konzept der sittlichen Persönlichkeit.[12]

Aber nicht diese im Rückblick offensichtliche Ideologisierung[13] führt zum Scheitern des Projektes einer Kulturtheologie, sondern die Unstimmigkeiten des zugrunde gelegten Kulturkonzepts. Allein die Tatsache, dass Kultur normativ gefasst wird, zeigt schon, dass die Verfechter dieses Konzepts der kulturellen Einheit nicht mehr so recht glauben. Gegen – kulturelle – Pluralisierung soll eine normativ verstandene und *an alten Bildungsidealen ausgerichtete Einheitskultur* gesetzt werden. Dass es dabei Parallelen zur gegenwärtig immer wieder einmal aufflackernden Leitkulturdebatte gibt, ist kaum zu übersehen. Damit gehen die Kulturtheologen dem Kulturbegriff in die Falle. Denn der Kulturbegriff führt verdeckt das Wissen um die Kontingenz in die Gesellschaft ein. „Er verdeckt seine Operation, indem er nicht den Vergleich betont, sondern das Unvergleichbare, nicht den Zweifel, sondern die Identität, nicht das zufällige, sondern das Authentische."[14]

Auf die verheerenden Folgen weist Dirk Baecker hin, die Emphase für sich selbst, deren Hohlheit dadurch offensichtlich wird, dass sie sich der Praxis des Vergleichens verdankt. Die dadurch eingeführte Kontingenz zeigt sich daran, dass andere Personen anders wertschätzen. Die eigene Vorzugswahl, das eigene Geschmacksurteil, das eigene *Glaubensbekenntnis wird jetzt erklärungs- und begründungsbedürftig,* weil es auch anders ausfallen könnte und von anderen anders beobachtet und gewertet werden kann. Insofern wird – wie bei den Kulturprotestanten im 1. Weltkrieg – die Emphase immer stärker, je offensichtlicher wird, dass der Boden schon längst erodiert ist. Man könnte aus der Vergangenheit lernen. Jedenfalls sollte man den modernen Adepten der kulturtheologischen Tradition Vorsicht anraten, weil die Kontamination mit Kultur die Religion selbst als kontingent erscheinen lässt. Sie teilt damit das Schicksal der Kunst. Kunst kann man für bedeutsam halten, muss man aber nicht. Ohne Kunst lebt es sich vielleicht schlechter, aber nur aus der Perspektive derer, die sich bereits für Kunst entschieden haben. Die anderen können es aber bei einem gelegentlichen

---

[12] Vgl. Graf 1989, insbesondere 122ff.
[13] Dies kritisiert bereits exemplarisch Norbert Elias, vgl. Elias 1939, Bd. 1: 1-42.
[14] Baecker 2000: 50.

Museumsbesuch im Urlaub belassen oder sich der Segnungen der Populärkultur erfreuen.

Religionen zwischen Säkularismus und Fundamentalismus

Bekanntlich leiten sich die Begriffe Säkularismus und Säkularisation vom lateinischen „saeculum" ab, das in der christlichen Tradition die menschliche, heilsgeschichtlich begrenzte Zeit der Welt bezeichnete. Von dort aus wurde der Begriff zu einem rechtlichen, mit dem der weltliche vom kirchlichen Bereich unterschieden wurde.[15] Die Unterscheidung ist dabei vor allem theologisch motiviert: Welt und Kirche dürfen nicht zusammenfallen.

Der heutige Begriff des Säkularismus baut auf die ursprüngliche Bedeutung auf. Sie entsteht als Folge der Religionskriege ab dem 16. Jahrhundert. Die konfessionelle Spaltung in Europa machte es erforderlich, dass Regeln für das Zusammenleben etabliert werden mussten, die nicht allein einer Tradition zugerechnet werden konnten. Folgt man an dieser Stelle dem kanadischen Sozialphilosophen Charles Taylor, gibt es zwei mögliche Wege, derartige Regeln festzulegen: entweder man wählt die „Strategie des gemeinsamen Fundaments" oder die der „von Religion unabhängigen politischen Ethik".[16] Die erste Strategie wählen eine Reihe von Naturrechtslehren. Aber diese nehmen ein theologisches Risiko auf sich: „Letztlich konnte diese Argumentationsstrategie dazu führen, die konfessionellen Dogmen völlig zugunsten der allen Christen gemeinsamen Glaubenssätze herunterzuspielen; und noch weiter, d. h. auch über die Grenzen des Christentums hinaus getrieben, konnte man damit im Deismus enden."[17]

Das Problem liegt auf der Hand: Je mehr unterschiedliche Vorstellungen integriert werden müssen, umso blasser werden die Inhalte, die tendenziell aller Bestimmtheit entkleidet werden müssen. Die zweite angesprochene Strategie hat ihre prominentesten Vertreter in Hugo Grotius und Thomas Hobbes. In dieser Argumentationsstrategie wird die politische Arena von allen religiösen Legitimationsfiguren befreit, Religion wird tendenziell dem privaten Bereich zugeordnet. Das muss allerdings nicht bedeuten, dass die Religionen aus der Öffentlichkeit herausgehalten werden müssen. Aber die religiöse Öffentlichkeit ist eben eine solche; und außerhalb des eigenen Bereichs sind die Religionen nur

---

[15] Zabel/Conze/Strätz 1984: 791.
[16] Taylor 1996.
[17] Taylor 1996: 220.

Stimmen unter vielen anderen ohne einen privilegierten Status. In diesem Sinne säkulare Staaten drängen die Religionen nicht notwendig aus der öffentlichen Sphäre hinaus, das Verhältnis zu den Religionen kann stattdessen auch durch Äquidistanz geprägt sein.

Zum Problem wird dieser Zusammenhang, weil – und da sind sich Vertreter unterschiedlicher politischer und philosophischer Provenienz einig – der moderne Staat in irgendeiner Weise seine Bürgerinnen und Bürger an das Gemeinwesen binden muss. „Gerade weil eine erfolgreiche Demokratie ein Band zwischen ihren Bürgern voraussetzt, kann eine nachgerade unwiderstehliche Tendenz in die Richtung drängen, man müsse ins Zentrum der gemeinsamen Identität des Volkes eben solche Dinge stellen, die Menschen auf intensive Weise vereinigen können, und das sind nun einmal häufig ethnische oder religiöse Identitätsmerkmale."[18] Dabei ist in Rechnung zu stellen, dass ethnische Identitäten soziale Konstrukte sind, die in gesellschaftlichen Auseinandersetzungen erst einmal entwickelt und durchgesetzt werden mussten und in ihrer Entstehungszeit kaum Halt an den gesellschaftlichen Zuständen hatten.[19] Aber je fragiler die gemeinsame Bindung, umso stärkere Motive müssen herangezogen werden, um die vorgestellte Gemeinsamkeit auch handlungswirksam werden zu lassen. Daher wird in Identitätskonflikten schnell die ethnische – und gegebenenfalls auch religiöse – Karte gezogen, um für die eigenen Ziele zu mobilisieren.[20]

Um die Chancen und Risiken für Religionen abschätzen zu können, die aus dieser Konstellation erwachsen, bietet der Ansatz von José Casanova wichtige Anregungen.[21] Zunächst unterscheidet Casanova drei Aspekte von Säkularisierung, die nicht aufeinander reduziert werden können. Zunächst die „Ablösung und Emanzipation weltlicher Bereiche von religiösen Einrichtungen und Normen", sodann „der Niedergang religiöser Überzeugungen und Verhaltensformen" und schließlich „die Abdrängung der Religion in die Privatsphäre".[22] Während der erste Aspekt für moderne Gesellschaften ein struktureller Trend ist, stellt sich der zweite Aspekt widersprüchlich dar. Casanova interpretiert den Rückgang religiöser Überzeugungen vor dem Hintergrund verschiedener Beziehungsmuster zwischen Kirche und Staat. Dabei stellt er die interessante – und meines Erachtens zutreffende – These auf: Je enger Staat und Kirche in der Geschichte

---

[18] Taylor 1996: 236.
[19] Vgl. hierzu die Studien von Andersson 1988 und Hobsbawm 1991 und Smith 1986.
[20] Vgl. dazu Dallmann 2002: 285ff.
[21] Vgl. Casanova 1996.
[22] Casanova 1996: 182.

miteinander verbunden waren, umso stärker wird ein Rückgang religiöser Überzeugungen und Praktiken ausfallen. Der Widerstand der Kirchen, so lässt sich das zusammenfassen, gegen den ersten Aspekt der Säkularisierung schwächt langfristig deren Grundlage.

In den Ländern Osteuropas war es während der kommunistischen Herrschaft den Kirchen möglich, „als Hüter der nationalen und kulturellen Tradition und als Beschützerinnen einer gewissen Art von gesellschaftlicher Autonomie aufzutreten."[23] Hier ist anzumerken, dass Casanova eine zu harmonistische Sicht vertritt. Das Verhältnis zum kommunistischen Staat war vielerorts – man kann sich das gut am Beispiel der evangelischen Kirche in der DDR vergegenwärtigen – umstritten; Kirche im Sozialismus oder Opposition waren unterschiedliche Wege, sich zum Staat ins Verhältnis zu setzen. Gleichwohl ist es natürlich zutreffend, dass die Kirchen beim Aufbau zivilgesellschaftlicher Strukturen in den dann unabhängigen Staaten eine wichtige Rolle spielten. Allerdings ist dieser Beitrag nicht unkritisch zu sehen. „Hand in Hand mit nationalistischen Bewegungen entwickelte sich eine mitunter aggressive Selbstbehauptung kollektiver religiöser Identitäten, welche in der Vergangenheit mit ethnischen und nationalen Identitäten verschmolzen, aber unter der kommunistischen Herrschaft verschwunden oder unterdrückt worden waren."[24]

Wenn also unter dem Stichwort Säkularismus das Verhältnis von Staat, Politik und Gesellschaft zur Religion thematisiert wird, so muss, das ist hier ansatzweise deutlich geworden, sehr genau zwischen unterschiedlichen (nationalen) Entwicklungen unterschieden werden. Zwar besteht allgemein der Trend, dass die Kirchen sich aus der im engeren Sinne politischen Arena verabschieden (im Islam besteht hier ein sehr viel differenzierteres Bild), davon ausgehend aber zeigen sich sehr vielfältige Beziehungsmuster und eine unterschiedliche gesellschaftliche Bedeutung. Und selbst wenn in Europa – in den Worten Casanovas – „ein Niedergang religiöser Überzeugungen und Verhaltensformen" zu verzeichnen ist, lässt sich diese Entwicklung nicht universalisieren, im Gegenteil erscheint der europäische als ein Sonderweg, denn weltweit sieht die Entwicklung deutlich anders aus.

Als Kehrseite des Säkularismus ist in den letzten Jahrzehnten der Fundamentalismus in den Mittelpunkt des Interesses gerückt. Allerdings ist der Fundamentalismus ein heterogenes Phänomen, dem so unterschiedliche Strömungen wie die

---

[23] Casanova 1996: 198.
[24] Casanova 1996: 199.

pfingstlerische und die charismatische Bewegung innerhalb des protestantischen Christentums, wie eher traditionalistische Gruppen wie die jüdischen Fundamentalisten und wie die selbst wieder heterogene Szene der islamischen Dschihadisten zugeordnet werden. Einig sind sich die Beobachter des Phänomens weitgehend darin, dass der Fundamentalismus als „moderne Bewegung gegen die Moderne" (Eisenstadt) zu kennzeichnen ist.

Der Bedrohung des traditionellen Glaubens wurde der Slogan „Zurück zu den Fundamenten" entgegengesetzt.[25] „Zur fundamentalistischen Bewegung gehörte ihr exklusiver Wahrheitsanspruch und die Stigmatisierung aller anderen, gehörte die radikale Gruppenbildung und Ausgrenzung aller anderen."[26] Ebenso zeigte sich bei den amerikanischen „fundamentals" der Versuch, auf die Politik Einfluss zu nehmen. Während in den dreißiger Jahren des 20. Jahrhunderts der Einfluss der Fundamentalisten stark zurückging, erfuhren sie seit der Mitte des 20. Jahrhunderts eine deutliche Wiederbelebung, die bis in unsere Zeit anhält.[27]

Ganz allgemein ist die fundamentalistische Identitäts- und Gruppenbildung als innovativer historischer Prozess zu verstehen: „Fundamentalismus entsteht aus einem Spannungsfeld zwischen Traditionalismus und Modernismus, auf das er in ideologischer wie sozialer Hinsicht innovativ reagiert."[28] Dabei entstammt die Trägerschicht fundamentalistischer Bewegungen nicht Klassenkulturen, sondern Kulturmilieus, in welche sich unterschiedliche Klassensegmente integrieren.[29] Modern sind die fundamentalistischen Bewegungen in erster Linie nicht, weil sie moderne Kommunikationstechniken und Propagandamethoden benutzen, sondern weil sie eine eigene Ideologie hervorbringen, die durch eine „erfundene Tradition" gekennzeichnet ist.[30] Zwar entwickeln sie „ontologische Vorstellungen, die dem Bemühen entspringen, Raum und Zeit gemäß ihren utopischen Visionen zu konstruieren. Diese enthalten oft eschatologische Elemente, mit denen sie sich als das Ende der Geschichte deklarieren, und eine messianische Erlösungsbotschaft, mit der sie auf eine drohende Katastrophe antworten."[31]

---

[25] Vgl. Pfürtner 1991: 47.
[26] Pfürtner 1991: 50.
[27] Vgl. Eisenstadt 2000: 183ff.
[28] Riesebrodt 1996: 255.
[29] Vgl. Riesebrodt 1996 254f; Riesebrodt spricht von Kulturmilieus, „wenn die Selbstdeutung einer Gruppe primär auf außerökonomischen Kriterien beruht, wie z. B. dem Glauben an nationale, ethnische, geschlechtliche oder religiöse Zusammengehörigkeit." (Ebd.) Diese Milieus können entweder klassenhomogen oder -heterogen sein.
[30] Riesebrodt 1996: 255.
[31] Eisenstadt 2000: 197.

Dieses Krisenbewusstsein ist eine der zentralen Kristallisationspunkte des Fundamentalismus; es kann unterschiedliche Ausprägungen haben wie etwa das Gefühl, dass die arabisch-islamische Welt keine Zukunft habe, und dass die Muslime durch den Westen erniedrigt werden durch Stigmatisierung und vor allem durch die Auflösung traditioneller Lebensformen durch den westlichen „way of life".[32] Es ist kein Zufall, dass es auch im christlichen Fundamentalismus vor allem die modernen Lebensformen, insbesondere im Verhältnis der Geschlechter, sind, die im Zentrum fundamentalistischer Kritik stehen; allerdings neben der Ablehnung des modernen Rationalismus und Säkularismus. Vielfach verbindet sich damit eine Kombination mit einer „jakobinischen" Politik (Eisenstadt), die die Umgestaltung der Gesellschaft gemäß den eigenen Prinzipien anstrebt. „Dabei heben sie [scil. die fundamentalistischen Bewegungen] den Unterschied zwischen Zentrum und Peripherie fast gänzlich auf, indem sie intermediäre Institutionen und Assoziationen – die sogenannte Zivilgesellschaft – ablehnen und nur die umfassende Gemeinschaft kennen."[33]

Literatur:

Anderson, B. (1988): Die Erfindung der Nation. Zur Karriere eines folgenreichen Konzepts. Frankfurt a.M./New York (engl. Imagined Communities: Reflection on the Origin and Spread of Nationalism, London 1983).
Baecker, D. (2000): Gesellschaft als Kultur, in: Ders.: Wozu Kultur?, Berlin, S. 44-57.
Bertelsmann Stiftung (Hrsg.)(2007): Religionsmonitor 2008. Gütersloh.
Casanova, J. (1996): Chancen und Gefahren öffentlicher Religion. Ost- und Westeuropa im Vergleich. In: Kallscheuer, O. (Hrsg.): Das Europa der Religionen. Ein Kontinent zwischen Säkularisierung und Fundamentalismus. Frankfurt a. M. 1996, S. 181-210.
Dallmann, H.-U. (2002): Das Recht, verschieden zu sein. Eine sozialethische Studie zu Inklusion und Exklusion im Kontext von Migration (Öffentliche Theologie 13). Gütersloh.
Eisenstadt, S. N. (2000): Die Vielfalt der Moderne. Weilerswist.
Elias, Norbert (1939): Über den Prozeß der Zivilisation. Soziogenetische und psychogenetische Untersuchungen. 2 Bände. 19. Aufl. Frankfurt a.M. 1995.
Friedrich, J./Huber, W./Steinacker, P. (Hrsg.)(2006): Kirche in der Vielfalt der Lebensbezüge. Die vierte EKD-Erhebung über Kirchenmitgliedschaft, Gütersloh.
Gabriel, K. (2007):Religiöser Pluralismus. Die Kirchen in Westdeutschland. In: Bertelsmann Stiftung (Hrsg.) 2007, S. 76-84.
Gebhardt,W. u. a. (2005): Die Selbstermächtigung des religiösen Subjekts. Der „spirituelle Wanderer" als Idealtypus spätmoderner Religiosität. *Zeitschrift für Religionswissenschaft* 13 (2005), S. 133-151.
Graf, F. W./Tanner, K. (1990): Kultur II: Theologiegeschichtlich. *TRE* XX (1990), S. 187-209.

---

[32] Vgl. Lohlker 2008: 246ff.
[33] Eisenstadt 2000: 200f.

Graf, F. W. (1989): Rettung der Persönlichkeit. Protestantische Theologie als Kulturwissenschaft des Christentums. In: vom Bruch, R. u. a. (Hrsg.): Kultur und Kulturwissenschaften um 1900. Krise der Moderne und Glaube an die Wissenschaft. Wiesbaden/Stuttgart, S. 103-131.

Hobsbawm, E. J. (1991): Nationen und Nationalismus. Mythos und Realität seit 1780. Frankfurt a. M./New York 1991 (engl. Nations and Nationalism since 1780. Programme, Myth, Reality, Cambridge 1990).

Kallscheuer, O. (Hrsg.)(1996): Das Europa der Religionen. Ein Kontinent zwischen Säkularisierung und Fundamentalismus, Frankfurt a. M.

Lohlker, R. (2008): Islam. Eine Ideengeschichte. Wien.

Luhmann, N. (1989): Die Ausdifferenzierung der Religion. In: Luhmann, N.: Gesellschaftsstruktur und Semantik. Studien zur Wissenssoziologie der modernen Gesellschaft. Bd. 3. Frankfurt a. M., S. 259-357.

Luhmann, N. (2000): Die Religion der Gesellschaft. Hrsg. von A. Kieserling. Frankfurt a. M.

Luhmann, N. (1977): Funktion der Religion. Frankfurt a. M.

Luhmann, N. (1981): Grundwerte als Zivilreligion. In: Ders.: Soziologische Aufklärung 3. Soziales System, Gesellschaft, Organisation. Opladen, S. 293-308.

Luhmann, N. (1995): Kultur als historischer Begriff. In: Ders.: Gesellschaftsstruktur und Semantik. Studien zur Wissenssoziologie der modernen Gesellschaft. Bd. 4. Frankfurt a. M., S. 31-54.

Luhmann, N. (1996): Religion als Kultur. In: Kallscheuer, O. (Hrsg.), 1996, S. 291-315.

Pfürtner, S. H. (1991): Fundamentalismus. Die Flucht ins Radikale. Freiburg i. Br.

Pittkowski, W. (2006): Konfessionslose in Deutschland. In: Friedrich, J./Huber, W./Steinacker, P. (Hrsg.), 2006, S. 89-110.

Pollack, D./Pickel, G.(2003): Deinstitutionalisierung des Religiösen und religiöse Individualisierung in Ost- und Westdeutschland. *KZfSS* 55 (2003), S. 447-474.

Pollack, D. (2003): Entzauberung oder Wiederverzauberung der Welt? Die Säkularisierungsthese auf dem Prüfstand. In: Ders.: Säkularisierung – ein moderner Mythos? Studien zum religiösen Wandel in Deutschland. Tübingen, S. 132-148.

Riesebrodt, M. (1996): Zur Politisierung von Religion. Überlegungen am Beispiel fundamentalistischer Bewegungen. In: Kallscheuer, O. (Hrsg.), 1996, S.247-275.

Smith, A. D. (1986): The Ethnic Origins of Nations. Oxford.

Taylor, C. (1996): Drei Formen des Säkularismus. In: Kallscheuer, O. (Hrsg.), 1996, S. 217-246.

Wohlrab-Sahr, M. (2007): Das stabile Drittel jenseits der Religiosität. Religionslosigkeit in Deutschland. In: Bertelsmann Stiftung (Hrsg.), 2008, S. 95-103.

Wohlrab-Sahr, M. u. a (2005): „Ich würd' mir das offenlassen" – Agnostische Spiritualität als Annäherung an die „große Transzendenz" eines Lebens nach dem Tode. *ZfR* 13 (2005), S. 153-173.

Zabel, H. u. a. (19849: Säkularisation, Säkularisierung. *GGB* V (1984), S. 789-829.

Zulehner, P. M. (207): Spirituelle Dynamik in säkularen Kulturen? Deutschland – Österreich – Schweiz. In: Bertelsmann Stiftung (Hrsg.), 2008, S. 143-157.

Трансформация религии в современном обществе

Дальман Ганс Ульрих, ФРГ, Людвигсхафен на Рейне

Исходя из теории религии Люмана, в особое поле зрения попадают вопросы трасформации религии. Особенно здесь можно выделить вопросы об общественной функции религии, в отношении личности возникает вопрос возможности отсутствия веры. Секуляризация по Люману не что иное, как неточное описание последствий, которые вытекают из функциональных различий общества. Тем самым, это и не было рассмотрено Люманном, ничего об этом ещё не сказано, как определённые отношения между религией и обществом, или церковью и государством конкретно представлены или могут быть представлены. Объединяя эти две позиции, возникает следующий вопрос о различном развитии религий во всём мире и его последствиях. В завершении остаётся вопрос о значении усиления изоляции религии.

На одно нужно указать вначале - и это не просто сальвадорская оговорка. Если рассматривать общественное развитие и с этим трансформацию религии - в эволюционной перспективе, то становится понятно, что опираясь на предшествующие события невозможно сделать выводы о будущих развитиях. Также не существует никакого закона развития, чьё открытие дало бы нам право с уверенностью прогнозировать следующее развитие. Но какие же трансформационные процессы мы наблюдаем сегодня? Без притязаний на точность рассмотрю четыре области – это возникшая опция, жить без религии, культурализация религии и комплементарные феномены секуляризации и фундаментализма, как реакции на современность и роль религии в связи с общемировым усилением изоляции людей из социальных систем.

Выбор атеизма

Отсутствие веры – одна из эмпирических опций современного общества, которую выбирают всё больше людей. Моника Вольраб-Зар говорит о трети населения Германии, которая не имеет конфессии, треть которой, в свою очередь, не религиозна.[1] Таким образом, эта группа приравнивается по численности к группе глубокорелигиозных.[2] Питтковский в своём исследовании о членах церковной общины пришёл к похожим выводам.[3] Эти исследования чётко показывают, что тенденции атеизма и непринадлежности к какому-либо вероисповеданию укрепляются, так как религиозность, особенно основанная на церковности, в жизненных и семейных циклах уменьшается. О всеобщей религиозной социализации не может быть и речи. Следствие этого - сокращение числа глубокорелигиозных молодых людей.[4] Ослабление значения церкви не компенсируется, как это обычно утверждается общественным мнением, так называемой «новой» религией, которая имеет свои истоки в Азии и эзотерике.[5] Напротив, действительность показывает, что большая часть религиозного плюрализма в Германии происходит внутри церкви, а не вне её.[6] Кроме того, у религиозных людей, видимо, возникает что-то вроде «агностической духовности», оставляющей за собой открытым вопрос о смысле жизни в потустороннем мире.[7] Так выглядят факты, но что из этого следует?

Религия и культура - религия как культура?

Сначала кажется совсем банальным, что атеизм и отстранённость от религии - это точно показывают примеры из восточной Германии – из поколения в поколение наследуются и укрепляются. Распад традиций являются тяжёлым бременем для религиозной социализации, хоть он и не делает возрождение религиозных традиций невозможными, тем не менее это ма-

---

[1] Wohlrab-Sahr 2007: 98.
[2] Zulehner 2007: 150.
[3] См. Pittkowski 2006.
[4] Zulehner 2007: 150f.
[5] См. Pollack 2003: 136f und Pollack/Pickel 2003.
[6] См. Gabriel 2007. Gebhardt/Engelbrecht/Bochinger 2005: показывают с помощью материалов интервью, как индивидуализированно воспринимаются религиозные предложения различного вида «духовных странников».
[7] См. Wohlrab-Sahr/Karstein/Schaumburg 2005; составительницы интерпретируют эти данные следующим образом: «Очевидно, исходя из научной рациональности или из определённого контекста научного материализма, трудно, собственно, просто иррационально предпологать жизнь после смерти.» (173)

ловероятно. Хотя не обязательно это означает, что существует принципиальная дистанция по отношению к *религиозным предложениям*, но тенденциально воспринимаются они в основном как *культурное событие*. Это соответствует анализу Люмана, который соглашается: «если с позиции религии общество описывается как не находящееся под церковным влиянием, то с позиции общества религия рассматривается как культура».[8]

Впрочем, наблюдение, что религия – это культура, для религии совсем не новый феномен, можно несколько преувеличено сказать: придумали это протестанты. Но чтобы это открытие оценить, необходимо правильно проанализировать условия возникновения этого феномена. Феномен культурного протестантизма – это реакция на переломные моменты 19 века. Связь буржуазии и церкви уже длительное время разрушалась, что, с одной стороны, было следствием эпохи просвещения конца 18 века, когда возникало всё больше критических отзывов по отношению к церкви, однако не обязательно по отношению к религии, и, с другой стороны, Французской революции, во время которой укоренялись антицерковные, а временами и антихристианские взгляды.

Также в следствии революции изменилась и политическая картография: на место старых господских общин постепенно пришло новое национальное государство. В Германии, однако, общегосударственное соглашение – в следствии решения Венского конгресса и, в последствии, по причине политических реставраций – сначала было политически не осуществимым. Вследствие этого, в особенности у интеллигенции романтического круга, возникло желание о всеобъемлющем единстве. Так как это являлось политически бесперспективным, то коллективную идентичность искали, в частности, в культуре и в мнимом величии народа.[9] В связи с этим определение культуры служит для того, чтобы «в отношении социальной сегментации, политического фракционирования и когнитивного плюрализма ещё раз раскрыть интегрированное общее определение человеческой действительности».[10]

Сегодня понятно, почему это только короткое время могло быть убедительным, хотя и тогда не для всех. Культурный протестантизм - которого как такового никогда не существовало и который лишь использовался как

---

[8] Luhmann 1996a: 313; о понятии культуры Люманна см. Luhmann 1995b.
[9] См. подробнее у Dallmann 2002: 315ff.
[10] Graf/Tanner 1990: 192.

шаткое название для гетерогенного теологического направления – использует понятие «культуры» как общее понятие. В настоящем, которое воспринимается как кризис, ссылка на нормативные культурные ценности должна служить лекарством. Как красноречиво излагает Фридрих Вильгельм Граф, понятие теологии как нормативной науки о культуре объединяется с концептом нравственной личности. [11]

Однако, не эта, в прошлом явная идеологизация,[12] приводит к неудаче проекта культурной теологии, а несовместимость предполагаемых культурных концептов. Только то, что культура должна быть в нормативных рамках, уже показывает, что защитники концепта культурного единения в это больше не верят. Против культурного плюрализма должна быть сформирована нормативно понятная и *выстроенная на старых образовательных идеалах всеобщая культура*. Очевидно, что в этом просматриваются параллели к сегодняшним часто вспыхивающим дебатам о ведущей культуре в мультикультурном обществе. Тем самым теологи культуры загоняют себя в ловушку понятия культуры. Так как понятие культуры вводит прикрыто в общество знание о контингентности. «Оно скрывает своё действие посредством того, что оно подчёркивает не сравнение, а несоизмеримое, не сомнение, а идентичность, не случайность, а подлинность». [13]

На разрушительные последствия указывает Дирк Бекер, эмфаза для самого себя, чья пустота станет явной, благодаря практике сравнения. Введённая, таким образом, континентность показывает, что другие люди имеют другие ценности. Собственный выбор, вкус и *вероисповедание нуждаются в объяснении и обоснованности*, потому что может быть сделан выбор в пользу другого, другими по-другому замечено и оценено. Поэтому эмфаза, как и культурные протесты во время Первой Мировой Войны, становится тем сильнее, чем очевиднее то, что почва под ней уже давно разрушена. Можно учиться на прошлом. Во всяком случае, современным последователям традиций культурной теологии нужно посоветовать быть внимательными, т.к. смешение религии с культурой является уже контингентностью. В этом она разделяет судьбу искусства. Искусство можно считать значимым, а можно и не считать. Без искусства живётся, возможно, хуже, с перспективы тех, кто посвятил себя искусству. Другим достаточно посещения

---

[11] См. Graf 1989, особенно 122ff.
[12] Это уже, к примеру, критикует Norbert Elias, см. Elias 1939, Сборник. 1: 1-42.
[13] Baecker 2000: 50.

музея во время отпуска или радости благословления современной культуры.

Религия между секуляризмом и фундаментализмом

Известно, что понятия секуляризма и секуляризации происходят от латинского «секулюм» («saeculum»), что в христианских традициях означает человеческое, общеисторически ограниченное временем мира. Оттуда это понятие стало правовым, посредством чего различаются области мирового и церковного.[14] Разница мотивируется теологически: мир и церковь не должны совпадать.

Сегодняшнее понятие секуляризма основывается на первоначальном значении. Оно возникло как следствие религиозных войн 16 века. Концессионное деление в Европе привело к тому, что для совместного проживания людей требовалось ввести такие правила, которые относились бы не только к одной традиции. Если следовать в этом пункте канадскому социалфилософу Чарлзу Тэйлору, то существуют два пути установления подобных правил: либо выбрать «стратегию общего фундамента», либо «стратегию религиозно независимой политической этики».[15] Первую стратегию выбирает ряд учений естественного права. Хотя они и берут на себя определённый риск: «В конечном итоге эта стратегия аргументирования может привести к тому, что конфессионные догмы полностью будут обыграны в интересах всех христианских вероисповеданий, и, более того, могут выйти за её пределы, так что можно закончить в деизме».[16]

Проблема налицо: чем больше разных представлений должны быть интегрированы, тем невыразительней становится содержание, с тенденцией лишения точности. Вторая упомянутая здесь стратегия представлена известными защитниками в лице Хуго Гротиуса и Томаса Хоббеса. В этой аргументационной стратегии политическая арена освобождена от всех религиозных уполномоченных лиц, религию относят к личной жизни. Это не означает однако, что религия должна быть изъята из общественной жизни. Но религиозная общественность является таковой, и вне собственной области, религии представляют собой только единичные голоса, среди всех остальных, не имеющие привилегированного положения. В этом смысле

---

[14] Zabel/Conze/Strätz 1984: 791.
[15] Taylor 1996.
[16] Taylor 1996: 220.

секулярным государствам нет необходимости выводить религию из общественной сферы, вместо этого отношение к религии может основываться и на равноудалённости.

Это взаимосвязь становится проблемой, потому что - и в этом защитники разных политических и философских течений сходятся во мнении – современное государство должно каким-либо образом приобщать своих граждан к коллективу: «именно потому что успешная демократия предполагает связь между гражданами, то непреодолимая тенденция стремится поставить такие вещи в центр общей идентичности народа, которые бы их интенсивно объединяли, и это чаще всего этнические и религиозные идентификационные признаки».[17] К тому же следует учитывать, что этническая идентичность - это социальные конструкты, которые сначала должны создаваться и формироваться в общественных столкновениях и в первых фазах развития не имеет поддержки общества.[18] Но чем уязвимей общая связь, тем более необходимы мотивы для действенности представленной общности. Поэтому во время конфликтов идентичности часто используются этнические, а при необходимости и религиозные средства, чтобы реализовать собственные цели.[19]

Чтобы была возможность оценить шансы и риски для религий, которые из этого следуют, Йозе Казанова предлагает важные инициативы.[20] Сначала Казанова различает три аспекта секуляризации, которые невозможно заменить один другим. Во-первых, «отделение и эмансипация мировых областей от религиозных структур и норм», во-вторых, «распад религиозных убеждений и форм поведения» и, в конечном итоге, «вытеснение религии в сферу частной жизни».[21] В то время, как первый аспект является для современного общества структурным трендом, второй аспект представляется противоречивым. Казанова интерпретирует упадок религиозных убеждений на фоне различных образцов отношений между церковью и государством. Он выдвигает интересный и, на мой взгляд, подходящий тезис: чем теснее была исторически связь государства и церкви, тем сильнее будет отход от религиозных убеждений и практик. Сопротивление церкви, под-

---

[17] Taylor 1996: 236.
[18] См. об этом учения Andersson 1988, Hobsbawm 1991 и Smith 1986.
[19] См. об этом Dallmann 2002: 285ff.
[20] См. Casanova 1996.
[21] Casanova 1996: 182.

водя итог, против первого аспекта секуляризации ослабляет на длительное время её основу.

В странах восточной Европы во время господства коммунистического режима церкви выступали «как хранители национальных и культурных традиций и как охранники некого рода общественной автономности».[22] Здесь надо заметить, что Казанова является приверженцем гармонистского взгляда. Отношение к коммунистическому государству было во многом - это хорошо можно представить на примере евангелической церкви в ГДР - спорно; церкви в социализме или оппозиции имели разные пути по отношению к государству. Тем не менее справедливо сказать, что церкви во время строительства гражданских общественных структур в независимых государствах играли важную роль. Хотя и этот факт нельзя рассматривать без критики. «Рука об руку с националистическими движениями развилось одно из агрессивных самоутверждений коллективного религиозного самосознания, которое слилось в прошлом с этническими и национальными особенностями, но при коммунистическом господстве исчезло или было подавленно».[23]

Если под понятием секуляризма тематезируется отношение государства, политики и общества к религии, что в данном контексте частично стало понятно, то нужно очень точно разграничить различные (национальные) развития. Хотя существует общая тенденция, что церкви в узком понимании уходят с политической арены (в исламе существует по этому поводу во многом дифференциальная картина), исходя из этого, возникают различные образцы отношений и различное общественное значение. Даже если в Европе - по словам Казановы - констатируется «упадок религиозных убеждений и форм поведения», невозможно это развитие назвать универсальным, напротив, европейский путь оказывается особенном, так как во всём мире развитие происходило совсем иначе.

В качестве обратной стороны секуляризации в последние десятилетия в центре внимания оказался фундаментализм. Фундаментализм является, однако, гетерогенным феноменом, к которому относятся различные течения, как пятидесятнические и харизматические движения в протестантском христианстве, так и традиционные группы, как иудейские фундаменталисты и как неоднородная сцена исламских джихадистов. В одном согласны

---

[22] Casanova 1996: 198.
[23] Casanova 1996: 199.

наблюдатели этого феномена, что фундаментализм - это «современное движение против современности».

В угрозу традиционной вере был противопоставлен лозунг «назад к основанию».[24] «К фундаменталистскому движению относилось её особенное притязание на истину и стигматизация всех остальных, радикальное образование групп и отграничение от других».[25] Также показательна попытка американских фундаменталистов повлиять на политику. Хотя в 30-ые годы 20-го столетия влияние фундаменталистов уменьшилось, а с середины 20-го столетия они пережили существенное возрождение, которое ощутимо и сегодня.[26]

В общем под фундаменталиской идентичностью и образованием групп, понимается инновационный исторический процесс: «Фундаментализм возникает в качестве противоречия между традиционностью и модернизмом, на что он в идеологическом и социальном отношении реагирует новаторски».[27] При этом фундаменталисткое движение появилось не из классового общества, а из культурной среды, в которой были интегрированы различные классовые сегменты.[28] Фундаменталистические движения не являются в первую очередь современными, не потому, что они используют современные виды связи и пропаганды, а потому что они преподносят свою идеологию, основывая её на «вымышленной традиции».[29] Хотя они развили «онтологические представления, из которых возникают попытки, сконструировать пространство и время в соответствии с их утопическими видениями. Они содержат эсхатологические элементы, посредством которых они провозглашают себя концом истории и мессианское послание о спасении, которым они отвечают о надвигающейся катастрофе».[30]

Осознание кризиса - это один из центральных пунктов фундаментализма; это может иметь различные проявления, как, например, чувство, что арабско-исламский мир не имеет будущего и что мусульмане унижены запа-

---

[24] См. Pfürtner 1991: 47.
[25] Pfürtner 1991: 50.
[26] См. Eisenstadt 2000: 183ff.
[27] Riesebrodt 1996: 255.
[28] См. Riesebrodt 1996 254f; Riesebrodt говорит о культурной среде, «если самотолкование группы первоначально основывается на внеэкономических критериях, таких как вера в национальное, этническое, половое или религиозное единство.» (Там же) Эта среда может быть либо классово однородной, либо неоднородной.
[29] Riesebrodt 1996: 255.
[30] Eisenstadt 2000: 197.

дом, из-за стигматизации и, в целом, из-за стирания традиционных форм жизни посредством западной тенденции „way of life".[31] Это неслучайно, что и в христианском фундаментализме, в основном современные формы жизни, особенно относительно полов, есть и которые находятся в центре критики; хотя и рядом с отказом от современного рационализма и секуляризма. Часто с этим связывается комбинация с «якобинской» политикой, которая стремиться преобразовать общество в соответствии с собственными принципами. «При этом почти полностью они (фунд. движен.) стирают разницу между центром и периферией, при том что они отказываются от промежуточных институтов и ассоциаций так называемого гражданского общества и признают только лишь глобальное сообщество».[32]

Список использованной литературы:

Anderson, B. (1988): Die Erfindung der Nation. Zur Karriere eines folgenreichen Konzepts. Frankfurt a.M./New York (engl. Imagined Communities: Reflection on the Origin and Spread of Nationalism, London 1983).
Baecker, D. (2000): Gesellschaft als Kultur, in: Ders.: Wozu Kultur?, Berlin, S. 44-57.
Bertelsmann Stiftung (Hrsg.)(2007): Religionsmonitor 2008. Gütersloh.
Casanova, J. (1996): Chancen und Gefahren öffentlicher Religion. Ost- und Westeuropa im Vergleich. In: Kallscheuer, O. (Hrsg.): Das Europa der Religionen. Ein Kontinent zwischen Säkularisierung und Fundamentalismus. Frankfurt a. M. 1996, S. 181-210.
Dallmann, H.-U. (2002): Das Recht, verschieden zu sein. Eine sozialethische Studie zu Inklusion und Exklusion im Kontext von Migration (Öffentliche Theologie 13). Gütersloh.
Eisenstadt, S. N. (2000): Die Vielfalt der Moderne. Weilerswist.
Elias, Norbert (1939): Über den Prozeß der Zivilisation. Soziogenetische und psychogenetische Untersuchungen. 2 Bände. 19. Aufl. Frankfurt a.M. 1995.
Friedrich, J./Huber, W./Steinacker, P. (Hrsg.)(2006): Kirche in der Vielfalt der Lebensbezüge. Die vierte EKD-Erhebung über Kirchenmitgliedschaft, Gütersloh.
Gabriel, K. (2007):Religiöser Pluralismus. Die Kirchen in Westdeutschland. In: Bertelsmann Stiftung (Hrsg.) 2007, S. 76-84.
Gebhardt,W. u. a. (2005): Die Selbstermächtigung des religiösen Subjekts. Der „spirituelle Wanderer" als Idealtypus spätmoderner Religiosität. *Zeitschrift für Religionswissenschaft* 13 (2005), S. 133-151.
Graf, F. W./Tanner, K. (1990): Kultur II: Theologiegeschichtlich. *TRE* XX (1990), S. 187-209.
Graf, F. W. (1989): Rettung der Persönlichkeit. Protestantische Theologie als Kulturwissenschaft des Christentums. In: vom Bruch, R. u. a. (Hrsg.): Kultur und Kulturwissenschaften um 1900. Krise der Moderne und Glaube an die Wissenschaft. Wiesbaden/Stuttgart, S. 103-131.

---

[31] См. Lohlker 2008: 246ff.
[32] Eisenstadt 2000: 200f.

Hobsbawm, E. J. (1991): Nationen und Nationalismus. Mythos und Realität seit 1780. Frankfurt a. M./New York 1991 (engl. Nations and Nationalism since 1780. Programme, Myth, Reality, Cambridge 1990).
Kallscheuer, O. (Hrsg.)(1996): Das Europa der Religionen. Ein Kontinent zwischen Säkularisierung und Fundamentalismus, Frankfurt a. M.
Lohlker, R. (2008): Islam. Eine Ideengeschichte. Wien.
Luhmann, N. (1989): Die Ausdifferenzierung der Religion. In: Luhmann, N.: Gesellschaftsstruktur und Semantik. Studien zur Wissenssoziologie der modernen Gesellschaft. Bd. 3. Frankfurt a. M., S. 259-357.
Luhmann, N. (2000): Die Religion der Gesellschaft. Hrsg. von A. Kieserling. Frankfurt a. M.
Luhmann, N. (1977): Funktion der Religion. Frankfurt a. M.
Luhmann, N. (1981): Grundwerte als Zivilreligion. In: Ders.: Soziologische Aufklärung 3. Soziales System, Gesellschaft, Organisation. Opladen, S. 293-308.
Luhmann, N. (1995): Kultur als historischer Begriff. In: Ders.: Gesellschaftsstruktur und Semantik. Studien zur Wissenssoziologie der modernen Gesellschaft. Bd. 4. Frankfurt a. M., S. 31-54.
Luhmann, N. (1996): Religion als Kultur. In: Kallscheuer, O. (Hrsg.), 1996, S. 291-315.
Pfürtner, S. H. (1991): Fundamentalismus. Die Flucht ins Radikale. Freiburg i. Br.
Pittkowski, W. (2006): Konfessionslose in Deutschland. In: Friedrich, J./Huber, W./Steinacker, P. (Hrsg.), 2006, S. 89-110.
Pollack, D./Pickel, G.(2003): Deinstitutionalisierung des Religiösen und religiöse Individualisierung in Ost- und Westdeutschland. *KZfSS* 55 (2003), S. 447-474.
Pollack, D. (2003): Entzauberung oder Wiederverzauberung der Welt? Die Säkularisierungsthese auf dem Prüfstand. In: Ders.: Säkularisierung – ein moderner Mythos? Studien zum religiösen Wandel in Deutschland. Tübingen, S. 132-148.
Riesebrodt, M. (1996): Zur Politisierung von Religion. Überlegungen am Beispiel fundamentalistischer Bewegungen. In: Kallscheuer, O. (Hrsg.), 1996, S.247-275.
Smith, A. D. (1986): The Ethnic Origins of Nations. Oxford.
Taylor, C. (1996): Drei Formen des Säkularismus. In: Kallscheuer, O. (Hrsg.), 1996, S. 217-246.
Wohlrab-Sahr, M. (2007): Das stabile Drittel jenseits der Religiosität. Religionslosigkeit in Deutschland. In: Bertelsmann Stiftung (Hrsg.), 2008, S. 95-103.
Wohlrab-Sahr, M. u. a (2005): „Ich würd' mir das offenlassen" – Agnostische Spiritualität als Annäherung an die „große Transzendenz" eines Lebens nach dem Tode. *ZfR* 13 (2005), S. 153-173.
Zabel, H. u. a. (19849: Säkularisation, Säkularisierung. *GGB* V (1984), S. 789-829.
Zulehner, P. M. (207): Spirituelle Dynamik in säkularen Kulturen? Deutschland – Österreich – Schweiz. In: Bertelsmann Stiftung (Hrsg.), 2008, S. 143-157.

Religiöse Situation und interethnische Beziehungen in der Kirgisischen Republik

Bakitbek Maltabarov, Kirgisistan, Bischkek

Die religiöse Situation und die interethnischen Beziehungen in der Kirgisischen Republik erwecken ein erhebliches Interesse nicht nur unter den heimischen Forschern, sondern auch bei den Soziologen des näheren und ferneren Auslands. Deshalb treten jene Ereignisse, die im Land geschehen sind, vielfach als Objekt der Forschung auf und wir betrachten daher das vorliegende Problem auch hier aus der Sicht der Soziologie.

Am 15. Dezember 1990 hat das Parlament auf seiner dritten Sitzung die Souveränität der Republik Kirgisistans (RK) verkündet. Das Jahr 1991 ist in die weltweite Geschichte als das Jahr des Zerfalles der UdSSR eingegangen. Nach den Jahren der Perestroika, der Umgestaltungen (1985-1991) und des Augustputsches 1991 wurden neue unabhängige Staaten gebildet (GUS). Am 16. Dezember 1991 hat das Parlament der RK das Gesetz "Über die Glaubensfreiheit und die religiösen Organisationen" verabschiedet. Das Gesetz basierte auf den Bestimmungen, die in internationalen Abkommen und Pakten enthalten sind, sowie auf der allgemeinen Erklärung der Menschenrechte, dass die Freiheit, religiöse oder atheistische Überzeugungen zu beanspruchen und die entsprechenden Handlungen zu verwirklichen, nur jenen Beschränkungen unterliegt, die für den Schutz der öffentlichen Sicherheit und Ordnung, des Lebens, der Gesundheit und der Moral, sowie der Rechte und der Freiheiten anderer Bürger notwendig sind. Nach der Annahme dieses liberalen Gesetzes begann im unabhängigen Kirgisistan die Religion wieder aufzuleben. Es wurden offiziell religiöse Feiertage bestimmt, solche wie etwa "Oroso Ajt" und "Kurman Ajt" für die Moslems oder „Weihnachten", „Ostern" und die vorausgehenden Feiertage für die Christen. Kirgisistan wurde eines der ersten offenen und liberalen Länder, in dem neben dem Islam und dem orthodoxen Christentum unter den Bedingungen der Demokratisierung der öffentlichen Strukturen neue religiöse Bewegungen ihre Tätigkeit aufgenommen haben. Am 14. November 1996 wurde die Verordnung des Präsidenten der RK unter dem Titel übernommen "Provisorische Vorschriften über die Registrierung von religiösen Organisationen der ankommenden ausländischen Bürger in der Kirgisischen Republik". Laut dieser Verordnung sollten alle religiösen Organisationen sich bei den regionalen und republikanischen Institutionen der Justiz anmelden und registrieren lassen.

Die moderne Politik des unabhängigen Staates Kirgisistan ist auf die Demokratisierung aller Seiten des öffentlichen Lebens und auf die Beteiligung aller Bürger an der Verwaltung der öffentlichen Angelegenheiten ausgerichtet; sie findet ihren Ausdruck im Gesetz "Über die Glaubensfreiheit und die religiösen Organisationen in der Kirgisischen Republik", das am 6. November 2008 vom Parlament der Kirgisischen Republik verabschiedet wurde. Das Gesetz wurde vom Präsidenten der Kirgisischen Republik am 31. Dezember 2008 unterschrieben, genau 17 Jahre nach dem ersten Gesetz über die Religionen an der Schwelle des Zusammenbruchs der Sowjetunion und der Wiedergewinnung der Unabhängigkeit am 16. Dezember 1991. Das Gesetz korrigiert alle Fehler und undemokratischen Implikationen, die im vorherigen Gesetz vom 21. Dezember 1991 vorhanden waren. So dürfen nun nach dem neuen Gesetz religiöse Organisationen gegründet werden, wenn sich mindestens zweihundert volljährige und mit ständigem Wohnsitz in Kirgisistan gemeldete Bürger der Kirgisischen Republik zu einer solchen Initiative finden. Ferner dürfen sich religiöse Vereinigungen bilden, wenn mindestens zehn religiöse Organisationen einer einheitlichen Konfession vorhanden sind, wobei eine von diesen mindestens fünfzehn Jahre auf dem Territorium der Kirgisischen Republik tätig geworden sein muss. So wird im Artikel Nr. 6, „Der Staat und die Religion", im Punkt 1, darüber geschrieben, dass die Staatspolitik im Bereich der Glaubensfreiheit auf den folgenden Prinzipien beruht: Die Kirgisische Republik ist ein säkularer Staat, in welchem eine Einmischung der religiösen Organisationen und der Religionsdiener in Angelegenheiten der Regierung und der Gemeindeverwaltung nicht zugelassen wird; keine Religion darf als staatlich oder obligatorisch festgestellt werden; die Beziehungen zwischen dem Staat und den religiösen Organisationen werden durch das Gesetz geregelt unter Berücksichtigung ihres Einflusses auf die Bildung der geistigen, kulturellen, staatlichen und nationalen Traditionen [4].

Die soziologische Analyse der religiösen Situation im unabhängigen Kirgisistan zeigt, dass sich mehr als 90% der Bevölkerung mit traditionell islamischer Herkunft zur sunnitischen Richtung bekennen. Die Periode der demokratischen Transformation unserer Gesellschaft und die Abschaffung der verbietenden Gesetze haben für die Entwicklung des Islams einen starken Impuls gegeben. Im 1993 wurde das leitende Organ der Muslime Kirgisistans „Muftijat" gebildet, das seit Dezember 1996 zur „Geistlichen Verwaltung der Muslime Kirgisistans (GVMK)" umbenannt ist. Die GVMK besteht aus 25 Mitgliedern des Rates der Ulemen. In der Struktur der Verwaltung der GVMK gibt es 9 Kasyjaten, davon 7 regionale Kasyjaten und 2 Kasyjaten aus den Städten Bischkek und Osch. Gab es im Jahre 1991 in der Republik 39 Moscheen, so hat sich heutzutage die Zahl auf 1764 Moscheen erhöht. Derzeit umfasst die GVMK 1837 islamische Organisationen, 10 religiöse Hochschulen, 62 Medressen (Koranschulen), 47 Stiftungen, islamische Zentren und Vereinigungen sowie 4 Missionen von ausländischen Konfessionen (siehe Tabelle 1).

№	Religiöse Vereinigungen	Total	Religiöse Organisationen, Gemeindezent-ren, Stiftungen	Geistige Bildungseinrichtungen	ausländische Missionen
1	Geistliche Verwaltung der Muslime Kirgisistans (GVMK)	1	1		
2	regionale Kasyjaten	9	9		
3	Moscheen	1764	1764		
4	Hochschulen	10		10	
5	Medressen (Koranschulen)	62		62	
6	Andere islamische Vereinigungen und Organisationen	67	63		4
	TOTAL	1913	1837	72	4

Tabelle 1: Anzahl der islamischen religiösen Organisationen, Vereinigungen, Bildungseinrichtungen und Stiftungen [6]

Heute wird in Kirgisistan unter der muslimischen Bevölkerung ein Anstieg des religiösen Selbstbewusstseins beobachtet. Dies bezeugen soziologische Forschungen, die in den Jahren 2001, 2003, 2007 und 2011 von Soziologen in Kirgisistan durchgeführt worden sind. Die Religiosität der Befragten wurde dabei auf der Grundlage ihrer persönlichen Selbstidentifizierung ermittelt. Das Niveau und der Grad der Religiosität kann in einem gewissen Maße nach dem religiösen

Aktivitätsgrad der Befragten eingeschätzt werden. In dieser Absicht haben die Soziologen Fragen über die Ausführung der religiösen Bräuche und der islamischen Vorschriften gestellt. Es wurden folgende Typen von Befragten festgestellt: Gläubige mit hohem religiösen Aktivitätsgrad, d.h. diejenigen, die die religiösen Vorschriften und die Rituale vollständig erfüllen; Gläubige mit mittlerem religiösen Aktivitätsgrad, d.h. diejenige, die die religiösen Vorschriften und Rituale nur teilweise erfüllen; und Gläubige mit niedrigem religiösem Aktivitätsgrad, d.h. diejenige, die Rituale und die religiöse Vorschriften nicht erfüllen [7].

Die Unterscheidung der Gläubigen nach diesen Typen ist zweckmäßig. Diese schafft die Möglichkeit, die sozial-kulturellen Präferenzen verschiedener Typen von Gläubigen in ihren eigenen Besonderheiten und nicht nur auf der Grundlage der durchschnittlichen Masse zu verstehen. Die Tiefe und der Charakter der Religiosität beeinflussen in unterschiedlichem Maß die gesellschaftspolitischen und geistigen Präferenzen. Dabei sind die gegebenen Präferenzen der am Rande liegenden Typen nicht entscheidend. In der Praxis haben wir vornehmlich mit den Weltanschauungen und Einstellungen des mittleren und zahlenmäßig stärksten Typus der Gläubigen zu tun.

Die soziologische Analyse der Einstellung der Bevölkerung zum Islam wird auch zunehmend ein Objekt der soziologischen Forschungen in Kirgisistan. 2003 wurden soziologische Forschungen unter Leitung des Direktors des Zentrums der Methodologie der Wissenschaft und der sozialen Forschungen NAN KR, des Doktors und Dozenten der Soziologie N.A. Omuralijew (Leiter der Feldforschung B.A. Maltabarov) durchgeführt. Insgesamt wurden tausend Menschen in der Republik im Alter von 16 Jahren und älter befragt, davon 200 Personen in jeder der ausgewählten Regionen (Tschuj, Issyk-Kul, Osch, Dschalal-Abad und der Stadt Bischkek). Die Stichprobenmenge war nach drei Hauptkriterien repräsentativ bestimmt: nach Nationalität, Alter und Geschlecht (Leiter des Projektes war die Doktorin und Dozentin Tsch. Tschotajewa). Die Ergebnisse der soziologischen Forschung zeigen, dass sich zum Islam 96,3% der Kirgisen, 100% der Usbeken und 70,8% der Vertreter anderer Nationalitäten bekennen. Zu keiner Religion bekennen sich 3,0% der Kirgisen und unter dem Kriterium „andere Nationalitäten" 9,2%. Diese Frage konnten nicht beantworten 0,7% der Vertreter anderer Nationalitäten und 0,7% der Kirgisen.

Die Ergebnisse der Umfrage in 2011 im Vergleich zu 2003 zeigen, dass die Anzahl der sich zum Islam bekennenden Kirgisen um 0,8% gestiegen ist, hingegen bei den Usbeken um 2,0% und bei anderen Nationalitäten um 0,3% gesunken ist, so dass sich 98,0% der Usbeken und 70,5% der Vertreter anderer Nationalitäten zum Islam bekennen [14].

In 2003 haben 3,0% und in 2011 2,5% der Kirgisen geantwortet, dass sie sich zu keiner Religion bekennen. In 2011 bekannten sich 1,3% der Usbeken und 7,4% anderer Nationalitäten und in 2003 9,2% der Vertreter anderer Nationalitäten zu keiner Religion. Jeder fünfte Befragte (20,0%) in 2003 unter den Vertretern anderer Nationalitäten war in Verlegenheit zu antworten und in 2011 waren dies 21,0%. Unter den Kirgisen waren 0,7% in 2003 und 0,4% in 2011 unentschieden. Unter Usbeken waren in 2011 0,7% in Verlegenheit, auf die vorliegende Frage zu antworten.

Die Zugehörigkeit zur Religion ist vor allem ein Ergebnis sozialisierter Praktiken im Leben des Individuums; das heißt: Die Volkszugehörigkeit ist ein Marker der religiösen Zugehörigkeit. Die Ergebnisse der soziologischen Forschung im Jahre 2007 zeigen, dass 97,7% der Kirgisen, 99,3% der Usbeken und 73,2% der Vertreter anderer Nationalitäten den Islam für "ihre" Religion halten. Nur 1,8% der Kirgisen, 1,0% der Vertreter anderer Nationalitäten und 0,7% der Usbeken fiel es schwer diese Frage zu beantworten.

Die höchste Religiosität findet sich bei Usbeken, da diese den größten Anteil von denjenigen darstellen, die alle religiösen Vorschriften erfüllen, beten und in die Moschee gehen. Die Ergebnisse der soziologischen Forschungen zeigen, dass 41,0% der Usbeken in 2003 und entsprechend 51,0% in 2011 regelmäßig alle religiösen Vorschriften erfüllen und beachten und dass 44,4% und 35,9% diese teilweise erfüllen und beachten. 25,9% und 17,0% der Kirgisen erfüllen und beachten alle religiösen Vorschriften regelmäßig, 55,2% und 61,1% erfüllen und beachten die religiösen Vorschriften des Islams nur teilweise.

Im Rahmen eines Projektes der Friedrich-Ebert-Stiftung wurde eine soziologische Untersuchung der öffentlichen Meinung der Bevölkerung Kirgisistans mit der Methode des standardisierten Interviews (face-to-face) durchgeführt. Die Befragung wurde anonym mittels Fragebogens auf Russisch, Kirgisisch und Usbekisch jeweils am Wohnort vollzogen. Die Umfrage wurde vom 4. bis zum 18. März 2007 durchgeführt, der Umfang der landesbezogenen Stichprobenmenge hat 2000 Befragte [7] betragen.

Die Anordnungen des Islams erfüllen in strenger Weise 14,8% Kirgisen, 29,9% der Vertreter anderer Nationalitäten und 32,0% Usbeken. 52,4% Kirgisen, 41,2% der Vertreter anderer Nationalitäten und jeder vierte Befragte-Usbeke haben geantwortet, dass sie die Anordnungen des Islam nicht in strenger Weise erfüllen. 9,4% Kirgisen, 8,2% der Vertreter anderer Nationalitäten und 4,3% der Usbeken erfüllen die religiösen Anordnungen gar nicht.

Jetzt zurück zu den Ergebnissen der Forschungen 2003 und 2011. Im Jahr 2003 ergab sich folgendes Bild: 35,9% der Usbeken wissen, wie man betet und führen Gebete jeden Tag; im Jahre 2011 sind es 37,3%; 18,5% der Vertreter anderer Nationalitäten wissen im Jahr 2003, wie man betet und beten jeden Tag und im Jahr 2011 sind es 24,2%; im Jahr 2003 wissen 11,8% der Kirgisen, wie man betet und beten jeden Tag, in 2011 sind es 12,9%.

In 2003 wissen 35,6% Kirgisen, wie man betet, aber machen dies unregelmäßig und in 2011 sind es 53,0%; im Vergleich der Jahre sind es ferner 33,3% bzw. 46,4% der Usbeken und 29,2% bzw. 34,7% der Vertreter anderer Nationalitäten. 15,9% und 17,5% der Kirgisen wissen, wie man betet, beten aber faktisch nicht, demgegenüber stehen13,8% und 10,5% der anderen Nationalitäten wie auch 9,4% bzw. 8,5% der Usbeken. 36,6% und 16,5% Kirgisen verstehen nicht, wie man betet, ferner 36,9% und 30,5% der Vertreter anderer Nationalitäten, wie auch 20,5% bzw. 7,8% der Usbeken. So hat sich im Vergleich von 2003 bis 2011, d.h. nach 8 Jahren, die Anzahl der Befragten, die nicht verstehen und die nicht beten, unter Kirgisen und Usbeken in etwa halbiert.

Die Ergebnisse der Umfrage in der soziologischen Forschung 2003 zeigen Folgendes. Auf die Frage: «Wie oft gehen Sie in die Moschee?» antworten 8,1% der Kirgisen, 28,7% der Usbeken und 15,5% der Vertreter anderer Nationalitäten: einmal pro Woche, nämlich zum Freitagsgebet (Namas). Die Ergebnisse der Umfrage 2011 zeigen, dass 14,4% Kirgisen, 32,7% der Usbeken und 22,2% der Vertreter anderer Nationalitäten einmal pro Woche die Moschee besuchen. In acht Jahren ist bei den Vertretern aller ethnischen Gruppen eine progressive Wachstumsdynamik der Besucherzahl der Moscheen zu beobachten, so ist der Prozentwert bei den Kirgisen um 6,3%, bei den Usbeken um 4,0% und bei anderen Nationalitäten um 6,8% gestiegen.

In 2003 gingen 8,3% Kirgisen einmal pro Monat in die Moschee, 3,5% der Usbeken und 4,6% der anderen Nationalitäten. In 2011 besuchten die Moschee einmal pro Monat 1,9% Kirgisen, 2,0% die Usbeken und 8,4% der Vertreter anderer Nationalitäten. Im Vergleich zu den Ergebnissen 2003 ist die Zahl der Moscheebesucher einmal pro Monat bei Kirgisen um 6,6% und der Usbeken um 1,5% gesunken und bei den Vertretern anderer Nationalitäten im Gegenteil um 4,2% gestiegen.

Laut der Befragung in 2003 sind es 29,0% der Kirgisen, die „manchmal die Moschee besuchten", und 27,2% in 2011, ferner 15,7% und 17,0% der Usbeken und 16,9% und 21,1% von anderen Nationalitäten. Nach diesem Kriterium ist nur bei Kirgisen ein Rückgang um 1,8% zu verzeichnen; im Gegensatz hierzu ist bei den Usbeken die Besucherzahl der Moscheen um 1,3% und bei den Vertretern anderer Nationalitäten um 4,2% gestiegen. Die Anzahl derjenigen, die nicht in die Moschee gehen, ist nur bei Kirgisen um 2,0% gestiegen, bei Usbeken und anderen Nationalitäten ist ein Rückgang von 3,8% und 14,7% zu beobachten.

Das Zentrum für soziologische, politische und sozio-psychologische Forschungen hat in der Periode zwischen Oktober-November 2001 und April-Mai 2011 eine Studie in Nord-Kirgisistan und zwischen Mai und Juni 2011 in Süd-Kirgisistan durchgeführt. Der Leiter des Projektes war der Präsident der Soziologischen Assoziation Kirgisistans und habilitierter Doktor für Philosophie Professor der Soziologie K. Isajew. In dieser Forschung wurde eine kombinierte mehrstufige Zufallsstichprobe verwendet. Die Stichprobe war proportional zur Verteilung der städtischen und ländlichen Bevölkerung angelegt und basiert auf den Daten der Volkszählung, durchgeführt vom Nationalen Statistischen Komitee KR in 2009.

Die Gesamtmenge der Bevölkerung im Alter von 18 Jahren und älter bildeten 3.414.200 Personen. Die Stichprobe repräsentierte die Bevölkerungsverteilung nach regionalen Kriterien und Kriterien nach dem Typ des Wohnortes (städtisch oder ländlich, entsprechend der Zahl der dortigen Bevölkerung). Der Stichprobenumfang betrug 2000 Befragte in 2001.

Im Jahr 2011 bestand die Stichprobenmenge aus 1800 Personen von der republikanischen Bevölkerung im Alter ab 18 Jahren und älter (bei gegebener Stichprobengröße überschreitet der statistische Fehler beim Konfidenzintervall 97% 2,4% nicht).

Die interessanten Daten wurden in diesen Studien von Zentrum für soziologische, politische und sozio-psychologische Forschungen in 2001 und 2011 unter Leitung des Professors der Soziologie K. Issajewa erhoben. Auf die Frage: «Inwiefern vertrauen Sie den öffentlichen Instituten?» haben in 2001 die Befragten folgendermaßen geantwortet: Der Armee/dem Militär vertrauten 71,6%, den Moscheen/religiösen Instituten 64,8% und an erster Stelle vor allem dem Präsidenten, der Regierung und dem Parlament. 10 Jahre später in 2011 rückt das Vertrauen gegenüber den religiösen Instituten/Moscheen in die führende Position. Das Ergebnis ist doppelt so hoch wie das Vertrauen gegenüber dem Fernsehen und dem Rundfunk (37,6%), gegenüber dem Präsidenten (37,1%), der Armee (34,4%), der lokalen Verwaltung (30,1%), der Regierung (29,8%), der Regionalverwaltung (26,9%), den NGOs – Nichtregierungsorganisationen (26,5%) und dem Parlament (25%), und ist dreimal höher als gegenüber den Institutionen der Rechtspflege und Strafverfolgungsbehörden (23,3%), den Gewerkschaften (23,1%), den Gerichten (17,7%) und den politischen Parteien (17,4%).

Zum *Orthodoxen Christentum* bekennen sich in Kirgisistan mehr als 8% der Bevölkerung; es sind hauptsächlich Russen, Ukrainer und Weißrussen. Die orthodoxen Christen sind in der Diözese der Russischen Orthodoxen Kirche (genannt „die Russisch-Orthodoxe Kirche") vereinigt. Die Diözese umfasst 39 Kirchen und ein Frauenkloster. Die religiösen Institutionen der orthodoxen Kirche sind in der ganzen Republik präsent außer dem Narynski-Gebiet. Die Russisch-Orthodoxe Kirche in Kirgisistan existiert schon 130 Jahre und hat derzeit 43 Kirchengebäude und Kirchengemeinden. Eine von diesen befindet sich in Bischkek, vier im Gebiet Dschalal-Abad, elf im Gebiet Issyk-Kul, vier im Gebiet Osch, drei im Gebiet Talass und 20 im Gebiet Tschuj. Fast bei jeder Kirche und Kirchengemeinde werden Sonntagsschulen betrieben. In der Stadt Kara-Balta im Gebiet Tschuj befindet sich das Frauenkloster (siehe die Tabelle 2).

№	Nationalitäten	Anzahl der Bürger	Prozentual
1.	Russen	419 583	7,82
2.	Ukrainer	21 924	0,40
3.	Weißrussen	1 394	0,02
	Insgesamt	**442 901**	**8,24**

Tabelle 2: Die Bevölkerung Kirgisistans, die sich zum orthodoxen Christentum bekennt [2]

Die Heilige Schrift (die Bibel) und die Heilige Überlieferung (die Entscheidungen der ersten sieben ökumenischen Kathedralen und die Schriften der Kirchenväter II-VIII) stellen die religiöse Grundlage der Orthodoxie dar. Seit Jahrtausenden war die Orthodoxie eine Grundlage, unter der sich die russische Kultur, die Mentalität der slawischen Völker und die Grundsätze des familiären und staatlichen Lebens entwickelt haben. Wie der Erzpriester W.E. Sawitskiy behauptet, liegt die Anzahl der aktiven orthodoxen Kirchgänger in der Kirgisischen Republik bei etwa 100 000 Menschen, dabei kann die Anzahl der Kirchgänger, die nur 1 mal pro Monat die Kirche besuchen, deutlich höher sein. Ferner besteht neben den orthodoxen Diözesen, die zum Moskauer Patriarchat gehören, im Dorf Tschaldowar eine ausländische orthodoxe Kirche, deren Zentrum in Bonn liegt. Waren im März 1997 19 und im Februar 1998 27 orthodoxe Gemeinden registriert, so sind es derzeit 45 Gemeinden der russischen orthodoxen Kirche und drei geistige Bildungseinrichtungen. Zusätzlich existieren noch zwei orthodoxe Gemeinden, die von der Russischen Orthodoxen Kirche abgewichen sind (siehe Tabelle 3).

Der *Katholizismus*, ein westlicher Zweig des Christentums, ist gekennzeichnet durch eine streng hierarchische Struktur und Disziplin. Katholische Gemeinden in Kirgisistan wurden im Jahr 1969 durch die entsprechenden sowjetischen staatlichen Behörden registriert. Gegenwärtig ist die katholische Gemeinde hauptsächlich in Bischkek tätig.

	Religiöse Einrichtungen	**Total**	**Geistige Bildungseinrichtungen**	**Bruderschaft, Schwesternschaft**
1	Orthodoxie	48	3	45
2	Orthodoxe Gemeinden, die von der Russischen Orthodoxen Kirche abgewichen sind	2		2
	Total	**50**	**3**	**47**

Tabelle 3: Anzahl der religiösen Organisationen, Gemeinschaften, geistigen Einrichtungen und orthodoxen Fonds [6]

Der *Protestantismus* ist in Kirgisistan durch zahlreiche religiöse Gemeinden vertreten. Insgesamt sind das elf Einrichtungen. *Baptisten* sind die Nachfolger der protestantischen Strömung, deren Bewegung im 17ten Jahrhundert gegründet wurde. In Kirgisien hat der Kirchenverband evangelischer Christen und Baptisten (ca. 2000 Menschen) 35 Gebetshäuser und Filialien. Davon sind vier in Bischkek, 17 im Landkreis Tschuysk, fünf im Landkreis Issyk-Kul, jeweils drei in den Landkreisen von Talass und Dschalal-Abad und jeweils einer in den folgenden Landkreisen: Batkensk, Narynsk und Osch.

Der *Südliche Verband der Siebenten-Tags-Adventisten (STA)*. Insgesamt sind das ca. 1200 Menschen. In der Republik sind 17 Kirchen der STA tätig. Davon sechs in Bischkek, sieben im Landkreis Tschuysk und jeweils eine in folgenden Landkreisen: Dschalal-Abad, Issyk-Kul, Osch und Talass.

Die *Pfingstbewegung* hat in Kirgisistan 19 religiöse Institutionen: drei im Landkreis Dschalal-Abad, jeweils zwei im Landkreis Issyk-Kul, und jeweils eine in den Landkreisen Osch, Talass und Tschuysk. Auch in Bischkek befindet sich eine Kirche. Es existieren folgende Bildungszentren der Pfingstbewegung: Christliche Wohltätigkeitsstiftung „Yrayim", Wohltätigkeitsmission „Blagaya Vest", Missionswerk „Zvezda Nadezhdi", Christliche Schule „Ak-Bata", Evangelisch-Biblisches College „Schelkoviy Put".

Proselitysmus ist typisch für die *Zeugen Jehovas*. Sie besuchen Häuser, verteilen Ihre Magazine und sonstige Literatur an Haltestellen und anderen stark besuchten Orten und agitieren sehr stark für ihren Glauben. Derzeit sind 36 Organisationen der Zeugen Jehovas registriert. Es sind viele unterschiedliche Nationalitäten dabei. In Kirgisien gibt es mehr als 40 Versammlungen, sechs Königreichssäle wurden auf Kosten von Zeugen Jehovas erbaut. Weitere werden gemietet. In Bischkek gibt es 16 Königreichssäle, im Landkreis Issyk-Kul vier, im Landkreis Tschuysk 17, und jeweils einer in den Landkreisen Naryn und Talass. Am Abendmahl haben im Jahr 2003 mehr als 9000 Menschen teilgenommen, davon wurden 550 getauft.

Die *Evangelisch-lutherischen* Gemeinden in Kirgisien haben ca. 500 Mitglieder und 17 Gebetshäuser: eines in Bischkek, 12 im Landkreis Tschuysk, jeweils eines in den Landkreisen Dschalal-Abad, Issyk-Kul, Osch, Talass. Die Lutherische Kirche „Konkordia" hat ca. 20 Mitglieder.

Ferner wurden folgende *presbyterianische* Organisationen registriert:

1) Christlich-evangelische Kirche (CEK) „Slovo Zhizni", 2) CEK „Sokuluk", 3) Christlich-evangelische presbyterianische Kirche (CEPK) „Syn Don", 4) CEPK „Soman", 5) Ausländisches Missionswerk der CEK „Zentralnaya", 6) Christliche Kirche in Bischkek „Bog-Ym-Blagaya Vest", 7) Evangelisches Missionszentrum „Blagodat" mit drei Objekten: ein Zentrum, eine Kirche und ein Wohltätigkeitsfond, 8) CEPK „Vozrozhdenie", 9) Christliche Kirche des vollen

Evangeliums „Sun-Bogym", 10) Filiale der CEPK „Ire", 11) CEPK „Emmanuil", 12) Südliche Kirche.

Es sind folgende *charismatische* Organisationen in Kirgisistan tätig:

1) „Lokale Kirche Jesu Christi" mit ca. 5000 Mitgliedern und 18 Filialen in der Kirgisischen Republik. Davon sind vier in Bischkek, im Landkreis Tschuysk acht, im Landkreis Issyk-Kul vier, und jeweils eine in den Landkreisen Osch und Talass, 2) Gemeinde „Yjsa", 3) Gemeinde „Istotschnik Zhisni", 4) „Sewer" – Filiale der lokalen Kirche Jesu Christi.

Interreligiöse nicht traditionelle Organisationen protestantischer Richtung:

1) Religiöse Organisation und Filiale Biblischer Gemeinschaft von Kasachstan in der Kirgisischen Republik, 2) Vereinigtes Priesterseminar, 3) Internationale Biblische Fernuniversität in Kirgisistan.

	Religiöse Einrichtungen	Total	Organisationen, Fonds, Gemeinschaften, Zentren	Geistige Bildungszentren	Bruderschaft, Schwesternschaft	Ausländische Missionswerke
1	Katholizismus	4	1		3	
2	Baptisten	49	1		48	
3	Sieben-Tags-Adventisten	31		1	30	
4	Pfingstbewegung	54	1	6	47	
5	Lutherische Kirchen	21			20	1
6	Presbyterianismus	36	5	2	29	
7	Charismaten	43	14		29	

8	Ausländische Missionswerke	24	9	4	11	
9	Protestantische Gemeinschaften	3	4		12	
0	Zeugen Jehovas	41			41	
	TOTAL	**369**	**35**	**16**	**317**	**1**

Tabelle 4: Anzahl der katholischen und protestantischen Gemeinschaften, Bildungszentren und Fonds [6]

Christliche Fonds, Zentren und protestantische Gemeinschaften (ohne Registration):

1) Christliches Zentrum „Agape", 2) Wohltätigkeitsfond „ADRA", 3) ACT (Internationale Niederländische Hilfe) (siehe Tabelle 4)

Das *Judentum* ist durch eine Jüdische Gemeinde vertreten. Sie befindet sich in Bischkek und hat ca. 100 Mitglieder. Außerdem gibt es noch eine jüdische Schule bei der Gemeinde.

Die *Internationale Gemeinde für Krischna-Bewusstsein (IGfKB)* existiert in Kirgisistan seit Anfang der 90er. Die zahlreichen Mitglieder sind meistens junge Leute unterschiedlicher Nationalitäten. Die offizielle Anmeldung der Gesellschaft fand am 17.10.1995 in Bischkek statt. Anfang 2000 existierten zwei Zentren der Gesellschaft mit ca. 300 Mitgliedern. Derzeit existiert die Gesellschaft noch, hat aber seit 9 Jahren keine Neuregistrierungen aufzuweisen. *Vishnuiten* sind ähnlich den Krischnaiten, unterscheiden sich aber hinsichtlich des führenden Gurus und gewisser Kleinigkeiten bezogen auf die Lehre. Die Bischkeker Gesellschaft der Vishnuiten namens Bkhaktivedanta Svami Prabkhhupady wurde sogar noch früher als internationale Gemeinde für Krischna-Bewusstsein, nämlich am 27 August 1993 registriert. Beide Gesellschaften befinden sich im Norden Kirgisistans, im Landkreis Tschuysk, und ein besonderer Fokus liegt in Bischkek.

Die *Gemeinde des Bahaitums* hat in den Regionen der Kirgisischen Republik 13 lokale Gemeinden: zwei in Bischkek, drei im Landkreis Tschuysk, jeweils zwei in den Landkreisen Dzhalal-Abad, Issyk-Kul, Osch und jeweils eine in den Landkreisen Naryn und Talass (siehe Tabelle 5).

Illegal sind in der Kirgisischen Republik folgende Gruppen: 1) „*San Mjan Mun*" – sie arbeitet gesetzeswidrig unter der Deckung von gewissen öffentlichen Organisationen, 2) „*Beloe Bratstwo*" (Weiße Bruderschaft"), macht gelegentlich ihre illegale Arbeit, 3) die extremistische Partei „*Khisb-ut Takhrir al Islami*", bekannt für ihre antistaatlichen Aktivitäten in ganz Mittel-Asien.

	Religiöse Einrichtungen	Total	Organisationen, Fonds, Gemeinschaften, Zentren	Bruderschaft, Schwesternschaft
1	Judentum	1		1
2	Buddhismus	1	1	
3	Bahaitum	12		12
4	Neue religiöse Strömungen	2	2	
	TOTAL	16	3	13

Tabelle 5: Anzahl der Gemeinschaften, Bildungszentren und Fonds des Judentums und neuer religiöser Strömungen [6]

Die soziologische Analyse der Beziehung der Bevölkerung zur Religion ist zu einem beliebten Forschungsobjekt von kirgisischen Soziologen geworden. Soziologen des republikanischen Jugendzentrums „Manas" beim Jugendministerium der Kirgisischen Republik haben in einer engen wissenschaftlich-methodologischen Partnerschaft mit der Soziologischen Assoziation der Republik Kirgisien (SAK) ein soziologisches Forschungsprojekt vom November 2011 bis Januar 2012 im Rahmen des allgemeinen staatlichen Projekts: „Soziales Bild der Jugendlichen in Kirgisien" durchgeführt. Dafür wurden aus der ganzen Republik zufällig 1410 Befragten ausgewählt. Die Einwirkung der Religion und der Traditionen auf die Bevölkerung vollzieht sich durch Anleitung der Gläubigen zur Verwirklichung religiöser Rituale, Vorschriften und Sitten. Während der Forschungsanalyse wurde festgestellt, dass 64,3% der Befragten religiöse Vorschriften und Sitten befolgen, jedoch nicht alle, 19,15% der Befragten alle religiöse Vorschriften, Sitten und Traditionen befolgen, 11,7% machen überhaupt nichts in die Richtung und 4,8% haben gar keine Antwort gegeben (siehe Tabelle 6) [13].

		Alle Befragten	Geschlecht		Alter			Ort	
			männlich	weiblich	15-19	20-24	25-30	Stadt	Landkreis
1	Ja, sehr gläubig	82,8	90,0	77,6	83,5	83,5	91,5	75,4	89,6
2	Ja, zum Teil	12,6	7,5	18,5	12.5	12,5	8,5	19,1	8,8
3	Nein	0,7	0,6	0,9	1,4	1,4	0,0	1,5	0,2
4	Schwer zu sagen	2,5	1,9	3,0	2,6	2,6	0,0	0,0	1,4

Tabelle 6: Betrachten Sie sich als einen Gläubigen?

Diese Forschungsanalyse hat gezeigt, dass die Religion eine wichtige Rolle im Leben der Jugend spielt. Ein Großteil der Jugendlichen betrachtet sich als gläubig. Dabei wurde folgende Tendenz beobachtet: Die Steigerung der Intensität der Religion verläuft proportional dem Jugendalter, d.h. die Befragten im Alter von 25 – 30 Jahren sind stärker religiös als die jüngere Generation. Und die Jugend, die in Landkreisen aufgewachsen ist, glaubt mehr an Gott als diejenige, die in der Stadt lebt.

Die Formation der wissenschaftlichen Soziologie in Kirgisistan ist eng mit der Entwicklung soziologischer Gedanken während der sowjetischen Zeit verbunden. Diese hat Spuren des Marxismus-Leninismus hinterlassen. Jedoch hat sich auch das Phänomen des poly-paradigmatischen Denkens in der modernen Soziologie in Kirgisien entwickelt. Grundlagen interethnischer Beziehung wurden vom A. Tabaldiew geschaffen. Unter seiner Führung wurde das Buch „Dialektik der Blütezeit der Konvergenz der Nationen" herausgegeben und dieses Buch entstand als Ergebnis mehrjähriger angewandter Forschungen über interkulturelle Beziehungen in der Republik. Leider hat die damalige Regierung das Buch vernichtet (1972) [6].

Seit dem Anfang der 90er wurden die Grundlagen für weitere systematische soziologische Forschungen über interethnische Beziehungen in Kirgisien festgelegt [3]. Einer der ersten Versuche eines komplexen Verständnisses für die Theorie ethnischer Gemeinschaften war das Lehrbuch, das im Jahr 1995 unter Leitung A.B. Elebaewas herausgegeben wurde. In 1994 nach dem Beschluss des Präsidiums NAN KR wurde das Zentrum sozialer Forschungen gegründet, in welchem das Forschungsthema und die Problematik interkultureller Beziehung weiter analysiert wurden. Bereits im Rahmen der ZSI NAN KR wurde die Forschung hinsichtlich unterschiedlicher Problemstellungen fortgesetzt, darunter auch zur ethnopolitischen Situation in Kirgisistan [12]. Besonders wertvoll ist die wissenschaftliche Arbeit von Tsch. Tschotaeva in solchen Themengebieten wie historische, politische und soziologische Analysen der interethnischen Beziehungen in Kirgisien [15].

Interethnische Beziehungen in Kirgisien sind heute besonders vielfältig, dynamisch und widersprüchlich. Die Besonderheiten der Entwicklung bestimmen sich nicht nur von der Vielfalt der ethnischen Völker und der Zusammenwirkung der formalen und informalen gesellschaftspolitischen Strukturen her, sondern auch aus einer Reihe von geopolitischen, wirtschaftlichen, soziodemografischen, außenpolitischen, religiösen und vielen anderen Faktoren, sowohl objektiven als auch subjektiven. Die Beurteilung des aktuellen Stands der interethnischen Situation in der Kirgisischen Republik wurde in den Ergebnissen einer soziologischen Studie gezeigt, die von März bis Mai 2011 durchgeführt wurde. Das Ziel der Studie war, den aktuellen Stand der interethnischen Beziehungen in Kirgisistan zu bewerten um die Faktoren der weiteren Stabilisierung und Harmonisierung zu bestimmen. Das Programm, die Methodik und der Fragebogen wurden von der Professorin Tsch. Tschotaeva entwickelt mit Unterstützung des Zentrums für Methodik der Naturwissenschaften und Sozialkunde NAN KR (Leiter – Omuraliew N.A) [14].

Insgesamt wurden im Land 1000 Personen im Alter ab 16 Jahren befragt: 200 Personen in jeder der ausgewählten Regionen. Die Stichprobe ist repräsentativ und proportional zur Bevölkerung nach drei Hauptkriterien: Nationalität, Alter und Geschlecht. Darüber hinaus wurden die Befragten nach Familienstand, Ausbildung und Beruf klassifiziert.

Da die wichtigsten ethnischen Gruppen in Kirgisistan sind Kirgisen, Usbeken und Russen, in der soziologischen Studie hatten sie folgende Aufteilung gehabt: 58,9%; Kirgisen, 16,3% Russen, 15,3% Usbeken. Die Befragten anderer Nationalitäten waren in einer separaten Gruppe "Andere" mit 9.5% repräsentiert. Trotz der anhaltenden ethnischen Spannungen glauben von den Kirgisen 50,6%, von den Russen 15,3% und den Usbeken 43,8%, dass die interethnischen Beziehungen sich verbessern: hingegen glauben von den Kirgisen 22,6%, den Russen 39,3%, den Usbeken 19,6% und den anderen Nationalitäten 46,3% dies nicht und denken, dass alles weiter so bleibt. (Die größte Zahl der russischen Befragten und der "anderen Nationalitäten" sprach sich für diese Alternative aus). „Die interethnischen Beziehungen verschlechtern sich" bejahten von den Kirgisen 11%, von den Russen 24,5%, von den Usbeken 15% und von anderen Nationalitäten 17, 9% (vielen Befragten scheint es schwierig, irgendwelche Prognosen in dieser Hinsicht zu geben). In Bezug auf die Nationalitäten waren die meisten Befragten optimistisch im Landkreis Issyk-Kul (57,3%), und die meisten Befragten pessimistisch in Bischkek (20,6%). In Bischkek lag auch die Zahl derjenigen, die dachten, dass alles gleich bleibt, bei 35,7%.

Die Destabilisierung der interethnischen Situation im Land im Jahr 2010 im Süden Kirgisistans hat wesentlich zur Politisierung aller Probleme im Bereich der interethnischen Beziehungen beigetragen. Die kirgisische Präsidentin Otunbajeva hat in ihrer Rede auf dem Kongress der außerordentlichen Siebten Versammlung der Völker von Kirgisistan festgestellt, dass einer der wichtigsten Aspekte für die Verbesserung der Menschenrechtssituation von ethnischen Minderheiten ihre Teilnahme am politischen und öffentlichen Leben sei. Ein besonders akutes Problem sei die Gewinnung von ethnischen Minderheiten für die Strafverfolgungsbehörden. Vielleicht verbessert sich diese Situation mit der Eröffnung der Polizeischule in Osch [1].

Nach Angaben der Versammlung der Völker von Kirgisistan funktionieren die Sonntagsschulen und Kurse für Muttersprache an den nationalen kulturellen Zentren von Aserbaidschanern, balkanischer Bevölkerung, Griechen, Tataren, Polen und anderen ethnischen Gruppen. Dunganische Sprache wird in elf Schulen unterrichtet, in fünf Schulen wird die uighurische Sprache unterrichtet. Die koreanische Sprache wird im koreanischen Zentrum und in 15 Schulen in der Stadt Bischkek gelehrt, hebräisch in der jüdischen Schule [11].

In Kirgisistan besteht die Tendenz, dass sich der Einfluss von NGOs im sozialen und politischen Leben des Landes verstärkt. So entstand im Jahr 1994 zum ersten Mal in der GUS die Versammlung der Völker von Kirgisistan (ANK), eine Institution, die die national-kulturellen Zentren der verschiedenen ethnischen Gemeinschaften vereint. Zur Zeit der Entstehung der Versammlung der Völker von Kirgisistan (ANC) bestanden hierin elf nationale Kulturzentren. Derzeit hat der ANC 29 Organisationen, es gibt zwei Regionalbüros in Osch und Dschalal-Abad. Zur Verbesserung der Interaktion zwischen Regierung und Zivilgesellschaft wurden regionale Beratungsgremien in den Landkreisen Osch, Dschalal-Abad, Tschuisk und Issyk-Kul eingerichtet. In Tokmok wurde der Rat der ethnischen Entwicklung gebildet. Diese Versammlung hat den Status eines beratenden Gremiums beim Präsidenten der Kirgisischen Republik.

Im Jahr 2008 hat das Ministerium für Bildung und Wissenschaft das Konzept der multikulturellen und mehrsprachigen Erziehung genehmigt, die die wichtigsten Aktivitäten der Agenturen in diesen Bereichen definiert [11].

In Präsidialamt der Kirgisischen Republik wurde im August 2010 eine Abteilung für ethnische und Religionspolitik und für zivilgesellschaftliche Zusammenarbeit eingerichtet. Die Mitarbeiter sollten die Verantwortung für die Überwachung der Situation und die Umsetzung der Politik der ethnischen Entwicklung in Regional- und Bezirksstaatsverwaltungen und in den Rathäusern der großen Städte wahrnehmen. Im Jahr 2011 fand in Bischkek eine außergewöhnliche Versammlung der Völker von Kirgisistan mit dem Titel Kurultaj VII statt, in welcher das "Konzept der ethnischen Politik und Gesellschaft zur Konsolidierung der Kirgisischen Republik", der "Aktionsplan 2015" und eine neue Version der Satzung genehmigt wurden, in der eine neue Rechnungsprüfungskommission und der Rat der Versammlung der Völker von Kirgisistan mit 65 Mitgliedern bestimmt wurden, darunter auch einige Mitglieder von Ministerien und Behörden der Kirgisischen Republik, Vertreter von NGOs und die Mitglieder der Versammlung. Nach der neuen Satzung gilt die Versammlung (ANC) als eine juristische Person, die die Konsolidierung der Gesellschaft auf der Grundlage der bürgerlichen Identität und die gemeinsame Verantwortung der Bürger von Kirgisistan für die Erhaltung der Einheit und der kulturellen Vielfalt des Landes im Sinne einer progressiven demokratischen Entwicklung fördern soll und zur interethnischen Harmonie, zu innerem Frieden, zur Integration und zur Einheit der Menschen in Kirgisistan beitragen soll [10].

Daher ist die Entwicklung eines multiethnischen Sozialsystems ein Prozess der dynamischen Wechselwirkung außerethnischer (wirtschaftlicher, sozialer, politischer, etc.) und ethnischer Strukturen der Gesellschaft. Das Ungleichgewicht in diesen strukturellen Beziehungen wird als eine der Quellen der ethnischen (nationalen) Widersprüche betrachtet. Die Bedürfnisse der praktischen Entwicklung der ethnischen Situation führten zu der Tatsache, dass in Kirgisistan über die

Jahre hinweg eine beträchtliche Erfahrung mittels der empirischen soziologischen Forschung im Bereich der interethnischen Beziehungen gesammelt wurde. Der Grad ausgeprägter Religiosität der Muslime in Kirgisistan lag laut den Ergebnissen der soziologischen Umfragen im Jahr 2003 bei 89,0%, in 2007 bei 90,0% und in 2011 bei 88,5%. Die Analyse der religiösen Situation im modernen Kirgisistan seitens muslimischer Soziologen zeigt, dass die traditionellen Anhänger des sunnitischen Islam mehr als 90% der Bevölkerung umfassen: davon Kirgisen mit 70,9%, Usbeken mit etwa 14,3% der Gesamtbevölkerung, Uighuren, Dunganen, Kasachen, Tataren, Tadschiken, Baschkiren, Türken, Tschetschenen, Darginen usw. in der Summe mehr als 5%. Zur Schia bekennen sich etwa 0,3% der Menschen, die meisten davon Aserbaidschaner in der Bevölkerung der Kirgisischen Republik. Der dominante Teil der Jugend betrachtet sich als gläubig. Zur gleichen Zeit ist ein Wachstumstrend hinsichtlich der Intensität der Religiosität proportional dem Alter der Jugendlichen zu beobachten, d.h., dass die älteren Befragten (25 – 30 Jahre) gegenüber den jüngeren Altersgruppen stärker religiös orientiert sind.

Literatur:

1. «Мекеним Кыргызстан»: Материалы Внеочередного VII Курултая Ассамблеи народа Кыргызстана. – Б., 2012. - С. 17.
2. Демографический ежегодник Кыргызской Республики: 2008-2012. – Б.: Нацстатком Кырг. Респб., 2013. – С. 101.
3. Джангарачева, М.К., Омуралиев, Н.А., Элебаева, А.Б. Социологический анализ межнациональной ситуации в городе Бишкеке. / М.К.Джангарачева., Н.А. Омуралиев., А.Б. Элебаева. Бишкек, 1992, С. 69;
4. Закон «О свободе вероисповедания и религиозных организациях в Кыргызской Республике» от 31 декабря 2008 г. - С. 7.
5. Законы Республики Кыргызстан «О свободе вероисповедания и религиозных организаций» от 16 декабря 1991 года-№656 – XII.
6. Из архива Государственного комитета по Делам религий при Президенте Кыргызской Республики
7. История и идентичность: Кыргызская Республика. – Б.: 2007. – 273 с.
8. Малтабаров Б.А. Исторический путь становления и развития социологии в Кыргызстане. – Вестник БГУ им. К.Карасаева, 2008. – С. 57.
9. Мамаюсупов О.Ш. Вопросы религии на переходном периоде. – Б.: 2003. – С. 165.
10. Омуралев Н.А. Межэтнические конфликты в Кыргызской Республике: социологический анализ / Бишкек: Илим, 2012. – С. 162.
11. Пятый, шестой и седьмой периодические доклады Кыргызской Республики о выполнении Международной Конвенции о ликвидации всех форм расовой дискриминации / Составитель Омуралиев Н.А. – Бишкек, МИД КР, 2011 г.

12. Развитие межэтнических отношений в новых независимых государствах Центральной Азии. Учебное пособие для высших учебных заведений. / под ред. А. Элебаевой. Бишкек, 1995. С. 23-160.
13. Социальный портрет молодежи на фоне современности (результаты социологического исследования в рамках реализации государственной молодежной политики / Б. Романов, К. Исаев, С. Сыргабаев. – Б.: «Кут-Бер», 2012. – 104 с.
14. Чотаева Ч. Современная межэтническая ситуация в Кыргызстане: по результатам социологического исследования 2012 года – Бишкек: 2011. – 72 с.
15. Чотаева Ч. Этнокультурные факторы в истории государственного строительства Кыргызстана. – Б. 2005.
16. Чотаева Ч. Этничность и этносы в Кыргызстане: учебное пособие для преподавателей вузов. – Б. 2011.

Религиозная ситуация и межэтнические отношения в Кыргызской Республике

Малтабаров Бакытбек А., Кыргызстан, Бишкек

Религиозная ситуация и межэтнические отношения в Кыргызской Республике вызывает огромный интерес со стороны не только отечественных исследователей, но и социологов ближнего и дальнего зарубежья. Поэтому те события, которые произошли в стране, постоянно выступают объектом исследования, и мы тоже рассмотрели данную проблему с точки зрения социологии. 15 декабря 1990 г. Верховный Совет (ВС) на третьей сессии принял Декларацию о государственном суверенитете Республики Кыргызстан (РК). 1991 г. вошел в мировую историю как год распада СССР, который прошёл через тернии перестройки (1985-1991 гг.), августовского путча ГКЧП 1991 года и датой вынужденного образования новых независимых государств (СНГ). 16 декабря 1991 г. ВС РК принял Закон «О свободе вероисповедания и религиозных организациях», который исходил из содержащихся в международных соглашениях и пактах, а также Декларации прав и свобод человека положений о том, что свобода иметь религиозные или атеистические убеждения и осуществлять соответствующие этому действия подлежит лишь тем ограничениям, которые необходимы для охраны общественной безопасности и порядка, жизни, здоровья и морали, а также прав и свобод других граждан [5]. После принятия этого либерального Закона в независимом Кыргызстане религия начала возрождаться, были официально установлены религиозные праздники, такие, как «Орозо Айт» и «Курман Айт» – для мусульман, «Рождество Христово» (Пасха, праздник тридневный) – для христиан. Кыргызстан стал одним из первых открытой и либеральной страной, в которой наряду с исламом и православием, активизировали деятельность и новые религиозные движения в условиях демократизации общественных структур. 14 ноября 1996 г. принимается Указ Президента КР под названием «Временное положение об учетной регистрации религиозных организаций иностранных граждан», прибывающих в Кыргызскую Республику, где все религиозные организации прошли регистрацию и учет областными и республиканскими органами юстиции.

Современная политика независимого государства, направленная на демократизацию всех сторон общественной жизни, привлечение всех граждан к управлению общественными делами, нашла (вошла) в Закон «О свободе вероисповедания и религиозных организациях в Кыргызской Республике», который был принят 6 ноября 2008 г. Жогорку Кенешем Кыргызской Республики. Данный Закон был подписан Президентом Кыргызской Республики 31 декабря 2008 г. №282, ровно 17 лет, принятой первого Закона о религии на заре краха СССР и возрождения независимости 16 декабря 1991 г. В данном Законе были учтены все просчеты и не демократические стороны, которые были в предшествующем Законе от 21 декабря 1991 г., в частности, религиозные организации создаются по инициативе не менее двухсот граждан Кыргызской Республики, достигших совершеннолетнего возраста и постоянно проживающих на территории Кыргызстана. А также религиозные объединения образуются при наличии не менее десяти религиозных организаций единого вероисповедания, из которых хотя бы одна осуществляет свою деятельность на территории Кыргызской Республики не менее пятнадцати лет. Таким образом, в статье 6. Государство и религия, в пункте 1, написано о том, что политика государства в сфере свободы вероисповедания строится на принципах: Кыргызская Республика – светское государство, где не допускается вмешательства религиозных организаций и служителей религиозных культов в деятельности государственной власти и местного самоуправления; никакая религия не может устанавливаться в качестве государственной или обязательной; взаимоотношения государства и религиозных организаций регулируется законом с учетом их влияния на формирование духовных, культурных, государственных и национальных традиций [4].

Социологический анализ религиозной ситуации в независимом Кыргызстане показывает, что традиционными приверженцами ислама суннитского направления исповедуют более 90% населения республики. Период демократических преобразований нашего общества, отсутствие запрещающих законов, дали мощный толчок в развитии Ислама. В 1993 г. был создан руководящий орган мусульман Кыргызстана – Муфтият, переименованный с декабря 1996 г. в Духовное управление мусульман Кыргызстана ДУМК (состоящим из 25 человек членов Совета Улемов). В структуре управления ДУМКа имеются 9 казыятов, из них 7 областные Казыяты и 2 Казыята г. Бишкек и г. Ош. Так, если в 1991 году в республике функционировало 39 мечетей, то их количество на данный период достигло 1764 мечетей. В настоящее время ДУМКа объединяет 1837 исламских организаций, 10 высших религиозных учебных заведений, 62 медресе, 47 фондов, центров и объединений ислама, а также 4 миссии зарубежных конфессий (см. таблицу 1).

Таблица 1. Число исламских религиозных организаций, объединений, учебных заведений и фондов [6]

№	Религиозные объединения	Всего	Религиозные организации, общества, центры, общества, фонды	Духовные образовательные учреждения	Зарубежные миссии
1	Духовное управление мусульман Кыргызстана	1	1		
2	Областные казыяты	9	9		
3	Мечети	1764	1764		

4	ВУЗы	10		10	
5	Медресе	62		62	
6	Другие исламские объединения и организации	67	63		4
	ИТОГО	**1913**	**1837**	**72**	**4**

В современном Кыргызстане среди мусульманской части населения наблюдается рост религиозного самосознания. Об этом свидетельствуют социологические исследования, проведенные в 2001, 2003, 2007 и 2011 гг. социологами Кыргызстана. Религиозность респондентов определялась на основе их личной самоидентификации. Об уровне и степени религиозности в определенной мере можно судить по уровню религиозной активности респондентов. В связи с этим социологи задавали вопросы, которые касаются выполнения религиозных обрядов и предписаний ислама. Социологи республики в соответствии с ответами на вопросы выделили категории респондентов, демонстрирующих, во-первых, высокую, тех, кто полностью исполняют религиозные предписания и обряды, во-вторых, среднюю, тех, кто по большей мере исполняют религиозные предписания и обряды, и, в третьих, низкую степень религиозной активности и тех, кто не исполняет обряды и религиозные предписания [7]

Выделение данных верующих целесообразно уже потому, чтобы иметь возможность понимать социально-культурные предпочтения не усредненной массы верующих, а различных категорий верующих с присущими им особенностями. Глубина и характер религиозности в той или иной мере влияют на общественно-политические и духовные предпочтения. При этом данные предпочтения крайних категорий не являются определяющими. На практике по большей мере мы имеем дело с миропониманием и позицией средней, наиболее многочисленной категорией верующих.

Социологический анализ отношения населения к исламу тоже становится объектом исследований социологов в Кыргызстане. В 2003 г. социологическое исследование было проведено под руководством директора Центра методологии науки и социальных исследований НАН КР к.ф.н., доцентом социологии Н.А.Омуралиевым (руководитель полевого исследования Б.А.

Малтабров). Всего по республике было опрошено 1000 человек в возрасте от 16 лет и старше: по 200 человек в каждом из выбранных регионов (Чуйская, Иссык-Кульская, Ошская, Джалал-Абадская области и г. Бишкек). Выборочная совокупность была репрезентативна по трем основным критериям: национальности, возрасту и полу (руководитель проекта к.ф.н., доцент Ч.Чотаева). Результаты социологического исследования, проведенного социологами, показывают, что ислам исповедовали 96,3% кыргызов, 100% узбеков и 70,8% представителей других национальностей. Не исповедуют никакую религию - 3,0% кыргызов и 9,2% по критерию другие национальности. На данный вопрос затруднились ответить 0,7% представителей других национальностей и 0,7% кыргызов.

Результаты социологического исследования 2011 года показывают, по сравнению с 2003 г. на 0,8% выросло число кыргызов, исповедующих ислам, у узбеков – на 2,0% и у других национальностей на 0,3% ниже по сравнению 2003 годом, так, 98,0% узбеков и 70,5% представителей других национальностей соответственно указали, что они исповедуют ислам [14].

В 2003 г.3,0% и в 2011 г. 2,5% кыргызов ответили, что не исповедуют никакую религию. В 2011 г. 1,3% узбеков и 7,4% и в 2003 г. 9,2% представителей других национальностей не исповедовали никакую религию. Среди представителей других национальностей затруднился ответить каждый пятый опрошенный респондент в 2003 г. (20,0%) и 2011 г. (21,0%). Среди кыргызов в 2003 г. 0,7% и в 2011 г. 0,4% кыргызов. Среди узбеков только в 2011 г. 0,7% затруднились ответить на данный вопрос.

Приверженность религии скорее является результатом социализирующих практик в жизни индивида, то есть этничность является маркером религиозной принадлежности. Результаты социологического исследования 2007 г. показывают, что среди 97,7% кыргызов, 99,3% узбеков и 73,2% представителей других национальностей считают «своей» религией ислам. Затруднились ответить на данный вопрос 1,8% кыргызов, 1,0% представителей других национальностей и 0,7% узбеков.

Наиболее высокая религиозность у узбеков, поскольку у них высокие показатели тех, кто выполняет все религиозные предписания, молятся и ходят в мечеть. Результаты социологических исследований 2003 и 2011 гг. показывают, что 41,0% и 51,0% узбеков соответственно регулярно выполняют и соблюдают все религиозные предписания, 44,4% и 35,9% соответственно выполняют и соблюдают, но не всегда. 25,9% и 17,0% кыргызов регулярно выполняют и соблюдают все религиозные предписания, 55,2% и 61,1% соответственно выполняют и соблюдают, но не всегда религиозные предписания ислама.

В рамках проекта фонда им. Фридриха Эберта для изучения общественного мнения населения Кыргызстана проведено социологическое исследование, в котором был использован метод стандартизированного интервью (face-to-face interview).

Интервьюирование проводилось на основе вопросника, анонимно, на русском и кыргызсом, узбекском языках, по месту жительства. Опрос проводился с 4 по 18 марта 2007 г. Объем страновой выборочной совокупности составил 2000 респондентов [7].

В значительной степени исполняют предписания ислама 14,8% кыргызов, 29,9% представителей других национальностей и 32,0% узбеков. 52,4% кыргызов, 41,2% представителей других национальностей и каждый четвертый респондентов-узбеков отметили, что в небольшой степени они исполняют предписания ислама. Совсем, не исполняют религиозные предписания 9,4% кыргызов, 8,2% представителей других национальностей и 4,3% узбеков. Умеют молиться и совершают молитвы каждый день 35,9% и 37,3% узбеков, 18,5% и 24,2% представителей других национальностей и 11,8% и 12,9% кыргызов соответственно. Умеют молиться, но совершают молитвы нерегулярно 35,6% и 53,0% кыргызов, 33,3% и 46,4% узбеков и 29,2% и 34,7% представителей других национальностей соответственно. Умеют, но не молятся 15,9% и 17,5% кыргызов, 13,8% и 10,5% других национальностей и 9,4% и 8,5% узбеков соответственно. Не умеют и не молятся 36,6% и 16,5% кыргызов, 36,9% и 30,5% представителей других национальностей и 20,5% и 7,8% узбеков соответственно. По сравнению 2003 г. количество тех респондентов, которые не умеют и не молятся, через восемь лет, в 2011 г. в два раза сократилась и у кыргызов, и узбеков.

Результаты опроса в социологическом исследовании 2003 г. показывают, так на вопрос: «Как часто Вы ходите в мечеть?» раз в неделю, на пятничный намаз ходят в мечеть 8,1% кыргызов, 28,7% узбеков и 15,5% представителей других национальностей. Результаты опроса 2011 г. показывают, что 14,4% кыргызов, 32,7% узбеков и 22,2% представителей других национальностей посещают раз в неделю мечеть. За восемь лет у представителей всех этнических групп наблюдается динамика роста посещаемости мечетей, так у кыргызов на 6,3%, у узбеков ровно на 4,0% и у других национальностей на 6,8%.

Раз в месяц в 2003 г. ходили в мечеть 8,3% кыргызов, 3,5% узбеков и 4,6% других национальностей. А в 2011 г. 1,9% кыргызов, 2,0% узбеков и 8,4% представителей других национальностей посещали раз в месяц мечеть. По сравнению с результатами 2003 г. у кыргызов на 6,6% и узбеков на 1,5% наблюдается уменьшение, а у представителей других национальностей наоборот повышение на 4,2% посещаемости мечетей раз в месяц.

По результатам опроса в 2003 г. иногда посещали мечеть 29,0% и в 2011 г. 27,2% кыргызов, 15,7% и 17,0% узбеков, 16,9% и 21,1% других национальностей соответственно. По данному критерию только у кыргызов произошёл спад на 1,8%, у узбеков на 1,3% и представителей других национальностей на 4,2% наблюдается рост посещаемости мечетей. Число тех, которые не ходят в мечеть, только у кыргызов увеличилось на 2,0%, у узбеков и у представителей других национальностей наблюдается уменьшение на 3,8% и на 14,7%.

Центр социологических, политологических и социально-психологических исследований провёл социологическое исследование в период в октябре-ноябре 2001 г. и с 1 апреля по 5 мая 2011 года в серверном регионе и с 10 мая по 5 июня 2011 года в южном регионе Кыргызстана. Руководитель проекта – президент Социологической ассоциации Кыргызстана д.филос.н., профессор социологии К. Исаев. В данном исследовании применялась комбинированная многоступенчатая вероятностная выборка, пропорциональная распределению городского и сельского населения и основанная на данных переписи населения, проведенного Национальным Статистическим Комитетом КР (2009 г.).

Общее количество населения в возрасте от 18 лет и старше в республике составляет 3414,2 тыс. человек. Таким образом, выборка репрезентирует региональное, поселенческое (тип населенного пункта: городской или сельский, а также численность населенного пункта) распределение населения. Объем выборки в 2001 г. составил 2000 респондентов.

В 2011 г. выборочная совокупность составила 1800 человек в возрасте от 18 лет и старше по республиканской выборке (статистическая погрешность при данном объеме выборки при доверительном интервале 97% не будет превышать 2,4%).

Интересные данные наблюдаются в социологических исследованиях, проведенных Центром социологических, политологических и социально-психологических исследований в 2001 и 2011 годах под руководством профессора социологии К.Исаева. Так на вопрос: «Насколько Вы доверяете общественным институтам?», в 2001 г. Армии доверяли 71,6% и мечети, религиозным институтам/мечети 64,8% опередив президента, правительство, парламент, ровно через 10 лет доверие религиозным институтам/мечети становится лидером в данной позиции, в два раза выше, чем доверие телевидению и радио (37,6%), президенту (37,1%), армии (34,4%), местной администрации (30,1%),правительству (29,8%), руководству области (26,9%), НПО (26,5%), парламенту (25%), и в три раза выше, чем в правоохранительным органам (23,3%), профсоюзам (23,1%), судам (17,7%) и политическим партиям (17,4%).

Православия в Кыргызстане придерживаются более 8% населения, в основном это русские, украинцы и белорусы.

Православные христиане объединены в Епархию Русской Православной Церкви (РПЦ). В состав Епархии входит 39 церквей, 1 женский монастырь. Религиозные объекты православия находятся по всей республике, кроме Нарынской области. РПЦ в Кыргызстане существует уже 130 лет и в настоящее время имеет 43 храма и прихода, которые находятся: 1 – в г. Бишкек, 4 – в Джалал-Абадской области, 11 – в Иссык-Кульской области, 4 – в Ошской области, 3 – в Таласской области и 20 – в Чуйской области. Почти при каждом храме и приходе функционируют воскресные школы, в г. Кара-Балта, Чуйской области расположен женский монастырь (см. таблицу 2).

Таблица 2. Население Кыргызстана относящиеся к православной конфессии [2]

№	Наименование национальностей	Количество населения	В процентах
1.	Русские	419583	7,82
2.	Украинцы	21924	0,40
3.	Белорусы	1394	0,02
	Всего	**442901**	**8,24**

Вероисповедную основу православия составляют священное Писание (Библия) и Священное Предание (решения первых 7 Вселенских соборов и труды отцов церкви II-VIII вв.). Православие на протяжении тысячелетия было основой, на которой складывалась русская культура, а также менталитет славянских народов, принципы семейной и государственной жизни.

Как полагает благочинный Кыргызстана протоиерей В.Е. Савицкий, в республике число регулярно посещающих православную церковь, активно верующих – около 100 тысяч человек, а тех, кто в церковь приходит раз в месяц, может быть в несколько раз больше. Кроме православных епархий, находящихся во введении Московской Патриархии, в Кыргызстане в с. Чалдовар функционирует зарубежная православная церковь, подчиняющаяся центру, который находится в г. Бонн.

Если в марте 1997 г. было зарегистрировано 19 православных организаций, в феврале 1998 – 27, то в на данное время их число достигло 45 общин Епархии русской православной церкви и 3 духовных образовательных учреждения. Кроме того, функционирует 2 православные общины, отклонившиеся от Русской Православной Церкви (см. таблицу 3).

Таблица 3. Число религиозных организаций, объединений, учебных заведений и фондов православия [6]

№	Религиозные объединения	Всего	Духовные образовательные учреждения	Братства, сестринства
1	Православие	48	3	45
2	Православные общины, отклонившиеся от Русской Православной Церкви	2		2
	ИТОГО	50	3	47

Католицизм – западную ветвь христианства отличает строгая иерархическая организация и дисциплина. Община католиков в Кыргызстане была зарегистрирована е соответствующими советскими государственными органами в 1969 году. В настоящее время Община католиков осуществляет свою религиозную деятельность в основном в г. Бишкек.

Протестантизм в Кыргызстане представлен обширными религиозными обществами, 11 направлениями и течениями. *Баптисты* - последователи протестантского направления, возникшего в начале 17 века. В Кыргызстане Союз Церквей Евангельских Христиан-Баптистов, приблизительное количество – 2000 человек, в настоящее время имеет 35 молельных домов и филиалов: в г. Бишкек – 4, в Чуйской области – 17, в Иссык-Кульской области – 5, в Таласской области и Джалал-Абадской области по 3 и в Баткенской, Нарынской и Ошской областях по-одному.

Южная Конференция Церкви Адвентистов седьмого дня: приблизительное количество 1200 человек. В республике действуют 17 Поместных Церквей Христиан адвентистов седьмого дня: в г. Бишкек – 6, в Чуйской области – 7 и в остальных областях Джалал-Абадской, Иссык-Кульской, Ошской и Таласской по 1 церкви.

Объединенная Церковь Христиан Веры Евангельской (ОЦХВЕ, пятидесятнической ориентации) в Кыргызстане насчитывает 19 объектов религиозного назначения: в - Джалал-Абадской области – 3, в Иссык-Кульской области - 2 и в Ошской, Таласской и Чуйской областях и г. Бишкек – по 1. Действуют следующие учебные заведения *пятидесятинической ориентации*: 1). Христианский Благотворительный Фонд «Ырайым» 2). Благотворительная миссия «Благая Весть» ОЦХВЕ; 3). Миссионерское общество «Звезда Надежды» ОЦХВЕ; 4). Христианская школа «Ак-Бата»; 5). Евангельский Библейский колледж «Шелковый путь».

Для *Свидетелей Иеговы* характерен активный прозелитизм: они ходят по домам и квартирам, раздают свои журналы и другую литературу: на автобусных остановках, в местах массового скопления людей, и т.д., привлекают и очень активно агитируют за свою веру. Сейчас учетную регистрацию прошло 36 организаций Свидетелей Иеговы; их национальный состав разнообразен. В Кыргызстане более 40 собраний, 6 Залов Царства построены на средства Свидетелей Иеговы, а остальные арендуются. Залы Царств находятся: в г. Бишкек – 16, в Иссык-Кульской – 4, Чуйской – 17, Нарынской, Таласской областях по одному. Присутствовало на Вечере в 2003 г. более 9000, крестились в том же году около 550 человек.

Епархия Евангелическо-Лютеранских Общин Кыргызской Республики (г. Бишкек), около 500 членов и имеет 17 молитвенных домов: в г. Бишкек - 1, в Чуйской области – 12, в Джалал-Абадской, Иссык-Кульской Ошской, Таласской областях по одному. Лютеранская Церковь «Конкордия» - 1 объект, около 20 членов.

На территории Кыргызстана учетную регистрацию прошли следующие религиозные организации *пресвитерианского* направления:

1).Евангельско-Христианская Церковь «Слово Жизни»; 2). ЕХЦ «Сокулук; 3). Евангельско-Христианская пресвитерианская Церковь «Сын Дон»; 4). ЕХПЦ «Соман»; 5). Миссия зарубежной религиозной организации ЕХЦ «Центральная»; 6). Бишкекская Христианская Церковь «Бог-Ым-Благая Весть; 7) Евангельско-Христианский миссионерский Центр «Благодать» 3 объекта: 1 центр, 1 Церковь, 1 благотворительный фонд; 8).Церковь «Возрождение» общества Евангельских христиан-пресвитериан; 9). Христианская Церковь Полного Евангелия «Сун-Богым»; 10).Филиал «Силоам» Церкви «Возрождение» общества Евангельских христиан-пресвитериан; 11). Евангельско-христианская протестантская Церковь «Ире» 12). Пресвитерианская Церковь «Еммануил»; 13). Южная Церковь [9].

На территории Кыргызской Республики действуют следующие религиозные организации харизматичекого направления: 1). «Поместная Церковь Иисуса Христа» имеет 18 филиалов по всей республике, около 5 тысяч членов: в г. Бишкек – 4, в Чуйской области - 8, в Иссык-Кульской области - 4, в Ошской и Таласской областях по одному; 2).Община «Ыйса». 3). Община «Источник Жизни»; 4). Филиал «Север» Поместной Церкви Иисуса-Христа.

Таблица 4. Число религиозных организаций, объединений, учебных заведений и фондов католицизма и протестантизма [6]

№	Религиозные объединения	Всего	Религиозные организации, общества, центры, общества и фонды	Духовные образовательные учреждения	Братства сестринства	Зарубежные миссии
1	Католицизм	4	1		3	
2	Баптисты	49	1		48	

3	Христиане Адвентисты Седьмого дня	31		1	30	
4	Пятидесятники	54	1	6	47	
5	Лютеране	21			20	1
6	Пресвитериане	36	5	2	29	
7	Харизматы	43	14		29	
8	Миссии зарубежных конфессий	24	9	4	11	
9	Неденоминированные религиозные организации протестантского направления	3	4		12	
0	Свидетели Иеговы	41			41	
	ИТОГО	369	35	16	317	1

Межконфессиональные нетрадиционные религиозные организации, общества протестантского толка: 1). Религиозная организация Филиал Библейского общества Казахстана в Кыргызской Республике; 2). Объединенная духовная семинария; 3). Международный заочный Библейский Университет в Кыргызстане.

Христианские фонды, центры и объединения протестантского толка (не прошедшие учетную регистрацию): 1). Христианский Центр «Агапе»; 2). Благотворительный фонд «АДРА»; 3). АСТ (Голландская Межцерковная помощь) (см. таблицу 4).

Иудаизм в республике представлен Еврейской религиозной общиной, действующей в г. Бишкек. Около 100 человек. При еврейской религиозной общине действует начальная школа.

Общество Сознания Кришны функционирует в Кыргызстане с начала 90-х годов. Представлена она немногочисленной группой в основном молодых людей различных национальностей. Но только в 1995 г. 17 октября религиозная община «Бишкекское общество сознания Кришны» была зарегистрирована в г. Бишкек. На начало 2000 г. в республике функционировали 2 духовных центра общества сознания Кришны, имеющих в своем составе около 300 членов. Ныне общества сознания Кришны периодически проводят свою работу, но перерегистрацию в Госкомиссии по делам религий в течении 9 лет не проходили. *Вайшнавы* так же, как и кришнаиты, поклоняются Кришне (Вишну), но отличаются от кришнаитов только лишь своим учителем – гуру – и некоторыми определенными нюансами в вероучении. Бишкекское религиозное Общество вайшнавов имени Бхактиведанта Свами Прабхупады зарегистрировано раньше, чем Общество Сознания Кришны еще 27 августа 1993 года. Последователи вайшнавы относятся к одной из малочисленных конфессий в Кыргызстане. В целом, деятельность Общества Сознания Кришны и Вайшновов сосредоточена в северном регионе в основном в Чуйской области, а особенно в г. Бишкек.

Община Бахаи в регионах республики имеет 13 местных духовных собраний: в г. Бишкек – 2, в Чуйской области – 3, в Джалал-Абадской, Иссык-Кульской, Ошской областях по 2 и в Нарынской и Таласской областях по одному (см. таблицу 5).

Таблица 5. Число религиозных организаций, объединений, учебных заведений и фондов иудаизма и новых религиозных течений и верований [6]

№	Религиозные объединения	Всего	Религиозные организации, общества, центры, общества и фонды	Братства, сестринства
1	Иудаизм	1		1
2	Буддизм	1	1	
3	Бахаи	12		12
4	Новые религиозные течения и верования	2	2	
	ИТОГО	**16**	**3**	**13**

Нелегально и подпольно действуют на территории Кыргызстана следующие религиозные группы: 1). Церковь *«Сан Мьян Муна»* незаконно действует под прикрытием некоторых общественных объединений зарегистрированных в Кыргызской Республике. 2). Общество *«Белое братство»*, периодически незаконно проводят свою работу на территории Кыргызской Республики. 3). Религиозно-экстремистская партия *«Хизб-ут Тахрир аль Ислами»* проводит свою антигосударственную и реакционную деятельность на территории большинства Центрально-Азиатских государств

Социологический анализ отношения населения к религии тоже становится объектом исследований социологов Кыргызстана. Социологи республиканского центра молодежи «Манас» при Министерстве Молодежи Кыргызской Республики в тесном научно-методологическом сотрудничестве с Социологической Ассоциацией Кыргызстана (САК) провели социологическое исследование с ноября 2011 года по январь 2012 года, в рамках проекта по общегосударственному мониторингу социального положения молодежи: «Социальный портрет молодежи Кыргызстана». Выборочная совокупность составила 1410 человек по общереспубликанской выборке, которая является территориальной, многоступенчатой и были использованы элементы случайного и квотного методов, что обеспечивало ее репрезентативность. Проникновение религии в культуру, традиции и обычаи народа объективно происходит посредством привлечения верующих людей к исполнению религиозных обрядов, предписаний и обычаев. В ходе исследования выявлено, что 64,3% от всей массы респондентов «исполняют религиозные предписания и обряды, но не все». 19,15 опрощенных, отметили, что соблюдают все религиозные предписания, 11,7% ответили «Нет» и затруднились ответить 4,8% респондентов (см. таблицу 6) [13].

Данное исследование выявило, что религиозная вера занимает важное место в молодежном сознании. Доминирующая часть молодых считают себя верующим. При этом, наблюдается тенденция роста интенсивности религиозной веры пропорционально возрасту молодежи, т.е. респонденты старшего возраста (25-30 лет) более религиозны по сравнению с младшими возрастными группами. Наряду с этим, молодые люди, выросшие в сельской местности сильнее верят в Аллаха/Бога, чем молодежь из города

Таблица 6. Считаете ли Вы себя верующим человеком?

№		Весь массив респон-дентов	По полу		По возрасту			По месту первичной социализации	
			Муж	Жен	15-19 лет	20-24 лет	25-30 лет	Городс-кое	Сельс-кое
1	Да, глубоко верующий	82,8	90,0	77,6	83,5	83,5	91,5	75,4	89,6
2	Да, но не глубоко ве-рующий	12,6	7,5	18,5	12.5	12,5	8,5	19,1	8,8
3	Нет, не верю в бога	0,7	0,6	0,9	1,4	1,4	0,0	1,5	0,2
4	Затрудняюсь ответить	2,5	1,9	3,0	2,6	2,6	0,0	0,0	1,4

Становление научной социологии в Кыргызстане было тесно связано с развитием социологической мысли в советское время и несло в себе отпечаток марксистско-ленинского понимания этой науки. Тем не менее, феномен развития полипарадигмального мышления в современной социологической мысли затронул и Кыргызстан. Основы социологии межэтнических отношений были заложены членом-корреспондентом Академии наук Киргизской Советской Социалистической Республики (Кирг ССР) А. Табалдиевым. Под его руководством коллективом авторов была подготовлена книга «Диалектика расцвета и сближения наций», которая стала итогом многолетних прикладных исследований национальных отношений в республике. К сожалению, книга была уничтожена политическими властями того времени (1972) [6].

С начала 90-х годов XX века положена основа для систематических социологических исследований в области межэтнических отношений в Кыргызстане [3]. Одной из первых попыток комплексного осмысления фундаментальных положений теорий этнических общностей в соответствии с изменившимися этнополитическими реалиями постсоветского пространства стало учебное пособие по теории и практике межэтнических отношений в странах бывшего Советского Союза, изданное в 1995 году под научным руководством А.Б. Элебаевой. В 1994 году Постановлением Президиума НАН КР был образован Центр социальных исследований при Отделении гуманитарных и экономических наук, где был сохранен научный потенциал бывшего Отдела проблем национальных отношений Института философии и права (заведующая А.Б. Элебаева), а также тема исследования. Уже в рамках ЦСИ НАН КР были продолжены социологические исследования по широкому спектру проблем, в том числе по анализу этнополитической ситуации в Кыргызстане [12]. Среди современных исследователей необходимо отметить весьма плодотворную научную деятельность Ч. Чотаевой в области исторического, политологического и социологического анализа межэтнических отношений в Кыргызстане, активно совмещающую преподавательскую деятельность с социологическими исследованиями [15].

Межэтнические отношения в Кыргызстане сегодня чрезвычайно многогранны и характеризуются динамизмом и противоречивостью. Особенностью их развития является то, что они определяются не только сосуществованием различных этнических образований, взаимодействием формальных и неформальных общественно-политических структур, но и совокупностью геополитических, экономических, социально-демографических, внешнеполитических, конфессиональных и целого ряда других факторов объективного и субъективного характера. Оценка современного состояния межэтнической ситуации в Кыргызской Республике отражена в результатах социологического исследования, которое проводилось с марта по май 2011 года. Целью исследования стало изучение современного состояния межэтнических отношений в Кыргызстане для определения факторов их дальнейшей стабилизации и гармонизации. Программа, методология и анкета социологического исследования были разработаны автором – профессором Ч.Д, Чотаевой при содействии Центра методологии науки и социальных исследований НАН КР (руководитель: Омуралиев Н.А.) [14].

Всего по республике было опрошено 1000 человек в возрасте от 16 лет и старше: по 200 человек в каждом из выбранных регионов. Таким образом, выборочная совокупность составила 1000 человек. Выборочная совокупность была репрезентативна и пропорциональна генеральной совокупности по трем основным критериям: национальности, возрасту и полу. Более того, респонденты были классифицированы по семейному положению, образованию и роду занятий.

Поскольку основными этническими группами в Кыргызстане являются кыргызы, узбеки и русские, в социологическом исследовании приняли участие: кыргызов – 58,9%; русских – 16,3%; узбеков – 15,3%. Респонденты других национальностей были выделены в отдельную группу под названием «Другие». Численность последних составила 9,5%. Несмотря на сохранение межэтнической напряженности: верят, что межэтнические отношения улучшатся: кыргызов –50,6%; русских – 15,3%; узбеков – 43,8%; не верят и считают, что все останется также: кыргызов – 22,6%; русских – 39,3%; узбеков – 19,6%; других национальностей – 46,3%. (наибольшее количество русских и респондентов «других национальностей» отметило именно данную альтернативу); межэтнические отношения ухудшатся: кыргызов – 11%; русских – 24,5%; узбеков – 15%; других национальностей – 17, 9% (многие респонденты вообще затрудняются давать какие-либо прогнозы на этот счет). В разрезе национальностей наиболее оптимистичными оказались респонденты Иссык-Кульской области – 57.3%, а наиболее пессимистичными респонденты г. Бишкек – 20,6%. В Бишкеке также оказалось больше всего тех, кто посчитал, что все останется так же – 35,7%.

Дестабилизация межэтнической ситуации в республике в 2010 году на юге Кыргызстана в значительной степени способствовала политизации всех проблем в сфере межэтнических отношений. Президент КР Р. Отунбаева в своем выступлении на внеочередном VII Курултае Ассамблеи народов Кыргызстана отметила, что одним из аспектов улучшения ситуации с правами национальных меньшинств является их участие в политической и общественной жизни. И особенно остро стоит вопрос привлечения этнических меньшинств в правоохранительные органы. Возможно, этому будет способствовать открытие в Оше средней школы милиции [1].

Согласно данным Ассамблеи народов Кыргызстана, воскресные школы и курсы родного языка функционируют при национальных культурных центрах и объединениях азербайджанцев, балкарцев, греков, татар, поляков и других этнических коллективов. Дунганский язык преподается в 11 образовательных школах, в 5 школах изучается уйгурский язык. Корейский язык изучается в Корейском центре и 15 школах города Бишкека, иврит – в Еврейской школе [11].

В Кыргызстане наблюдается тенденция усиления влияния общественных организаций в общественно-политической жизни страны. Так в 1994 году впервые на территории СНГ была создана Ассамблея народа Кыргызстана (АНК) – институт, объединивший национально-культурные центры разных этнических сообществ. На момент создания Ассамблея народа Кыргызстана (АНК) включала в себя 11 национальных культурных центров. В настоящее время в состав АНК входят 29 организаций, существует два региональных отделения в Ошской и Джалал-Абадской областях. С целью совершенствования взаимодействия государственных органов и гражданского общества были созданы областные совещательные комитеты в Ошской, Джалал-Абадской, Чуйской и Иссык-Кульской областях. В городе Токмок сформирован Совет этнического развития. Ассамблея имеет статус консультативно-совещательного органа при Президенте КР.

В 2008 году Министерством образования и науки КР была утверждена Концепция поликультурного и многоязычного образования, определяющая основные направления деятельности ведомства в этих сферах [11].

В Аппарате Президента КР в августе 2010 года был создан отдел этнической, религиозной политики и взаимодействия с гражданским обществом, были назначены сотрудники, ответственные за мониторинг ситуации и реализацию политики этнического развития в областных и районных государственных администрациях областей и мэриях крупных городов. В 2011 году в Бишкеке прошел VII внеочередной Курултай Ассамблеи народа Кыргызстана, на котором была принята «Концепция этнической политики и консолидации общества Кыргызской Республики», «План действий до 2015 года», новая редакция Устава Ассамблеи народа Кыргызстана, утверждена ревизионная комиссия и сформирован состав Совета АНК в количестве 65 человек, среди которых руководители некоторых министерств и ведомств КР, представители общественных объединений-членов Ассамблеи. Согласно новой редакции устава, Ассамблея народа Кыргызстана (АНК) является юридическим лицом, призванным способствовать консолидации общества на основе общегражданской идентичности, совместной ответственности граждан Кыргызстана за сохранение единства и культурного многообразия страны в целях прогрессивного демократического развития, содействовать укреплению межнационального согласия, гражданского мира, интеграции и единства народа Кыргызстана [10].

Таким образом, развитие многоэтнических общественных систем – это процесс динамического взаимодействия внеэтнических (экономических, социально-групповых, политических и пр.) и этнических структур общества. Несбалансированность данных структурных взаимосвязей выступает в качестве одного из источников возникновения этнических (национальных) противоречий. Потребности практики развития межэтнической ситуации привели к тому, что в Кыргызстане на протяжении многих лет объективно накапливается значительный опыт проведения эмпирических социологических исследований в сфере межэтнических отношений. Уровень религиозности мусульман Кыргызстана по результатам социологических опросов проведенных в 2003 году составила 89,0%, в 2007 году – 90,0% и в 2011 году – 88,5%. Анализ религиозной ситуации в современном Кыргызстане социологами ислама показывает, что традиционными приверженцами ислама суннитского толка являются более 90% населения республики: кыргызы – 70,9% населения; узбеки – около 14,3% от всего населения; уйгуры, дунгане, казахи, татары, таджики, башкиры, турки, чеченцы, даргинцы и др. – более 5% и шиизма исповедуют около 0,3% человек, в основном азербайджанцы от всей численности населения Кыргызской Республики. Доминирующая часть молодых считают себя верующим. При этом, наблюдается тенденция роста интенсивности религиозной веры пропорционально возрасту молодежи, т.е. респонденты старшего возраста (25-30 лет) более религиозны по сравнению с младшими возрастными группами.

Список использованной литературы:

1. «Мекеним Кыргызстан»: Материалы Внеочередного VII Курултая Ассамблеи народа Кыргызстана. – Б., 2012. - С. 17.
2. Демографический ежегодник Кыргызской Республики: 2008-2012. – Б.: Нацстатком Кырг. Респб., 2013. – С. 101.
3. Джангарачева, М.К., Омуралиев, Н.А., Элебаева, А.Б. Социологический анализ межнациональной ситуации в городе Бишкеке. / М.К.Джангарачева., Н.А. Омуралиев., А.Б. Элебаева. Бишкек, 1992, С. 69;
4. Закон «О свободе вероисповедания и религиозных организациях в Кыргызской Республике» от 31 декабря 2008 г. - С. 7.
5. Законы Республики Кыргызстан «О свободе вероисповедания и религиозных организаций» от 16 декабря 1991 года-№656 – XII.
6. Из архива Государственного комитета по Делам религий при Президенте Кыргызской Республики
7. История и идентичность: Кыргызская Республика. – Б.: 2007. – 273 с.

8. Малтабаров Б.А. Исторический путь становления и развития социологии в Кыргызстане. – Вестник БГУ им. К.Карасаева, 2008. – С. 57.
9. Мамаюсупов О.Ш. Вопросы религии на переходном периоде. – Б.: 2003. – С. 165.
10. Омуралев Н.А. Межэтнические конфликты в Кыргызской Республике: социологический анализ / Бишкек: Илим, 2012. – С. 162.
11. Пятый, шестой и седьмой периодические доклады Кыргызской Республики о выполнении Международной Конвенции о ликвидации всех форм расовой дискриминации / Составитель Омуралиев Н.А. – Бишкек, МИД КР, 2011 г.
12. Развитие межэтнических отношений в новых независимых государствах Центральной Азии. Учебное пособие для высших учебных заведений. / под ред. А. Элебаевой. Бишкек, 1995. С. 23-160.
13. Социальный портрет молодежи на фоне современности (результаты социологического исследования в рамках реализации государственной молодежной политики / Б. Романов, К. Исаев, С. Сыргабаев. – Б.: «Кут-Бер», 2012. – 104 с.
14. Чотаева Ч. Современная межэтническая ситуация в Кыргызстане: по результатам социологического исследования 2012 года – Бишкек: 2011. – 72 с.
15. Чотаева Ч. Этнокультурные факторы в истории государственного строительства Кыргызстана. – Б. 2005.
16. Чотаева Ч. Этничность и этносы в Кыргызстане: учебное пособие для преподавателей вузов. – Б. 2011.

Das Eigene und das Fremde
Gesellschaftlich konstruierte Fremdheit als Herausforderung für die Soziale Arbeit

Larissa Bogacheva, Deutschland, Ludwigshafen am Rhein

Einleitung

Im Folgenden soll die Frage untersucht werden, wie im gesellschaftlichen Kontext unter Bezugnahme auf ethnische, kulturelle oder sozialpolitische Zuschreibungen Differenzierungen vorgenommen werden, durch welche Fremdheit hergestellt wird und Menschen zu „anderen" gemacht werden. Es geht dabei vornehmlich um die Betrachtung und Analyse von Prozessen, in welchen Fremd- und Anderssein hergestellt wird, ferner um die intendierten und nicht intendierten Folgen solcher Zuschreibungen, die der Sozialen Arbeit als Herausforderungen gegenübertreten.

1. Das Fremde und das Eigene als Relationsbegriffe

Fremdheit ist keine Eigenschaft, die einem wesenhaft (ontologisch) eignet, sondern etwas Relationales. Es gibt nicht das Fremde oder die Fremden schlechthin, sondern nur das oder die von mir oder uns als „fremd" Unterschiedene(n). Dennoch muss das Fremde oder die Fremden für uns präsent sein: Die Bewohner des Sirius, sagt Simmel, sind keine Fremden, sie existieren für uns gar nicht.[1] Sie existieren überhaupt nicht für uns, denn sie stehen jenseits von Fern und Nah. Wenn Fremdheit primär als Beziehungsgröße verstanden wird, ist kein Fremdes völlig fremd; und natürlich wird Fremdheit subjektiv unterschiedlich erlebt.

Bernhard Waldenfels stellt in seiner Arbeit einige grundsätzliche Fragen: „Womit setzt das Fremdwerden ein? Setzt es damit ein, dass die Anderen mir als Fremde gegenüber treten oder damit, dass ich mich unter anderen als Fremder fühle und sehe? Die Entscheidung darüber hängt davon ab, wo wir den Maßstab der Normalität ansetzen, in der eigenen Welt oder in der Welt der Ande-

---

[1] Simmel 1908.

ren." Und weiter: „Ist Sokrates (…) in seiner Seltenheit und Seltsamkeit fehl am Platz, oder trifft dies eher auf seine Mitbürger zu, die in einem Schattenreich leben und Spiegelfechtereien austragen? Wer ist in der Welt fremd, Don Quijote, der in seinem spätritterlichen Heroismus gegen Windmühlen kämpft, oder Sancho Pansa, der sich auf unerschütterliche Weise in der Wirklichkeit einrichtet, als sei diese das Sein selbst?"[2]

Fremdheit ist also etwas Relationales, die Bezeichnung für die spezifische Qualität eines Beziehungsverhältnisses. Das erste konstitutive Element einer Fremdheitsbeziehung ist das „Gegenüber". Die Bedingung des „Gegenübers" verweist darauf, dass die Partner einer Fremdheitsbeziehung einander in dem Sinne „nahe" sein müssen, dass Interaktion und Kommunikation möglich sind. Das zweite konstitutive Element einer Fremdheitsbeziehung im Simmelschen Sinne ist das „Außerhalb". Das heißt, dass in dem durch „Nähe" ermöglichten Miteinander die Unterscheidung zwischen Innen und Außen, zwischen Wir und Ihr für den Sinn des wechselseitig aufeinander bezogenen Handelns relevant wird. Die Wahrnehmung einer symbolischen Grenze macht den räumlich-leiblich Nahen zum Außenstehenden, der mir zwar ein Gegenüber ist, aber trotzdem nicht zu mir bzw. zur Sphäre des „Eigenen" gehört. Mit der paradoxen Formel der „Einheit von Nähe und Entferntheit" verbindet Simmel also zwei unterschiedliche Ebenen der Erfahrung miteinander: Eine räumlich-materielle Dimension der sinnlichen „Nähe" und eine symbolische Ebene der Nichtzugehörigkeit.[3]

In phänomenologischen Studien wird das „Fremde" als eine Kategorie gefasst, die ausgehend vom Eigenen konstruiert wird. Am Anfang steht jeweils nicht das „Fremde", sondern das „Eigene". Das Fremde *ist* nicht, es *wird* fremd. Es geht dabei um „sekundäre Fremdheit", um Prozesse des Hervorgehens von Fremdheit aus vorausgesetzter Zugehörigkeit und/oder Vertrautheit.[4]

2. Die Erfahrung des Fremden – Modalitäten des Fremderlebens

Uta Schaffers beschreibt in ihrer Dissertation *Konstruktionen der Fremde,* mit welchen Auffassungen von gegenseitiger Fremdheit man in realen Begegnungssituationen zu rechnen hat. Das Fremde kann erfahren werden als:

---

[2] Waldenfels 1997, S. 43.
[3] Vgl. Stenger 1998, S. 19f.
[4] Vgl. Waldenfels 1997, Münkler 1998.

- Das Auswärtige, das Ausländische, d.h. als etwas, das sich jenseits einer räumlich bestimmbaren Trennungslinie befindet. Es geht um die lokale Erreichbarkeit von bislang Abgetrenntem. Diese Perspektive enthält gleichzeitig eine starke Betonung des „Inneren" als Heimat oder Einheitssphäre.
- Das Fremde als Fremdartiges, z.T. auch im Sinne von Anomalität, von Ungehörigem oder Unpassendem steht im Kontrast zum Eigenartigen und Normalen, d.h. zu Eigenheiten, die zum Eigenwesen eines Sinnbezirks zugehören.
- Das Fremde als das noch Unbekannte bezieht sich auf die Möglichkeiten des Kennenlernens und des sich gegenseitig Vertrautmachens von Erfahrungsbereichen, die prinzipiell erreichbar sind.
- Das Fremde als das letztlich Unerkennbare, das für den Sinnbezirk transzendente Außen, bei dem alle Möglichkeiten des Kennenlernens prinzipiell ausgeschlossen sind.
- Das Fremde als das Unheimliche zieht seine Bedeutung aus dem Gegensatz zur Geborgenheit des Vertrauten. Hier geht es um die beklemmende Erfahrung, dass auch Eigenes und Vertrautes zu Fremdartigem umschlagen kann. Die Grenze zwischen Innen und Außen verschwimmt, wenn das „Heimische" unheimlich wird.[5]

Die Erfahrung der Nichtzugehörigkeit kann als ein zentraler Modus der Erfahrung von Fremdheit benannt werden.

3. Umgang mit dem Fremden

Im Laufe unserer Geistesgeschichte haben wir gelernt auf verschiedene Weise mit der fremden Andersartigkeit umzugehen, nämlich „über räumlich expansives Ausgreifen, geistige Vereinnahmung und Subsumption in das eigene Weltbild und durch Unterordnung der anderen Erfahrungswelten und Traditionen unter der Perspektivität einer eigenen Geschichtsschreibung"[6].

Jede Gesellschaft hat entsprechend der historischen Entwicklung einen bestimmten Modus im Umgang mit dem Fremden entwickelt. Dies betrifft alle sozialen Bereiche wie Bildung, Erwerb der Staatsbürgerschaft, rechtliche Regelungen und „Sondergesetze" für Fremde, mediale Bilder, das Reden über Fremde in der Politik und Wirtschaft usw.

---

[5] Vgl. Schaffers 2006, S. 152ff.
[6] Schäffter 2013, Modi des Fremderlebens.

Der Begriff des Fremden regelt in vielen Gesellschaften Inklusions- und Exklusionsverhältnisse und es kann von minimalen Situations- und Kontextverschiebungen abhängen, ob jemand der eigenen Wir-Gruppe oder dem Fremdenstatus zugerechnet wird. Dies verbindet sich wiederum mit der Frage, ob der Fremde Gast oder Feind ist.

4. Gesellschaftlich konstruierte Fremdheit und aktueller Ausschließungsdiskurs

4.1 Erfahrung von Fremdheit als Erfahrung einer Exklusionsbeziehung

„Grenzen ziehen" ist eine entscheidende Dimension von Vergesellschaftung. Jede Vergesellschaftung bedeutet auch das Erlernen von Abgrenzungen. Gesellschaften kannten immer Grenzen der Zugehörigkeit und damit Kriterien der Ausschließung. Einige dieser Abgrenzungen können freilich unproblematisch sein und nie zu Konflikten oder anderen Interaktionen führen, in denen sie wirksam oder gar thematisiert werden, andere bringen erhebliche Benachteiligungen für die Ausgeschlossenen mit sich.

Horst Stenger schlägt vor, zum einen Fremdheit als Exklusionsverhältnis zu bestimmen und zum anderen zwischen einem positionalen und einem kognitiven Aspekt zu unterscheiden. Den positionalen Aspekt nennt er „soziale Fremdheit"; in diesem Fall wird Personen und Gruppen aufgrund sozialer Kriterien die Position von Fremden zugewiesen. Den kognitiven Aspekt bezeichnet er als „kulturelle Fremdheit", deren Gegenstand Wissens- und Sinnstrukturen sind, die nicht der eigenen Wirklichkeitsordnung zugerechnet werden können. Der Fremde ist also stets ein Anderer, dessen Nichtzugehörigkeit festgestellt und der dadurch zum herausgehobenen Element der Wirklichkeit wird. Die positionale Dimension ist durch Ausgrenzung bestimmt (und wird von den Ausgegrenzten als Nichtzugehörigkeit erfahren), die kognitive Dimension durch scheiternde Aneignung (und die Erfahrung bleibender Unvertrautheit).[7]

Charakteristisch für die Konstruktion von Fremden und Anderen ist, dass diese jeweils mit Bezug auf das jeweils eigene, vertraute „Wir" erfolgt, auch wenn dieses „Wir" nicht unbedingt explizit benannt ist. Das Eigene existiert und wirkt immer als unhinterfragbarer Bezugspunkt, als „Norm", als Fiktion einer Norma-

---

[7] Vgl. Stenger 1998.

lität. Als die Anderen werden diejenigen gesehen, die von der (selbstverständlichen und vorherrschenden) Norm abweichen und als nicht-dazugehörig betrachtet werden. Die Konstruktion der Anderen ist mit einer Abwertung und (zumindest symbolischer) Ausgrenzung der Anderen verbunden und dient der eigenen Abgrenzung sowie der Aufrechterhaltung der Hegemonie.

Vor allem das Element „Anderssein", die „Nicht-Dazugehörigkeit", bedeutet, dass das Fremde in der Moderne nur *innerhalb* eines Normalitätsparadigmas "funktioniert". Normalität bildet daher das konstitutive Feld, innerhalb dessen das Fremde als diskursiv sichtbar (gemacht) auftaucht. Das Moment des „Unvertraut-Seins" beschreibt dagegen die Dimension des Subjekts, das sich *außerhalb* etablierter gesellschaftlicher Normalität positionieren muss.[8]

Die imaginäre Grenze zwischen „dem Wir" und „den Anderen" wird fortwährend erschaffen, verändert und ausgehandelt. Es ist nicht fest definiert, was fremd ist, sondern kann situativ und sozial variieren.

Konzeptionalisierungen über das Fremde und das Eigene können sich dabei auf soziale Differenzlinien im national-ethnisch-kulturellen Kontext beziehen, aber auch von anderen Kategorien, wie z.B. Geschlecht, Klasse, Alter, Körper, Sexualität usw. modifiziert und überlagert werden. Das Eigene wird im Gegensatz zum Fremden als „Normalität" betrachtet.

Nicht nur jede soziale Gruppe, sondern auch jedes Individuum kann potentiell unter dem Normalitätsparadigma und in Abhängigkeit von den Machtverhältnissen zum „Anderen" werden – als „Verrückte/r", „Kranke/r", „kulturell oder rassisch Andere/r" usw. Die Schaffung eines solchen Verhältnisses ist als eine Art der „Herstellung des Anderen" zu begreifen.

4.2 Der Staat als zentraler Konstrukteur von Fremdheit

Der Staat selbst wird mit seinen politisch-rechtlichen Kategorisierungen und Klassifikationen zu einem zentralen „Konstrukteur" sozialer Ungleichheit, von Fremdheitsbildern und Ausschließungen, von Partizipationsmöglichkeiten für „Fremde" in den Bereichen des Arbeits- und Wohnungsmarktes, des Bildungssystems usw. Ausschließung kann graduell unterschiedlich sein und sie kann reichen „von unscheinbarsten und subtilsten Formen der Diskriminierung im Alltag über die Beschneidung und Vorenthaltung von Rechten und Ansprüchen,

---

[8] Vgl. ebd.

die zwangsweise Asylierung in totalen Institutionen bis hin zur physischen Vernichtung"[9]. Es gibt totale Formen der Ausschließung wie Vertreibung, Zwangsisolierung oder Vernichtung, aber auch „milde" Formen der Ausschließung wie Verachtung, Diskriminierung, Entmündigung Entrechtung; diese sind oft eine Vorform von totaler Ausschließung.

Wenn einer Gruppe Zugehörigkeit und Partizipation verweigert oder entzogen werden soll, vollzieht sich eine Zeremonie der „moralischen Degradierung", die die Ausgegrenzten beispielsweise als „potentielle Kriminelle" oder „gefährliche Personen" kennzeichnet. Durch diese Zuschreibung einer persönlichen Eigenschaft wird die Verantwortung für die Ausgegrenztheit dem Einzelnen übertragen. Armut, Arbeitslosigkeit, Rechtlosigkeit erscheinen damit als „verdient".

Ausschließung fungiert in diesem Sinne als eine Maßnahme, um eine wie auch immer definierte Ordnung herzustellen. Ordnung wird in diesem Bild dadurch geschaffen, dass „störende Elemente" entfernt werden. Ordnung ist das Ergebnis einer Homogenisierung der gesellschaftlichen (staatlich gedachten) Einheit derjenigen, die sich dieser Ordnung unterwerfen. Wer das nicht tut, muss (eventuell auf Zeit) aus dem Raum der Mitgestaltung des Ganzen entfernt werden. In der Vorstellung, Ordnung werde durch das Entfernen von „Störern" hergestellt, verbindet sich Ausschließung mit Disziplinierung. Erst aus solchen Hintergrundsannahmen ergibt sich die Möglichkeit, Ausschließung als Kontrolle verstehen zu können, Kontrolle über die Gesamtordnung wie auch Kontrolle über die einzelnen Personen, die sich im Rahmen der Ordnung konstruktiv zu verhalten haben.

5. Der Umgang der Sozialen Arbeit mit Fremdheit

5.1 Soziale Arbeit als Instrument der Normalisierung

Aus Sicht der Kritischen Sozialen Arbeit steht die Praxis Sozialer Arbeit im Verdacht, als Wächterin gesellschaftlicher Normen zu fungieren und die Menschen, auf die sie sich mit ihrer Hilfe bezieht, in ihrer Bedürftigkeit als abweichend, als anormal zu stigmatisieren. Soziale Arbeit kontrolliere im Sinne der staatlichen und ökonomischen Machtverhältnisse abweichendes Verhalten, abweichende Lebensformen, sie übe Devianzkontrolle aus, um den gesellschaftlichen Status quo aufrechtzuerhalten. Soziale Arbeit stellt aus dieser Sicht eine

---

[9] Steinert 2000, S. 15.

Normierungs- und Ordnungsmacht dar. „Sozialarbeiter seien genauso wie Psychiater, Richter, Psychologen oder Erzieher „Normalisierungsrichter" (Foucault), die für das Reich des Normativen arbeiten"[10].

Die Auffassung, dass die jeweils etablierte Ordnung die einzig mögliche sei, die sich von vornherein keiner Kritik aussetzen müsse, bestimmt oft auch das Denken in den Sozialwissenschaften. Dies zeige sich nicht zuletzt darin, dass eine nicht zu überschauende Anzahl von Untersuchungen über „abweichendes" Verhalten gebe, die es versäume, die geltende Ordnung, von der abgewichen wird, kritisch in die Analyse einzubeziehen.[11]

Die Soziale Arbeit – so der Tenor der lebensweltlichen Sozialen Arbeit nach Thiersch – unterstützt Menschen, die unter erschwerten individuellen und sozialen Bedingungen leben, dabei, ihr Leben zu bewältigen, ein „gelingenderes Leben" zu führen. In diesem Anspruch ist die Differenz zwischen Normen für ein gelingendes Leben, kurz: Normen einer Lebensform, und einer von diesen Normen abweichenden Lebensrealität konstitutiv für die Sozialarbeit. Problematisch wird es, wenn die Normvorstellungen, an welche die Lebensrealität der Klienten in Dienste des Gelingens angeglichen werden soll, deren Werten und Idealen widerspricht und sie sich nicht an diese anpassen wollen (z.B. bestimmte subkulturelle Gruppen) oder dies auch nicht können (z.B. behinderte, körperlich und psychisch kranke Menschen). In diesem Falle müssen andere Maßstäbe zur Geltung gebracht werden, was das Gelingen betrifft. Es ist zu prüfen, welche Kriterien gelingender Lebensführung die Klientinnen selber mitbringen, welche Ziele ihnen wichtig sind und in welcher Form der Lebensführung sie mit sich selbst ins Reine kommen.

Um für solche Fragen einen Freiraum zu eröffnen, muss sich Soziale Arbeit in eine kritische Distanz zu den herrschenden Normen und der herrschenden Ordnung begeben können. Die Herausforderung für die Soziale Arbeit liegt in diesem Kontext vor allem in der kritischen Auseinandersetzung mit zuschreibenden Kategorisierungen und gesellschaftlich konstruierten Fremdbildern, mit vorherrschenden ausgrenzenden Strukturen, mit der Frage, ob die „Fremdheit" die Voraussetzung oder die Folge der Ausgrenzung ist, und nicht zuletzt im Hinterfragen der eigenen Positionierung und der eigenen Handlungsorientierungen.

Es besteht die Gefahr, dass gesellschaftlich konstruierte „Fremdheit" bei mangelnder Reflexion im Kontext der Sozialen Arbeit festgeschrieben und tradiert

---

[10] Kleve 2003, S. 37.
[11] Vgl. ebd., S. 42.

wird, und die Soziale Arbeit, auch ungewollt, zur Konstruktion dieser „Fremdheit" und zur Reproduktion von Herrschaftsverhältnissen beiträgt. Wichtig ist deshalb, auch bisher selbstverständliche wissenschaftliche Grundannahmen sowie die Normalität der herrschenden Verhältnisse und den eigenen Umgang mit ihnen kritisch zu reflektieren. Für das sozialpädagogische Denken und Handeln ist ein Perspektivenwechsel erforderlich, eine Bereitschaft, den Blick nicht auf „die Anderen" als „die Fremden" zu richten, sondern auf die Voraussetzungen, unter denen diese zu Fremden und Anderen gemacht werden. „Der Umgang mit dem Fremden erfordert, weil es das vom Individuum lediglich so aufgefasste Fremde ist, zunächst immer den prüfenden Blick auf die Konstruktionsbedingungen des Fremden, also den Blick auf sich selbst."[12]

Fremdbilder lassen uns eine Fremdheit erwarten, die den realen Differenzen meist nicht entspricht, so dass der Kontakt von vornherein durch Unsicherheit und Misstrauen beeinträchtigt ist. Unsere Erwartung beeinflusst unsere Wahrnehmung. „Da wir von einzelnen Merkmalen auf die erwarteten kulturellen Muster schließen und widersprüchliche Informationen eher ausblenden, bestätigen sich die Bilder immer von neuem."[13] In der dominanten Position, so Auernheimer, neigt man dazu, Störungen der Kommunikation einseitig der anderen Seite anzulasten. Wenn zum Beispiel ein Klient unpassend oder aggressiv reagiert, ist man geneigt, dies der „Mentalität" zuzuschreiben. „Bei pädagogischen und psychosozialen Fachkräften besteht außerdem die Tendenz, immer schon zu wissen, wie andere zu verstehen sind. Zu dieser *deformation professionelle* kommt, dass wir Europäer generell dazu neigen, das Denken und Verhalten in anderen Gesellschaften interpretieren zu wollen."[14] Zu warnen ist vor missionarischem Eifer, weil die „zivilisatorische Mission" gegenüber den anderen in unserem westlichen Denken zu tief verankert ist. Außerdem plädiert Auernheimer dafür, in asymmetrischen Beziehungen (Ursachen für Machtasymmetrien können unter anderem folgende sein: Rechtsstatus, sozialer Status, Image der Gruppe, Sprachmächtigkeit, Zugang zu Informationen) die Komplementarität der Rollen sowie die (möglichen) Diskriminierungserfahrungen von Menschen mit Migrationsgeschichte besonders zu beachten. „Der Unterlegene muss in der Regel, ob er will oder nicht, die – meist implizite, nonverbal vermittelte – „Bezie-

---

[12] Lamp 2007, S. 170.
[13] Auernheimer, 2008, S. 53.
[14] Ebd., S. 173.

hungsdefinition" des Überlegenen (zum Beispiel als „Fall", als „ Ausländer") akzeptieren.[15]

Ein weiterer wichtiger Aspekt ist die kritische Auseinandersetzung der Sozialen Arbeit mit den gesellschaftlichen Fremdheitsbildern, die die Massenmedien liefern. Thomas Kunz betont in seinem Artikel *Geschichten von „uns" und „ihnen"*: „Die Auseinandersetzung mit gesellschaftlichen Fremdheitsbildern ist aus dem Grund wichtig, weil diese Bilder in der Regel die individuellen Deutungs- und Bezugsfolien sind, über welche eben auch Sozialarbeiterinnen und Sozialarbeiter verfügen. Denn sie sind ebenso MediennutzerInnen und in gesellschaftliche Diskurse verstrickt." Es empfiehlt sich also, so Kunz, „die Rolle der Medien und dort vorfindbaren Fremdheitsbilder, das heißt deren Geltung und Zustandekommen kritisch zu thematisieren und zum Gegenstand von Analysen zu machen und hieraus Strategien zu entwickeln, welche es ermöglichen, gesellschaftliche Vielfalt anzuerkennen."[16]

5.2 Interkulturelle Kompetenz in der Sozialen Arbeit

Interkulturelle Kompetenz setzt voraus, dass man sich gegenüber den Bedürfnissen der anderen öffnet. Dies schließt die Fähigkeit mit ein, in der Selbsterfahrung die Wahrnehmung des eigenen stereotypen Bewertens und Verhaltens zu schärfen, aber auch ihre Bereitschaft, die eigene Persönlichkeit angesichts von Widersprüchlichkeiten, die Interaktionen im interkulturellen Bereich mit sich bringen, zu entwickeln. Natürlich ist die Frage berechtigt, wie man Respekt empfinden kann gegenüber einem Menschen, dessen Handeln einem selbst kulturell fremd und unverständlich, vielleicht sogar abstoßend erscheint. Eine Antwort auf diese Frage kann man in der Lehre des Philosophen Emanuel Levinas finden „Es gilt das Unverständliche, Geheimnisvolle auszuhalten und Respekt zu wahren."[17] Ein Verstehen des Anderen ist nur in Grenzen möglich. Respekt vor dem Anderen ist aber grundsätzlich möglich. „Die Wahrnehmung, Deutung und Bewertung des Fremden sowie der Umgang mit Irritationen im Sinne eines echten Fremdverstehens in der Unterstellung der Sinnhaftigkeit des Unbekannten liegt unabhängig davon, ob sich der Sinn aktuell erschließen lässt oder nicht."[18]

---

[15] Vgl. ebd., S. 172.
[16] Kunz, S. 92f.
[17] In Freise, S. 195
[18] Bartmann 2011, S. 34.

In der Haltung dieses Respekts erfordert interkulturelle Soziale Arbeit eine besondere Anstrengung, Diagnosen und Lösungen nicht vorschnell einzuführen. In dieser Anstrengung steckt auch eine Chance. Durch spezifisches Nachfragen, beispielsweise in der Beratung („Was würde in ihrer Kultur in einem solchen Fall getan werden?"), werden auch neue Möglichkeiten der eigenen Perspektivität eröffnet.[19]

Interkulturelle Kompetenz erfordert auch einen kreativen Umgang mit erlebter Differenz, Andersheit, Fremdheit, Unklarheit, Mehrdeutigkeit u.ä. Oft wird die Erfahrung des Fremden mit belastenden Gefühlen verbunden, die zu Unsicherheit führen und zu Entscheidungskonflikten, und diese begünstigen dann diskriminierende Formen der Ab- und Ausgrenzung. Hier entsteht die Frage, wie SozialarbeiterInnen in solchen Situationen zu professionell (fachlich und ethisch) vertretbaren Entscheidungen und Handlungen kommen können und wie es ihnen geling kann, trotz mangelnder Vorhersehbarkeit ihrer Interventionsbemühungen handlungsfähig zu bleiben. Dieses Ziel wird allein durch Wissen oder normative (politische, fachliche oder moralische/ethische) Leitlinien für korrektes, professionelles Verhalten nicht zu erreichen sein. Dafür, so Effinger, bedarf es vielmehr konkreter Erfahrungen, welche auch die emotionale, vermeintlich irrationale Seite dieser Prozesse berücksichtigen. „Zum Merkmal professioneller Haltung und Handlungskompetenz gehört aus meiner Sicht auch aktive Akzeptanz und ein kreatives Umdeuten (Reframing) und Nutzen von Ambiguität. Dieser Umgang mit Ambivalenz betrachtet vorhandene und erlebte Ambiguitäten als Medium der Erweiterung von Lösungsperspektiven und Handlungskompetenz. Solch grundsätzlich positive Konnotation gegenüber ambigen Phänomenen – Bedeutung und Funktion der Humor. Humor bezeichne ich daher als einen Modus der Liebe zur „Mehrdeutigkeit"."[20]

Was braucht man, um in und mit dieser Ambiguität zu leben? Heiko Kleve sagt, dass das Wichtigste dafür ist, die Differenzangst zu überwinden. Es ist „eine neue, eine postmoderne Gemüts- und Geisteshaltung (Lyotard)" gefragt, „für die Differenz nicht mehr als Aufforderung der Aneignung, der Assimilation, der Integration steht. Wir brauchen eine Differenzreflexion, die sich vom Negativbild der Differenz befreit, die Differenz als Motor, als Generator und nicht als Zerstörer von Gesellschaftlichkeit betrachtet."[21] Die Angst vor den Begegnun-

---

[19] Vgl. Auernheimer 2008, S. 197.
[20] Effinger 2012, S. 259.
[21] Kleve 2003, S. 37.

gen mit dem Fremden kann sich lösen, wenn wir unsere Betrachtung drehen, wenn wir unsere Bewertungen bezüglich der Differenz grundsätzlich ändern. Kleve zitiert hier Theodor W. Adorno: „Das Differenzierte erscheint so lange divergent, dissonant, negativ, wie das „Bewusstsein (…) auf Einheit drängen muss: solange es, was nicht mit ihm identisch ist, an seinem Totalitätsanspruch misst."[22]

Soziale Arbeit braucht eine Urteilskraft, die ambivalente Perspektiven einnehmen und aushalten kann, jene Urteilskraft, die der Politik oft fehlt und die sich mit gesellschaftlicher Ambivalenz überfordert fühlt und auf die Differenzen mit repressiven Methoden reagiert. Mit den Mitteln einer solchen Urteilskraft lässt sich Dissonantes und „Befremdliches" nicht nur aushalten, sondern horizonterweiternd dem Eigenen angliedern. Dies wäre auch eine Haltung, die zur konstruktiven Bewältigung der interkulturellen Anforderungen einer Migrationsgesellschaft angesagt wäre, wie Terkessedis veranschaulicht:

„Einwanderung wurde oft als eine Art Störung der Harmonie in Deutschland betrachtet. Doch diese Harmonie hat nie existiert. Und Harmonie muss auch nicht immer das Ideal sein – aktuell haben wir es mit Dissonanz und Brechung, mit Unreinheit und Improvisation zu tun. Das bedeutet nun nicht, dass sich langfristige Planung nicht mehr lohnt – im Gegenteil: Sie muss aber flexibler werden. Wir stehen vor der großen Aufgabe einer interkulturellen Alphabetisierung. Und dabei lernen wir alle eine neue Sprache."[23] Auch die Soziale Arbeit steht vor der Aufgabe der interkulturellen Alphabetisierung. Und diese besteht vor allem im Erwerb einer umfassenden Interkulturellen Kompetenz.

Schlussbemerkungen

Das "Fremde" ist keine Eigenschaft von Dingen oder Personen, sondern ein Beziehungsmodus, ein relationaler Begriff, dessen Bedeutung sich nur dann erschließt, wenn man seine eigene Position und Sichtweise, d.h. was ich und wie ich etwas als fremd erlebe, in diesem Beziehungsverhältnis mit berücksichtigt.

Soziale Konstruktionen vom „Fremden" werden alltäglich in Interaktionsprozessen und durch institutionelle Praxen immer wieder hergestellt und modifiziert. Es wird eine symbolische Grenze gezogen zwischen "dem Eigenen und dem Fremden", zwischen "wir und sie", zwischen "den Zugehörigen und den Nicht-

---

[22] Ebd., S. 38.
[23] Terkessidis 2010, S. 43

Zugehörigen". Solche Grenzziehungen sind jedoch mit Gefahren der Diskriminierung und der Ausschließung verbunden. Bestimmte Gruppen von Menschen, sei es Menschen mit Migrationshintergrund, Menschen mit Behinderung oder einfach nicht ausreichend Wettbewerbsfähige werden mit Fremdheit assoziiert und als Fremde und Nicht-Zugehörige dem gesellschaftlichen Zentrum, der gesellschaftlichen Mehrheit gegenübergestellt. Durch solche Prozesse der Kategorisierung und Differenzierung werden asymmetrische Verhältnisse und soziale Ungleichheit hergestellt.

Folglich ist es notwendig, nicht nur inhaltliche Erscheinungsformen vom Fremderleben, sondern die diesem zugrunde liegenden Voraussetzungen zu berücksichtigen und nach dem Kontext, der Funktion und den Folgen der Fremdheitskonstruktionen zu fragen: Was bzw. wer wird überhaupt als fremd oder anders wahrgenommen? An welchen Differenzen und Kategorien wird dies festgemacht? Von wem und aus welcher Perspektive wird Fremdsein bestimmt? Mit welchen Interessen und mit welchen Folgen ist dies verbunden?

Literatur:

Auernheimer, Georg (2008): Interkulturelle Kompetenz und pädagogische Professionalität. 2. aktual. u. erw. Aufl Wiesbaden: VS Verlag für Sozialwissenschaften.

Bartmann, Sylke (2011): Nicht das Fremde ist so fremd, sondern das Vertraute so vertraut. Ein Beitrag zum Verständnis von kultureller Differenz. In::Bartmann, Sylke/Immel, Oliver (Hrsg.): Das Vertraute und das Fremde. Differenzerfahrung und Fremdverstehen im Interkulturalitätsdiskurs. Bielefeld: transcript, S. 21-35.

Effinger, Herbert (2012): Ambiguitätsakzeptanz und Ambivalenzkompetenz. Eine Herausforderung für die Lehre in der Sozialen Arbeit. In: Effinger, Herbert/Borrmann, Stefan u.a. (Hrsg.): Diversität und Soziale Ungleichheit. Analytische Zugänge und professionelles Handeln in der Sozialen Arbeit. Opladen, Berlin & Toronto: Barbara Budrich, S. 255-272.

Freise, Josef (2011) Kompetenzen in der Interkulturellen Sozialen Arbeit: Respekt, Empathie, Konfliktfähigkeit, Unvoreingenommenheit. In: Kunz, Thomas, Puhl, Ria (Hrsg): Arbeitsfeld Interkulturalität. Weinheim und München: Juventa. S. 193-203.

Kleve, Heiko (2003): Soziale Arbeit – Arbeit an und mit Differenz. Prolegomena zu einer Theorie differenzakzeptierender Sozialarbeit/Sozialpädagogik. In: Kleve, Heiko/Koch, Gerd u. Müller, Matthias (Hrsg.): Differenz und Soziale Arbeit. Uckerland: Schibri-Verlag, S. 36-57.

Kunz, Thomas (2011) Geschichten von „uns" und „ihnen". Die Reflexion gesellschaftlicher Fremdbilder als Bestandteil Interkultureller Kompetenz. In: Kunz, Thomas, Puhl, Ria (Hrsg.): Arbeitsfeld Interkulturalität. Weinheim und München: Juventa. S. 90-107.

Lamp, Fabian (2007): Soziale Arbeit zwischen Umverteilung und Anerkennung. Bielefeld: transcript.

Münkler, H. (Hrsg.)(1998): Die Herausforderung durch das Fremde. Interdisziplinäre Arbeitsgruppen, Forschungsberichte, Bd. 5 (unter Mitarbeit von Karin Meßlinger und Bernd Ladwig). Berlin: Akademie Verlag.

Schaffers, Uta (2006): Konstruktionen der Fremde. De Gruyter. Spektrum der Wissenschaft.

Schäffter, Ortfried (2013): Das Fremde als Lernanlaß: Interkulturelle Kompetenz und die Angst vor Identitätsverlust. Internet: http://ebwb.hu-berlin.de/team/schaeffter/downloads/fremd (Stand 18.02.2013)

Simmel, Georg (1908): Exkurs über den Fremden. In: Soziologie. Untersuchungen über die Formen der Vergesellschaftung. Berlin: Duncker & Humblot, S. 509-512. (Internet: http://socio.ch/sim/soziologie/soz_9_ex3.htm. Stand 23.01.2015)

Steinert, Heinz (2000): Warum sich gerade jetzt mit "sozialer Ausschließung" befassen? In: Pilgram, Arno/Steinert, Heinz (Hrsg.): Sozialer Ausschluss – Begriffe, Praktiken und Gegenwehr. Baden-Baden, S. 13-20.

Stenger, Horst (1998): Soziale und kulturelle Fremdheit. *Zeitschrift für Soziologie*, Jg.27, Heft 1, S. 18-38.

Terkessidis, Mark (2010): Interkultur. Frankfurt am Main: Suhrkamp

Waldenfels, Bernhard (1997): Topographie des Fremden. Studien zur Phänomenologie des Fremden 1.Frankfurt am Main: Suhrkamp.

Своё и чужое
Конструируемая обществом чужеродность как задача для социальной работы

Богачева Лариса В., ФРГ, Людвигсхафен на Рейне

Введение

В данной работе будет рассмотрен вопрос о том, как в обществе в результате этнических, культурных или социально-политических клише происходит разграничение, в результате чего возникает чужеродность и люди становятся «Другими». При этом речь идёт прежде всего о наблюдении и анализе процессов, в которых возникает чужеродность и инаковость, кроме того, о целевых и нецелевых последствиях подобных клише, которые становятся задачами для социальной работы.

1. Своё и чуждое как соотносящиеся понятия

Чужеродность – это не качество, которое характерно для кого-либо (онтологически), а что-то относительное (реляционное). Не существует чуждого или чужаков как таковых, а лишь то или те, которое или которых я или мы воспринимаем как «чуждое». И всё же чуждое или чужаки для нас не существуют: жители Сириуса, говорит Зиммель, не являются для нас чужими, они для нас вовсе не существуют.[1] Они вообще не существуют для нас, они находятся по ту сторону далекого и близкого. Если под чужеродностью первоначально понимать величину отношений, то ничто чуждое не является полностью чуждым; и, конечно, чужеродность субъективно переживается по-разному.

Бернхард Вальденфельс задаётся в своей работе вопросами: «С чего начинается чужеродность? Начинается ли она с того, что другие относятся ко мне как к чужаку или с того, что я ощущаю себя чужаком среди других? Решение этого зависит от того, где мы подведём черту нормального, в собственном мире или в мире других.» И далее: «Неуместен ли Сократ со своей исключительностью и странностью, или это скорее относится к его согражданам, которые живут в темноте и терпят обман? Кто в мире чужак, Дон Кихот, который в своём позднем рыцарском героизме борется с ветряными мельницами, или Санчо Панса, который непоколебимо приспосабливается к действительности, будто она – это сама истина?»[2] Чужеродность является таким образом чем-то реляционным, обозначением специфического качества условия отношений. Первым определяющим элементом чуждых отношений является «собеседник». Условие «собеседника» указывает на то, что партнёры должны быть «близки» друг другу в том смысле, чтобы взаимодействие и коммуникация были возможны. Вторым определяющим элементом чужеродных отношений по Зиммелю служит «внешнее». Это означает, что во взаимодействии, возможном посредством «близости», важным для осознания взаимосоотнесённого действия является различие между внутренним и внешним, между Мы и Вы. Восприятие символических границ превращает пространственно-телесно близкого в постороннего, который хоть и является моим собеседником, и всё же не принадлежит ко мне или к сфере «собственного». Таким образом, с парадоксальной формулой «Единство близости и удалённости» Зиммель связывает две различные степени опыта: пространственно-

---

[1] Simmel 1908:
[2] Waldenfels 1997, с. 43.

материальное измерение чувственной «близости» и символическую степень «непринадлежности».[3]

В феноменологических учениях под «чуждым» понимается категория, которая создаётся, исходя из собственного. В начале стоит соответственно не «чужое», а «собственное». Чужое не *является*, а *становится* чужим. Речь здесь идёт о «вторичной чужеродности», о процессе происхождения чужеродности из предполагаемой принадлежности и/или доверительности.[4]

2. Опыт чужака и его условия жизни

Ута Шафферс описывает в своей диссертации Устройство чуждого, какие восприятия обоюдной отчуждённости нужно учитывать в реальной ситуации общения. Чуждое можно испытать как:

- Внешнее, иностранное, т. е. как что-то, что находится по ту сторону разделительной черты, определяющей пространство. Речь идёт о локальной досягаемости того, что было отделённым. Эта перспектива одновременно содержит сильный акцент «внутреннего» как родины или сферы сплочённости.

- Чужое как чужеродное, отчасти и в смысле аномалии, неуместности или несовместимости, контрастирует с самобытным и нормальным, т. е. со своеобразием, которое относится к особенности концептуального поля. Чуждое как ещё неизвестное относится к возможностям изучения и взаимного знакомства областей опыта, которые принципиально досягаемы.

- Чуждое как, наконец, непознаваемое, трансцендентное внешнее для концептуального поля, при котором принципиально исключены все возможности изучения.

- Чуждое как зловещее получает это значение из оппозиции к защищённости доверием. Речь здесь идёт об удручающем опыте, что и собственное, и близкое могут превратиться в чужеродное. Граница между внутренним и внешним размывается, когда «родное» становится зловещим.[5]

Опыт непринадлежности является основным вида опыта чужеродности.

---

[3] См. Stenger 1998, с.19f.
[4] См. Waldenfels 1997, Münkler 1998.
[5] См. Schaffers 2006, с. 152ff.

3. Обращение с чужаком

В ходе нашей истории мы научились различными способами обращаться с чужеродностью, а именно, «посредством пространственной изоляции, духовного подчинения и приспособления к своей картине мира, и посредством субординации других опытных миров и традиций в соответствии с собственным написанием истории.»[6]

Каждое общество в соответствии с историческим развитием выработало определённый способ обращения с чужаком. Это касается всех социальных областей, таких как образование, получение гражданства, правовые регулирования и «специальные законы» для чужаков, фотографии в СМИ, разговоры о чужаках в политике и экономике и т. д.

Понятие чужого регулирует во многих обществах отношения принятия и отстранения. От минимальных изменений ситуации и окружения может зависеть, будет ли кто-то отнесён к Мы-группе или получит статус чужака. И это связано и с вопросом о том, является ли чужак гостем или врагом.

4. Созданная обществом чужеродность и актуальный дискурс об исключения из границ общественной принадлежности

4.1 Опыт чужеродности как опыт отношения исключения

«Проводить границы» - это основная единица обобществления. Каждое обобществление означает также и уставление границ. Обществам всегда были известны границы принадлежности и, тем самым, критерии для отстранения. Некоторые из этих границ могут, конечно, не представлять собой никаких проблем и никогда не привести к конфликтам или другим взаимодействиям, в которых они начнут действовать или даже станут предметом обсуждения, другие же влекут за собой существенные ущемления интересов для отстранённых и удаленных.

Хорст Стенгер предлагает, с одной стороны, определить чужеродность как отношение исключения и, с другой стороны, проводить различие между позициональным и когнитивным аспектом. Позициональный аспект он называет «социальной чужеродностью»; в этом случае за людьми и группами людей закрепляется позиция чужаков на основании социальных кри-

---

[6] Schäffter 2013, Modi des Fremderlebens.

териев. Когнитивный аспект он обозначает как «культурная чужеродность», предметом которой являются структуры знаний и мыслей, которые не могут быть отнесены к собственной действительности. Чужак, т. о., всегда другой, чья непринадлежность установлена и который, тем самым, становится элементом, изъятым из действительности.[7]

Характерным для создания чуждого и Другого является то, что оно происходит соответственно со ссылкой на собственное, хорошо знакомое «Мы», даже когда это «Мы» явно не выражено. Собственное всегда существует и воздействует в качестве беспредпосылочного ориентира, в качестве «нормы», функции нормальности. В качестве Других рассматриваются те, кто отклоняется от (очевидной и преобладающей) нормы и рассматривается как не принадлежащий к чему-либо. Конструирование Чужаков связано с уничижением и (по меньшей мере символической) изоляцией Других и служит собственному обособлению, а также поддержанию гегемонии.

Прежде всего элемент «инаковости», «непринадлежности», обозначает, что чуждое в современности «функционирует» только внутри парадигмы нормальности. Нормальность образует вследствие этого основополагающее поле, в котором чуждое возникает как дискурсивно видимое (сделанное). Момент «Не-доверительности», напротив, описывает единицу субъекта, который должен разместиться вне установленной общественной нормальности.[8]

Мнимая граница между «Мы» и «Другие» постоянно создаётся, изменяется и перемещается. Нет чёткого определения тому, что является чуждым, оно может ситуативно и социально варьироваться. Концептуализации о чужом и собственном могут при этом относится к социальным разграничениям в национально-этнически-культурном контексте, но могут также видоизменяться и наслаиваться и в других категориях, таких как пол, класс, возраст, тело, сексуальность и др. Собственное в отличии от чуждого рассматривается как «нормальность».

Не только каждая социальная группа, но и каждый индивид потенциально может в рамках парадигмы нормальности и в зависимости от отношений власти стать «Другим» - в качестве «сумасшедшего/й», «больного/й», «другого по культурным или расистским причинам» и т. д. Создание подобных отношений понимается как своего рода «Создание Чужака».

---

[7] См. Stenger 1998.
[8] Там же.

4.2 Государство как основной создатель чужеродности

Государство в своих политически-правовых категоризациях и классификациях становится основным «создателем» социального неравенства, чужеродности и отстранения, а также «создателем» возможностей участия для «чужаков» в сферах рынка труда и жилья, системы образования и т. д. Отстранение может быть градуально различным и охватывать «самые незаметные формы дискриминации в повседневной жизни, включая урезание и незаконное лишение прав и потребностей, принудительную изоляцию в таких учреждениях как психиатрия или тюрьма и до физического истребления».[9] Существуют тотальные формы отстранения, как изгнание, принудительная изоляция или истребление, существуют также и «мягкие» формы отстранения, как презрение, дискриминация, лишение дееспособности, лишение гражданских прав; часто они являются начальной формой тотального отстранения.

Когда какой-либо группе нужно отказать в принадлежности и участии, то исполняется церемония «моральной деградации», в которой тех, кого хотят сделать чужаками определяют, к примеру, как «потенциальных преступников» или «опасных лиц». Посредством этих штампов ответственность за изгнанность перекладывается на самого человека. Нищета, безработица, бесправие кажутся, таким образом, «заслуженными».

Удаление из общества выступает в этом смысле в качестве меры для установления порядка, чтобы под словом порядок не подразумевалось. Порядок в такой проекции создаётся посредством того, что «мешающие элементы» удаляются. Порядок – это результат гомогенизации общественного (подразумеваемого государством) единства тех, кто подчиняется этому порядку. Кто этого не делает, должен быть (возможно на время) удалён из области активного участия в жизни общества. В этом понимании, в котором порядок устанавливается посредством извлечения «мешающих», отстранение связано с дисциплиной. Только из подобных предпосылочных предположений возникает возможность понять под отстранением контроль, контроль над общим порядком, а также контроль над отдельными людьми, которые в рамках порядка должны вести себя соответственно приписываемым нормам.

---

[9] Steinert 2000, с.15.

5. Обращение с чужеродностью в контексте социальной работы

5.1 Социальная работа как инструмент стандартизации

С критической точки зрения социальной работы практическая социальная работа подозревается в исполнения роли надзирателя над общественными нормами и людьми. Люди, находящиеся в сложных социальных жисненых условиях часто стигматизируются как чужаки и как живущие неправильно. Социальная работа контролирует поведение в рамках соотношения государственных и экономических сил, а так же формы жизни. С этой точки зрения социальная работа является нормирующей и поддерживающей порядок силой. «Социальные работники, также как и психиатры, судьи, психологи и воспитатели являются «экспертами по нормализации» (Фуко́), которые работают для создания и поддержания господства норм и правил.»[10]

Мнение о том, что установившийся порядок является единственно возможным и не обязан с самого начала подвергаться критике, устанавливает также образ мышления в социологии. Это подтверждается тем, что существует множество исследований о «неправильном» поведении, которые даже не пытаются критиковать действующий общественный порядок, а анализируют только лишь отдельных людей, в случае отступления от этого принятого обществом порядка.[11]

Социальная работа по Тиршу помогает людям, живущим в тяжёлых личных и социальных условиях, разобраться со своей жизнью, вести «состоявшуюся жизнь». Различие между существующими нормами "состоявшейся жизни" и реальностью являются определяющим компонентом для социальной работы. Проблемы начинаются, когда для успешного проведения социальной работы представления о нормах у клиента должны быть приведены в соответствие с существующими нормами "состоявшейся жизни", хотя это противоречит идеалам и ценностям человека и он не хочет приспосабливаться (к примеру, некоторые субкультуры) или те, кто не в состоянии это сделать (к примеру, лица с ограниченными возможностями, физически или психически больные люди). В этом случае должны быть применены другие системы оценки, которые обеспечат успешное заверше-

---

[10] Kleve 2003, с. 37.
[11] Там же, с. 42.

ние социальной консультации и работы. Нужно проверить, какими критериями состоявшегося образа жизни клиент уже располагает, достижение каких целей для него важно и какая подходящий стиль жизни поможет достичь ему удовлетворённости и внутреннего покоя. Для того, чтобы эти вопросы обсуждались, социальная работа должна критично дистанцироваться от преобладающих в данный момент норм и установившихся порядков в обществе.

Проблема для социальной работы заключается в этом контексте в критическом рассмотрении предписываемых классификаций и сконструированных обществом образов чужаков, существующих разграничивающих структур, с вопросом о том, является ли «отчуждение» предпосылкой или всё же следствием социальной неприязни, и, не в последнюю очередь, в переосмыслении своей собственной позиции и собственных ориентиров и ценностей.

Существует опасность того, что общественно построенное «отчуждение» с недостатком самоанализа в контексте социальной работы будет точно определено и передаваться из поколения в поколение, и социальная работа, хотя и не по собственному желанию, помогает построению этой «отчуждённости» и репродукции господствующих понятий. Поэтому важным является критическое отражение основных научных предположений, также как и господствующих отношений и собственных способов обращения с нормами. Для критического социально-педагогического мышления и поведения необходима смена перспективы, готовность обратить взгляд на «других» не как на «чужаков», а на условия, из-за которых эти люди стали чужаками или иными. «Обращение с чужаком, из-за того, что индивидуум воспринял его как чужака, подразумевает для начала ознакомительный взгляд на то, как устроен чужак, стало быть сперва взгляд на самого себя.» [12]

Образ чужака подразумевает ожидание чужеродности, которое не отвечает реальным разногласиям, так что налаживание контакта с самого начала осложненно чувством неуверенности и недоверия. Наши ожидания воздействуют на наше восприятие. «Из-за того, что мы из отдельных черт выстраиваем ожидаемый культурный образ, а противоречивую информацию не принимаем к сведению, устоявшиеся образы подтверждается снова и

---

[12] Lamp 2007, с. 170.

снова.»[13] В доминирующей позиции, по Аурнгеймеру, человек склоняется к тому, чтобы односторонне перекладывать на собеседника нарушения в коммуникации. К примеру, когда клиент неподходяще или агрессивно реагирует, то человек более расположен приписать данный тип поведения «менталитету». «У педагогов и психологов наблюдается тенденция, всегда заранее знать, как понимать других. К данной деформации по профессиональному признаку добавляется ещё и склонность нас, как европейцев, интерпретировать мыслительный процесс и поведенческие черты других обществ.»[14] Необходимо задуматься об опасностях миссионерского рвения, о возможном вреде стремления привнести «цивилизаторскую миссию» для других, опираясь на западный образ мышления, который слишком глубоко засел в умах людей западной цивилизации. Кроме того, Аурнгеймер ссылается на ассиметричные взаимоотношения (причиной для асимметрии власти может, помимо прочих, может стать: правовой статус, социальный статус, доступ к информации). Также должны особенно учитываться комплементарность ролей и также (возможный) опыт дискриминации людей с миграционным фоном и историей.

«Более слабый должен в большинстве случаев принять, хочет он того или нет, «определение отношения» более сильного (к примеру, как «случай», как «иностранец»).[15]

Ещё один важный аспект - это критическое рассмотрение социальной работой образов чужаков, которые появляются в средствах массовой информации. Томас Кунц в своей статье Истории о «Нас» и «Них» заостряет на этом внимание: «Критическое рассмотрение общественных образов чужаков важно по причине того, что эти представления в большинстве случаев являются индивидуальными толкованиями и личным субъективным отношением, которое присутствует также и у социальных работников. Потому что социальные также черпают информацию из средств массовой информации и вовлечены в общественную дискуссию по данному вопросу.» Поэтому необходимо, по Кунцу, «критически тематизировать роль средств массовой информации и распространяемый ими образ чужака, то есть значимость и возникновение этого ораза, и сделать это предметом анализа, и

---

[13] Auernheimer 2008, с. 53.
[14] Там же., с. 173.
[15] Там же., с.172.

впоследствии разработать стратегии, которые позволят принять разнообразие общества, общественные различия и инакомыслия.»[16]

5.2 Межкультурные компетенции социальной работы

Межкультурная компетенция подразумевает, что человек откроет себя для других людей. Это включает в себя способность, на основании собственного опыта развивать критическое отношение к стереотипам, а также готовность развивать собственную личность в свете противоречивости и взаимодействия в межкультурной сфере. Но как ак человек может чувствовать уважение к другому человеку, когда он не понимает, а иногда даже отвергает поведение этого "другого", основанное на чуждых культурных особенностях? Ответ на этот вопрос можно найти в философских учениях Иммануэля Левинса: «Необходимо с уважением принять или выдержать непонятное, таинственное.»[17] Понимание другого человека только ограниченно возможно. Уважение же возможно. «Восприятие, интерпретация и оценка чуждого, а также предположении, что это новое и другое имеет смысл, не должно зависеть от того, могу ли я понять это и этот смысл в данный момент или нет.»[18]

Для сохранения этого уважения межкультурной социальной работе необходимо приложить усилия, чтобы не ставить диагнозы и принимать решения слишком поспешно. В этом усилии есть смысл. И если социальный работник не побоится задать вопрос «Что бы было сделано в вашей культуре в данном случае?», это откроет ему новые возможности для расширения собственной перспективы видения мира.[19]

Межкультурная компетенция требует творческого подхода к пережитым разногласиям, инобытию, чужеродности, непонятности, неоднозначности и т.п. Часто опыт с чужаком связан с неприятными чувствами, что ведёт к неуверенности и к конфликтным решениям, и это способствует формам дискриминации, таким как ограничение и изолированность. Тут появляется вопрос, как социальные работники приходят в таких ситуациях к профессионально (специализированым и этическим) допустимым решениям и действиям и как им удаётся оставаться дееспособными, несмотря на недо-

---

[16] Kunz, с. 92f.
[17] См. Freise, с. 195
[18] Bartmann 2011, с. 34.
[19] См. Auernheimer 2008, с. 197.

статок предвидения результата их вмешательства. Эту цель нельзя достичь лишь с помощью знаний или нормативных (политических, профессиональных или моральных / этических) директив для корректного профессионального поведения. Для этого, по Эффингеру, требуется в наибольшей степени конкретный опыт, который будет учитывать так же эмоциональную, мнимую иррациональную сторону данного процесса. «Показателем профессионального поведения и компетенции в действиях является, с моей точки зрения, также активное принятие и креативное переосмысление (Reframing) и польза от неоднозначности. Такой подход к неоднозначности рассматривает присутствующую и пережитую неоднозначность как средство для расширения возможностей нахождения решения и компетентности в действиях. Такое возможное отношение к неоднозначным феноменам – это наличие юмора. Я характеризую юмор как способ выражения любви к «неоднозначности».»[20]

Что же требуется, чтобы жить с этой неоднозначностью? Гейко Клеве говорит о том, что самым важным является преодолеть страх перед различием. Нужна «новая, постмодернистская позиция нрава и мыслей (Лиотар)», «для которой различие больше не является требованием усвоения, приспособления, интеграции. Нам нужна рефлексия различия, которая освобождается от негативного изображения различия, которая рассматривает различие как мотор, как генератор, а не как разрушитель общества.»[21] Боязнь встречи с чужаком развеется, если мы изменим наш взгляд, если мы в корне изменим нашу оценку касательно различия. Клеве цитирует Теодора В. Адорно: «Дифференцированное так долго будет казаться дивергентным, неблагозвучным, негативным, пока сознание будет требовать однозначности: пока то, что на меня, на нас не похоже, будет измеряться моими, нашими тоталитарными мерками»[22]

Социальной работе требуется рассудок, который мог бы принимать двойственные перспективы и выдерживать их, такой рассудок, которого часто недостаёт политике и которая чувствует себя перегруженной общественной противоречивостью и которая реагирует на различия подавляющими, репрессивными методами. С помощью подобного рассудка диссонантное и «странное» можно не только выдержать, но и присоединиться к собственному, расширяя горизонты. Это была бы позиция, которая необходима для

---

[20] Effinger 2012, с. 259.
[21] Kleve 2003, с. 37.
[22] Kleve 2003, с. 38.

конструктивного регулирования межкультурных требований миграционного общества, которую наглядно показывает Теркесседис:

«Иммиграция часто рассматривалась в Германии как некое нарушение гармонии. Но этой гармонии никогда не существовало. Гармония не должна всегда служить идеалом – на настоящий момент мы имеем дело с диссонансом и переломом, со смешением и импровизацией. Но это не обозначает, что не нужно строить долгосрочных планов – наоборот: но они должны быть более гибкими. Мы стоим перед великой задачей межкультурной алфабетизации. При этом мы все изучаем новый язык.»[23] Социальная работа также стоит перед задачей межкультурной алфабетизации. И она прежде всего состоит в приобретении многогранной межкультурной компетенции.

Заключение

«Чужеродность» - это не характеристика вещей или людей, а модус отношений, реляционное понятие, значение которого раскрывается лишь тогда, когда в этом отношении во внимание принимается собственная позиция и точка зрения, т. е. что и каким образом я воспринимаю как чуждое.

Социальные конструкции «чуждого» каждый день снова и снова устанавливаются и модифицируются в процессах взаимодействия и посредством институционных практик. Между «Собственным и Чуждым», между «Мы и Они», между «Нашими и Не-Нашими» проводится символическая граница. Эти обозначения границ, однако, связаны с угрозой дискриминации и отстранения. Определённые группы людей, являются ли они людьми с миграционным фоном, с инвалидностью или просто не достаточно конкурентоспособными, ассоциируются с чужеродностью и рассматриваются общественным большинством как Чужаки и Не-Свои. Посредством подобных процессов категоризации и дифференциации создаются ассиметричные отношения и неравенства.

В дальнейшем необходимо учитывать не только смысловые формы проявления жизни чужаков, но и лежащие в их основе предпосылки и задаться вопросом о контексте, функции и последствиях конструирования чужеродности: что или кого мы вообще воспринимаем как чужака или другого? К каким дифференциям и категориям мы это привязываем? Кем и с какой

---

[23] Terkessidis 2010, с. 43.

перспективы определяется чужеродность? С чьими интересами и какими последствиями это связано?

Список использованной литературы:

Auernheimer, Georg (2008): Interkulturelle Kompetenz und pädagogische Professionalität. 2., aktual. u. erw. Aufl. Wiesbaden: VS Verlag für Sozialwissenschaften.

Bartmann, Sylke (2011): Nicht das Fremde ist so fremd, sondern das Vertraute so vertraut. Ein Beitrag zum Verständnis von kultureller Differenz. In::Bartmann, Sylke/Immel, Oliver (Hrsg.): Das Vertraute und das Fremde. Differenzerfahrung und Fremdverstehen im Interkulturalitätsdiskurs. Bielefeld: transcript, S. 21-35.

Effinger, Herbert (2012): Ambiguitätsakzeptanz und Ambivalenzkompetenz. Eine Herausforderung für die Lehre in der Sozialen Arbeit. In: Effinger, Herbert/Borrmann, Stefan u.a. (Hrsg.): Diversität und Soziale Ungleichheit. Analytische Zugänge und professionelles Handeln in der Sozialen Arbeit. Opladen, Berlin & Toronto: Barbara Budrich, S. 255-272.

Freise, Josef (2011) Kompetenzen in der Interkulturellen Sozialen Arbeit: Respekt, Empathie, Konfliktfähigkeit, Unvoreingenommenheit. In: Kunz, Thomas, Puhl, Ria (Hrsg.): Arbeitsfeld Interkulturalität. Weinheim und München: Juventa. S. 193-203.

Kleve, Heiko (2003): Soziale Arbeit – Arbeit an und mit Differenz. Prolegomena zu einer Theorie differenzakzeptierender Sozialarbeit/Sozialpädagogik. In: Kleve, Heiko/Koch, Gerd u. Müller, Matthias (Hrsg.): Differenz und Soziale Arbeit. Uckerland: Schibri-Verlag, S. 36-57.

Kunz, Thomas (2011) Geschichten von „uns" und „ihnen". Die Reflexion gesellschaftlicher Fremdbilder als Bestandteil Interkultureller Kompetenz. In: Kunz, Thomas, Puhl, Ria (Hrsg.): Arbeitsfeld Interkulturalität. Weinheim und München: Juventa. S. 90-107.

Lamp, Fabian (2007): Soziale Arbeit zwischen Umverteilung und Anerkennung. Bielefeld: transcript.

Münkler, H. (Hrsg.)(1998): Die Herausforderung durch das Fremde. Interdisziplinäre Arbeitsgruppen, Forschungsberichte, Bd. 5 (unter Mitarbeit von Karin Meßlinger und Bernd Ladwig). Berlin: Akademie Verlag.

Schaffers, Uta (2006): Konstruktionen der Fremde. De Gruyter. Spektrum der Wissenschaft.

Schäffter, Ortfried (2013): Das Fremde als Lernanlaß: Interkulturelle Kompetenz und die Angst vor Identitätsverlust. Internet: http://ebwb.hu-berlin.de/team/schaeffter/downloads/fremd (Stand 18.02.2013)

Simmel, Georg (1908): Exkurs über den Fremden. In: Soziologie. Untersuchungen über die Formen der Vergesellschaftung. Berlin: Duncker & Humblot, S. 509-512. (Internet: http://socio.ch/sim/soziologie/soz_9_ex3.htm. (Stand 23.01.2015)

Steinert, Heinz (2000): Warum sich gerade jetzt mit "sozialer Ausschließung" befassen? In: Pilgram, Arno/Steinert, Heinz (Hrsg.): Sozialer Ausschluss – Begriffe, Praktiken und Gegenwehr. Baden-Baden, S. 13-20.

Stenger, Horst (1998): Soziale und kulturelle Fremdheit. *Zeitschrift für Soziologie*, Jg.27, Heft 1, S. 18-38.

Terkessidis, Mark (2010): Interkultur. Frankfurt am Main: Suhrkamp

Waldenfels, Bernhard (1997): Topographie des Fremden. Studien zur Phänomenologie des Fremden 1.Frankfurt am Main: Suhrkamp

Interkulturelle, interethnische, interreligiöse Konflikte – Präventive und deeskalative Interventionen durch Sozialpolitik und Soziale Arbeit

Wolfgang Krieger, Deutschland, Ludwigshafen

Wenn wir von interkulturellen Konflikten sprechen, haben die meisten von uns Bilder von gewaltgeprägten Auseinandersetzungen zwischen verschiedenen Bevölkerungsgruppen vor Augen, Bilder von Inbrandsetzung von Häusern und Fahrzeugen, von Verfolgung und Einschüchterung von Menschen, von Schlägereien und Schießereien. Die Formel „interkultureller Konflikt" muss häufig dafür herhalten, solche Phänomene zu erklären. Dabei fällt auf, dass wir bei der Beobachtung der Konfliktparteien eigentlich kaum etwas Kulturelles assoziieren, sondern eher ethnische Spezifika, physiologische Merkmale des äußeren Erscheinungsbildes der Personen oder bestimmte territoriale Zugehörigkeiten der beobachteten Gruppen. Im Ukraine-Konflikt unterscheiden wir zwischen Russen und Ukrainern, im Balkankonflikt haben wir zwischen Bosniern, Kroaten und Serben unterschieden, im Konflikt um Nagorno Karabach zwischen Armeniern und Aseris, im kirgisischen Konflikt zwischen Usbeken und Kirgisen. Diese Bezeichnungen stehen für die ethnische Herkunft und die sprachliche Zugehörigkeit, nicht unmittelbar für kulturelle Gewohnheiten, Sichtweisen oder Einstellungen. Offenbar neigen wir zu einem Kategorienfehler bei der Beobachtung solcher Konflikte.

Diese Neigung zeigt an, dass es bei der Beobachtung von Konflikten im Kern um einen Attribuierungsprozess geht, einen Prozess, indem mehr oder minder willkürlich bestimmte Kategorien zur Bildung der Einheit einer Konfliktpartei herangezogen werden. Solche vereinfachenden Konstruktionen werden von außenstehenden Beobachtern vollzogen, aber auch von den Betroffenen selbst, und meist desto rigider, je länger der Konflikt andauert und je manifester die Formen des Konfliktes werden.

Grundbegriffe der Konfliktforschung

Ich will zunächst einen kurzen Überblick geben zum Aufbau meines Beitrages. Bevor wir uns mit Erklärungen der Entstehung von Konflikten und mit Maßnahmen zur Bewältigung von Konflikten befassen können, sind einige wichtige Begriffe zu klären. Ich will sodann analysieren, welchen Hintergrund die Rede von interkulturellen, interethnischen oder interreligiösen Konflikten hat und welche Absichten man mit dieser Rede verfolgt. Ich möchte dann einen kurzen Einblick in die wichtigsten Ergebnisse der modernen Konfliktanalyse für kollektive Konflikte geben und mich dann mit Maßnahmen der Bewältigung von kollektiven Konflikten befassen. Dann komme ich zur Friedens- und Versöhnungsarbeit im Besonderen und stelle hier verschiedene Aufgabenfelder und Interventionsformen von Sozialer Arbeit dar. Abschließend möchte ich anhand des peacebuilding-Modells von Lederacher einige Interventionsmethoden von Sozialer Arbeit in Nachkriegsgesellschaften vorstellen.

Konflikttheoretisch ist es inzwischen ein Standard, zwischen *latenten* und *manifesten* Konflikten zu unterscheiden. Als *latent* gelten diese, wenn die Interessenskonflikte noch nicht offen zu Tage getreten sind, aber bereits eine Ablehnung der jeweils anderen Gruppe existiert, *manifest* werden sie, wenn die Konfliktparteien den Konflikt offen ausgesprochen haben, einander bedrohen und bewusst ihre Interessen gegeneinander versuchen durchzusetzen. Unter den mit der Anwendung von Gewalt verbundenen Eskalationsformen manifester Konflikte unterscheiden wir *Krisen* (mit vereinzelter Gewaltanwendung), *schwere Krisen* (mit fortgesetzter Gewaltanwendung) und *Kriege*. Ferner unterscheidet man grundsätzlich zwischen *innerstaatlichen* und *zwischenstaatlichen* Konflikten, *konventionellen* Kriegen und „*neuen Kriegen*" und hinsichtlich der militärischen Stärke und der Waffenformen zwischen sogenannten "*symmetrischen*" und „*asymmetrischen*" Kriegen. Von neuen Kriegen sprechen wir infolge einiger sehr wesentlicher Veränderungen der Kriegsführung: 90% der Opfer sind heute Zivilisten, früher waren 90% der Opfer Soldaten. 94% der Kriege heute sind innerstaatliche Kriege oder schwere Krisen. Die Mehrzahl der Kriege heute sind asymmetrische Kriege. Die Finanzierung von Bürgerkriegen beruht auf der Ausbeutung der Zivilbevölkerung und regionaler Ressourcen und kriminellen Geldquellen; sogenannte Warlords leben vom Krieg und haben daher kein Interesse an der Beendigung der Kriege. Die Bürgerkriege werden durch Waffenkäufe bei fremdstaatlichen Waffenindustrien in die Länge gezogen. Die Folgen der meisten Kriege heute sind gewaltige Flüchtlingsströme und ein nie gekanntes Ausmaß an psychischen Beschädigungen auch und vor allem in der Zivilbevölkerung.

Interkulturelle, interethnische, interreligiöse Konflikte

Was meinen wir nun, wenn wir von interkulturellen Konflikten sprechen? Um von *interkulturellen* Konflikten sprechen zu können, müssen mehrere Voraussetzungen bestehen:

- Es müssen mindestens zwei Parteien aus unterschiedlichen Kulturkreisen involviert sein.
- Der Grund des Konflikts muss in der unterschiedlichen Kulturzugehörigkeit liegen.
- Zudem muss zwischen beiden Konfliktparteien ein Abhängigkeitsverhältnis bestehen, d.h., das Verhalten der einen Partei muss Einfluss auf die andere Partei nehmen können, z.B. deren Freiheit einschränken oder deren Lebensqualität beeinträchtigen.
- Der Schutz von Werten der eigenen Kultur ist der Kern vieler interkultureller Konflikte; daher müssen unmittelbar oder mittelbar Wertvorstellungen einer Kultur bedroht sein.

Wenn wir nun „interkulturelle" von „interethnischen" oder „interreligiösen" Konflikten abgrenzen wollen, so liegt der zentrale Unterschied vor allem beim zweiten Kriterium, also beim Grund des Konflikts. Dementsprechend muss bei einem „interethnischen Konflikt" der Grund des Konfliktes in einer ethnischen Differenz liegen, bei einem „interreligiösen Konflikt" in einer religiösen Differenz. In den meisten Fällen dürfte es schwer sein, diese verschiedenen Gründe auseinanderzuhalten, und zwar schon deshalb, weil Kulturen ja von Religionen geprägt sind, übrigens auch umgekehrt, und weil im Konfliktfalle Ethnien sich gerne mit einer besonderen Kultur- oder Religionszugehörigkeit auszeichnen, um sich abzugrenzen.[1]

Ethnizität, d.h. die Zugehörigkeit zu einer ethnischen Gruppe, wird im Alltagsdenken der meisten Menschen als eine Eigenschaft erachtet, die auf einem quasi

---

[1] Dabei werden verschiedene Akzente gesetzt, um diese Spezifika festzulegen, zuweilen so, dass eine Konfliktart die anderen integriert: Dangschat spricht so von „ethnischen Konflikten", „wenn es um kulturell-religiöse Verhaltensunterschiede geht, die einseitig diskriminiert werden" (Dangschat 1998, S. 21).

natürlichen Grunde, nämlich der Abstammung einer Person, beruht.[2] Sie wird damit wie ein biologischer Kategorisierungsversuch behandelt, der von der naiven Annahme ausgeht, dass die Natur von selbst in zahlreiche Arten und Familien zerfalle und dass diese Unterschiede mit sprachlichen Bezeichnungen treffend abgebildet würden, wenn man nur sorgfältig genug die unterscheidenden Merkmale beachtet. Hierfür ist der Begriff des „Primordialismus" entstanden. Zu unterscheiden ist ein soziobiologischer Primordialismus (Pierre van den Berghe), welcher die Basis der Ethnizität in der genetischen Verwandtschaft sieht, und ein sozio-historischer Primoridialismus (Geertz, Hondrich, Shils), welcher die Identifikation mit kulturellen Elementen wie Sprache, Brauchtum, Religion, Kunst usw. als Kern der Ethnizität erkennt.[3] Empirisch lassen sich diese Erklärungen nicht befriedigend validieren. Deshalb beurteilen moderne Theorien des *Ethnosymbolismus* (Frederik Barth, John A. Armstrong, Anthony D. Smith, John Hutchinson)Ethnizität als ein sozialpsychologisch nützliches Konstrukt, auf welches in bestimmten sozialen oder biographischen Situationen zurückgegriffen wird, um eine soziale Einheit herzustellen, die Gruppen von anderen Gruppen unterscheidbar macht und unter einen hohen Solidaritätszwang stellt, Individuen zusammenschweißt und ihnen eine Identität verleiht.

Der norwegische Anthropologe und Ethnograph Fredrik Barth hat in seinen Studien in Bali, Bhutan und Papua Neuguinea beeindruckend nachgewiesen, dass ethnische Unterschiede auf sozialen Prozessen der Abgrenzung und Einordnung beruhen, die die eigenen Merkmale vor allem aus dem Kontrast zu jenen der Gegenpartei gewinnen. Nach Herstellung dieser symbolischen Identität wird die jeweilige ethnische Bezeichnung für eine Gruppe als Konstrukt aufrechterhalten, obschon beide Gruppen durchaus eine Vielzahl gemeinsamer Merkmale aufweisen und obschon einzelne Personen durchaus von einer Gruppe zur anderen

---

[2] So definiert Wettach-Zeitz den Begriff der Ethnie wie folgt: "Ethnien sind Wir-Gruppen, die sich in einem Abgrenzungsprozess von anderen Gruppen durch die Selbst- bzw. Fremdzuschreibung einer kollektiven Identität auf der Grundlage des Glaubens an eine Abstammungsgemeinschaft konstituieren" (2008, S. 21).
[3] Vgl. Mahdavi 1998, S. 45: „In dem öffentlichen Diskurs steht gegenwärtig nicht mehr die Annahme vom angeborenen Unterschied zwischen verschiedenen ‚Rassen', sondern die Annahme einer ‚Kulturellen Differenz' zwischen verschiedenen Gruppen von Menschen im Vordergrund. Mit der Rede von der Unvereinbarkeit der Kulturen wird konkret zum Ausdruck gebracht, Menschen aus unterschiedlichen Kulturen hätten in zentralen Aspekten derart unterschiedliche Denk- und Lebensweisen, daß sich zu verständigen bzw. miteinander zu leben für sei eine Unmöglichkeit darstellt."

wechseln können.[4] Ethnizität ist also in der gesellschaftlichen Praxis eine symbolische Abstraktion und sie kann benutzt werden, um Abgrenzungen vorzunehmen, die Konfliktparteien unterscheiden lassen.[5]

Die Konstruktivität der Konfliktbezeichnungen

Ob also von interethnischen, interkulturellen oder interreligiösen Konflikten die Rede ist – wir beobachten letztlich eine sprachliche Praxis der Attribution von Differenzen, die offenbar dazu benutzt wird, kollektive Identitäten herzustellen und soziale Distanz zu einer anderen Gruppe aufzubauen. Diese Identitäten prägen das Selbstbewusstsein, werden emotional besetzt und vermitteln den Individuen ein Zugehörigkeitsgefühl.[6] Sie nehmen sie aber auch in die Pflicht, sich dem Gruppendruck zu unterwerfen und sich konform zu verhalten.

Aus konstruktivistischer Sicht wäre für eine wissenschaftliche Analyse von Konflikten daher die folgende Ausgangsposition wichtig: Es *gibt* im ontologischen Sinne keine interkulturellen, interethnischen oder interreligiösen Konflikte, sondern wir *beobachten* soziale Konflikte im Hinblick auf interkulturelle, interethnische oder interreligiöse Differenzen. Damit ist nicht behauptet, dass diesen drei Beobachtungskriterien kein zentraler Erklärungswert für die Entstehung und Entwicklung von Konflikten zukomme; es besteht aber das Bewusstsein, dass soziale Konflikte auch unter der Maßgabe anderer Kriterien, etwa verwandtschaftlicher, ideologischer, machtpolitischer oder ökonomischer Art, beobachtet werden können, und es besteht das Bewusstsein, dass diesen Kriterien möglicherweise ein höherer Erklärungswert zukommen könnte als den interkulturellen, interethnischen oder interreligiösen Differenzen.

Zuschreibungen interkultureller Differenzen sind bedeutungsvoll sowohl für die Beobachtung solcher Konflikte *von außen*, etwa durch die Politik, die Medien oder durch die Wissenschaft, als auch für das Bewusstsein der konfligierenden

---

[4] Barth 1998: "... categorical ethnic distinctions do not depend on an absence of mobility, contact and information, but do entail social processes of exclusion and incorporation whereby discrete categories are maintained *despite* changing participation and membership in the course of individual life histories." (S. 9)

[5] Hutchinson und Smith haben versucht, an den Begriff der Ethnizität fünf Kriterien anzulegen, nämlich Das Vorhandensein eines Namen für die Ethnie, der Mythos von einer gemeinsamen Abstammung, die Konstruktion einer gemeinsamen Vergangenheit, kulturelle Gemeinsamkeiten in Religion oder Sprache, Bezugnahme auf ein ursprüngliches Herkunftsland, ein Anspruch auf Solidarität zwischen den Angehörigen der Ethnie (1996, S. 6).

[6] Vgl. Kurschat 2004, S. 147.

Gruppen selbst, die durch diese Attributionen Identität erhalten.[7] In zwischenstaatlichen Konflikten wird Identität durch nationale Zugehörigkeit gewonnen. Die Stärkung dieser Zuschreibungen durch Politik und Medien wird nicht selten dazu eingesetzt, das Nationalbewusstsein der Bevölkerung auf einen Prozess der Abgrenzung hin zu stärken. Solche Zuschreibungen überspielen häufig die *eigentlichen Gründe* für den Konflikt wie *Benachteiligungen* wegen ethnischer Zugehörigkeit und Ausschließung von gesellschaftlicher Teilhabe, insbesondere aber die Konkurrenz um territoriale Ansprüche und um geologische Ressourcen (sog. „*Konfliktressourcen*"[8]).

Der Kampf um die Förderung von Rohstoffen und Mineralien, teilweise auch um Wasser und Agrarland (Kaspisches Meer, Nigeria), ist heute immer häufiger durch gewaltsame Auseinandersetzungen geprägt. Beispiele hierfür sind zahlreiche Konflikte in Afrika (etwa in Angola[9], Nigeria[10], Sudan/Darfur, Kongo, Liberia, Sierra Leone), auch der Drogenkrieg in Mexiko; unterschwellig spielt der Ressourcenkonflikt aber auch in andere Konfliktursachen mit hinein. Allerdings sind nach einer Untersuchung des Heidelberger Instituts für Internationale Konfliktforschung im sog. „Heidelberger Konfliktbarometer"[11] nur sechs von 28 Konflikten im Kern als Ressourcenkonflikte zu interpretieren.[12]

Das Heidelberger Institut für internationale Konfliktforschung, welches jährlich einen Bericht über die weltweit existierenden kollektiven Konflikte herausgibt, hat die im Jahre 2012 bestehenden Konflikte von hoher Intensität (Kriege, schwere Krisen mit anhaltender Gewalt) folgendermaßen gekennzeichnet

---

[7] Vgl. Dannebeck 2002.
[8] „Konfliktressourcen" sind zum einen Ressourcen, um welche eine konflikthafte Auseinandersetzung („Ressourcenkonflikt") geführt wird, sie sind zum anderen aber auch Ressourcen, mittels derer Waffen und militärische Infrastruktur finanziert werden – meist durch Handel mit dem Ausland.
[9] Vgl. Global Witness. 1998, Human Rights Watch. 1999.
[10] Vgl. Jaspers, Willem. 2005.
[11] http://hiik.de/de/konfliktbarometer/pdf/ConflictBarometer_2010.pdf.
[12] Die zwei wichtigsten Institute, die sich in Deutschland mit der Entstehung, Entwicklung und Beendigung von Großgruppen befassen, sind das Heidelberger Institut für internationale Konfliktforschung und die Hamburger Arbeitsgemeinschaft Kriegsursachenforschung (AKUF).

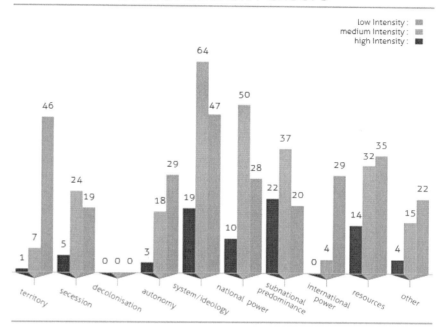

Abbildung: „Globale Häufigkeit von Konfliktarten 2012" nach dem Heidelberger Konfliktbarometer 2012

Bei dieser Auswertung geht es um die Zahl der Konflikte, nicht um die Zahl der davon betroffenen Menschen. Wie lassen sich die Ergebnisse zusammenfassen?

1. An erster Stelle stehen subnationale Konflikte, in welchen es um die Vorherrschaft einer Gruppe innerhalb eines Staates geht.
2. An zweiter Stelle stehen systemkritische und ideologische Konflikte.
3. An dritter Stelle rangieren Ressourcenkonflikte.
4. An vierter Stelle liegen nationale Konflikte, also Konflikte zwischen Staaten.

5. Die fünfte Stelle nehmen Sezessionskonflikte ein. Würde man allerdings Autonomie- und Sezessionskonflikte zusammenfassen, würden sie in der Summe fast die Zahl der nationalen Konflikte erreichen.

Eine weitaus größere Motivation für gewaltförmige Konflikte als die um Ressourcen zu kämpfen geht von der Absicht aus, regionale Vormachtstellung oder Autonomie zu erlangen oder Änderungen des politischen Systems zu erwirken. Es geht in beiden Fällen um Macht und nicht selten ist eine längere Geschichte der Unterdrückung bzw. Benachteiligung von Gruppen die Basis für die Manifestation des Konfliktes und die spätere Eskalation der Krise. Beispiele hierfür sind der Aufstand der Tuareg in Mali (1989) und später in Niger (1999), der Kampf der Kurden (PKK) gegen die Unterdrückung in der Türkei, der Widerstand der Uighuren gegen die Hanchinesische Vorherrschaft, der Kampf der PLO gegen die israelische Regierung, der Widerstand der Madeshi gegen die nepalesische Regierung um 2006, der nun schon ein Jahrzehnt anhaltende Widerstand sunnitischer Gruppen gegen die schiitische Regierung im Irak, wie auch wohl der innerstaatliche kirgisisch-usbekische Konflikt bis 2010 und der aktuelle Separatistenwiderstand von Russischstämmigen im Ukrainekonflikt.

Die Analyse von Konfliktursachen bei zwischenstaatlichen wie auch innerstaatlichen Konflikten zeigt auch, dass die meisten Konflikte zwischen Gruppen auftreten, die sich kulturell eher nahe stehen. Von einem „Krieg der Kulturen" kann hier also nicht die Rede sein. Als Beispiele hierfür lassen sich die Konflikte zwischen Katholiken und Protestanten in Nordirland anführen, auch die zwischen Serben, Bosniern und Kroaten oder die zwischen Sunniten und Schiiten. Der kulturelle Unterschied zwischen diesen Gruppen ist relativ gering. Die Konflikte entstehen hier vornehmlich aus der Benachteiligung einer Gruppe heraus, vor allem in ökonomischer Hinsicht, oder infolge der politischen Unterdrückung. Kulturelle Komponenten spielen kaum eine Rolle. Entscheidend für die Wiederherstellung von Frieden ist daher nicht die Aufhebung kultureller Differenzen, wie dies von manchen älteren Integrationsansätzen her vertreten worden ist, sondern die Integration aller Gruppen in die Gesellschaft bei Beibehaltung ihrer kulturellen Besonderheiten. Im Weiteren lässt sich sogar schlussfolgern: Der tatsächlich beste Schutz vor ethnischen oder religiös motivierten Großgruppenkonflikten ist eine ethnisch, religiös und kulturell plurale Gesellschaft, die einen hohen Integrationsgrad aufweist, d.h. allen Gruppen gleiche gesellschaftliche Teilhabechancen gewährt.

Die Bewältigung kollektiver Konflikte

Die Bewältigung kollektiver Konflikte von hoher Intensität ist heute ein besonderes Problem gerade in den Fällen, wo wir von den „*neuen Kriegen*"[13] sprechen. Da sie ganz wesentlich die Zivilbevölkerung treffen, hinterlassen sie Millionen von Menschen, die nicht nur alles verloren haben, ihre Familien, ihre sozialen Beziehungen, ihre Wohnung, ihren Besitz, sondern auch von tiefgründigem Hass, grenzenlosem Misstrauen und anhaltenden psychischen Beeinträchtigungen und manchmal auch gesundheitlichen Folgen gezeichnet sind.

Für die Bewältigung dieser Folgen stellt sich diese Ausgangslage als wenig hoffnungsvoll dar, obschon es außer Frage steht, dass alles versucht werden muss, der Entstehung neuer kriegerischer Konflikte oder dem Wiederaufflammen der bestehenden Konflikte wirksame Mittel entgegen zu setzen und den von Leid und Verelendung betroffenen Menschen wieder eine Perspektive zu ermöglichen. Aufgerufen hierzu ist zum einen die Politik der Länder und Regionen, in welchen diese Konflikte eskaliert sind. Oftmals sind diese aber infolge der desaströsen wirtschaftlichen Lage der Nachkriegssituation hierzu nicht in der Lage. Aufgerufen ist aber auch die Weltgesellschaft insgesamt, ihren Beitrag zur Friedensstärkung und Versöhnung zu leisten und in die Wiederherstellung und Erhaltung der Menschenwürde und der Menschenrechte zu investieren. An dieser Stelle geht es zum einen um die Sozialpolitik Flüchtlingen gegenüber, zum anderen aber auch konkret um das Engagement von Konfliktmanagement und Sozialer Arbeit in den Konfliktländern wie in den Empfängerländern der Flüchtlinge und um den Wiederaufbau von Infrastruktur und Produktivität.

Politisch ist es für die Konfliktländer unerlässlich, sich in historischer Aufrichtigkeit mit der Entstehung der Konflikte und mit den Ereignissen und ihren Folgen auseinanderzusetzen. Dies muss öffentlich und unter aktiver Einbeziehung der Bevölkerung geschehen, damit sich im Bewusstsein aller Ansatzpunkte für einen reflektierten Umgang mit den Konfliktmotiven bilden können. Die Verdrängung von Konflikten oder gar die Leugnung des Unrechts ist gleichzusetzen mit dem Fortbestehen der Konfliktmotive. Ein beredtes Beispiel hierfür ist der Zerfall Jugoslawiens: Hier wurde es in der Nachkriegszeit versäumt, die Konflikte des Zweiten Weltkriegs im eigenen Land historisch, politisch und sozial aufzuarbeiten. Der Mangel an einem solchen Diskurs und damit das Ausbleiben eines konsensuellen Verständnisses des Krieges bildete eine wesentliche Grund-

---

[13] Vgl. Kaldor 2000, Münkler 2004.

lage für die Entstehung neuer ethnischer Abgrenzungsmotive und revanchistischer Bestrebungen in den Neunzigerjahren.[14]

Die wissenschaftliche Auseinandersetzung mit kollektiven Konflikten ist ein interdisziplinäres Unternehmen, dessen Umfang und Vielschichtigkeit an dieser Stelle gar nicht dargestellt werden kann. Als die wichtigsten Disziplinen können hier nur kurz die Friedenssoziologie als Teil der Konfliktsoziologie, die Sozialpsychologie, die Friedens- und Konfliktpsychologie, die Geschichtswissenschaften, die Anthropologie der Konflikte[15], die politologische und religionswissenschaftliche Friedens- und Konfliktforschung und die Friedenspädagogik aufgeführt werden. Allein in Deutschland existieren 21 Institute für Friedens- und Konfliktforschung.

Wenn es um die Frage der Maßnahmen geht, die in Nachkriegsgesellschaften oder Gesellschaften nach schweren Gewaltkrisen zu treffen sind, um einen Befriedungsprozess zu erreichen, so tragen alle diese Disziplinen etwas dazu bei, Konzepte zu entwickeln, die an den von ihnen wahrgenommenen Ursachen ansetzen bzw. die von ihnen beobachteten Faktoren der Friedenserhaltung nutzbar machen. Im Kern wird immer wieder ein Dreigestirn von primären Maßnahmen nach dem Abschluss eines Friedensabkommens aufgeführt, welche zunächst dazu führen, dass die Konfliktparteien nicht mehr mit der bisherigen Heftigkeit aneinander geraten können: *Demobilisierung – Entwaffnung – Reintegration*.

In welcher Reihenfolge diese Maßnahmen anzusetzen sind, ist durchaus umstritten und wohl von Fall zu Fall hinsichtlich der Durchsetzbarkeit und der Wirkung neu einzuschätzen.[16] In jedem Falle sind die ersten beiden Maßnahmen ihrerseits durch eine militärische, und zwar eine als neutral bewertbare äußere militärische Macht, durchzuführen bzw. zu kontrollieren. Das soll uns hier nicht weiter interessieren. Der dritte Schritt der Reintegration ist hingegen für uns von besonderem Interesse, weil hier unter anderem auch für die Soziale Arbeit Aufgaben liegen.

Es besteht zwischen den Theorien verschiedener Schulen in diesen Disziplinen eine weitgehende Einigkeit darüber, dass die Prozesse, die zur Manifestation und Eskalation der Konflikte beigetragen haben, auch in bei der Bewältigung der Spannungen in der Friedens- und Versöhnungsarbeit Beachtung finden müssen. Notwendig sind:

---

[14] Vgl. zu dieser These die Untersuchung des Psychiaters Stevan M. Weine 1999.
[15] Vgl. etwa Eckert 2004, Voell/Khutsishvili 2013.
[16] Vgl. Schlee 2006, S. 168f.

a) eine Aufarbeitung der Prozesse der Ethnisierung des Konfliktes seitens der konfligierenden Parteien wie seitens der medialen Weltöffentlichkeit und der internationalen Politik,
b) eine Bestandsaufnahme und dialogische Bearbeitung der abwertenden Stereotypen hinsichtlich der gegnerischen Gruppe,
c) eine Auseinandersetzung mit den Bedrohungsmythen und Legitimationsversuchen für Gewalthandlungen auf beiden Seiten,
d) gegebenenfalls eine Aufarbeitung der religiösen oder weltanschaulichen Rigidisierung der Lebensführung einer oder beider Konfliktparteien.

Was kann Soziale Arbeit zur Verringerung und Bearbeitung kollektiver Konflikte und zur Bewältigung der Folgen beitragen?

Soziale Arbeit kann in vielen ihrer Tätigkeitsfelder etwas dazu beitragen, dass soziale Konflikte erst gar nicht entstehen bzw. latente Konflikte präventiv bearbeitet werden und so eine Manifestation oder gar Eskalation vermieden werden kann.

Schon über Jahrzehnte hinweg engagiert sich Soziale Arbeit vor allem in Europa und den USA, aber inzwischen auch in Südamerika und in Teilen Afrikas und Asiens im Bereich der Migrationsarbeit, insbesondere der Arbeit mit Flüchtlingen. Dieses Engagement findet zum einen in den Empfängerländern statt, d.h. in den Ländern, die Flüchtlinge aufnehmen, zum Teil auch in den Geberländern, also den Ländern, aus welchen Flüchtlinge kommen bzw. in welchen Menschen in Konflikten leben oder die Folgen von solchen Konflikten zu bewältigen haben. Es lassen sich daher systematisch ganz allgemein drei Formen des Engagements von Sozialer Arbeit feststellen:
a) präventive Friedens- und Konfliktarbeit,
b) die Bearbeitung von Konfliktfolgen bei Flüchtlingen in den Empfängerländern,
c) die Bearbeitung von Konfliktfolgen und Konfliktpotenzialen in Konfliktregionen.

In vielerlei Hinsicht sind die Zielsetzungen dieser Arbeitsfelder kaum voneinander unterschieden. Allerdings spielt die Auseinandersetzung mit weiter bestehenden Konfliktpotenzialen in der Sozialen Arbeit in den *Konfliktregionen* selbst natürlich eine größere Rolle als in der Sozialen Arbeit in den Empfängerländern, bei welcher der Schwerpunkt der Arbeit vor allem in der Behandlung posttraumatischer Belastungssyndrome und in der Entwicklung einer neuen Lebensperspektive liegt.

a) Präventive Friedens- und Konfliktarbeit

Grundsätzlich hat Soziale Arbeit in all ihren Arbeitsbereichen ihr Augenmerk auf soziale Konflikte zu richten; dies gilt für jede Art von sozialen Konflikten, Konflikte zwischen Kindern und Jugendlichen, Konflikte zwischen Arbeitnehmern, aber eben auch für ethnische oder religiöse Konflikte. So ist die Anwendung von ablehnenden Einstellungen oder diskriminierenden Handlungen gegen andere ethnische Gruppen oder religiöse Gesinnungen von SozialarbeiterInnen in der Offenen Jugendarbeit oder in der Schulsozialarbeit ebenso anzusprechen und zu bearbeiten wie in der Betrieblichen Sozialarbeit oder in der Gemeinwesenarbeit. Soziale Arbeit hat hier auf eine Konfliktkultur hinzuwirken, die Extremisierungstendenzen vorbeugt und potenzielle Konfliktparteien miteinander in Kontakt bringt. Eine solche Anti-Diskriminierungs-Praxis ist zunächst als ein Mittel der Prävention entwickelt worden, sie ist aber umso mehr von Bedeutung, wenn Konflikte bereits manifest geworden sind oder gar gewalthafte Auseinandersetzungen zwischen Gruppen schon stattgefunden haben.

Gewaltgeprägte Konflikte zwischen verschiedenen ethnischen Gruppen gibt es in Deutschland vor allem bei jugendlichen Gruppen. Es geht hierbei in der Regel um Konflikte von begrenzter zeitlicher Dauer, die zumeist als Ressourcenkonflikte, anerkennungsfordernde Regelkonflikte oder Rangkonflikte zu verstehen sind.[17] Konflikte von kriminellen Gruppierungen schließe ich hier aus. Schwerwiegende, von kollektiver Gewalt geprägte Konflikte zwischen Bevölkerungsgruppen hat es in Deutschland in den vergangenen Jahrzehnten nicht gegeben. Sehr wohl bestand allerdings vereinzelt die Gefahr, dass ethnische Gruppen infolge einzelner tragischer Ereignisse, für die sie andere ethnische Gruppen verantwortlich machten, aus revanchistischen Gründen Mittel der Gewalt anzuwenden bereit würden. Wir haben diese Gefahr in Ludwigshafen kennengelernt, als ein von türkischen Familien bewohntes mehrstöckiges Haus in Flammen aufging, Menschen zu Tode kamen und andere all ihr Hab und Gut verloren und rechtsradikale deutsche Jugendliche verdächtigt wurden, den Brand gelegt zu haben. Ein nicht geringer Teil der türkischstämmigen Bevölkerung[18] in Lud-

---

[17] Vgl. die Untersuchung von Raithel 2002.
[18] Die Zahl der Türkischstämmigen in Deutschland wird auf etwa 3 Millionen geschätzt (davon die Hälfte ohne deutschen Pass), das sind etwa 3,7% der deutschen Bevölkerung. Der

wigshafen wollte die Ergebnisse der kriminalpolizeilichen Untersuchung nicht abwarten, sah sich nun generell durch rechtsradikale Deutsche bedroht und forderte besondere Schutzmaßnahmen. Die Unterstützung dieser Forderung durch den türkischen Ministerpräsidenten ließ nicht lange auf sich warten. Manche wollten in dieser Situation nicht der deutschen Polizei vertrauen, sondern forderten eine türkische Bürgerwehr. Schlagartig war die Bereitschaft da, Hetzreden gegen gewaltbereite deutsche Jugendliche zu führen, Benachteiligungen aller Art durch Deutsche anzuprangern und ein Klima des Neides, der Verachtung und der Konfrontation aufzubauen. Glücklicherweise ergab die Untersuchung der Brandursache, dass das Feuer auf einen technischen Defekt einer Anlage im Keller des Hauses zurückzuführen war, sodass sich die Gemüter allmählich wieder beruhigten. Die Äußerungen türkischer wie deutscher Sprecher zu diesem Ereignis haben aber deutlich gemacht, wie schnell Gewaltbereitschaft in einen sozialen Konflikt Einzug halten kann, wenn dort massives Unrecht wahrgenommen wird und beide Seiten von einer gegenseitigen Bedrohung durch den anderen ausgehen.

Von diesen Konflikten betroffen waren auch Einrichtungen der Jugendarbeit, insofern dort zwischen deutschen und türkischstämmigen Jugendlichen Bedrohungen und Gewalthandlungen entstanden. Die Sozialarbeiter in diesen Einrichtungen hatten ihren Teil zur Deeskalation des Konfliktes beizutragen. Soziale Arbeit befasst sich in Deutschland allerdings mit Aufgaben der Deeskalation von Konflikten zwischen Gruppen nur selten und in wenigen Praxisfeldern wie etwa in der Schulsozialarbeit, der Jugendarbeit, der Gemeinwesenarbeit und der Arbeit mit gewaltbereiten Hooligans. Teilweise ist hier die Zusammenarbeit mit der Polizei ein wichtiger Bestandteil der Arbeit.

b) Die Bearbeitung von Konfliktfolgen bei Flüchtlingen in den Empfängerländern

Soziale Arbeit engagiert sich hier im Bereich der Flüchtlingshilfe, einem Teilgebiet der Migrationsarbeit, indem sie mithilft, für die Flüchtlinge wieder Wohnungen zu finden, die existentielle Versorgung zu organisieren, sie in Kontakt zu anderen mit gleicher sprachlicher Herkunft zu bringen, sie bezüglich ihres Aufenthaltsstatus zu beraten, ihnen bei der Entwicklung einer neuen Lebensperspektive behilflich zu sein, ihnen Sicherheit vor Verfolgung zu geben, sie bei

---

Ausländeranteil in Deutschland liegt bei etwa 10% (ohne deutsche Staatsbürgerschaft), der Anteil von Menschen mit Migrationshintergrund insgesamt bei etwa 20%.

Behördengängen zu unterstützen und die gesundheitlichen und psychischen Folgen der Flucht- und Gewalterfahrungen soweit als möglich zu bewältigen. Insbesondere die therapeutische Bewältigung posttraumatischer Belastungssyndrome stellt für die Soziale Arbeit und ihre therapeutisch ausgerichteten Nachbardisziplinen eine neue, anspruchsvolle Herausforderung dar. Solange ungewiss ist, ob Flüchtlinge wieder in ihre Herkunftsländer zurückkehren werden, scheint die Frage schwer zu beantworten, ob es sich rentiert, eine Integrationsperspektive aufzubauen. Aus humanitärer Sicht kann dies allerdings keine Frage sein: Gerade Flüchtlinge müssen neue Integrationserfahrungen machen, müssen sich orientieren können und wieder Sicherheit erleben. Auch die Aufgaben der Sozialen Arbeit im Bereich der Flüchtlingsarbeit haben sich daher am Ziel der gesellschaftlichen Integration der Migrantengruppen zu orientieren. Allerdings haben wir in Deutschland noch immer eine recht restriktive Praxis im Umgang mit Asylbewerbern, in welcher Integration durch die Art der Unterbringung häufig massiv behindert wird.

c) Die Bearbeitung von Konfliktfolgen und Konfliktpotenzialen in Kriegs- und Krisenregionen

Die Ergebnisse der konflikttheoretischen Analyse geben uns im Grunde schon vor, welche Ziele im Dienste einer konfliktvermeidenden oder konfliktschlichtenden gesellschaftlichen Entwicklung für die Sozialpolitik und für die Soziale Arbeit eines Staates zu verfolgen sind. Es gilt jene Faktoren zu schwächen, die zur Entstehung von Konflikten und zu ihrer Eskalation wesentlich beitragen, und es gilt, jene Potenziale bei Einzelnen und Gruppen zu stärken, die das Zusammenleben von Menschen unterschiedlicher Herkunft, Religion und Kultur und damit die gesellschaftliche Integration fördern.

Man kann für die Soziale Arbeit die verschiedenen Aufgaben der Bearbeitung von Konfliktpotenzialen und Konfliktfolgen in Kriegs- und Krisenregionen entlang der Dynamik sozialer Konflikte, beginnend bei der Vorgeschichte der Konflikte bis hin zur Bewältigung der Spätfolgen, unterscheiden.

Interventionen bei der Entstehung kollektiver Konflikte

Bei der Entstehung von Konflikten in latenter oder mäßig manifester Form sollte Soziale Arbeit in Krisengebieten im Sinne der präventiven Arbeit auf die Neutralisierung der Konflikte bzw. auf die Entwicklung einer besseren Konfliktkultur, also von Formen friedlicher Konfliktbewältigung durch Aushandeln der Lösungen bei Interessensgegensätzen, hinarbeiten. Konflikte zu leugnen oder sich

mit ihnen nicht zu befassen, ist keine konstruktive Lösung. Es lassen sich hier einige Prinzipien für diese Arbeit herausstellen:
- Konflikte (auch in ihrer latenten Form) offen ansprechen und Stellungnahmen hierzu einfordern.
- Kontakte zwischen den Konfliktparteien initiieren und Kommunikation unter fachlicher Begleitung herstellen.
- Sprachliche Regeln für den Dialog einführen, um Diskriminierungen und Polarisierungstendenzen entgegenzuarbeiten.
- Gegen die Ethnisierung von sozialen Konflikten ankämpfen.
- Auf die Gefahren der Rigidisierung von religiösen und ideologischen Haltungen und ihren Preis für die Freiheit der Bürger hinweisen.
- Auf die Folgen eskalierender Konflikte für alle Beteiligten und für Dritte hinweisen.
- Gegen Desintegration und Exklusion von Einzelnen oder Minderheitengruppen ankämpfen.
- Interkulturelle und interreligiöse[19] Kompetenzen stärken.

Interventionen bei der Verbreitung manifester Konflikte und Krisen

Sehr wohl können für die Soziale Arbeit Aufgaben der Deeskalation auch in Situationen anfallen, wo sich Konflikte auf ganze Bevölkerungsgruppen ausweiten und die Wahl der Mittel von der verbalen Bedrohung in physische Gewalt übergeht. Hier kann Deeskalationsarbeit als *Öffentlichkeitsarbeit* betrieben werden oder auch als *konfrontative Arbeit*. Es wird darum gehen, das Leid der Geschädigten der gegnerischen Seite zu verdeutlichen, die Folgen der Eskalation in den Blick zu nehmen und Perspektiven für eine Zukunft zu entwickeln, in welcher beide Seiten ein Auskommen miteinander gefunden haben. Solche Situationen, wie sie derzeit etwa in einigen ukrainischen Städten existieren, in denen Menschen nicht nur in ihrer freien Meinungsäußerung unterdrückt werden, sondern auch physisch bedroht, im Alltag behindert und ausgegrenzt werden, können für Soziale Arbeit Anlass für eine deeskalative Intervention sein. Ihre Möglichkeiten werden hier begrenzt sein und es muss vorausgesetzt werden, dass die Sozialarbeiter von beiden Seiten als unparteiisch wahrgenommen und nicht selbst bedroht werden.

Eine zunehmend mehr Verbreitung findende Methode bei der Bearbeitung von sozialen Konflikten ist das Verfahren der Mediation. Mediation ist ein Verfah-

---

[19] Vgl. etwa Stögbauer/Müller 2008.

ren der Konfliktbearbeitung, in dem die Konfliktparteien eigenständig, aber in der Gesprächsführung durch den Mediator angeleitet, Lösungen entwickeln, die gewährleisten, dass beide Seiten ein Höchstmaß an eigenen Interessen erfüllt sehen können. Dabei ist es methodisch wichtig, zunächst festzustellen, ob es nicht gemeinsame Interessen gibt, unter deren Primat die Lösung erarbeitet werden kann. Ein Konzept für interkulturelle Mediation ist in Deutschland von Liebe und Haumersen[20] entwickelt worden. Es unterscheidet sich von anderen Mediationskonzepten vor allem dadurch, dass ein Konsens über Werte nicht vorausgesetzt werden kann, vielmehr die Vereinbarkeit vs. Widersprüchlichkeit von Wertorientierungen selbst zum Thema werden muss und die möglichen Lösungen für die Konflikte das Nebeneinander-Bestehen sogar widersprüchlicher Wertorientierungen gestatten müssen.[21]

Interventionen zur Bewältigung von sozialen Konflikten nach Kriegen und schweren Krisen

Der Konfliktforscher und Konflikttransformationstrainer John Paul Lederach hat in seinem Modell des Nachkriegswiederaufbaus den Akteuren der Friedensarbeit auf mittlerer Ebene drei zentrale Aufgaben zugewiesen, die für die Versöhnung der kollektiven Gruppen und die Entwicklung einer friedfertigen Zukunft von zentraler Bedeutung sind:

1. die Reflexion der Auswirkungen von Gewalthandlungen,
2. die Bearbeitung der psychischen Folgen von Gewalterfahrungen und
3. die Förderung der Fähigkeit zur zivilen Konfliktbearbeitung.[22]

Diese Aufgaben stehen im Zentrum einer Sozialen Arbeit mit Betroffenen in ehemaligen Kriegsgebieten, in welchen konfligierende Gruppen weiterhin zusammenleben. Das Konzept von Lederach hat verschiedentlich bei der Bewältigung von Konflikten in ehemaligen Kriegsgebieten seine Anwendung gefunden, so in Nicaragua, in Kolumbien, in Nepal, in Nordirland und in Somalia.
Im westlichen Europa haben wir Erfahrungen mit einem solchen Einsatz von Sozialer Arbeit zunächst in Nord-Irland[23] und sodann im Balkan-Konflikt und zwar in der Wiederaufbauarbeit nach Beendigung des Krieges. Sozialarbeiter europäischer NGOs engagierten sich, teils in Zusammenarbeit mit kroatischen,

---

[20] Vgl. Liebe 1996 und Liebe/Haumersen 1999.
[21] Vgl. Haumersen/Liebe 1999, S. 26f.
[22] Vgl. Lederach 1997, S. 49. Siehe ferner Lederach 2002.
[23] Vgl. etwa Moltmann 2011.

kosovarischen und bosnischen Sozialarbeitern, bei der Wiederherstellung der vom Krieg zerrütteten Gesellschaft insbesondere in der Gemeinwesenarbeit und in der Jugendarbeit. Das Ziel dieser Initiativen ist vor allem die Versöhnung der Konfliktgruppen miteinander und die Entwicklung von Grundlagen eines friedfertigen Zusammenlebens. Wichtig hierfür sind Seminare und örtliche Diskussionsveranstaltungen, der religiöse Austausch zwischen Kindern und Jugendlichen und ein Empowerment für Selbsthilfe-Initiativen.[24] Daneben geht es um die Behandlung der Traumatisierungen der Bevölkerung, um die Verbesserung der ökonomischen Situation und die Entwicklung von Lebensperspektiven insbesondere für die junge Generation. Diese Arbeit dauert – 15 Jahre nach Beendigung des Krieges im Kosovo – noch immer an.

Die meisten der dort realisierten Projekte sind inter-ethnisch angelegt, d.h. sie werden so betrieben, dass Angehörige verschiedener Ethnien daran teilnehmen. Der Jugendarbeit kommt eine besondere Bedeutung zu, zum einen weil von den Perspektiven der Jugendlichen wesentlich die Zukunft eines Landes abhängt, zum anderen weil Jugendliche in Konfliktsituationen eher zu Grenzüberschreitungen neigen als Erwachsene.[25] In den Projekten wurden teilweise einzelne Jugendliche in inter-ethnischer Jugendarbeit geschult und anschließend zu Teams zusammengefügt, die bestimmte Aufgaben in multiethnischen Jugendgruppen übernehmen.[26] Die Jugendlichen lernen, ihre Beziehungen über die ethnischen Grenzen hinweg verständnisvoll und konstruktiv zu gestalten, gemeinsam Projekte anzugehen und Geselligkeit zu erleben.

Für die Gemeinwesenarbeit ist das partizipatorische Prinzip grundlegend, d.h., dass die Analyse der Situation, die Untersuchung der Ressourcen und Interessen, die Herleitung von Zielsetzungen und Handlungsentscheidungen immer gemeinsam mit der multiethnisch zusammengesetzten Gruppe vollzogen werden. Im Kosovo wurden zahlreiche sogenannte „Multiethnische Begegnungszentren" geschaffen, die für die Reflexions- und Aushandlungsprozesse der Gemeinschaft einen Rahmen boten, der auch symbolisch für den Willen stand, sich auszusöhnen und gemeinsam neue Ziele zu verfolgen. Für die konkrete Arbeit stand wieder ein Programm von Zielsetzungen zur Verfügung, welches auf das Peace-

---

[24] Vgl. Keškić 2004, S. 115f.
[25] Dabei ist in Nachkriegsgesellschaften zu beachten, dass Jugendliche in besonderer Weise von den Folgendes Krieges betroffen sind und die Transformation von Krieg in Nicht-Krieg zu bewältigen haben (vgl. Kurtenbach 2010, S. 175f.).
[26] Vgl. Dragidella 2004, S. 185f. Schon früh berichtet Rebmann von Mediationspraxen in der Zusammenarbeit mit Friedensgruppen aus Kroatien (1993).

building Concept von Lederach zurückging. Es unterscheidet vier Ziele, die ich hier kurz nennen und erläutern will:[27]

1. Personaler Wandel: Aufarbeitung von Traumata, „Veröffentlichung" der eigenen Kränkungen, Entwicklung einer friedensfähigen Identität (psychosoziale Gruppenarbeit).
2. Wandel in Beziehungen: Wiedergewinnung von vertrauensbasierten Beziehungen, Erkennen gemeinsamer Interessen, Verfolgen gemeinschaftlicher Ziele (Methode der „aktivierenden Befragung" nach Hinte/Karas).
3. Struktureller Wandel: Überwindung der strukturellen Konfliktursachen, Verbesserung der Gemeinwesenökonomie und der lokalen Wirtschaftskreisläufe, Einfordern sozialer Gerechtigkeit.
4. Kultureller Wandel: Überwindung von kulturellen Mustern, die Gewalt fördern oder legitimieren, Etablierung demokratischer Willensbildungspraxis und Einübung einer konstruktiven Konfliktkultur (demokratische Praxis).

Gerade für die Versöhnungsarbeit ist es von hoher Bedeutung, die Konstruktqualität von interethnischen, interkulturellen oder interreligiösen Konflikten zu beherzigen. Es ist zum einen wichtig für die Professionellen, die Hintergründe für die Entstehung des Selbstbildes und des Fremdbildes der Konfliktparteien und die Ursachen des kollektiven Konfliktes zu kennen.[28] Zum anderen ist es für die Betroffenen eine der grundlegenden Voraussetzungen zur Bereitschaft für Versöhnung, dass sie die sozio-mentale Bedingtheit und Konstruktivität der im Konflikt produzierten Differenzen, der Verteufelung der Gegner wie der Selbstüberhöhung der eigenen Gruppe begreifen und Gemeinsamkeiten wieder mehr in den Fokus rücken. Auf den Anderen wieder zuzugehen, fällt leichter, wenn man weiß, dass die Schwierigkeiten in der Vergangenheit sehr wesentlich auf ungerechten Übertreibungen, Polarisierungen und Dämonisierungen beruhten. Ferner geht es auch in der Gemeinwesenarbeit darum, eine neue kollektive Identität aufzubauen, die jenseits ethnischer und religiöser Differenzen ein Dazugehören zu einer örtlichen Lebensgemeinschaft sichert.

Ein erster Schritt der Integration ist die gemeinsame Teilnahme von Angehörigen verschiedener Konfliktparteien an formellen Gruppen wie etwa Kindergartengruppen, Schulklassen oder Belegschaften. Wer an solchen Gruppen teilnimmt, steht notwendigerweise, falls diese Gruppen nicht ihrerseits ethnisch

---

[27] Vgl. Lederach 1997, S. 82ff. Die Darstellung folgt dem Artikel von Heeb 2004 S. 122ff.
[28] Vgl. Seifert 2004, S. 32.

homogen sind, in Kontakt mit Mitgliedern anderer Ethnien. Dadurch bestehen Potenziale zum interethnischen Austausch, die pädagogisch gefördert werden können und die die Soziale Arbeit im Kindergarten, in der Schulsozialarbeit oder in der Betrieblichen Sozialen Arbeit aufgreifen kann.

Eine zweite Ebene bildet die Teilnahme an informellen Gruppen, in welchen ethnische Pluralität möglich ist – etwa an Müttergruppen, an Betroffenengruppen und Bürgerinitiativen, an Cliquen und Freundesgruppen. Hier gestaltet sich der Zugang der Sozialen Arbeit zu diesen Gruppen insofern schwieriger, als sie als privater Raum vor öffentlichen Ansprüchen geschützt sind. Allerdings kann Soziale Arbeit für die Entwicklung dieser Gruppen teilweise günstige Rahmenbedingungen herstellen, wie sie dies etwa im Bereich der Offenen Jugendarbeit tut, indem sie Räume zum Zusammenkommen und ein interessantes Freizeitangebot schafft, und sie kann im Sinne der Netzwerkarbeit für einzelne Personen oder Familien neue persönliche Kontakte initiieren.

Schlusswort

Konfliktsoziologische Studien machen deutlich, dass sich seit Beginn der Sechzigerjahre weltweit die Zahl der manifesten Großgruppenkonflikte mehr als verdoppelt hat: Die Zahl der Konflikte von geringer und hoher Intensität ist um fast 100 Prozent gewachsen und insbesondere bei den Konflikten von mittlerer Intensität erleben wir seit der Jahrtausendwende einen rapiden Anstieg der Auseinandersetzungen. Die Welt ist nicht friedlicher geworden.

Offenbar wächst mit dem zunehmenden Tempo der gesellschaftlichen Umwälzungen und den Krisen der nationalen Ordnungen auch das Potenzial der Konflikte. In Phasen der Verunsicherung von Staaten brechen latente Konflikte aus dem Boden des gesellschaftlichen Bewusstseins hervor und schwingen sich zu prägenden Faktoren für neue Realitäten auf. Insbesondere in Staaten, die den Umgang mit Pluralität nicht gelernt haben, durch Anerkennung von Verschiedenheit und eine gerechte Verteilung der Lebenschancen zu gestalten, drohen noch zahlreiche solche „Vulkane des Widerstandes", wenn nicht des Revanchismus, auszubrechen.

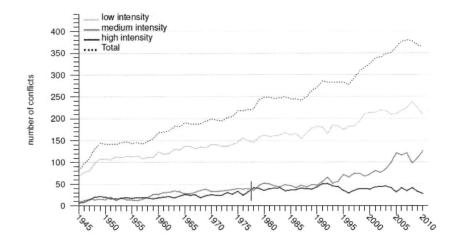

Abbildung: Zunahme von Konflikten nach dem Heidelberger Konfliktbarometer 2010

In unserem Zeitalter des beschleunigten Wandels und der wachsenden Präsenz von Verschiedenheit muss die Politik ihre Aufgaben der Integration umso ernster nehmen und aufmerksam über die sozialstrukturellen Verhältnisse wachen. Sie muss aber auch dafür sorgen, dass Menschen aller Gruppierungen mit einander im Gespräch bleiben und einen möglichst großen Teil ihrer alltäglichen Lebensführung gemeinsam bewältigen. Nur dies verbindet.

Literatur:

Barth, F. (1998): Ethnic Groups and Boundaries. The Social Organization of Culture Difference (Original London 1969). Long Grove (Illinois): Waveland Press.
Dangschat, Jens S. (1998): Warum ziehen sich Gegensätze nicht an? Zu einer Mehrebenen-Theorie ethnischer und rassistischer Konflikte um den städtischen Raum. In: Heitmeyer, Wilhelm/Dollase, Rainer/Backes, Otto (Hrsg.): Die Krise der Städte. Analysen zu den Folgen der desintegrativen Stadtentwicklung für das ethnisch-kulturelle Zusammenleben. Frankfurt am Main, Suhrkamp, S. 21-96.
Dannebeck, Clemens (2002): Selbst- und Fremdzuschreibungen als Aspekte kultureller Identitätsarbeit. Ein Beitrag zur Dekonstruktion kultureller Identität. Opladen.

Dragidella, Lulzim (2004): Jugend- und Versöhnungsarbeit in Nachkriegsgebieten: Rahovec/Orahovac im Kosovo. In: Seifert, Ruth (Hrsg.): Soziale Arbeit und kriegerische Konflikte. Münster: Lit, S. 172-189.

Eckert, Julia M. (Hrsg.) (2004): Anthropologie der Konflikte. Georg Elwerts konflikttheoretische Thesen in der Diskussion. Bielefeld: Transcript.

Global witness (1998): A Rough Trade. The Role of Companies and Governments in the Angolan Conflict. Internet: https://www.globalwitness.org/sites/default/files/pdfs/A_Rough_Trade.pdf

Haumersen, Petra/Liebe, Frank (1999): Multikulti: Konflikte konstruktiv. Mediation in der interkulturellen Arbeit. Mühlheim an der Ruhr: Verlag an der Ruhr.

Heidelberg Institut for International Conflict Research at the Department of Political Science, University of Heidelberg (2010/2012): Conflictbarometer. Heidelberg. Internet: http://hiik.de/de/konfliktbarometer/pdf/ConflictBarometer_2010.pdf.

Human Rights Watch (1999): „Angola unravels. The rise and fall of the Lusaka peace process". New York. Internet: http://www.hrw.org/reports/pdfs/a/angola/angl998.pdf.

Hutchinson, John/Smith, Anthony (1996): Introduction. In: Dies. (Hrsg.): Ethnicity. Oxford.

Jaspers, Willem. 2005. „Öldiebstahl, Rebellenbewegungen, Korruption - Die Konfliktdynamik im Niger-Delta als Herausforderung für Deeskalation." Friedengutachten. 2005. Münster: Lit Verlag.

Kaldor, Mary (2000): Neue und alte Kriege (New and Old Wars). Organisierte Gewalt im Zeitalter der Globalisierung. Frankfurt am Main: Suhrkamp.

Keškić, Marija (2004): Kriegstraumatisierte Kinder in Bosnien und Kroatien. In: Büttner, Christian/Mehl, Regine/Schlaffer, Peter/Nauck, Mechthild (Hrsg.) (2004): Kinder aus Kriegs- und Krisengebieten. Lebensumstände und Bewältigungsstrategien. Frankfurt/NY: Campus, S. 113-116.

Kurschat, Ruben (2004): „Multikollektive Sozialarbeit" – Möglichkeiten der Sozialen Arbeit in Nachkriegsgebieten. In: Seifert, Ruth (Hrsg.): Soziale Arbeit und kriegerische Konflikte. Münster: Lit, S. 141-154.

Kurtenbach, Sabine (2010): Jugendliche in Nachkriegsgesellschaften – Kontinuität und Wand von Gewalt. In: Imbusch, Peter (Hrsg.): Jugendliche als Täter und Opfer von Gewalt. Wiesbaden: VS, S. 175-212.

Lederach, John Paul (1997): Building Peace: *Sustainable Reconciliation in Divided Societies.* U.S. Institute of Peace.

Lederach, John Paul/Jenner, Janice Moomaw (2002): A Handbook of International Peacebuilding: Into the Eye of The Storm. NY: Jossey-Bass.

Liebe, Frank (1996): Interkulturelle Mediation – eine schwierige Vermittlung. Eine empirisch-analytische Annäherung zur Bedeutung von kulturellen Unterschieden. Berghof-Report Nr. 21, Berlin: Berghof-Forschungszentrum für konstruktive Konfliktbearbeitung.

Mahdavi, Roxana (1998): Wie man Menschen von Menschen unterscheidet. In: Mahdavi, Roxana/Vandré, Jens (Hrsg.): Wie man Menschen von Menschen unterscheidet. Praktiken der Diskriminierung, Illegalisierung und Kriminalisierung. Hamburg: Lit, S.37-48.

Moltmann, Bernhard (2011): Friedensprozesse: Im Krieg mit dem Frieden beginnen. Das Beispiel Nordirland. In: Meyer, Berthold (Hrsg.): Konfliktregelung und Friedensstrategien. Eine Einführung. Wiesbaden: VS, S.163-184.

Münkler, Herfried (2004): Die neuen Kriege. Reinbek bei Hamburg: Rowohlt.

Raithel, Jürgen (2002): Ethnisch-kulturelle Konfliktpotenziale unter Jugendlichen im (groß)städtischen Raum. Ein Vergleich zwischen deutschen und türkischen Jugendlichen. *Soziale Probleme. Ztschr. f. soziale Probleme und soziale Kontrolle*, 13.Jg., H.1, S. 54-79.

Seifert, Ruth (2004): Kriegerische Konflikte und Soziale Arbeit: Eine Skizzierung der Problemlage. In: Seifert, Ruth (Hrsg.): Soziale Arbeit und kriegerische Konflikte. Münster: Lit, S. 20-49.

Rebmann, Traude (1993): Mediation – Erfahrungen aus der Zusammenarbeit mit Friedensgruppen in Kroatien. In: Kempf, Wilhelm (Hrsg.): Gewaltfreie Konfliktlösungen. Interdisziplinäre Beiträge zu Theorie und Praxis friedlicher Konfliktbearbeitung. München: Asanger, S. 91-96.

Sen, Amartya (2007): Die Identitätsfalle. Warum es keinen Krieg der Kulturen gibt. München: dtv.

Schlee, Günther(2006): Wie Feindbilder entstehen. Eine Theorie religiöser und ethnischer Konflikte. München: Beck.

Stögbauer, Eva Maria/Müller, Henriette-Muriel (2008): Interreligiöse Kompetenz im interkulturellen Dialog. In: Thomas, Alexander (Hrsg.): Psychologie des interkulturellen Dialogs. Göttingen, Vandenhoeck & Ruprecht, S. 68-79.

Voell, Stephane/Khusishvili, Ketevan (Eds.)(2013): Caucasus Conflict Culture. Anthropological Perspectives on Times of Crisis. Marburg: Förderverein für Völkerkunde.

Weine, Stevan M. (1999): When History is a Nightmare. Lives and Memories of Ethnic Cleansing in Bosnia-Herzegowina. Rutgers.

Wettach-Zeitz, Tania (2008): Ethnopolitische Konflikte und interreligiöser Dialog. Stuttgart: Kohlhammer.

Межкультурные, межэтнические, межрелигиозные конфликты – превентивные и деэскалативные вмешательства со стороны социальной политики и социальной работы

Кригер Вольфганг, ФРГ, Людвигсхафен на Рейне

Когда речь заходит о межкультурных конфликтах, у многих из нас перед глазами сразу появляются сцены столкновений с применением насилия между различными группами населения, сцены поджогов домов и транспортных средств, преследований и запугиваний людей, сцены драк и перестрелок. Формула «межкультурного конфликта» часто служит для того, чтобы объяснять подобные феномены. При этом в глаза бросается то, что при наблюдении за конфликтующими сторонами мы почти не ассоциируем их с чем-то культурным, а скорее с этническими особенностями, психологическими чертами внешнего вида людей или определённой территориальной принадлежностью наблюдаемых групп. В Украинском конфликте мы выделяем русских и украинцев, в Балканском конфликте мы различаем между боснийцами, хорватами и сербами, в Нагорно-Карабахском конфликте мы различаем между армянами и азербайджанцами, в Киргизском конфликте – между узбеками и киргизами. Эти обозначения показывают этническое происхождение и языковую принадлежность, а не непосредственно культурные обычаи, традиции или взгляды. Очевидно, мы склонны ошибаться при наблюдении и оценке подобных конфликтов.

Эта тенденция показывает, что при наблюдении за конфликтом речь в сущности идёт о процессе атрибуции, процессе, в котором одна или несколько произвольно установленных категорий образуют единство одной из конфликтующих сторон. Сторонние наблюдатели используют такие упрощённые конструкции, их применяют и сами участники конфликта, часто тем жёстче, чем дольше тянется конфликт и чем демонстративней он становится.

Основные понятия в исследовании конфликтных ситуаций

Я хотел бы кратко ознакомить Вас со структурой моего доклада. Прежде чем мы рассмотрим, как объясняется возникновение конфликтов и какие меры предпринимаются по их устранению, следует разъяснить некоторые важные определения.Затем я хочу проанализировать, на чём основываются разговоры о межкультурных, межэтнических и межрелигиозных конфликтах и какие цели эти разговоры преследуют. Далее я хотел бы сделать небольшой обзор важнейших результатов современного анализа массовых конфликтов и рассмотреть меры по их разрешению. Затем я перейду к деятельности, в особенности связанной с миром и примирением и представлю здесь различные задачи и формы интервенции социальной работы. В заключении я хотел бы представить на примере модели установления мира (peacebuilding –Modell) Ледерахера некоторые методы интервенции социальной работы в послевоенном обществе.

В теории конфликта стандартно различают *латентный* и *явный* конфликты. *Латентными* считаются конфликты, при которых столкновение интересов ещё открыто не выявилось, но уже присутствует отрицание соответственно другой стороны, *явными* конфликты становятся, когда стороны конфликта открыто заявили о конфликте, угрожают друг другу и сознательно пытаются направить свои интересы друг против друга. Среди явных конфликтов с применением насильственной эскалации различают *кризис* (в отдельных случаях с применением насилия), *тяжёлый кризис* (с постоянным применением насилия) и *войну*. Кроме того выделяют *внутригосударственные и межгосударственные* конфликты, *традиционные методы ведения войны* и т. н. «войны нового типа» и относительно военной мощи и форм вооружения – т. н. «*симметричные*» и «*асимметричные*» войны. О войнах нового типа речь ведётся по причине некоторых значительных изменений в ведении войны: 90% жертв на сегодняшний день – это цивилисты, раньше 90% жертв были солдаты. 94% войн сегодня – это внутригосударственные войны или тяжёлый кризисы. Большинство войн сегодня асимметричные. Финансирование гражданских войн осуществляется за счёт эксплуатации гражданского населения и региональных ресурсов и криминальных источников; т. н. «полевые командиры» „warlords" живут за счёт войн и поэтому не заинтересованы в том, чтобы война закончилась. Гражданские войны приходят в страны вместе с покупкой оружия у оружейной индустрии других стран. Результат большинства войн сегодня – это огромные потоки беженцев, невиданные масштабы психических травм, в основном среди гражданского населения.

Межкультурные, межэтнические, межрелигиозные конфликты

Что мы имеем ввиду, говоря о межкультурных конфликтах? Чтобы вести разговор о *межкультурных* конфликтах, нужно выполнить следующие условия:

- Должны быть задействованы хотя бы две стороны из различных культур.
- Причина конфликта должна крыться в принадлежности к различным культурам.
- Обе стороны конфликта должны быть к тому же зависимы друг от друга, т. е. поведение одной стороны должно иметь влияние на другую сторону, например, ограничивать её свободу или снижать качество жизни.

- Защита собственных культурных ценностей является причиной многих межкультурных конфликтов; поэтому культурные ценности должны напрямую или косвенно находиться под угрозой.

Если мы захотим отделить «межкультурные» конфликты от «межэтнических» или «межрелигиозных», то основное отличие отражено во втором критерии – в причине конфликта. При «межэтническом конфликте» причиной конфликта должно быть соответственно этническое различие, при «межрелигиозном конфликте» - религиозное различие. В большинстве случаев довольно сложно разделять эти различные причины, потому что культуры создаются религиями, но также и наоборот, и потому что этносы в конфликтных ситуациях любят подчеркнуть свою особенную принадлежность к определённой культуре или религии, чтобы выделить себя.[1]

Этничность, т. е. принадлежность к этнической группе, трактуется многими людьми в повседневной жизни как качество, которое зависит от как бы естественных причин, а именно, от происхождения человека.[2] Поэтому оно рассматривается как биологическая попытка категоризации, которая основана на наивном предположении о том, что природа сама по себе делится на множество видов и семей и что эти различия можно было бы точно отобразить с помощью языковых обозначений, если тщательно принять во внимание различающие признаки. Для этого возникло понятие «примордиализма». Различают социобиологический примордиализм (Pierre van den Berghe), который принимает за основу этничности генетическое родство, и социо-исторический примордиализм (Geertz, Hondrich, Shils), который за основу этничности принимает отождествление с такими культурными элементами как язык, обычаи, религия, искусство и т. .д. Эмпирически эти объяснения не в достаточной мере удовлетворительны. Поэтому современные теории *этносимволизма* (Frederik Barth, John A. Armstrong, Anthony D. Smith, John Hutchinson) рассматривают этничность как социально-психологически полезное построение, к которому можно прибегнуть в особых социальных или биографических ситуациях, чтобы восстановить

---

[1] При этом выделяются различные акценты, чтобы определить эту специфику, иногда таким образом, что одна разновидность конфликта объединяет в себе другие: Дангшат говорит об «этнических конфликтах», «когда речь идёт о культурно-религиозных различиях в поведении, которые односторонне дискриминируются» (Dangshat 1998, с. 21).

[2] Веттах-Цейтц (Wettach-Zeitz) понимает под этносом следующее: «Этносы – это группы, центрированные на Мы, которые образуются в процессе отграничения от других групп посредством приписывания самим себе или со стороны других коллективной особенности на основании веры в эволюционное сообщество» (2008, с. 21).

социальную целостность, которая помогает отличить одну группу от другой и сознаёт давление солидарности, сплочает индивидов и делает их индивидуальными.

Норвежский антрополог и этнограф Фредрик Барт в своих исследованиях в Бали, Бутане (княжество в Азии) и Новой Гвинее очень впечатляюще подтвердил, что этнические различия основываются на социальных процессах разграничения и размещения, которые приобретают собственные черты, обычно контрастные чертам той или иной противоположной группы. После того, как была установлена эта символичная идентичность, группы получают соответствующее этническое название, хотя обе группы имеют множество общих черт и хотя отдельные члены группы могут менять одну группу на другую. Т. о., этничность является в общественной практике символичной абстракцией и может использоваться, чтобы проводить разграничения, которые отличают конфликтные стороны.[3]

Конструктивность обозначений конфликтов

Неважно, идёт ли речь о межэтнических, межкультурных или межрелигиозных конфликтах – в конце концов мы следим за языковой практикой атрибуций различий, которые, очевидно, используются для того, чтобы установить коллективную особенность и создать социальную дистанцию по отношению к другой группе. Эти особенности повышают самооценку, они эмоциональны и дают чувство принадлежность к группе. С другой стороны они обязуют членов данной группы подчиняться групповому давлению и соответствующе вести себя.

С точки зрения конструктивизма для научного анализа конфликтов была бы важна следующая исходная позиция: в свете онтологии *не существует* межкультурных, межэтнических или межрелигиозных конфликтов, а мы *наблюдаем* социальные конфликты применительно к межкультурным, межэтническим или межрелигиозным различиям. Но это не подтверждает, что этим трём критериям наблюдения не подходит общее объяснение, почему возникают и развиваются конфликты; но существует убеждение, что

---

[3] Хатчинсон и Смит (Hutchinson, Smith) попытались наложить на понятие этничности пять критериев, а именно, наличие названия этноса, миф о совместном происхождении, создание совместного прошлого, культурные сходства в религии или языке, ссылка на первоначальную страну происхождения, требование солидарности между представителями этноса (1996, с. 6).

социальные конфликты могут возникать и в следствии других причин: родственного, идеологического, насильственного или экономического характера, и существует также убеждение, что эти причины можно наверное признать более убедительными, чем межкультурные, межэтнические или межрелигиозные различия.

Приписывания межкультурных различий имеют большое значение как для наблюдения за подобными конфликтами *со стороны*, например со стороны политики, СМИ, так и для восприятия самих конфликтующих сторон, которые за счёт этих атрибуций получают индивидуальность. В межгосударственных конфликтах индивидуальность приобретается за счёт национальной принадлежности. Усиление этих приписываний политикой и СМИ не редко применяется для того, чтобы повысить национальное самосознание населения в процессе разграничения. Подобные приписывания часто перекрывают *реальные причины* конфликта, такие как *дискриминация* по этнической принадлежности и отстранение от общественного участия, но, в особенности, это конкуренция за территорию и геологические ресурсы (т. н. *ресурсы, за которые идёт конкуренция*[4]).

Борьба за добычу сырья и минералов, иногда и за воду и аграрные земли (Каспийское море, Нигерия) сегодня всё чаще сопровождается насильственными столкновениями. Примерами для этого могут послужить многочисленные конфликты в Африке (в Анголе, Нигерии, Судане/Дарфур, Конго, Либерии, Леоне), также и борьба за наркотики в Мексике; подсознательно конфликт за ресурсы играет роль также и в других конфликтах. Правда, согласно исследованиям Гейдельбергского Института исследований межнациональных конфликтов в т. н. «Гейдельбергском конфликтном барометре» в качестве конфликтов за ресурсы интерпретированы лишь 6 из 28 конфликтов.[5]

---

[4] «Ресурсы, за которые идёт конкуренция» – это, с одной стороны, ресурсы, из-за которых возникает конфликтное столкновение («конфликт за ресурсы»), но, с другой стороны, это ресурсы, за счёт которых финансируется оружие и военная инфраструктура – чаще всего посредством торговли с зарубежом.

[5] Два важных научно-исследовательских учреждения, которые в Германии занимаются вопросом возникновения, развития и окончания больших групп, это Гейдельбергский Институт Исследований международных конфликтов и Гамбургский трудовой коллектив по исследованию причн возникновения войн (AKUF).

Гейдельбергский Институт Исследований межнациональных конфликтов, который ежегодно выпускает отсчёт о существующих во всём мире массовых конфликтах, следующим образом охарактеризовал интенсивные конфликты (войны, тяжёлые кризисы с применением насилия) 2012 года:

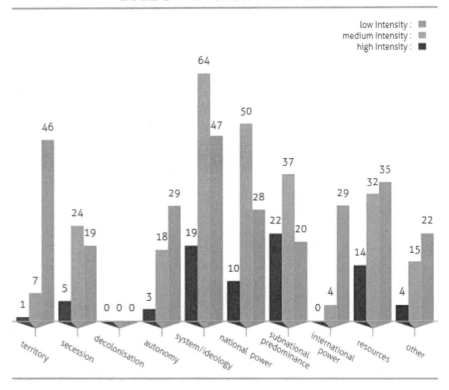

График «Глобальная встречаемость определённых видов конфликтов 2012» Гейдельбергский конфликтный барометр 2012.

На этом графике изображено количество конфликтов, а не количество людей, причастным к ним. Как можно обобщить результаты?

1. На первом месте стоят субнациональные конфликты, где борьба ведётся за господство одной группы в пределах государства.
2. На втором месте - конфликты, критичные для системы и идеологические конфликты.
3. На третьем месте располагаются конфликты за ресурсы.
4. На четвёртом мете – национальные конфликты, т. е. конфликты между государствами.
5. Пятое место занимают гражданские конфликты. Если, однако, мы объединим автономные конфликты с гражданскими, то в общей сумме они почти составят количество национальных конфликтов.

Ещё одна мотивация для конфликтов с применением насилия – это намерение добиться регионального господства или автономии или потребовать изменений в политической системе, чем бороться за ресурсы. В обоих случаях речь идёт о власти, нередко долговременное угнетение или ущемление интересов определённых групп является основанием для демонстраций конфликта и последующей эскалации кризиса. Примерами для этого могут послужить Туарегское восстание в Мали (1989) и позднее в Нигере (1999), борьба Курдов против угнетения в Турции, восстание уйгуров в Китае, борьба палестинской освободительной армии против израильского правительства, уже почти 100 лет существующее восстание группы суннитов против шиитского правительства в Ираке, а также внутригосударственный киргизско-узбекский конфликт до 2010 года и актуальное сопротивление сепаратистов русского происхождения в украинском конфликте.

Анализ причин возникновения межгосударственных и внутригосударственных конфликтов также показывает, что многие конфликты возникают между группами, которые в культурном плане скорее близки друг другу. Речь здесь не может идти о «войне культур». В качестве примеров можно привести конфликты между католиками и протестантами в Северной Ирландии, также между сербами, боснийцами и хорватами или между суннитами и шиитами. Разница в культурах этих групп крайне мала. Конфликты возникают здесь преимущественно из-за ущемления интересов одной группы, в основном в экономическом плане, или вследствие политического угнетения. Культурные компоненты практически не играю никакой роли. Поэтому решающим в восстановлении мира является не сокращение культурных различий, как полагали некоторые старые интеграционные концепции, а интеграция всех групп в общество и сохранение их культурных особенностей. Можно даже заключить: действительно лучшей защитой от этнических или религиозно мотивированных конфликтов между крупными группами служит смешанное общество в этническом, религиозном и культурном плане, которое имеет высокий уровень интеграции, т. е. предоставляет всем группам равные шансы на общественное участие.

Разрешение коллективных конфликтов

Разрешение интенсивных массовых конфликтов представляет сегодня особую проблему, особенно в тех случаях, когда речь идёт о «войнах нового типа». Они наносят существенный урон гражданскому населению, и миллионы людей не только теряют всё, что имели – их семьи, социальные связи, жильё, имущество, но и наполняются лютой ненавистью, безграничным недоверием, получают длительные психические расстройства, иногда и проблемы со здоровьем.

Для предотвращения подобных последствий исходная ситуация представляется довольно безнадёжной, хотя вне всякого сомнения нужно попытаться испробовать всё, чтобы использовать действенные методы при возникновении новых воинственных конфликтов или разгарами уже существующих и снова создать перспективы для людей, которых коснулись эти страдания и обеднение. Для этого призывается и политика тех стран и регионов, в которых разгорелись эти конфликты. Но часто из-за бедственного экономического послевоенного положения она не в силах это сделать. Мировое сообщество также призывается к тому, чтобы внести вклад в укрепление мира и примирения и вложить свою лепту в восстановление и сохранение достоинств и прав человека. Здесь речь идёт с одной стороны о социальной политике в отношении беженцев, с другой стороны конкретно об участии конфликтного менеджмента и социальной работы в странах конфликтов, а также в странах, принимающих беженцев и о восстановлении инфраструктуры и производства.

В политическом плане странам конфликта необходимо разобраться с тем, как исторически возникают конфликты и с событиями и их последствиями. Это следует осуществлять общественно и активно привлекать население, чтобы в сознании образовались основы того, как осмысленно вести себя в конфликтных ситуациях. Вытеснение конфликтов или даже отрицание вины приравнивается к тому, что мотивы для конфликта продолжают существовать. Ярким примером этому служит распад Югославии: здесь в послевоенное время не довели до конца историческую, политическую и социальную работу, связанную с конфликтами Второй Мировой Войны в стране. Нехватка подобных обсуждений и тем самым одновременно отсутствие понимания войны послужили толчком для возникновения новых этнических мотивов для отделения и реваншистских стремлений в 90-х годах.[6]

Научная дискуссия о коллективных конфликтах - это междисциплинарное предприятие, чей объём и многоплановость в данном докладе не могут быть представлены в полном объёме. В качестве важных дисциплин здесь я могу коротко представить социологию мира (согласия) как часть конфликтной социологии, социальную психологию, психологию мирных и конфликтных ситуаций, историческую науку, антропологию конфликта, политологическое и религиоведческое исследование конфликтных и мирных ситуаций и педагогику мира. В одной только Германии находится 21 институт исследования конфликтов и мирных ситуаций.

Если речь заходит о вопросе мер, которые должны быть предприняты в послевоенных обществах и обществах, переживших тяжёлые насильственные кризисы, чтобы добиться мира, то все эти дисциплины способствуют тому, чтобы развивать концепты, которые направлены на возможные причины возникновения конфликтов или которые пригодны для сохранения мира. Вкратце, всегда приводится тройка первичных мер после мирного соглашения, которые ведут к тому, что стороны конфликта больше не атаковали друг друга с былым пылом. *Демобилизация – Разоружение – Реинтеграция.*

В какой последовательности применяются эти меры очень спорно и относительно применения и влияния расценивается, пожалуй, от случая к случаю[7]. В каждом случае обе первые меры должны проводиться или контролироваться военными, а именно нейтральными внешними военными силами. Это нас не интересует. Третья мера реинтеграции, напротив, представляет для нас особый интерес, т. к. здесь вместе с другими в игру вступает и социальная работа.

Теории различных школ в этой дисциплине сходятся в том, что процессы, которые способствовали манифестации и эскалации конфликтов, должны

---

[6] См. об этом положении у психиатра С. М. Вейне (Stevan M. Weine) 1999.
[7] См. Шлее (Schlee) 2006 с. 168 и сл.

учитываться и при разрешении напряжённости в работе по достижению мира и примирения.

a) Ликвидация процессов этнизации конфликта со стороны конфликтующих сторон и со стороны СМИ, мировой общественности и интернациональной политики
b) Инвентризация и диалогическая обработка отрицательных стереотипов касательно враждебной группы
c) Критическое рассмотрение мифов об опасности и попыток оправдания насильственных действий обеих сторон
d) При необходимости – ликвидация религиозной или мировоззренческой ригидности образа жизни одной или обеих сторон конфликта

Каким образом социальная работа может способствовать сокращению коллективных конфликтов и предотвращению их последствий?

Во многих своих областях социальная работа может способствовать тому, чтобы социальные конфликты вообще не возникали или чтобы на скрытые конфликты оказывалось превентивное воздействие и чтобы манифестации или даже эскалации можно было бы т. о. избежать.

Уже десятилетиями социальная работа распространена в основном в Европе и США, между тем также и в Южной Америке и частях Африки и Азии в области работы с мигрантами, в основном с беженцами. Эта инициативность имеет место отчасти в принимающих странах, т. е. в странах, которые принимают беженцев, отчасти и в странах, из которых прибывают беженцы, в которых люди живут в ситуации конфликта или пытаются преодолеть последствия таких конфликтов. Т. о., можно выделить в общем 3 формы инициативы социальной работы:

a) Превентивная работа в мирных и конфликтных ситуациях
b) Преодоление последствий конфликтов у беженцев в принимающих странах
c) Переработка последствий и потенциалов конфликтов в конфликтных регионах

Во многих отношениях цели этих областей почти не отличаются друг от друга. Однако критическое рассмотрение дальнейших потенциалов конфликта в социальной работе в самих *регионах конфликта* играет конечно бо́льшую роль, чем социальная работа в принимающих странах, где основное внимание уделяется лечению посттравматических стрессовых расстройств и развитию новых жизненных перспектив.

а) Превентивная работа в ситуациях мира и конфликта

Социальная работа должна направлять свою деятельность на социальные конфликты; это касается всех видов социальных конфликтов, конфликтов между детьми и подростками, между рабочими, а также этнических и религиозных конфликтов. Так пренебрежительное отношение или дискриминационные действия, направленные против других этнических групп или религиозных убеждений, должны рассматриваться и обрабатываться социальными работниками в работе с молодёжью или в школьной социальной работе в той же мере, как и в социальной работе на производстве или общественной работе. Социальная работа должна оказывать здесь воздействие на культуру конфликта, которая предупреждает экстремистские тенденции и стимулирует контакт потенциальных сторон конфликта. Подобная практика анти-дискриминации была разработана сначала как превентивное средство, но она приобретает ещё большее значение, когда конфликты становятся очевидными или даже когда между группами уже произошли насильственные столкновения.

Конфликты, сопровождающиеся насилием, между различными этническими группами в Германии случаются в основном среди молодёжи. Здесь речь идёт, как правило, о конфликтах, ограниченных во времени, которые представляют собой в основном конфликты за ресурсы, регулировочные конфликты, чтобы зарекомендовать себя или конфликты за ранг.[8] Из этого списка я исключил конфликты криминальных группировок. В последние десятилетия в Германии не наблюдалось значительных конфликтов, сопровождающихся массовым насилием. Но в отдельных ситуациях происходили очень даже опасные моменты, когда этнические группы вследствие каких-либо трагических событий, за которые они возлагают ответственность на другие этнические группы по реваншистским причинам готовы были применить насилие. Подобная опасность была и у нас в Людвигсхафене, когда загорелся многоэтажный дом, в котором жили турецкие

---

[8] См. Исследования Райтхеля (Raithel) 2002.

семьи, из-за чего некоторые люди погибли, а другие потеряли своё имущество, в поджоге подозревались подростки с ультраправыми взглядами. Не малая часть населения с турецкими корнями[9] не хотела дожидаться результатов расследования уголовной полиции, посчитала, что находится под угрозой ультраправых немцев и потребовала особых мер защиты. Поддержка этого требования со стороны турецкого премьер-министра не заставила себя долго ждать. Некоторые не хотели в этой ситуации доверять немецкой полиции, и потребовали турецкий вооружённый отряд граждан. Внезапно люди были готовы к подстрекательным речам против агрессивно настроенной немецкой молодёжи, были готовы клеймить немцев за ущемление интересов и создать обстановку зависти, презрения и конфронтации. К счастью, в ходе расследования поджога выявилось, что причиной пожара были технические неполадки агрегата в подвале дома и волнения постепенно утихли. Отзывы как турецких, так и немецких комментаторов по этому поводу дали понять, как быстро готовность к насилию может перерасти в социальный конфликт, когда ощущается большая несправедливость и обе стороны считают другую причиной угрозы.

Эти конфликты коснулись также и организации социальной работы с детьми и молодёжью, поскольку там возникли угрозы и насильственные действия между немецкой и турецкой молодёжью. Социальные работники в этих организациях должны были внести свою долю в деэскалацию конфликта. Правда социальная работа в Германии редко занимается задачами деэскаляции конфликтов и только в немногих областях, таких как школьная социальная работа, работа с детьми и молодёжью, общественная работа и работа с агрессивными хулиганами. Частично сотрудничество с полицией является здесь важной составляющей работы.

b) Обработка последствий конфликта у беженцев в принимающих странах

Социальная работа учувствует в области помощи беженцам, это подобласть работы с мигрантами, она помогает находить новые жилища для беженцев, организовать обеспечение всем необходимым, налаживать их кон-

---

[9] Число выходцев из Турции в Германии составляет примерно 3 млн (половина из них – без немецкого паспорта), что составляет примерно 3,7% немецкого населения. Доля иностранцев в Германии составляет примерно 10% (без немецкого гражданства), доля людей с миграционными корнями составляет в общем 20%.

такт с другими носителями их языка, консультировать относительно статуса в стране, помогать в развитии новых жизненных перспектив, обеспечивать защиту от преследования, оказывать поддержку в государственных органах и , насколько это возможно, преодолевать психические последствия бегства и негативного опыта. Новое требование для социальной работы и её терапевтически ориентированных смежный дисциплин представляет собой терапевтическое преодоление посттравматических стрессовых расстройств. Пока неясно, вернутся ли беженцы в свои родные страны, трудно ответить на вопрос, стоит ли создавать перспективы интеграции. С человеческой точки зрения это даже не может быть вопросом: именно беженцы должны получать новый опыт интеграции, должны суметь сориентироваться и снова почувствовать себя в безопасности. Поэтому и задачи социальной работы в области работы с беженцами должны ориентироваться на цели общественной интеграции мигрантов. Однако в Германии всё ещё довольно ограничена практика в обращении с лицами, просящими о предоставлении убежища, в которой интеграции сильно мешает сам характер размещения.

c) Обработка последствий и потенциалов конфликта в областях кризиса и военных действий

Результаты теоретического анализа конфликтов уже наперёд задают нам, какие цели должна преследовать социальная политика и социальная работа для предотвращения и сглаживания конфликтов в развитии общества. Следует снижать риски, способствующие возникновению конфликтов и их эскалации, и следует подкреплять такие потенциалы отдельных людей и групп, которые содействуют совместной жизни людей различного происхождения, религии и культуры и, тем самым, общественной интеграции.

В рамках социальной работы выделяют различные задачи обработки потенциалов и последствий конфликта в областях кризиса и военных действий относительно динамики, начиная предысторией конфликта и заканчивая преодолением отдалённых последствий.

Интервенция при возникновении массовых конфликтов

При возникновении конфликтов в латентной или умеренно явной форме социальной работе следует добиваться в областях военных действий нейтрализации конфликта или развития лучшей культуры конфликта с намерением превентивной работы, т. е. начиная формами мирного разрешения конфликта и заканчивая обсуждением решений при столкновениях интересов. Отрицать существование конфликта или не решать его не является конструктивным решением. Здесь можно выделить некоторые принципы для этой работы:

- Открыто говорить о конфликтах (также в латентной форме) и требовать высказывания своей точки зрения.
- Проявлять инициативу при контакте враждующих сторон и под наблюдением специалиста способствовать этому контакту.
- Ввести правила для диалога, чтобы избежать дискриминации и тенденций к поляризации.
- Бороться против этнизации социальных конфликтов.
- Указать на опасность ригидности религиозного и идеологического взглядов и её цену за свободу граждан.
- Указать на последствия эскалации конфликтов для всех их участников и третьих лиц.
- Бороться против дезинтеграции и исключения отдельных личностей или меньшинств.
- Усилить межкультурные и межрелигиозные[10] компетенции.

Интервенция при распространении явных конфликтов и кризисных ситуаций

Задачи деэскалации для социальной работы могут возникнуть и в ситуациях, где конфликты распространяются на всё население и выбор средств переходит от вербальной угрозы к психическому насилию. Здесь в качестве работы по деэскалации может быть проведена как *общественная работа* так и *сопоставительная* работа. Речь будет идти о том, чтобы показать страдания потерпевших враждебной стороны, оценить последствия эскалации и разработать перспективы на будущее, в котором обе стороны придут к согласию. Подобные ситуации, которые в настоящий момент происходят в некоторых украинских городах, в которых люди не только не могут свободно выразить своё мнение, но и которым угрожают психически, ограничивают в повседневной жизни или исключают из неё, могут

---

[10] См. к примеру Stögbauer/Müller 2008.

послужить поводом к деэскалативной интервенции для социальной работы. Её возможности будут здесь ограничены и всё это должно проходить при условии, что социальный работник будет восприниматься обеими сторонами в качестве нейтральной стороны и ему не будет ничего угрожать.

Метод обработки социальных конфликтов, который находит всё большее распространение – это метод посредничества. Посредничество - это метод обработки конфликта, при котором враждебные стороны самостоятельно, но в сопровождении посредника, в рамках беседы разрабатывают решения, которые обеспечивают то, что обе стороны могут по максимуму осуществить свои собственные интересы. При этом в плане методики важно сначала установить, не имеются ли уже общие интересы, с помощью которых можно разработать решение. В Германии концепт межкультурного посредничества был разработан авторами Либе и Гаумерзен[11]. От других посреднических концептов он отличается в основном тем, что не может быть заключено согласие о ценностях, совместимость и противоречивость ценностей скорее сами становятся центральной темой и возможные решения конфликта должны допускать сосуществование даже противоречивых ценностей.[12]

Интервенции для преодоления социальных конфликтов после войн и тяжёлых кризисов

Исследователь конфликтов и тренер по трансформации конфликтов Джон Пауль Ледерах в совей модели послевоенного восстановления поручил участникам деятельности в защиту мира на промежуточном уровне три основные задачи, которые имеют важное значение для примирения больших групп и развития миролюбивого будущего:

1. Размышление о влиянии насильственных действий
2. Обработка психических последствий у переживших насилие и
3. Требование уметь достойно справиться с конфликтом.[13]

Это центральные задачи социальной работы с пострадавшими в бывших областях военных действий, в которых конфликтующие группы продолжают жить вместе. Концепт Ледераха неоднократно нашёл применение

---

[11] См. Либе (Liebe) 1996 и Либе/Гаумерзен (Liebe/Haumersen) 1999.
[12] См. Гаумерзен/Либе (Haumersen/Liebe) 1999, с. 26 и сл.
[13] См. Ледерах (Lederach) 1997, с. 49, также Ледерах (Lederach) 2002.

при преодолении конфликтных ситуаций в бывших областях военных действий, таких как Никарагуа, Колумбия, Непал, Северная Ирландия и Сомали.

В западной Европе у нас уже есть опыт подобного участия социальной работы сначала в Северной Ирландии[14] и затем в Балканском конфликте, а именно в восстановительных работах после окончания войны. Социальные работники европейской неправительственной организации учувствуют частично в сотрудничестве с хорватскими, косовскими, боснийскими социальными работниками для восстановления разрушенного войной общества, в основном в общественной работе и работе с детьми и молодёжью. Цель этой инициативы – это прежде всего примирение враждебных сторон и развитие основ для мирной совместной жизни. Для этого важны семинары и проведение местных дискуссионных мероприятий, религиозный обмен между детьми и молодёжью и полномочие на создание групп самопомощи[15]. Параллельно речь идёт о лечении травматизаций населения, об улучшении экономической ситуации и развитии жизненных перспектив, в особенности у молодого поколения. Эта работа продолжается до сих пор, хоть и после окончания войны в Косово прошло уже 15 лет.

Большинство из реализованных там проектов запланированы межэтнически, т. е. они проводятся таким образом, чтобы члены различных этнических групп принимали в них участие. Ведомство по делам молодёжи имеет особое значение, с одной стороны, потому что от перспектив молодых людей сильно зависит будущее страны, с другой стороны, потому что молодёжь больше склонна в конфликтных ситуациях выходить за рамки, чем взрослые.[16] В рамках проектов тренировали частично отдельных молодых людей в межэтнической работе с молодёжью и в конце их объединяли в группы, на которые возлагались задачи по мультиэтнической работе с молодёжью.[17] Молодые люди учились понимающе и конструктивно устанавливать связи, несмотря на этнические границы, учувствовать в совместных проектах и общаться друг с другом.

---

[14] См., к примеру, Молтманн (Moltmann) 2011.
[15] См. Кешкич (Keškić) 2004, с. 115 и сл.
[16] При этом стоит заметить, что молодёжь в послевоенном обществе особенно страдает от последствий войны и ей требуется преодолеть переход из состояния войны в мирное состояние (см. Куртенбаха (Kurtenbach) 2010, с. 175 и сл.).
[17] См. Драгиделла (Dragidella) 2004, с. 185 и сл. Ранее Ребманн (Rebmann) сообщает о практической медитации совместно с миротворсескими группами из Хорватии (1993).

Для общественной работы основополагающим является партиципаторный принцип, т. е. анализ ситуации, исследование ресурсов и интересов, разработка новых целей и решений о совершении действий всегда должны осуществляться вместе с мультиэтнически подобранной группой. В Косово были созданы многочисленные т. н. «Мультиэтнические центры встреч», которые предлагали для общественных размышлений и обсуждений определённые рамки, которые также символически обозначали волю к примирению и преследованию новых целей. Для конкретной работы в распоряжении имелась программа постановки целей, которая опиралась на концепт установления мира Ледераха. Она выделяет 4 цели, которые я хотел бы перечислить и разъяснить:[18]

1. Индивидуальные изменения: обработка травмы, «обнародование» личной обиды, развитие миролюбивой личности (психосоциальная работа в группе)
2. Изменения в отношениях: восстановление доверительных отношений, обнаружение общих интересов, преследование общих целей (метод «активирующего опроса» авторов Хинте/Карас)
3. Структурные изменения: преодоление культурных причин конфликта, улучшение коллективной экономики и местных хозяйственных кругооборотов, требование социальной справедливости
4. Культурные изменения: преодоление культурных образцов, которые требуют применения насилия или узаконивают его, формирование демократической практики образования воли и учреждение конструктивной культуры конфликта (демократическая практика)

Особенно для работы для достижения примирения большое значение принятие во внимание качества структурных компонентов межэтнических, межкультурных или межрелигиозных конфликтов. С одной стороны, для профессионалов важно знать причины возникновения представлений о себе и о других во враждующих сторонах и причины коллективных конфликтов[19]. С другой стороны, для пострадавших основной предпосылкой для готовности к примирению является то, чтобы они поняли социально-умственную обусловленность и конструктивность возникающих в рамках конфликта разногласий, обесчеловечивание противника и возвышение над

---

[18] См. Ледерах (Lederach) 1997, с. 82 и сл. Изображение здесь следует статье Гееба (Heeb) 2004 с. 122 и сл.
[19] См. Сейферт (Seifert) 2004, с. 32.

ним своей группы и больше принимали во внимание общие черты. Снова сходиться с другими людьми легче, когда знаешь, что трудности, возникавшие в прошлом, связаны с несправедливыми преувеличениями, поляризацией и демонизацией. Кроме того, общественная работа занимается и созданием коллективной целостности, которая, несмотря на этнические и религиозные различия, обеспечивает принадлежность к местной общине.

Первый шаг интеграции –совместное посещение членов различных враждующих сторон формальных групп, таких как группы детских садов, школьные классы или рабочие коллективы. Кто состоит в подобных группах при необходимости имеет контакт с другими этническими группами, если эта группа не однородна в этническом плане. Тем самым возникает возможность взаимного межэтнического обмена, которому могут содействовать педагоги и социальная работа в детских садах, школах или на производстве.

Второй уровень образует посещение неформальных групп, в которых также возможна этическая многогранность, например, встречи для матерей, группы для пострадавших и гражданской инициативы, компании и друзья. Социальной работе сложнее найти подход к подобным группам, т. к. они как личное пространство защищены от общественности. Социальная работа может однако частично создать для подобных групп благоприятные условия, как она делает это в области работы с молодёжью, когда молодым людям предоставляются помещения для встреч и интересные предложения по организации досуга, и в рамках сетевой работы она может инициировать новые личные контакты для отдельных людей или семей.

Заключение

Конфликтно-социологические исследования показывают, что начиная с 60-х годов число явных конфликтов между большими группами лиц по всему миру увеличилось больше чем в два раза: число конфликтов небольшой и высокой интенсивности выросло почти на 100%, особенно стремительно выросло число конфликтов средней интенсивности. Мир не стал спокойнее.

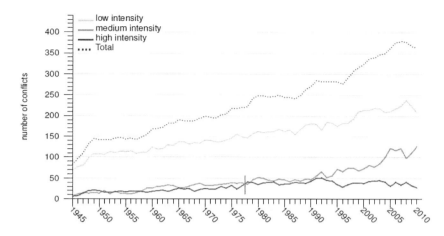

Изображение Увеличение количества конфликтов согласно Хайдельбергскому конфликтному барометру 2010

Очевидно, вместе с растущим темпом общественных изменений и кризисами национального порядка растёт и потенциал к конфликтам. В моменты, когда людям пытаются вселить неуверенность, вспыхивают латентные конфликты и становятся базой для построения новой реальности. В особенности в странах, которые не научились признавать различия и обеспечивать равное распределение шансов, угрозу представляют многочисленные т. н. «Вулканы сопротивления», если не возникнет реваншизма. В нашем веке быстрых изменений и большого количества различий политика должна серьёзнее воспринимать свою задачу интеграции и внимательно следить за социально-культурными отношениями. Она должна также заботиться и о том, чтобы представители различных групп поддерживали контакт друг с другом и большую часть своей повседневной жизни проводили вместе. Только это сближает.

Список использованной литературы:

Barth, F. (1998): Ethnic Groups and Boundaries. The Social Organization of Culture Difference (Original London 1969). Long Grove (Illinois): Waveland Press.

Dangschat, Jens S. (1998): Warum ziehen sich Gegensätze nicht an? Zu einer Mehrebenen-Theorie ethnischer und rassistischer Konflikte um den städtischen Raum. In: Heitmeyer, Wilhelm/Dollase, Rainer/Backes, Otto (Hrsg.): Die Krise der Städte. Analysen zu den Folgen der desintegrativen Stadtentwicklung für das ethnisch-kulturelle Zusammenleben. Frankfurt am Main, Suhrkamp, S. 21-96.

Dannebeck, Clemens (2002): Selbst- und Fremdzuschreibungen als Aspekte kultureller Identitätsarbeit. Ein Beitrag zur Dekonstruktion kultureller Identität. Opladen.

Dragidella, Lulzim (2004): Jugend- und Versöhnungsarbeit in Nachkriegsgebieten: Rahovec/Orahovac im Kosovo. In: Seifert, Ruth (Hrsg.): Soziale Arbeit und kriegerische Konflikte. Münster: Lit, S. 172-189.

Eckert, Julia M. (Hrsg.) (2004): Anthropologie der Konflikte. Georg Elwerts konflikttheoretische Thesen in der Diskussion. Bielefeld: Transcript.

Global witness (1998): A Rough Trade. The Role of Companies and Governments in the Angolan Conflict. Internet: https://www.globalwitness.org/sites/default/files/pdfs/A_Rough_Trade.pdf

Haumersen, Petra/Liebe, Frank (1999): Multikulti: Konflikte konstruktiv. Mediation in der interkulturellen Arbeit. Mühlheim an der Ruhr: Verlag an der Ruhr.

Heidelberg Institut for International Conflict Research at the Department of Political Science, University of Heidelberg (2010/2012): Conflictbarometer. Heidelberg. Internet: http://hiik.de/de/konfliktbarometer/pdf/ConflictBarometer_2010.pdf.

Human Rights Watch (1999): „Angola unravels. The rise and fall of the Lusaka peace process". New York. Internet: http://www.hrw.org/reports/pdfs/a/angola/angl998.pdf.

Hutchinson, John/Smith, Anthony (1996): Introduction. In: Dies. (Hrsg.): Ethnicity. Oxford.

Jaspers, Willem. 2005. „Öldiebstahl, Rebellenbewegungen, Korruption - Die Konfliktdynamik im Niger-Delta als Herausforderung für Deeskalation." Friedengutachten. 2005. Münster: Lit Verlag.

Kaldor, Mary (2000): Neue und alte Kriege (New and Old Wars). Organisierte Gewalt im Zeitalter der Globalisierung. Frankfurt am Main: Suhrkamp.

Keškić, Marija (2004): Kriegstraumatisierte Kinder in Bosnien und Kroatien. In: Büttner, Christian/Mehl, Regine/Schlaffer, Peter/Nauck, Mechthild (Hrsg.) (2004): Kinder aus Kriegs- und Krisengebieten. Lebensumstände und Bewältigungsstrategien. Frankfurt/NY: Campus, S. 113-116.

Kurschat, Ruben (2004): „Multikollektive Sozialarbeit" – Möglichkeiten der Sozialen Arbeit in Nachkriegsgebieten. In: Seifert, Ruth (Hrsg.): Soziale Arbeit und kriegerische Konflikte. Münster: Lit, S. 141-154.

Kurtenbach, Sabine (2010): Jugendliche in Nachkriegsgesellschaften – Kontinuität und Wand von Gewalt. In: Imbusch, Peter (Hrsg.): Jugendliche als Täter und Opfer von Gewalt. Wiesbaden: VS, S. 175-212.

Lederach, John Paul (1997): Building Peace: *Sustainable Reconciliation in Divided Societies.* U.S. Institute of Peace.

Lederach, John Paul/Jenner, Janice Moomaw (2002): A Handbook of International Peacebuilding: Into The Eye Of The Storm. NY: Jossey-Bass.

Liebe, Frank (1996): Interkulturelle Mediation – eine schwierige Vermittlung. Eine empirisch-analytische Annäherung zur Bedeutung von kulturellen Unterschieden. Berghof-Report Nr. 21, Berlin: Berghof-Forschungszentrum für konstruktive Konfliktbearbeitung.

Mahdavi, Roxana (1998): Wie man Menschen von Menschen unterscheidet. In: Mahdavi, Roxana/Vandré, Jens (Hrsg.): Wie man Menschen von Menschen unterscheidet. Praktiken der Diskriminierung, Illegalisierung und Kriminalisierung. Hamburg: Lit, S.37-48.

Moltmann, Bernhard (2011): Friedenprozesse: Im Krieg mit dem Frieden beginnen. Das Beispiel Nordirland. In: Meyer, Berthold (Hrsg.): Konfliktregelung und Friedensstrategien. Eine Einführung. Wiesbaden: VS, S.163-184.

Münkler, Herfried (2004): Die neuen Kriege. Reinbek bei Hamburg: Rowohlt.

Raithel, Jürgen (2002): Ethnisch-kulturelle Konfliktpotenziale unter Jugendlichen im (groß)städtischen Raum. Ein Vergleich zwischen deutschen und türkischen Jugendlichen. *Soziale Probleme. Ztschr. f. soziale Probleme und soziale Kontrolle*, 13.Jg., H.1, S. 54-79.

Seifert, Ruth (2004): Kriegerische Konflikte und Soziale Arbeit: Eine Skizzierung der Problemlage. In: Seifert, Ruth (Hrsg.): Soziale Arbeit und kriegerische Konflikte. Münster: Lit, S. 20-49.

Rebmann, Traude (1993): Mediation – Erfahrungen aus der Zusammenarbeit mit Friedensgruppen in Kroatien. In: Kempf, Wilhelm (Hrsg.): Gewaltfreie Konfliktlösungen. Interdisziplinäre Beiträge zu Theorie und Praxis friedlicher Konfliktbearbeitung. München: Asanger, S. 91-96.

Sen, Amartya (2007): Die Identitätsfalle. Warum es keinen Krieg der Kulturen gibt. München: dtv.

Schlee, Günther(2006): Wie Feindbilder entstehen. Eine Theorie religiöser und ethnischer Konflikte. München: Beck.

Stögbauer, Eva Maria/Müller, Henriette-Muriel (2008): Interreligiöse Kompetenz im interkulturellen Dialog. In: Thomas, Alexander (Hrsg.): Psychologie des interkulturellen Dialogs. Göttingen, Vandenhoeck & Ruprecht, S. 68-79.

Voell, Stephane/Khusishvili, Ketevan (Eds.) (2013): Caucasus Conflict Culture. Anthropological Perspectives on Times of Crisis. Marburg: Förderverein für Völkerkunde.

Weine, Stevan M. (1999): When History is a Nightmare. Lives and Memories of Ethnic Cleansing in Bosnia-Herzegowina. Rutgers.

Wettach-Zeitz, Tania (2008): Ethnopolitische Konflikte und interreligiöser Dialog. Stuttgart: Kohlhammer.

IV

Interdisziplinäre Kompetenzorientierung in Sozialer Arbeit und Sozialmanagement in Ausbildung und Praxis

Междисциплинарный подход в развитии социальных компетенций в социальной работе и социальной организации во время обучения и на практике

Zur Frage der sozialen Bewertung der Sozialen Arbeit: Ein interdisziplinärer Ansatz

Raisa B. Kvesko, Valeriy I. Turnaev, Russland, Tomsk

„Die Soziale Bewertung der Sozialen Arbeit" – das ist das Thema einer problemorientierten Forschung, die aus der Anwendung eines interdisziplinären Ansatzes hervorgegangen ist. Zurzeit entsteht in Russland und in den anliegenden Ländern eine Bewegung, die man als soziale Bewertung der Fortschritte der Wissenschaft und der sozialen Tätigkeit bestimmen kann. Am Ende des 20sten und am Beginn des 21sten Jahrhunderts hat sich diese soziale Bewertung auch auf das Gebiet der Geisteswissenschaften und der Politik erweitert.

Soziale Arbeit im wissenschaftlichen und praktischen Kontext wird in der Regel mit den Ideen der Verbesserung der Lebenslage und der Arbeitsbedingungen verbunden. Infolge dessen ist eine Gestaltung und Durchsetzung der Sozialen Arbeit wichtig, die auf das Wohlbefinden und Wohlergehen abzielt. Soziale Arbeit stellt einen unerlässlichen Bestandteil in der Steuerung der sozialen Verhältnisse dar, d.h. im sozialen Management. Soziale Arbeit ist als ein bedeutsames Tätigkeitsgebiet mit den Idealen der Aufklärung verbunden: Freiheitsstreben, Wohlergehen, Barmherzigkeit, Toleranz. Die Qualität der Gestaltung der Sozialen Arbeit als Bestandteil des sozialen Managements ist von den Ergebnissen der Geisteswissenschaft und vom Niveau der sozialen Bildung abhängig.

Die Handlungsweisen und Methoden der Sozialen Arbeit sind im Umfeld der gesellschaftlichen Nutzung entwickelt und integriert, sie modifizieren die Lebens- und Arbeitsbedingungen, die Beziehungen der Menschen und das personenorientierte Umfeld. Die Frage ist, inwieweit die verschiedenen Ansätze im Sozialmanagement den Menschen bzw. die sozialen Gruppen und die Gesellschaft insgesamt beeinflussen können [1]. Die Entwicklung der Handlungsweisen und Methoden der Sozialen Arbeit mit der Bevölkerung und des Sozialmanagements und ihre Anwendung erfordern eine soziale Bewertung der Ergebnisse dieser Tätigkeit. Hinter entsprechenden Handlungsweisen und Methoden verbirgt sich etwas, was zum einen das soziale Engagement infolge der Marktmechanismen unter Druck setzt, zum anderen aber eine nicht steuerbare

Entwicklung der Tätigkeitsmechanismen des Menschen und der Gesellschaft beinhaltet. Was umfasst die soziale Bewertung der Sozialen Arbeit? Was ist ihre Spezifik und soziale Relevanz? Unter diesen Fragen entsteht das Problem der sozialen Projektierung von Techniken und Methoden der Sozialen Arbeit.

Eine effektive Entwicklung der Sozialen Arbeit erfordert eine umfassende und tiefgründige Ausbildung der Fachleute. Deshalb ist die Ausbildung des Fachpersonals in der Sozialen Arbeit im Bachelor-, Master-, Diplomstudium nicht nur unter Anwendung der Methoden, Handlungsorientierungen und Mittel von Geisteswissenschaften, sondern auch von Natur- und Technikwissenschaften möglich. Die Professionellen in der Sozialen Arbeit sollten Kompetenzen aus verschiedenen Wissensbereichen beherrschen: der eigentlichen Sozialen Arbeit, der Medizin (besonders der Sozialmedizin), der Sozialökologie, der Psychologie, der Konfliktologie, der Biologie, der Physik, der Chemie und anderen. Wenn man von diesen Erfordernissen der Zeit ausgeht, dann sollte der Lernprozess der Studierenden der Sozialen Arbeit umfassend und interdisziplinär ausgerichtet sein.

Die Moderne bringt im Blick auf die ethnischen, nationalen und kommunikativen Verhältnisse einen komplizierten Prozess hervor. Es ist daher von besonderer Bedeutung, Konflikthintergründe analysieren zu können, Spannung mindern und Risiken minimieren zu können und Stress- und Widerstandsfähigkeit sowie Toleranz fördern zu können [2]. In dieser Hinsicht spielen in der Sozialen Arbeit Spezialisten eine immer größere Rolle, die mit dem Menschen im Ganzen zu tun haben, mit dem gekränkten Menschen, mit dem Menschen unter Stress, oft auch mit dem intoleranten Menschen. Deshalb können wir hier über die soziale Bewertung der Handlungen von Professionellen in der Sozialen Arbeit reden im Sinne einer Bewertung ihrer soziale Verantwortlichkeit gegenüber dem Menschen, der Gesellschaft und sich selbst. Da die Entwicklung der Gesellschaft von Bedingungen abhängig ist, die für den Einzelnen oft unvorteilhaft und negativ sind, und von der Motivation der Menschen, ist der Professionelle in der Sozialen Arbeit nicht nur ein Helfer in privaten Angelegenheiten, sondern auch jemand, bei dem man sich „ausweinen" kann, ein Berater und ein Rechtsbeistand. Eine sehr wichtige Rolle spielt hier die Bewertung der subjektiven Bedürfnisse des einzelnen Menschen und der Bedürfnisse von sozialen Gruppen und der Gesellschaft.

Infolge der von uns durchgeführten Forschung können wir behaupten, dass die zentralen akademischen Aufgaben im Bereich der Sozialen Arbeit die folgenden sind: personenorientierte und inhaltliche Forschungsintegration auf dem Gebiet der Geistes-, Natur- und auch Technikwissenschaften im Kontext der Bewertung der Folgen hinsichtlich der Auswirkung auf den Menschen; Vervollständigung und Entwicklung von grundlegenden Vorstellungen und Methoden der Bewertung von Ergebnissen und Prozessen; Erforschung der Anpassungs- und Integrationsprobleme der Geistes-, Natur- und Technikwissenschaften; Entwicklung von geisteswissenschaftlichen Ansätzen für die Ausbildung von Professionellen in verschiedenen Schwerpunkten und Fachrichtungen der Sozialen Arbeit im Rahmen des interdisziplinären Ansatzes.

„Soziale Bildung" bezeichnet einen Prozess der Vermittlung von Wissen über den Menschen, seinen Platz und seine Rolle in der Gesellschaft, sein Umfeld, über die Systeme Mensch – Mensch und Mensch – Technik. In diesem Kontext werden die Wert- und Sinnorientierungen eines Menschen in besonderer Weise beachtet und das Verhalten von verschiedenen Schichten und Gruppen. Bei der Durchführung des Bewertungsprozesses der Sozialen Arbeit in der Praxis und im Bildungswesen der modernen Gesellschaft unter den gegebenen Globalisierungsverhältnissen erscheint die Methode der „sozialen Problematisierung" erfolgsversprechend [3]. Die Analyse von sozialen, geisteswissenschaftlichen, naturwissenschaftlichen, technischen und sozialpolitischen Problemlagen ermöglicht die Verwirklichung einer sozialen Gestaltung der Realität und von diskursiven Praktiken, aber auch eine adäquate Bewertung von Ergebnissen der Tätigkeit und Handlungen der Sozialarbeiter [4]. Die Akzeptanz der sozialen Probleme ist selbst sozialer Natur und ist von ihrer gesellschaftlichen Identifikation abhängig.

Das 21ste Jahrhundert ist ein neuer Abschnitt der soziokulturellen gesellschaftlichen Entwicklung, in welchem sich die Vorstellungen über Werte, Verhaltensnormen und Kommunikationsformen verändern. Deshalb ist nicht nur eine informative, sondern auch eine zielgebundene Wissensvermittlung von Bedeutung. Der Ausbildungsprozess der Geisteswissenschaften ist einer der Hauptfaktoren für die Qualifikation der zukünftigen Professionellen. Die Analyse der tatsächlichen Alltagspraxis zeigt, dass die soziokulturelle, soziale, geisteswissenschaftliche und sozialpolitische Professionalisierung der Fachleute in der Sozialen Arbeit nicht ausreichend ist.

Der Aufbau von interdisziplinären Zusammenhängen hat eine integrative Funktion, indem er das Hauptziel verfolgt, die kommunikative Kompetenz in der professionellen Tätigkeit zu fördern. Kommunikative Kompetenzen haben ihre

Grundlage in der Intersubjektivität des Bewusstseins des Menschen, der als Subjekt der Erkenntnis und der Tätigkeit fungiert. Die Aktualisierung der sozialen und persönlichen Kompetenzen sollte die Erarbeitung von zukunftsorientierten Richtlinien für die Integration von sozialen, geisteswissenschaftlichen, technischen, naturwissenschaftlichen, medizinischen Bildungsanteilen im Ausbildungssystem der Sozialen Arbeit fördern.

Literatur:

[1] Вольф Е.М.: Функциональная семантика оценки. 2-е изд., доп. – М.: Эдиториал УРСС, 2002, 280с.
[2] Makienko M.A., Kvesko R.B., Kornienko A.A., Kvesko S.B.: Cognitive competence of personality of the future engineer//IFOST. IEEE. The 8th International Forum on Strategic Technology 2013. Proceedings. Volume II. 28 Juni – 1 Juli 2013. Mongolian University of Science and Technology. – Ulaanbaatar, Mongolia, 2013, p. 692 – 693.
[3] Hare R.M.: Sorting out Ethiks. Oxford: Clarendon Press, 1997 [Электронные ресурсы]. – URL: http://cyberleninka.ru/article/n/sotsialnaya-otsenka-kak-komponent-znacheniya-slova#ixzz3H2pF7zjv
[4] Kvesko R.B., Kvesko S.B., Chasanova V.B., Kvesko S.E. Introduction of the principles of quality management system in educational institution//Australian Journal of Scientific Research, 2014, No.2. (6) (July-December). Volume III. "Adelaide University Press", Adelaide, 2014, p. 852 – 856.

К вопросу о социальной оценке социальной работы: Междисциплинарный подход

Квеско Раиса Б., Турнаев Валерий И., Россия, Томск

Социальная оценка социальной работы – результат проблемно-ориентированного исследования, являющегося итогом использования междисциплинарного подхода. В настоящее время в России и за рубежом развивается направление, которое можно определить как социальную оценку развития науки и социальной деятельности. В конце XX и начале XXI веков произошло расширение социальной оценки на область социальной науки, политики.

Социальная работа в научном и практическом контекстах, как правило, связывается с идеями улучшения жизни и труда. Вследствие этого важным является такая организация и проведение социальной работы, когда бы результатом явился жизненный комфорт, благополучие. Социальная работа представляет собой обязательный компонент в управлении социальными отношениями, то есть в социальном менеджменте. Социальная работа как важнейший вид деятельности связан с идеалами просвещения: стремлением к свободе, благополучию, милосердию, толерантности. Качество организации социальной работы как элемента социального менеджмента зависит от достижений социальной науки и уровня социального образования.

Технологии и методики социальной работы разработаны и внедрены в контексты общественного использования, они видоизменяют условия жизни и труда, взаимоотношения людей, личностно-ориентированную среду . Вопрос заключается в том, насколько различные подходы в социальном менеджменте могут влиять на человека, социальные группы и на социум, в целом [1]. Развитие технологий и методик социальной работы с населением и социального менеджмента и их применение требует социальной оценки результатов данной деятельности. За соответствующими технологиями и методиками скрывается нечто, что оказывает давление на социальную деятельность через рыночные механизмы, предполагает неуправляемое развитие механизмов деятельности человека и общества. Что включает в себя социальная оценка социальной работы? В чём её специфика и социальная значимость? Возникает проблема социального проектирования социальных технологий и методик социальной работы.

Эффективное развитие социальной работы требует широкого и глубокого комплексного образования специалистов. Поэтому обучение специалистов по социальной работе на уровне бакалавриата, магистратуры, специалитета возможно с использованием методов, технологий и средств не только социально-гуманитарных наук, но и естественных и технических. Специалист по социальной работе обязан владеть компетенциями из различных областей знания: собственно социальной работы, медицины (особенно социальной медицины), социальной экологии, психологии, конфликтологии, биологии, физики, химии и т. д. Исходя из этих требований времени образовательный процесс подготовки социальных работников должен носить комплексный и междисциплинарный характер.

Современная эпоха представляет собой сложный по остроте взаимоотношений народов, государств и людей процесс. Поэтому очень важным моментом является необходимость выявлять основы конфликтов, снимать напряженность, минимизировать рискогеннность, формировать стрессоустойчивость и толерантность [2]. В этом плане возрастает роль специалистов по социальной работе, имеющих дело с человеком, человеком обиженным, человеком в стрессовом состоянии, часто человека интолерантного. Поэтому мы можем говорить о социальной оценке действий специалистов по социальной работе, о их социальной ответственности перед людьми, обществом и собой. Поскольку развитие общества зависит от условий, часто неблагоприятных, непозитивных, от воли людей, рискоопасных, специалист по социальной работе – это не просто помощник в домашних делах, но это и «жилетка», и советчик, и адвокат. Очень важным является оценка взаимоувязывания потребностей отдельного человека и потребностей социальных групп и общества.

В результате проведенного исследования можем утверждать, что основными направлениями деятельности в области социальной работы являются: личностно-ориентированная и содержательная интеграция исследований в сфере социально-гуманитарных, естественных и даже технических наук в контексте оценки последствий воздействия на человека; усовершенствование и развитие фундаментальных представлений и методов оценки достижений и деятельности; исследование проблем адаптации и интеграции социально-гуманитарных, естественных и технических наук; разработка социально-гуманитарной технологии в подготовке специалистов различного профиля и направления социальной деятельности в контексте междисциплинарного подхода.

Социальное образование – это процесс передачи знаний о человеке, его места и роли в обществе, о самом обществе, окружающей среде, о системах человек – человек, человек – техника. В данном контексте исключительное внимание уделяется ценностно-смысловому поведению человека, деятельности различных слоев и групп. В реализации процесса оценки социальной работы в ходе практической деятельности и в образовательном пространстве современного общества в условиях глобализации перспективным является метод социальной проблематизации [3]. Анализ социальных, гуманитарных, естественно-научных, технических и социотехнических проблем позволяет осуществить социальное конструирование реальности, дискурсивные практики, произвести адекватную социальную оценку результатов деятельности и действий социальных работников [4]. Признание социальных проблем является социетальным и зависит от их общественной идентификации.

XXI век – это новый этап социо-культурного развития общества, когда меняются. представления о ценностях, нормах поведения и общения. Поэтому очень важна не только информационная, но и целевая подача материала. Процесс обучения социально-гуманитарным дисциплинам является одним из основных факторов профессионального формирования будущего специалиста. Анализ коммуникативных практик свидетельствует о том, что недостаточна социокультурная, социальная, гуманитарная и социотехническая профессионализация специалиста по социальной работе.

Формирование междисциплинарных связей выполняет интегративную функцию, выполняя основную цель, которая заключается в формировании коммуникативной компетенции профессиональной деятельности. Коммуникативные компетенции имеют основания в интерсубъективности сознания человека как субъекта познания и деятельности.

Актуализация социальных и личностных компетенций должна содействовать выработке перспективных направлений интеграции социального, гуманитарного, технического, естественнонаучного, медицинского образования в системе подготовки специалистов по социальной работе.

Список использованной литературы:

[1] Вольф Е.М.: Функциональная семантика оценки. 2-е изд., доп. – М.: Эдиториал УРСС, 2002, 280с.
[2] Makienko M.A., Kvesko R.B., Kornienko A.A., Kvesko S.B.: Cognitive competence of personality of the future engineer//IFOST. IEEE. The 8th International Forum on Strategic Technology 2013. Proceedings. Volume II. 28 Juni – 1 Juli 2013. Mongolian University of Science and Technology. – Ulaanbaatar, Mongolia, 2013, p. 692 – 693.
[3] Hare R. M.: Sorting out Ethiks. Oxford: Clarendon Press, 1997 [Электронные ресурсы]. – URL: http://cyberleninka.ru/article/n/sotsialnaya-otsenka-kak-komponent-znacheniya-slova#ixzz3H2pF7zjv
[4] Kvesko R.B., Kvesko S.B., Chasanova V.B., Kvesko S.E. Introduction of the principles of quality management system in educational institution//Australian Journal of Scientific Research, 2014, No.2. (6) (July-December). Volume III. "Adelaide University Press", Adelaide, 2014, p. 852 – 856.

Der interdisziplinäre Ansatz in der Bildung von kulturellen Schlüsselkompetenzen im Bachelor-Studiengang Soziale Arbeit

Zulfija Yachina, Russland, Kasan

Die Hochschulausbildung in Russland ist derzeit daraufhin ausgerichtet, dass die verbindlichen Bildungsziele durch den Arbeitsmarkt und die Arbeitgeber bestimmt werden, die an einem kompetenten Fachmann interessiert sind. Der Begriff „Kompetenz" wurde in Werken von V.I. Bajdenko, I.A. Zimnjaja, G.V. Muchametzjanova und A.V. Chutorskoj analysiert. Auf der Grundlage ihrer Erörterungen kann man Kompetenz als Besitz oder ein bestehendes persönliches Merkmal (bzw. die Gesamtheit der Merkmale) eines Studenten mit einer minimalen Berufserfahrung [2, 3, 5] verstehen. Der Begriff „Kompetenz" ist integriert und interdisziplinär. Den Grund des Kompetenzmodells in der Ausbildung bildet ein interdisziplinärer Ansatz zum Lernprozess und zur Entwicklung der Kompetenzen.

In der Pädagogikgeschichte wurden zahlreiche Ideen über die Notwendigkeit des interdisziplinären Ansatzes in der Lehre zum Ausdruck gebracht. Eine bedeutende Rolle in der Entwicklung der Theorie des interdisziplinären Ansatzes spielten die Werke von J.A. Comenius, der in seinem Buch „Magna Didactica" unterstrich, dass „sich alles im Zusammenhang befindet, (daher) muss auch in demselben Zusammenhang gelehrt werden". Der interdisziplinäre Ansatz ist dazu aufgerufen, ein einheitliches Weltbild zu schaffen, in dem ein Mensch ein vollkommenes Geschöpf der Natur ist und das Recht hat, alle seine Befähigungen und Möglichkeiten zu entwickeln. In diesem Kontext sind die Ideen von I.H. Pestalozzi aktuell, der die Zusammenhänge von Lehrfächern aufgedeckt hat und ihre Trennung als Gefahr herausstellt.

Damit die Studierenden die notwendigen Kompetenzen ausbilden können, sollten Lernplan und Lernprozess so gestaltet werden, dass alle Richtungen und Arten der Berufstätigkeit im Bachelorstudiengang reflektiert werden. Die entstandene Disziplin (das Fächersystem) der Berufsausbildung spiegelt jedoch leider die Widersprüche zwischen dem isolierten Inhalt der Lernfächer und der Berufskompetenz als integraler Charakteristik der Qualität der Berufsausbildung wider. Dieser Widerspruch kann durch eine pädagogische Integration der Bildungsinhalte, d.h. durch die Verstärkung der interdisziplinären Verbindungen beseitigt werden. Der interdisziplinäre Ansatz in der Berufsausbildung erlaubt nach unserer Ansicht die Kenntnisse und Fertigkeiten, die die Studierenden beim Lernen in unterschiedlichen Disziplinen erhalten, derart zu vereinigen, dass sie diese später in der Berufstätigkeit zu verwenden vermögen.

Jedoch sind, wie die Analyse zeigt, heutzutage die Methoden ungenügend entwickelt, um den interdisziplinären Ansatz im Format der Kompetenzausbildung sowohl auf dem Niveau des Lehrplans als auch auf dem Niveau des Unterrichtens in den Lernprozess in den einzelnen Fächern einzuführen. Unserer Ansicht nach ist es nämlich die Aufdeckung der interdisziplinären Zusammenhänge innerhalb des Lehrplans der Bachelor-Berufsausbildung, die den Grundstein für die komplexe Lösung des Problems der Kompetenzentwicklung legt.

Ein interdisziplinärer Ansatz zur studentischen Ausbildung umfasst die interdisziplinären Zusammenhänge zwischen den unterschiedlichen Disziplinen des Lehrplans in der Bachelorausbildung. Diese interdisziplinären Zusammenhänge können auf mehreren Niveaus betrachtet werden:

1. interdisziplinäre Zusammenhänge als eine Widerspiegelung der interdisziplinären Zusammenhänge im Lernprozess;
2. interdisziplinäre Zusammenhänge als wechselseitige Übereinstimmung der Lernprogramme und Lehrbücher in unterschiedlichen Fächern;
3. interdisziplinäre Zusammenhänge als integrierendes Bindeglied im System der Didaktikprinzipien: Wissenschaftlichkeit, Systematik, Ganzheitlichkeit, Kontinuität, Konsequenz usw.

A.V. Chutorskoj behauptet durchaus berechtigt, dass der Kompetenzansatz nicht das Erlernen der voneinander gesonderten Fächer, sondern deren Beherrschung in komplexen Zusammenhängen voraussetzt [5]. Im Hinblick darauf wird das System der Unterrichtsformen und -methoden im Rahmen des Kompetenzansatzes anders definiert. Es ist sinnvoll, im Lernprozess von Studenten verschiedenartige Lernformen zu verwenden, die den interdisziplinären Zusammenhang sicherstellen: z.B. Master-Klassen, Trainings, Praktika, Plan- und Rollenspiele usw. Eine große Rolle bei der Sicherstellung des interdisziplinären Ansatzes beim Unterrichten von Studenten spielt das Betriebspraktikum, in welchem die Verbindung von theoretischen Kenntnissen und beruflichen Fertigkeiten stattfindet.

Man kann einige Arten von Unterrichtsformen unter der Verwendung der interdisziplinären Zusammenhänge nennen:

1) *Binärer Unterricht* – ein Lernunterricht, der den Inhalt von zwei Lernfächern des Zyklus (oder des Lerngebietes) in einer Vorlesung vereint. Die Besonderheit solch eines Unterrichtes ist es, dass die Problemdarstellung eines Lernfaches ihre Fortsetzung im anderen Lernfach findet. Bei der Durchführung des binäres Unterrichtes wird ein und dasselbe Thema von zwei Lektoren betrachtet.

2) *Integrierter Unterricht* – ein Lernunterricht, in dem das erklärte Problem aus mehreren Ansichtspunkten mittels mehrerer Lernfächer betrachtet wird. Bei der Durchführung des integrierten Unterrichts wird das Lernthema eines Faches mit Aufgaben aus dem anderem Fach ergänzt. Der Unterricht wird von zwei oder sogar mehreren Lektoren durchgeführt.

Die Verwendung des interdisziplinären Ansatzes bei der Ausbildung von Studierenden beansprucht einen erheblichen Zeitaufwand und das Zusammenwirken aller Lektoren. Dennoch hat der interdisziplinäre Ansatz beim Lernprozess der Studierenden sehr große Vorteile:

1) Er ermöglicht die Verwendung von modernen pädagogischen und informationstechnologischen Methoden.

2) Er bietet die Möglichkeit zur Integration von theoretischen Kenntnissen und praktischen Fertigkeiten, die für die zukünftige Berufstätigkeit notwendig sind.

Erlauben Sie mir, die Möglichkeiten des interdisziplinären Ansatzes bei der Bildung von kulturellen Schlüsselkompetenzen beim Bachelor Soziale Arbeit detaillierter zu betrachten. Der interdisziplinäre Ansatz ist bekanntlich ein Eckstein, eine Plattform des Bologna Prozesses. Er ist in der Mehrheit der europäischen Länder auf dem Niveau von nationalen Bildungsstandards realisiert. Von einer relativ lokalen pädagogischen Theorie verwandelt sich allmählich dieser Ansatz in ein gesellschaftlich bedeutendes Phänomen. Die Politik des Kompetenzansatzes in der Ausbildung wird nicht nur auf der staatlichen Ebene, sondern auch durch die einflussreichen internationalen Organisationen und Verbünde vorangetrieben, einschließlich der EU.

Der Übergang des russischen Hochschulbildungssystems auf das zweistufige Modell der Berufsausbildung erfolgte mit der Einführung der neuen Reihe von Landesbildungsstandards der dritten Generation. In den neuen Standards werden die Kompetenzen als Ergebnis der Berufsausbildung identifiziert. Der Landesbildungsstandard hinsichtlich der Ausbildung „Soziale Arbeit" bestimmt zwei Arten von Kompetenzen eines Sozialarbeiters: kulturelle Kompetenzen und fachliche [4]. Die kulturellen Schlüsselkompetenzen sind grundlegend, universell und sie bilden die Basis für fachmännische und fachorientierte Kompetenzen. Sie treten als ein Werkzeug zur Erhöhung der Wettbewerbsfähigkeit eines zukünftigen Absolventen auf dem Arbeitsmarkt auf. Charakteristische Merkmale der kulturellen Schlüsselkompetenzen sind Interdisziplinarität, Universalität, Fundamentalität, Anwendbarkeit in unterschiedlichen Lebens- und Berufssituationen.

S.N. Begidova, T.N. Poddubnaja und O.V. Agoschkova versuchten die kulturellen Schlüsselkompetenzen der Sozialarbeiter bezüglich ihrer Zielorientierung zu klassifizieren. Von ihnen wurden sechs Gruppen von kulturellen Schlüsselkompetenzen bestimmt: weltanschauliche, sozial-personelle, gnostische, informationskommunikative, Kompetenzen der Professionalität und Kompetenzen der Selbstfortbildung [1].

Die *kulturellen Schlüsselkompetenzen* im Bachelor Soziale Arbeit betrachten wir als Kompetenzen, die auf der Kenntnis und dem Verständnis beruhen von:

- nationaler Kultur und Menschheitskultur;
- geistig-sittlichen Grundlagen des Menschenlebens und der Menschheit wie auch der einzelnen Völker;
- kulturologischen Grundlagen der familiären, sozialen und gesellschaftlichen Phänomene und Traditionen;
- Kompetenzen im haushälterischen und kultur-freizeitlichen Bereich.

Die kulturellen Schlüsselkompetenzen sind auf die Bildung von persönlichen Merkmalen eines zukünftigen Sozialarbeiters wie Initiative, Zusammenarbeit, Teamfähigkeit, kommunikative Fähigkeiten, Fähigkeiten zum Lernen, Abschätzen, logisch Denken, Auswählen und Verwenden von Informationen ausgerichtet. Die kulturellen Schlüsselkompetenzen kann man als Streben und als Bereitschaft des zukünftigen Sozialarbeiters bezeichnen, persönliche Merkmale für eine erfolgreiche Tätigkeit in einem bestimmten Gebiet zur Anwendung zu bringen.

In der sich wandelnden sozialen Welt ist die Professionalität eines Sozialarbeiters durch das Vorhanden einer Motivation zur Ausführung der Berufspflichten, der geistig-sittlichen Merkmale, der Neigung zur Arbeit mit Menschen, des beruflichen und fachlichen Könnens und Wissens usw. gekennzeichnet.

Es ist unmöglich, die kulturellen Schlüsselkompetenzen mittels eines Lernfaches zu bilden; deswegen ist es notwendig, sinnvolle und logische Zusammenhänge zwischen den Disziplinen des Curriculums zu etablieren. Das moderne Niveau des hochschulischen Unterrichtens sollte durch Methoden der interdisziplinären Übermittlung des Lernstoffes bereichert werden, die das interdisziplinäre Denken hervorbringen.

Die Entwicklung der kulturellen Schlüsselkompetenzen der zukünftigen Sozialarbeiter tritt in das Studium der sozial- und geisteswissenschaftlichen Disziplinen und Fachbereiche ein. Die Soziale Arbeit gehört zum Berufstyp „Von Person zu Person". Folglich sind für einen zukünftigen Fachmann Kenntnisse aus dem Bereich der Psychologie unabdingbar. Die Analyse der Professionalitätskomponenten eines Sozialarbeiters und des Bereiches seiner professionellen Anstrengungen bestätigt, dass im beruflichen Ausbildungsprozess im Bachelor Soziale Arbeit der psychologischen Ausbildung eine bedeutende Rolle zukommen muss. Als Beispiel des interdisziplinären Ansatzes bei der Entwicklung der kulturellen Schlüsselkompetenzen der zukünftigen Sozialarbeiter wollen wir das Unterrichten in Disziplinen mit psychologischen Inhalten aufführen. Der Lernplan des Bachelor Soziale Arbeit sieht psychologische Fächer und Fächer mit psychologischen Inhalten vor wie „Psychologie", „Soziale Psychologie", „Psychologie der Sozialen Arbeit", „Konfliktologie in der Sozialen Arbeit", „Genderologie und Feminologie", „Tätigkeit der Sozialarbeiter in Ausnahmesituation", „Familienwissenschaft", „Soziale Therapie", „Sozial-psychologische Rehabilitation der in eine schwierige Lebenssituation geratenen Bürger", „Interkulturelle Kommunikation", „Soziale Psychologie der Abhängigkeit", „Training der beruflichen Kommunikation", „Training der Berufsidentifikation". Alle diesen Disziplinen fördern nicht nur die beruflichen, sondern auch die kulturellen Schlüsselkompetenzen bei den zukünftigen Sozialarbeitern.

Basierend auf der Analyse der Verteilungsmatrix der kulturellen Schlüsselkompetenzen in den psychologischen Themen des Lernplanes der Ausbildung zum Bachelor Soziale Arbeit können wir die folgenden „übergreifenden" Kompetenzen (laut der Klassifizierung von S.N. Begidova, T.N. Poddubnaja, O.V. Agoschkova) unterscheiden:

weltanschauliche: die Fähigkeit, bei beruflichen und gesellschaftlichen Aktivitäten eine moderne Mischung von Innovativem und Traditionellem, von sozial Historischem und alltäglich Pragmatischem, von Soziogenetischem und aktuell

Vernetztem, von Technologischem und Phänomenologischem nachvollziehen und verwenden zu können (OK-18);

sozial-personelle: die Fähigkeit, die soziale Bedeutung seines zukünftigen Berufes zu erkennen und eine hohe Motivation zur Ausführung der Berufstätigkeit zu haben (OK-8);

gnostische: die Fähigkeit zu einer eigenen Denkkultur, die Fähigkeit zur Synthese und Analyse und zur differenzierten Beobachtung und die Fähigkeit, sich Ziele zu setzen und Lösungswege zu wählen (OK-1);

informations-kommunikative: die Fähigkeit, die mündliche und schriftliche Sprache logisch schlüssig und argumentativ klar zu strukturieren (OK-2), den Kern und die Bedeutung der Information in der Entwicklung der modernen Informationsgesellschaft zu verstehen, Gefahren und Bedrohungen zu erkennen, die in diesem Prozess entstehen, und die Hauptanforderungen der Informationssicherheit einzuhalten, incl. des Staatsgeheimnisschutzes (OK-11);

Kompetenzen der Professionalität: die Bereitschaft zur Zusammenarbeit mit Kollegen, zur Teamarbeit (OK-3); die Fähigkeit zur Entwicklung von organisatorisch-verwalterischen Lösungen in Ausnahmesituationen und die Bereitschaft, dafür die Verantwortung zu übernehmen (OK-4); die Fähigkeit, die grundlegenden Konzepte und Methoden der Sozial-, Human- und Wirtschaftswissenschaften bei der Lösung von sozialen und beruflichen Aufgaben anzuwenden (OK-9); die Fähigkeit, die Besonderheiten der ethnokulturellen Entwicklung des eigenen Landes zu nutzen, um sozial gestalterische und sozial-technologische Praktiken der psychosozialen, strukturell und komplex orientierten Sozialen Arbeit hervorzubringen und effektiv zu nutzen (OK-19);

Kompetenzen der Selbstfortbildung: das Streben nach personaler Weiterentwicklung, nach Weiterbildung und Steigerung des eigenen Könnens (OK-6); die Fähigkeit, eigene Stärken und Schwächen kritisch zu beurteilen, die eigene Fortentwicklung anzugehen und Mittel zur Entwicklung der Stärken und zur Beseitigung der Schwächen finden zu können (OK-7); die Bereitschaft zur effektiven Anwendung der psychologisch-pädagogischen Kenntnisse zur Lösung der Aufgaben der gesellschaftlichen, national-staatlichen und persönlichen Entwicklung und der Probleme des sozialen Wohlergehens (OK-20).

Eine zentrale Position unter allen psychologischen Disziplinen in der Struktur der Ausbildung im Bachelor Soziale Arbeit belegt der Kurs „Psychologie". Bei der Projektierung von Arbeitsprogrammen in der Disziplin „Psychologie" gingen wir davon aus, dass die Position der Disziplin „Psychologie" im Grundbildungsprogramm hinsichtlich der Ausbildung im Bachelor Soziale Arbeit definiert werden müsste, ebenso wie eine Liste der Kompetenzen, die beim Erlernen dieser Disziplin erworben werden, somit die interdisziplinären Zusammenhänge festgelegt werden müssten. Im Studium der Disziplin „Psychologie" lernen Bachelorstudierende als zukünftige Sozialarbeiter folgende Themen der Reihe nach kennen: „Tätigkeitspsychologie", Persönlichkeitspsychologie", „Kognitive Psychologie", „Fähigkeiten", „Temperament", „Charakter", „Emotions- und Willenspsychologie", „Psychologie des Kinder- und Jugendlichenalters", „Psychologie der Reife", „Alterungs- und Alterspsychologie". In Seminaren besprechen die Studierenden die Probleme der Psychologie von Groß- und Kleingruppen und von zwischenmenschlichen Beziehungen, beherrschen auch die psychodiagnostischen Methoden der Messung der kommunikativen Fähigkeiten der Persönlichkeit und die Verwendungsmöglichkeiten der soziometrischen Methode in der Sozialarbeit. Unverzichtbarer Bestandteil des Arbeitsprogramms ist die Bewertung des Niveaus der Kompetenzbildung bei den Studierenden nach den Ergebnissen des fachlichen Studiums.

Das konsequente Studium der Inhalte des Lernfaches „Psychologie" im Bachelor Soziale Arbeit ist nicht nur auf die Herausbildung der entscheidenden kulturellen und beruflichen Kompetenzen von Sozialarbeitern, sondern auch auf die Entwicklung der Fertigkeit, die wissenschaftlichen Texte in der Psychologie verstehen zu können, auf die Entwicklung des kritischen Denkens, auf die Entwicklung von Initiative und Kreativität und auf die Förderung der Präsentationsfähigkeit und Verteidigung der eigenen Auffassung ausgerichtet. Die im Kurs „Psychologie" erworbenen Kenntnisse sind eine Basis für das weitere Studium aller psychologischen Disziplinen und für den Aufbau der interdisziplinären Zusammenhänge zwischen den humanitären und professionellen Fächern des Lehrplanes in der Ausbildungsrichtung „Soziale Arbeit".

Es ist anzumerken, dass die Herausbildung der kulturellen Schlüsselkompetenzen beim Bachelor der zukünftigen Sozialarbeiter sicherlich nicht auf die Fächer des psychologischen Blocks beschränkt ist. Die Analyse der Kompetenzmatrix im Lehrplan zeigt, dass die kulturellen Schlüsselkompetenzen in jedes Fach des Lehrplanes „implantiert" sind. Entsprechend stellt sich das Problem der Projektierung des Lernprozesses dar, welcher auf die Entwicklung der kulturellen Schlüsselkompetenzen bei den Sozialarbeitern ausgerichtet ist. Aktuell stellt sich das Problem der methodischen Bereitschaft der Lektoren zur Projektierung von

Lerndisziplinen im Kompetenzformat. Es geht um die Bildung von interdisziplinären Lernmodulen innerhalb des Lehrplans, um die Bestimmung der kulturologischen Komponente in der Bewahrung der Modulfächer, um die Erarbeitung einer Ausbildungstechnologie für kulturelle Schlüsselkompetenzen bei den Studierenden. Nicht weniger wichtig ist die Frage der Bewertung der kulturellen Schlüsselkompetenzen bei den Studierenden nach dem Studium hinsichtlich der Prüfungsformen für die Disziplin.

Dies zeigt an, dass die Herausbildung der kulturellen Schlüsselkompetenzen bei den Studierenden eine komplizierte und mühsame Arbeit ist, die die vereinten Bemühungen von Entwicklern des Grundbildungsprogramms, von den Lernprozess sicherstellenden Lektoren und schließlich von den Arbeitgebern als unseren sozialen Partnern voraussetzt.

Literatur:
1. Бегидова С.Н., Поддубная Т.Н., Агошкова О.В. Классификация общекультурных компетенций бакалавра по направлению подготовки 040400.62 «Социальная работа» как основа реализации компетентностного подхода в образовании//Вестник Адыгейского государственного университета: Серия 3: Педагогика и психология. Выпуск № 2/2011. -http://cyberleninka.ru/
2. Зимняя И.А. Педагогическая психология: учебник для вузов. - М.: Логос, 2003.
3. Мухаметзянова Г.В., Мухаметзянова Ф.Ш. Подготовка специалиста социальной сферы: региональный аспект. – Казань: Изд-во Казанского государственного университета, 2004.
4. Федеральный государственный образовательный стандарт высшего профессионального образования по направлению подготовки 040400 Социальная работа (Квалификация (Степень) "Бакалавр") (в ред. Приказа Минобрнауки РФ от 31.05.2011 №1975)
5. Хуторской А.В. Технология проектирования ключевых и предметных компетенций // Эйдос: Интернет-журнал. - 2005. - 12дек. URL: http://www.eidos.ru.

Междисциплинарный подход к формированию общекультурных компетенций у бакалавров социальной работы

Яхина Зульфия Ш., Россия, Казань

Высшая профессиональная школа России в настоящее время ориентирована на то, чтобы конечная цель образования определялась рынком труда и работодателями, заинтересованными в компетентном специалисте. Анализу содержания понятия «компетентность» посвящены работы В.И.Байденко, И.А.Зимней, Г.В.Мухаметзяновой, А.В.Хуторского и др. Основываясь на их исследованиях, компетентность можно рассматривать как владение, состоявшееся качество личности (совокупность качеств) студента и минимальный опыт деятельности в профессиональной сфере [2, 3, 5]. Понятие «компетентность» является интегрированным и междисциплинарным. В основе компетентностной модели подготовки студента в вузе лежит междисциплинарный подход к процессу обучения и формирования компетенций.

В истории педагогики были высказаны идеи о необходимости междисциплинарного подхода в обучении. Значительную роль в развитии теории междисциплинарного подхода сыграли труды Я.А. Коменского, который в книге «Великая дидактика» подчеркивал, что «все находится во взаимной связи, должно преподаваться в такой же связи». Междисциплинарный подход призван создать целостную картину мира, в которой человек – это совершенное творение природы и имеет право на развитие всех своих способностей и возможностей. В этом контексте актуальны идеи И.Г. Песталоцци, который раскрывает взаимосвязь учебных предметов и подчеркивает опасность их разрыва.

Для того, чтобы сформировать у студентов необходимые компетенции, учебный план и образовательный процесс должны быть построены таким образом, чтобы отражать все направления и виды профессиональной деятельности бакалавра. К сожалению, сложившаяся дисциплинарная (предметная) система профессионального обучения отражает противоречия между изолированным содержанием учебных предметов и профессиональной компетентностью как интегральной характеристикой качества профессионального обучения. Данное противоречие может быть устранено за счет педагогической интеграции содержания образования, усиления в учебном процессе междисциплинарных связей. Междисциплинарный подход в профессиональном образовании, на наш взгляд, позволит объединить знания и навыки, получаемые студентами при изучении различных дисциплин, для их дальнейшего применения в профессиональной деятельности.

Однако, как показывает анализ, на сегодняшний день недостаточно разработаны способы внедрения междисциплинарного подхода в учебный процесс в формате компетентностного обучения как на уровне учебного плана, так и на уровне преподавания отдельных дисциплин. На наш взгляд, именно выявление междисциплинарных связей внутри учебного плана профессиональной подготовки бакалавров и закладывает фундамент для комплексного решения проблемы формирования компетенций.

В основе междисциплинарного подхода в обучении студентов лежат межпредметные связи между различными дисциплинами учебного плана подготовки бакалавров. Межпредметные связи могут рассматриваться на нескольких уровнях:

1. межпредметные связи как отражение межнаучных связей в учебном процессе;
2. межпредметные связи как взаимная согласованность учебных программ и учебников по разным предметам;
3. межпредметные связи как интегрирующее звено в системе дидактических принципов: научности, систематичности, целостности, преемственности, последовательности и т.д.

А.В. Хуторской вполне правомерно утверждает, что компетентностный подход предполагает не усвоение отдельных друг от друга знаний и умений, а овладение ими в комплексе [5]. В связи с этим, по-иному определяется система форм и методов обучения в рамках компетентностного подхода. В процессе обучения студентов целесообразно использовать разнообразные формы организации обучения, обеспечивающие межпредметную связь: например, мастер-классы, тренинги, практикумы, деловые и ролевые игры и т.д. Большую роль в обеспечении междисциплинарного подхода к обучению студентов занимает производственная практика, в ходе которой происходит соединение теоретических знаний и профессиональных умений.

Можно назвать несколько видов занятий с использованием межпредметных связей:

1) *бинарное занятие* – учебное занятие, объединяющее содержание двух учебных дисциплин цикла (или образовательной области) в одной лекции. Особенностью такого занятия является то, что изложение проблемы одной учебной дисциплины находит продолжение в другой учебной дисциплине. При проведении бинарного занятия одна и та же тема рассматривается двумя преподавателями.

2) *интегрированное занятие* – учебное занятие, на котором заявленная проблема рассматривается с различных точек зрения, средствами нескольких учебных дисциплин. При проведении интегрированного занятия учебная тема по одной дисциплине дополняется знаниями из другой дисциплины. Ведут его два или даже несколько преподавателей.

Использование междисциплинарного подхода в обучении студентов требует значительного количества времени и взаимодействия всех преподавателей. Тем не менее, междисциплинарный подход в процессе обучения студентов дает очень большие преимущества:

1) позволяет использовать современные педагогические и информационные технологии;

2) создает возможности для интеграции теоретических знаний и практических умений, необходимых в будущей профессиональной деятельности.

Позвольте более подробно рассмотреть возможности междисциплинарного подхода в формировании общекультурных компетенций у бакалавров социальной работы. Известно, что компетентностный подход – краеугольный камень, платформа Болонского процесса. Он реализован в большинстве европейских стран на уровне национальных образовательных стандартов. Из относительно локальной педагогической теории данный подход постепенно превращается в общественно значимое явление. Политика компетентностного подхода в образовании проводится не только на государственном уровне, но и влиятельными международными организациями и объединениями, включая, в частности, Европейский союз.

Переход российской системы высшего образования на двухуровневую модель профессиональной подготовки связан с внедрением нового поколения

Федеральных государственных образовательных стандартов третьего поколения. В новых стандартах закреплены компетенции как результат профессионального образования. Федеральный государственный образовательный стандарт по направлению подготовки «Социальная работа» выделяет два вида компетенций социального работника: общекультурные и профессиональные [4]. Общекультурные компетенции являются базовыми, универсальными, и являются основанием для профессиональных и предметно-ориентированных компетенций. Они выступают инструментом для повышения конкурентоспособности будущего выпускника на рынке труда. Характерными признаками общекультурных компетенций становятся междисциплинарность, универсальность, фундаментальность, применимость в разных жизненных и профессиональных ситуациях.

Бегидова С.Н., Поддубная Т.Н., Агошкова О.В. предприняли попытку классификации общекультурных компетенций социальных работников по их целевой направленности. Ими выделено шесть групп общекультурных компетенций: мировоззренческие, социально-личностные, гностические, информационно-коммуникативные, профессионально-трудовые, компетенции самосовершенствования [1].

Общекультурные компетенции бакалавра социальной работы мы рассматриваем как компетенции, заключающиеся в знании и понимании:

- национальной и общечеловеческой культуры;
- духовно-нравственных основ жизни человека и человечества, отдельных народов;
- культурологических основ семейных, социальных, общественных явлений и традиций;
- компетенции в бытовой и культурно - досуговой сфере.

Общекультурные компетенции направлены на формирование таких личностных качеств будущего социального работника, как инициатива, сотрудничество, способность к работе в группе, коммуникативные способности, умение учиться, оценивать, логически мыслить, отбирать и использовать информацию. Общекультурные компетенции можно определить как стремление и готовность будущего социального работника применять личные качества для успешной деятельности в определенной области.

В меняющемся социальном мире профессионализм социального работника характеризуется наличием у него: мотивации к выполнению профессиональных обязанностей; духовно-нравственных качеств, склонности к работе с людьми, профессионального мастерства; профессиональных знаний и профессиональных умений и т.д.

Невозможно сформировать общекультурные компетенции посредством одного учебного предмета, поэтому необходимо установить содержательные и логические связи между дисциплинами учебного плана. Современный уровень преподавания в вузе должен быть насыщен приемами междисциплинарной подачи учебного материала, формирующими междисциплинарное мышление.

Формирование общекультурных компетенций будущих социальных работников происходит в процессе изучения дисциплин социально-гуманитарного и профессионального циклов. Социальная работа принадлежит к типу профессий «человек-человек». Следовательно, будущему профессионалу необходимы знания из области психологии. Анализ компонентов профессионализма социального работника, а также сферы приложения его профессиональных усилий свидетельствует о том, что в процессе профессиональной подготовки бакалавров по социальной работе значительное место должна занимать психологическая подготовка. В качестве примера междисциплинарного подхода в формировании общекультурных компетенций у будущих социальных работников мы хотим привести преподавание дисциплин с психологическим содержанием. Учебным планом подготовки бакалавров по социальной работе предусмотрено изучение таких психологических дисциплин и дисциплин с психологическим содержанием, как: «Психология», «Социальная психология», «Психология социальной работы», «Конфликтология в социальной работе», «Гендерология и феминология», «Деятельность социальных работников в чрезвычайных ситуациях», «Семьеведение», «Социальная терапия», «Социально-психологическая реабилитация граждан, попавших в трудную жизненную ситуацию», «Межкультурные коммуникации», «Социальная психология аддикций», «Тренинг профессиональных коммуникаций», «Тренинг профессиональной идентификации». Все эти дисциплины формируют не только профессиональные, но и общекультурные компетенции у будущих социальных работников.

На основе анализа матрицы распределения общекультурных компетенций по психологическим дисциплинам учебного плана подготовки бакалавров социальной работы, мы можем выделить «сквозные», ключевые компетенции (в соответствии с классификацией С.Н.Бегидовой, Т.Н.Поддубной, О.В.Агошковой):

мировоззренческие:

- владеть способностью понимать и использовать в профессиональной и общественной деятельности современное сочетание инновационного и традиционного, социально-исторического и повседневно-прагматического, социогенетического и актуально-сетевого, технологического и феноменологического (ОК-18);

социально-личностные:

- осознавать социальную значимость своей будущей профессии, обладает высокой мотивацией к выполнению профессиональной деятельности (ОК-8);

гностические:

- владеть культурой мышления, способностью к обобщению, анализу, восприятию информации, постановке цели и выбору путей ее достижения (ОК-1);

информационно-коммуникативные:

- уметь логически верно, аргументировано и ясно строить устную и письменную речь (ОК-2);
- понимать сущность и значение информации в развитии современного информационного общества, сознает опасности и угрозы, возникающие в этом процессе, соблюдать основные требования информационной безопасности, в том числе защиты государственной тайны (ОК-11);

профессионально-трудовые:

- быть готовым к сотрудничеству с коллегами, работе в коллективе (ОК-3);
- быть способным находить организационно-управленческие решения в нестандартных ситуациях и готов нести за них ответственность (ОК-4);
- использовать основные положения и методы социальных, гуманитарных и экономических наук при решении социальных и профессиональных задач (ОК-9);
- быть способным использовать специфику этнокультурного развития

своей страны для формирования и эффективного использования социоинженерных и социально-технологических практик обеспечения психосоциальной, структурной и комплексно ориентированной социальной работы (ОК-19);

компетенции самосовершенствования.

- стремиться к саморазвитию, повышению квалификации и мастерства (ОК-6);
- уметь критически оценивать свои достоинства и недостатки, намечать пути и выбирать средства развития достоинств и устранения недостатков (ОК-7);
- быть готовым к эффективному применению психолого-педагогических знаний для решения задач общественного, национально-государственного и личностного развития, проблем социального благополучия (ОК-20).

Базовое место среди всех психологических дисциплин в структуре подготовки бакалавров социальной работы занимает курс «Психология». При проектировании рабочей программы по дисциплине «Психология» мы исходили из того, что нужно определить место дисциплины «Психология» в Основной образовательной программе по направлению подготовки «Социальная работа», а также перечень компетенций, формируемых в результате изучения данной дисциплины, т.е. установить междисциплинарные связи. При изучении дисциплины «Психология» бакалавры – будущие социальные работники последовательно знакомятся с такими темами, как «Психология деятельности», «Психология личности», «Познавательная сфера личности», «Способности», «Темперамент», «Характер», «Эмоционально-волевая сфера человека», «Психология подросткового и юношеского возраста», «Психология зрелости», «Период старения и старости». На семинарских занятиях студенты обсуждают проблемы психологии больших и малых групп, межличностных отношений, а также овладевают психодиагностическими методами измерения коммуникативных способностей личности, методиками диагностики социально-психологических качеств личности, а также возможностями использования социометрического метода в социальной работе. Обязательной составляющей рабочей программы является оценивание уровня сформированности компетенций студентов по результатам изучения дисциплины.

Последовательное изучение бакалаврами социальной работы учебной дисциплины «Психология» направлено не только на формирование ключевых общекультурных и профессиональных компетенций социального работника, но и на формирование навыка восприятия научных текстов по психологии, развитие критичности мышления; развитие инициативы и творческих способностей; формирование у студентов навыка публичных выступлений, отстаивания своей точки зрения. Знания, полученные в ходе изучения курса «Психология», являются базой для дальнейшего изучения всех психологических дисциплин и выстраивания междисциплинарных связей между предметами гуманитарного и профессионального циклов учебного плана по направлению подготовки «Социальная работа».

Следует отметить, что формирование общекультурных компетенций у бакалавров - будущих социальных работников, конечно, не ограничивается только предметами психологического блока. Анализ матрицы компетенций учебного плана показывает, что общекультурные компетенции «заложены» в каждой дисциплине учебного плана. Соответственно, встает проблема проектирования учебного процесса, направленного на формирование общекультурных компетенций у студентов-социальных работников. Актуальной является проблема методической готовности преподавателей к проектированию учебных дисциплин в компетентностном формате. Она предполагает формирование междисциплинарных учебных модулей внутри учебного плана, определение культурологического компонента в содержании дисциплин модуля, разработку технологии формирования общекультурных компетенций у студентов. Не менее важным является вопрос диагностики общекультурных компетенций студентов по результатам обучения в форме фонда оценочных средств по дисциплине.

Это свидетельствует о том, что формирование общекультурных компетенций у студентов – сложная и кропотливая работа, требующая объединения усилий и разработчиков Основной образовательной программы, и преподавателей, обеспечивающих учебный процесс, и конечно, работодателей как социальных партнеров.

Список использованной литературы:

6. Бегидова С.Н., Поддубная Т.Н., Агошкова О.В. Классификация общекультурных компетенций бакалавра по направлению подготовки 040400.62 «Социальная работа» как основа реализации компетентностного подхода в образовании//Вестник Адыгейского государственного университета: Серия 3: Педагогика и психология. Выпуск № 2/2011. -http://cyberleninka.ru/
7. Зимняя И.А. Педагогическая психология: учебник для вузов. - М.: Логос, 2003.
8. Мухаметзянова Г.В., Мухаметзянова Ф.Ш. Подготовка специалиста социальной сферы: региональный аспект. – Казань: Изд-во Казанского государственного университета, 2004.
9. Федеральный государственный образовательный стандарт высшего профессионального образования по направлению подготовки 040400 Социальная работа (Квалификация (Степень) "Бакалавр") (в ред. Приказа Минобрнауки РФ от 31.05.2011 №1975)
10. Хуторской А.В. Технология проектирования ключевых и предметных компетенций // Эйдос: Интернет-журнал. - 2005. - 12дек. URL: http://www.eidos.ru.

Entwicklung von beruflichen Kompetenzen für Studenten im Studiengang "Soziale Arbeit" an der Polytechnischen Universität Tomsk

Vera N. Fadeeva, Marina A. Makienko, Russland, Tomsk

„Sozialstaatichkeit" ist eine der Eigenschaften eines modernen zivilisierten Staates, neben dem „Rechts-" und „Demokratiestaat". Der Begriff „Sozialstaat" wurde im 19ten Jahrhundert vom deutschen Juristen Lorenz von Stein (1815-1890) eingeführt. Er ging davon aus, dass es die Idee des Staates sein müsse, Gleichheit und Freiheit wiederherzustellen und die untersten elenden Klassen bis zum Niveau der Reichen und Starken hinaufzuheben, denn der Staat soll: „den Fortschritt aller seinen Mitglieder herbeiführen, weil die Entwicklung jedes Einzelnen die Bedingung und Folge der Entwicklung eines Anderen darstellt, und in diesem Sinne wir von der Gesellschaft oder dem Sozialstaat sprechen".

Nach dem Zweiten Weltkrieg ist das Sozialprinzip zum Verfassungsgrundsatz vieler Staaten geworden, wozu eine Reihe von Faktoren beigetragen hat: die Kriege des XX. Jahrhunderts und deren Folgen, der Realsozialismus, das Recht auf Arbeit für alle, die sozialen Rechte von Frauen und Kindern, das Recht auf kostenlose Bildung und medizinische Versorgung, das Recht auf Unterkunft; die Regierung von sozialdemokratischen Parteien in Schweden, Norwegen, Dänemark, Großbritannien, BRD und anderen Ländern; die wissenschaftlich-technische Revolution (WTR) und ihr Einfluss, der die Zahl der Sozialrisiken erhöhte (produktions-, öffentliche, physische, Migrations-, ökologische Risiken).

Erstmals wurde der Sozialstaat als Verfassungsprinzip im Artikel 20 des Grundgesetzes der BRD (1949) verankert, durch den Deutschland zum demokratischen und sozialen Bundesstaat erklärt wurde. Laut Artikel 2 des Grundgesetzes der Fünften Republik vom Jahr 1958 „ist Frankreich eine unteilbare weltliche und soziale Republik". Der Artikel 2 des Grundgesetztes Italiens (1948) lautet: Die Republik erkennt an und garantiert die unveräußerlichen Menschenrechte – sowohl für die Einzelperson als auch für die Sozialgebilde". Spanien erklärte sich in 1978 zum Rechts-, Demokratie- und Sozialstaat. Japan erklärt im Grundgesetz aus dem Jahre 1947, Artikel 25: „In allen Lebensbereichen soll sich der

Staat um die Steigerung und weitere Entwicklung der Sozialfürsorge und der sozialen Sicherheit bemühen".

Das zweite Kapitel des heutigen Grundgesetzes Russlands lautet: "Der Mensch, seine Rechte und seine Freiheiten sind das höchste Gut. Die Anerkennung, die Einhaltung und der Schutz der Rechte und Freiheiten des Menschen und Staatsbürgers ist die Pflicht des Staates." Der Artikel 7 erklärt: Die Russische Föderation ist ein Sozialstaat, dessen Politik auf die Schaffung jener Bedingungen gerichtet ist, die ein würdiges Leben und eine freie Entwicklung des Menschen gewährleisten. In der Russischen Föderation werden die Arbeit und die Gesundheit der Menschen geschützt, ein garantierter Mindestlohn ist festgesetzt und es existiert eine staatliche Hilfe für Familien, für Mutterschaft, Vaterschaft und Kindheit, eine staatliche Hilfe für Behinderte und ältere Menschen, und es wurde ein System der sozialen Dienste entwickelt, durch welches die staatliche Rente, diverse Hilfeleistungen und Garantien der Sozialfürsorge etabliert wurden (Grundgesetz der RF).

Für die Realisierung der Sozialpolitik sind Fachkräfte mit einer profilierten Ausbildung notwendig. Die Entstehung des Berufes des Sozialarbeiters datiert in den 90er Jahren des letzten Jahrhunderts. Die Berufe „Sozialarbeiter", „Sozialpädagoge" und „Fachkraft für soziale Arbeit" sind in russischen Staatsdokumenten vom März/April 1991 offiziell registriert. An der Polytechnischen Universität Tomsk wurde das Ausbildungskonzept mit der Nummer 040100 und mit ihm der Fachbereich „Soziale Arbeit" 1997 eingeführt. Das Fach „Soziale Arbeit" wird als Haupt-, Fern- und Abendstudium angeboten. In der letzten Zeit wurde das zweistufige Bildungssystem (Bachelor und Master) an der Universität eingeführt, das Fach „Soziale Arbeit" wird auf Bachelor-Niveau angeboten.

Um ein qualitativ hohes Niveau der Fachausbildung zu gewährleisten, gibt es die staatlichen Bildungsstandards, die die Realisierung des Kompetenzansatzes voraussetzen. Der Standard OOP der TPU (Technischen Universität Tomsk) definiert Kompetenz als Bereitschaft, d.h. als das Vorhandensein von Motivation und persönlichen Eigenschaften, die es erlauben, die notwendigen Fähigkeiten für eine erfolgreiche Berufstätigkeit zu zeigen. Diese Fähigkeiten schließen bestimmte Kenntnisse, Fertigkeiten und Erfahrung ein.[1]

Die Basiskompetenzen werden in gesamtkulturelle und fachliche unterteilt. Im Rahmen einer gegenwärtigen Untersuchung werden die Probleme der Ausbil-

---
[1] Standard OOP PUT

dung von Fachkompetenzen bei den Studierenden in Augenschein genommen. Die Fachkompetenzen werden in *sozio-technologische, forschungs-, organisatorisch-administrative und Sozialprojekt-Kompetenzen* unterschieden.

Die Ausbildung der oben genannten Kompetenzen erfolgt im Rahmen der Disziplinen des „professionellen Zyklus". Jede Diszplin ist auf die Bildung von mehreren Kompetenzen ausgerichtet. Der professionelle Zyklus umfasst die Disziplinen, die ihrerseits die theoretischen Fächer und die Fächer der Technologie und Methodologie der Sozialen Arbeit beinhalten.

Der theoretische Block schließt ein: die Theorie der Sozialen Arbeit, die Geschichte der Sozialen Arbeit, ökonomische Grundlagen der Sozialen Arbeit, die Theorien zur gesundheitlichen Prophylaxe, Grundlagen der Sozialmedizin, moderne Theorien des sozialen Wohlstandes, Sozial-Informatik, ethische Grundlagen der Sozialen Arbeit, Grundlagen der sozialen Ausbildung, Genderologie und Feminologie, Gerontologie, Sozialpolitik und Soziale Sicherheit.

Der methodologische Block umfasst: die Technologie der Sozialen Arbeit, Konfliktologie in der Sozialen Arbeit, Sozialpädagogik, Untersuchungsmethoden in der Sozialen Arbeit, Administration in der Sozialen Arbeit, soziale Qualimetrie, Qualitätssicherung und Standardisierung der sozialen Dienstleistungen, Deontologie der Sozialen Arbeit, Psychologie der Sozialen Arbeit, Lehrforschungstätigkeit der Studierenden, Dokumentation und Schriftführung, Archivführung, Methoden der psychosozialen Arbeit, Psychodiagnostik, Soziale Rehabilitation, Soziale Arbeit mit behinderten Menschen, Soziale Arbeit mit Jugendlichen usw.

Die Implementierung eines interdisziplinären Ansatzes erfolgt im Rahmen des Faches „Soziale Rehabilitation". Die erstmalige Definition des Begriffes „Rehabilitation" wurde durch von Buse in seinem Buch „System der allgemeinen Vormundschaft über die Armen" (1903) vorgenommen. Die Rehabilitation verstand man damals als die Gewährung der Möglichkeit zu arbeiten für kranke und behinderte Menschen. Mit der Zeit hat man den Begriff Rehabilitation um weitere Bedeutungen bereichert. Somit kann man schließen, dass die soziale Rehabilitation ein Komplex von Maßnahmen ist, die auf die Wiederherstellung der von einem Individuum infolge

1. einer Gesundheitsstörung mit anhaltender Beeinträchtigung der Organismusfunktionen (Behinderung),
2. der Änderung des Sozialstatus (ältere Bürger, Einwanderer, Flüchtlinge, Arbeitslose, Arme und viele andere),

3. devianten Verhaltens (Minderjährige, Alkohol-, Drogenabhängige, Entlassene aus der JVA etc.)

zerstörten oder verlorenen gesellschaftlichen Verbindungen und Beziehungen abzielen.

Soziale Rehabilitation ist ein Komplex von Maßnahmen, die auf die Wiederherstellung eines Menschen in seiner rechtlichen Position, hinsichtlich des sozialen Status, hinsichtlich der Gesundheit und der Handlungsfähigkeit ausgerichtet sind. Dieser Prozess zielt nicht nur auf die Wiederherstellung der Fähigkeit des Menschen zu einer eigenständigen Lebensführung in der sozialen Umwelt ab, sondern auch auf die soziale Umwelt selbst in ihren Bedingungen der Lebensführung, die durch irgendwelche Ursachen geschädigt oder beeinträchtigt sind.

Das Ziel der sozialen Rehabilitation ist die Wiederherstellung des Sozialstatus einer Person, die Wiederherstellung des Rechtsstatus, die Gewährleistung der sozialen Anpassung in der Gesellschaft und das Erreichen einer materiellen Unabhängigkeit.

Prinzipien der sozialen Rehabilitation sind:

1. frühestmöglicher Beginn der Rehabilitationsmaßnahmen;
2. kontinuierliche und stufenweise Durchführung;
3. Systemcharakter und Komplexität;
4. individuelle Herangehensweise;
5. Zugänglichkeit und vor allem Kostenlosigkeit für die am meisten Bedürftigen.

Ein Zeichen der Effektivität der sozialen Rehabilitation ist das Kriterium einer erfolgreichen Anpassung des Menschen an die sozialen Bedingungen und, nach Möglichkeit, der Korrektur der sozialen Bedingungen, die zur Beeinträchtigung der sozialen Integration des jeweiligen Individuums geführt haben. Und dies wird durch den Grad der Sozialisierung des Menschen bestimmt.

Als *Subjekt der sozialen Rehabilitation* können auftreten: der Staat, gesellschaftliche und politische Gemeinschaften, Glaubensgemeinschaften, Organe der örtlichen Selbstverwaltung und professionelle Sozialarbeiter. Das Subjekt der sozialen Rehabilitation ist zur Durchführung eines individuellen Ansatzes verpflichtet, d.h. zur Entwicklung eines Programmes, welches dem Menschen hilft, sich an die spezifischen sozialen Lebensbedingungen anzupassen und sich unter diesen Bedingungen in vollem Umfang selbst zu verwirklichen.

Der individuelle Ansatz sieht vor:
1. die Berücksichtigung aller Aspekte der sozialen Lage des Betroffenen,
2. die Berücksichtigung der Bedürfnisse und Interessen des Betroffenen,
3. die Entwicklung von notwendigen Arbeitstechnologien, -formen und -methoden angepasst an den Betroffenen,
4. theoretische und praktische Kenntnisse und die Fähigkeit, diese zu berücksichtigen und anzuwenden, und
5. Kenntnis der Gesetze und der normativ-rechtlichen Grundlagen.

Objekt von Maßnahmen der sozialen Rehabilitation ist eine Person, eine Gruppe von Personen oder eine noch größere Gemeinschaft von Personen, für welche die bestimmten Rehabilitationsmaßnahmen durchgeführt werden. Die Objekte der sozialen Rehabilitation kann man unterscheiden in aktive, die danach streben, den Rehabilitationsmaßnahmenkurs zu absolvieren und ihre Lage zu verbessern, und passive, die jegliche Einmischung vermeiden wollen und nicht zur Veränderung bereits sind bzw. sich gegenüber ihrer Lage gleichgültig verhalten.

Manchmal entsteht die Situation, dass praktisch jeder Mensch in den Kreis der Personen gerät, die eine Rehabilitation benötigen, d.h. auf eine Wiederherstellung der persönlichen Rechte, die deklariert, aber nicht erfüllt werden können, einen Anspruch hätten.

Die soziale Rehabilitation kann als ein neues, höheres Niveau der Sozialen Arbeit betrachtet werden. Der Hauptunterschied der Arbeit auf diesem Niveau der sozialen Rehabilitation liegt im Folgenden: Die Soziale Arbeit wird bisher im Rahmen der geltenden Rechtsvorschriften durchgeführt. Die Rolle des Sozialarbeiters besteht hier darin, die Aufgaben innerhalb des systemischen Rahmens zu erfüllen und die Einhaltung von Rechtsvorschriften bezüglich der einer oder anderen Kategorie von hilfsbedürftigen Staatsbürgern zu gewährleisten. Dabei verhält sich der Sozialarbeiter unter den in Russland derzeit gegebenen Verhältnissen als passiver Teilnehmer im Interaktionsprozess mit seinen Kunden, d.h. er wartet darauf, ob sich jemand wegen eines Hilfebedarfs an ihn wendet, und überwacht, dass beim Vorhandensein aller notwendigen Dokumente der Betroffene ein komplettes Set der ihm zustehenden Dienstleistungen erhält. Unter dem Gesichtspunkt der sozialen Rehabilitation ist es aber wichtig, nicht nur die Umsetzung der existierenden Rechtsvorschriften sicherzustellen, sondern es gilt zu verfolgen, dass die existierende Gesetzgebung überhaupt zur Realisierung von Menschenrechten beim Einzelnen beiträgt, selbst wenn er kein Kunde der Sozialfürsorge ist.

Die Aufgabe im Fach „Soziale Rehabilitation" besteht im Wesentlichen in Folgendem: Durch die Verwendung der erworbenen Kenntnisse über die Besonderheiten und Technologien der Sozialen Arbeit für die eine oder andere Kategorie der Bürger und der Kenntnisse der Sozialgesetzgebung und der rechtlichen Rahmenbedingungen gilt es, eine Analyse des sozialen Wohlstandsniveaus durchzuführen, nicht unter dem Gesichtspunkt der Einhaltung von Vorschriften des geltenden Rechts, sondern unter dem Gesichtspunkt von natürlichen Rechten, zu denen sich die internationale Gesetzgebung und das Grundgesetz der Russischen Föderation bekannt hat.

Die Auswahl der individuellen Projektaufgaben im Fach „Soziale Rehabilitation" hängt von der Studienform ab. Die Studenten des Fern- und Abendstudiums sind mehr auf den Beruf „Sozialarbeiter" hin orientiert, viele von ihnen studieren, während sie schon in der Sozialfürsorge aktiv sind. Ihre beruflichen Interessen sind oft Gegenstand ihrer Studien, ihre Arbeit hat praxisorientierten Charakter, die Ergebnisse können in ihrer Tätigkeit verwendet werden. Oft machen Studenten das Thema der Untersuchung im Fach „Soziale Rehabilitation" zum Thema ihrer Diplomarbeit.

Als Beispiel kann die Arbeit des Studenten Alexander Grigorjevitsch Dubinin mit dem Titel „Organisation der medizinisch-sozialen Rehabilitation der Kranken, die eine akute Gehirndurchblutungsstörung (AGDS) erlitten haben, am Beispiel der Sozialfürsorgeeinrichtung der Stadt Zelenogorsk" aufgeführt werden. Das Thema der Arbeit ist der Frage der Rehabilitation von Kranken gewidmet, die einen akuten ischämischen Schlaganfall erlitten haben. Die Aktualität des gewählten Themas ist vor allem gegeben durch die Verbreitung von zerebrovaskulären Erkrankungen und die Notwendigkeit der Begründung eines integrierten Ansatzes in der Rehabilitation, die derzeit aus vereinzelten Methodiken und Arbeitsweisen besteht, welche heutzutage ein System bilden, das durch viele Fachkräfte realisiert wird.

In seiner Diplomarbeit erklärt es der Autor zu seinem Ziel, die Vorteile des integrierten Ansatzes im System der medizinisch-sozialen Rehabilitation der Kranken, die eine akute Gehirndurchblutungsstörung erlitten haben, am Beispiel der Sozialfürsorgeeinrichtung der Stadt Zelenogorsk darzustellen. Das erste Kapitel ist der Literaturanalyse zum Problem der Rehabilitation der an AGDS Erkrankten, der Gegenüberstellung und Bewertung der Sichtweisen unterschiedlicher Autoren, der Untersuchung der Rolle des mittleren medizinischen Personals (Pflegepersonals) und der Sozialarbeiter im Rehabilitationsprozess gewidmet.

Im zweiten Kapitel greift der Autor die modernen Vorstellungen über Rehabilitation auf, insbesondere führt er die wichtigsten Aspekte der Rehabilitation von Kranken auf, die eine akute Gehirndurchblutungsstörung erlitten haben. Im dritten Kapitel untersucht der Autor die sozial-hygienischen Charakteristika der Kranken, die einen Schlaganfall erlitten haben, und die Rehabilitationsmaßnahmen, die zwischen 2006 und 2008 in der Abteilung der sozial-medizinischen Rehabilitation für behinderte Menschen der kommunalen Einrichtung „Integriertes soziales Dienstleistungszentrum" der Stadt Zelenogorsk durchgeführt wurden. Aufgrund der untersuchten Literatur und der eigenen Untersuchung leitet der Autor Schlussfolgerungen ab und schlägt Empfehlungen für das mittlere medizinische Personal (Pflegepersonal) und die Sozialarbeiter vor, die darauf abzielen, die Arbeit mit den Schlaganfallpatienten zu optimieren. Der Autor stützt sich auf seine eigene Erfahrung mit Schlaganfallpatienten, was den Ergebnissen seiner Arbeit eine besondere Bedeutung zukommen lässt.

Die Arbeit der Gruppe um die Studentin Elena Alexandrovna Pirogova „Bewertung der Lösungen des sozialen Problems der Verwaisung in der Russischen Föderation" gilt der Analyse von Lösungswegen hinsichtlich der sozialen Probleme des Waisenbestandes. Ziel der Untersuchung ist es, am Beispiel des Landeszentrums für Adoption Krasnojarsk bestmögliche Wege der Sozialisation von Waisenkindern zu identifizieren. Dieser Zweck ist in den Lösungen zu folgenden Aufgaben dargestellt: Begutachtung der Ursachen der Verwaisung, psychologisches Porträt der Mutter, die auf ihr Kind verzichtet, Systematisierung der Arten der familiären Unterbringung von verwaisten Kindern, Untersuchung des Adoptionsverfahrens. Aus der Sicht der Rehabilitation ist es notwendig, ein individuelles Konzept für jedes Kind und jede Familie zu entwickeln und eine qualitative Auslese der Pflegefamilien zu gewährleisten. Eines der Hauptprobleme der Ersatzfamilien besteht darin, dass sie sich nicht immer in verantwortungsvoller Weise bezüglich ihrer Rolle als Pflegeeltern verhalten, was ein Phänomen hervorgebracht hat, welches „Kreislauf der Kinder" genannt wurde. Die Kinder werden aus der Familie herausgenommen, dann in einer Pflegefamilie untergebracht, aus welcher sie schließlich in ein Kinderheim gelangen. Die Autorin deckt die Probleme auf, die bei der Adoption entstehen, und identifiziert die Lösungswege.

Bei den Vollzeitstudierenden sind die Anforderungen komplizierter. Sie vergegenwärtigen sich bei der Wahl des Berufes „Sozialarbeiter" oft nicht die Besonderheiten dieser Arbeit. Der Zugang zur Realität der Sozialen Arbeit ist für sie auf ein kurzes Praktikum beschränkt. Angesichts der Besonderheiten der Ausbildung von Vollzeitstudierenden wurde im Fach „Soziale Rehabilitation" das Projekt „Leitfaden für Menschen mit eingeschränkter Mobilität in Tomsk" ins Leben gerufen. Im Rahmen dieses Projektes wurde die Zugänglichkeit von vielen öffentlichen Einrichtungen und Straßen der Stadt Tomsk für diese Menschen untersucht. Studenten bewerteten einige Straßen und den Grad der Zugänglichkeit von öffentlichen Einrichtungen in den Bezirken Lenin-, Kirov-, Sowjet- und Oktoberregion der Stadt Tomsk, wobei sie sich an den baulichen Normen, die die Zugänglichkeit der Gebäuden für behinderte Menschen regeln, orientierten.

Die Begriffe „zugänglich" oder „barrierefrei" werden in vielen Rechtsvorschriften erwähnt. „Barriereloses Design" – dieser Begriff wird auf Objekte der Umgebung angewandt, welche Menschen mit physischen, sensorischen oder intellektuellen Beeinträchtigungen ungehindert betreten, begehen und verwenden können. Laut den Rechtsdokumenten zählen zu den mobilitätsbegrenzten Bevölkerungsgruppen:

- behinderte Menschen mit einer Beschädigung des Stütz- und Bewegungsapparates (incl. Rollstuhlfahrer);
- behinderte Menschen mit Seh- und Hörstörungen;
- Personen hohen Alters (60 Jahre und älter);
- vorübergehend Arbeitsunfähige;
- schwangere Frauen;
- Menschen mit Kinderwägen;
- Kinder im Vorschulalter.

Im Oktober-Stadtbezirk war als Untersuchungsobjekt der Kulturpalast Avantgarde in der Ivan-Tschernych-Strasse. Im Kulturpalast finden öffentliche Konzerte statt und arbeiten unterschiedliche Vereine, darunter Laienkunstvereine für das nahe liegende Veteranenhaus. Die Verbindungsstraße zwischen dem Kulturpalast und dem Veteranenhaus ist von ziemlich guter Qualität, was die Fortbewegung in Rollstühlen ermöglicht. Die beiden Einrichtungen sind mit selbstgefertigten Rollstuhlrampen ausgestattet, die den Anforderungen entsprechen. Es gibt aber dennoch Hindernisse – die Rollstuhlrampen sind nur auf einer Seite des Übergangs errichtet, was die Fortbewegung in Rollstühlen erschwert. Für blinde Menschen sind die Ampeln mit dem Signalton ausgestattet.

Der Stadtbezirk Lenin wird durch die Untersuchung der Zugänglichkeit der Gasse des Jahres 1905 vom Lenin-Prospekt bis zu Soljanaja-Platz repräsentiert. Das ist ein Abhang ohne Geländer, was die sichere Fortbewegung nicht nur der mobilitätsbeeinträchtigten Bevölkerungsgruppe, sondern auch aller anderen Menschen problematisch macht. An der Kreuzung mit der Rosa-Luxemburg-Straße wird die Fortbewegung durch hohe Bordsteine behindert. Auf der anderen Straßenseite liegt ein Gebäude, in dem sich Geschäfte, ein Frisör und ein Anwaltsbüro befinden, es existieren aber keine Rollstuhlrampen, kein Geländer und keine anderen Mittel, die die Zugänglichkeit gewährleisten. Zudem ist der Parkplatz nicht mit Sonderschildern und einer Straßenmarkierung für Spezialfahrzeuge von behinderten Menschen ausgestattet.

Im Kirov-Stadtbezirk wurde die Route vom Ersten Bahnhof Tomsk bis zur TPU untersucht. Das Problem der Zugänglichkeit der Züge wurde nicht berücksichtigt; es wurde angenommen, dass das Problem zu bewältigen sei, obwohl es zu wenige Waggons gibt, die für die Beförderung von Rollstuhlfahrern ausgestattet sind.

Den Ersten Bahnhof Tomsk zu betreten, ist unproblematisch, es gibt beim Ein- und Ausgang keine Stufen. Um auf den Bahnhofsvorplatz zu kommen, muss man hingegen einige ziemlich hohe Stufen überwinden, die nicht zu umzugehen sind. Eine für Rollstuhlfahrer geeignete Transportmöglichkeit gibt es praktisch nicht. Jedoch kann man die Entfernung vom Bahnhof bis zur TPU zu Fuß auf dem Kirov-Prospekt schaffen, der für behinderte Menschen zugänglich ist: die Bordsteine sind abgeschrägt und niedrig gehalten. Der Weg zum Hauptgebäude der TPU ist kompliziert, weil die Stufen am Eingang unumgänglich sind. Die anderen Gebäude der TPU sind für Rollstuhlfahrer ungeeignet, selbst die am stärksten erneuerten Bauten 9 und 19 haben Stufen am Eingang. Das Hauptgebäude, die Bauten 8 und 10 haben viele Stufen am Eingang. Alle Zulassungsämter befinden sich im ersten Stockwerk. Die Untersuchung von Wohnheimen zeigte ebenfalls die Ungeeignetheit für das Leben von behinderten Menschen.

Im Sowetskij-Stadtbezirk wurde die Zugänglichkeit des Hobby-Zentrums für die mobilitätsbeeinträchtigte Bevölkerungsgruppe untersucht. Der Weg von der O-Bus-Haltestelle „O-Bus-Depot" ist ungeeignet. Der Bürgersteig ist von der Fahrbahn durch hohe Bordsteine abgetrennt, selbständig kann sie der Rollstuhlfahrer nicht überwinden, die Fortbewegung auf der Fahrbahn ist gefährlich, weil der Verkehr dort rege ist. Am Eingang des Hobby-Zentrums gibt es eine Rollstuhlrampe in Form von Eisenbahnschienen, die sich aber in einem so steilen

Winkel erhebt, dass sie nicht genutzt werden kann. Im Inneren den ersten Stock zu erreichen, um dann in den Konzertsaal hinunterzusteigen, ist unmöglich und eine spezielle Hebevorrichtung ist nicht vorhanden. Also bleibt das Hobby-Zentrum für einige Menschen verschlossen.

Bei der Analyse der Routen im Sowetskij-Stadtbezirk auf der Sibirskaja-Strasse sind den Studierenden auf dem Weg zu solch sozial bedeutenden Objekten wie Apotheke, Poliklinik und Post Hindernisse wie Stufen, Asphaltlöcher, Bordsteine, Straßenbahntrassen mit sehr hohen Schienen, schmale Türen, steile Abhänge und Steigungen aufgefallen. Die Wege von der Frunze-Straße bis zum Kinotheater „Kinomir" und von den studentischen Wohnheimen bis zu Novosobornaja-Straße wurden ebenfalls daraufhin untersucht, ob auf dem Weg Treppen und Stufen liegen, die die Fortbewegung der mobilitätsbeeinträchtigten Bevölkerungskategorien behindern.

So können wir feststellen, dass die Realisierung des interdisziplinären Ansatzes im Rahmen des Faches „Soziale Rehabilitation" zur Ausbildung der beruflichen Kompetenzen wesentlich beiträgt. Im Licht der sozialen Rehabilitation tritt der Kunde nicht nur als der Bedürftige auf, dem ein bestimmtes Minimum an Mitteln zum Leben zu gewähren ist. Der Kunde erscheint vielmehr als eine Persönlichkeit, die über ihr eigenes Potential an Selbstrealisierung verfügt. Zu den wichtigsten Richtungen der Rehabilitationstätigkeit zählen: soziale Rehabilitation der behinderten Menschen, der Menschen hohen Alters, der erzieherisch vernachlässigten Kinder und Jugendlichen, durch die Erfahrung in militärischen Konflikten geschädigte Armeeangehörigen u.a.

Das Studienfach „Soziale Rehabilitation" ist darauf ausgerichtet, bei den Studierenden Kenntnisse, Fertigkeiten und Routinen des Rehabilitationsansatzes zu entwickeln. Die Hauptaufgaben des Unterrichtens und des Lernens in diesem Fach liegen in der Aneignung von Kenntnissen über den Mechanismus der Sozialen Rehabilitation, über ihre Aspekte, Funktionen, Grundprinzipien und Methoden, ferner von Fertigkeiten bei der Auswahl einer geeigneten Technologie unter Berücksichtigung der Besonderheiten der Zielperson, die die soziale Rehabilitation benötigt. Dafür sind Kenntnisse über besondere Erfordernisse der unterschiedlichen Bevölkerungsgruppen unabdingbar, die eine Soziale Rehabilitation benötigen.

Die wichtigsten Inhalte des Faches eignen sich die Studierenden in Vorlesungen und in Seminaren an, ferner während der selbständigen Arbeit in der vorlesungsfreien Zeit. Eine wichtige Rolle bei der Stoffaneignung spielt die Projektforschung des Studierenden. Das Thema dieser Untersuchung wird aufgrund einer selbständigen Auswahl bestimmt, was zu einer erfolgreichen Einarbeitung in die Disziplin und zur Anwendung der angeeigneten Kenntnisse auf die berufliche Tätigkeit des qualifizierten Spezialisten beiträgt.

Формирование профессиональных компетенций у студентов, обучающихся по специальности социальная работа в Томском Политехническом Университете

Фадеева Вера Н., Макиенко Марина А., Россия, Томск

Социальное государство одна из характеристик современного цивилизованного государства, наряду с правовым и демократическим. Понятие социального государства было введено в 19 веке немецким юристом Лоренцом фон Штейном (1815-1890). Он считал, что идея государства заключается в восстановлении равенства и свободы, поднятии низших обездоленных классов до уровня богатых и сильных, что государство должно: «осуществлять прогресс всех его членов, так как развитие одного является условием и следствием развития другого, и в этом смысле мы говорим об обществе или социальном государстве».

После второй мировой войны принцип социальности стал конституционным принципом многих государств, чему способствовал ряд факторов: войны XX в. и их последствия; реальный социализм, обеспечивающий в массовом порядке право на труд, социальные права женщин и детей, бесплатные образование и медицинское обслуживание, жилье; правление социал-демократических партий в Швеции, Норвегии, Дании, Великобритании, ФРГ и других странах; НТР и ее влияние, которое увеличило количество социальных рисков (производственные, публичные, физические, миграционные, экологические).

Впервые социальное государство в качестве конституционного принципа было зафиксировано в статье 20 Конституции ФРГ (1949), провозгласившей Германию демократическим и социальным федеративным государством. Согласно статье 2 Конституции Пятой республики от 1958 года, «Франция является неделимой светской демократической и социальной республикой». Статья 2 Конституции Италии (1948): «Республика признает и гарантирует неотъемлемые права человека – как отдельной личности, так и в социальных образованиях». Испания в 1978 году провозгласила себя правовым, демократическим, социальным государством. Япония, Конституция 1947 года, статья 25: «Во всех сферах жизни государство должно прилагать усилия для подъема и дальнейшего развития общественного благосостояния, социального обеспечения».

Глава 2 *Современной Конституции РФ* гласит: Человек, его права и свободы являются высшей ценностью. Признание, соблюдение и защита прав и свобод человека и гражданина - обязанность государства. Статья 7 провозглашает: Российская Федерация - социальное государство, политика которого направлена на создание условий, обеспечивающих достойную жизнь и свободное развитие человека. В Российской Федерации охраняются труд и здоровье людей, устанавливается гарантированный минимальный размер оплаты труда, обеспечивается государственная поддержка семьи, материнства, отцовства и детства, инвалидов и пожилых граждан, развивается система социальных служб, устанавливаются государственные пенсии, пособия и иные гарантии социальной защиты. (конституция РФ)

Для реализации социальной политики государства нужны специалисты с профильным образованием. Появление специальности социальная работа относиться к 90-м годам прошлого века. Профессии «социальный работник», «социальный педагог» и «специалист по социальной работе» официально зарегистрированы в российских государственных документах в марте-апреле 1991 г. В Томском политехническом университете в 1997 году открывается направление 040100 и специальность 040101 «Социальная работа». По специальности «социальная работа» в нашем университете представлены дневная, вечерняя и заочная формы обучения. В последние годы, когда университет переходит на двухуровневую систему образования бакалавриат и магистратура, социальная работа осталась на уровне бакалавриата.

Для обеспечения качественного уровня подготовки специалистов предусмотрены государственные образовательные стандарты, предполагающие реализацию компетентностного подхода. Стандарт ООП ТПУ определяет компетенцию *(Competence)* как готовность, то есть наличие мотивации и личностных качеств, которые позволяют проявить способности для ведения успешной профессиональной деятельности. Способности включают в себя знания, умения и опыт.[12]

Основные компетенции делятся на общекультурные и профессиональные. В рамках данного исследования будут рассмотрены проблемы формирования профессиональных компетенций студентов.

Профессиональные компетенции подразделяются на *социально-технологические, исследовательские, организационно-управленческие, социально-проектные компетентности.*

Формирование вышеперечисленных компетенций происходит в рамках дисциплин профессионального цикла. Каждая дисциплина направлена на формирование нескольких компетенций.

Профессиональный цикл включает в себя дисциплины, которые могут быть подразделены на дисциплины несущие теоретический материал и дисциплины, включающие в себя технологию и методологию социальной работы.

Теоретический блок это: Теория социальной работы, История социальной работы, Правовое обеспечение социальной работы, Экономические основы социальной работы, Безопасность жизнедеятельности, Основы социальной медицины, Современные теории социального благополучия, Социальная информатика, Этические основы социальной работы, Основы социального образования, Гендерология и феминология, Геронтология, Социальная политика, Социальная безопасность.

Методологический блок это: Технология социальной работы, Конфликтология в социальной работе, Социальная педагогика, Методы исследования в социальной работе, Управление в социальной работе, Социальная квали-

---

[1] Стандарт ооп тпу.

метрия, оценка качества и стандартизация социальных услуг, Деонтология социальной работы, Психология социальной работы, Учебно-исследовательская работа студентов, Документоведение и делопроизводство, Архивное дело, Методы психосоциальной работы, Психодиагностика, Социальная реабилитация, Социальная работа с инвалидами, Социальная работа с молодежью и т.д.

Реализация междисциплинарного подхода происходит в рамках дисциплины «социальная реабилитация». Впервые определение понятия реабилитация было дано фон Бусом в книге «Система общего попечительства над бедными» (1903г.). Реабилитация в это время понимается как предоставление больным и инвалидам возможности трудится. Со временем в понятия реабилитация стали вкладывать все больший смысл. Итак, можно сделать вывод, что социальная реабилитация это комплекс мер, направленных на восстановление разрушенных или утраченных индивидом общественных связей и отношений в следствие:

1. нарушения здоровья со стойким расстройством функций организма (инвалидность);
2. изменение социального статуса (пожилые граждане, переселенцы, беженцы, безработные, бедные и многие другие);
3. девиантным поведением личности (несовершеннолетние, лица, страдающие алкоголизмом, наркоманией, освободившиеся из мест заключения).

Социальная реабилитация это комплекс мер направленных на восстановление человека в правах, социальном статусе, здоровье, дееспособности. Этот процесс направлен не только на восстановление способности человека к жизнедеятельности в социальной среде, но и самой социальной среды, условий жизнедеятельности нарушенных или ограниченных по каким-либо причинам.

Целью социальной реабилитации является восстановление социального статуса личности, восстановление правового статуса, обеспечение социальной адаптации в обществе достижение материальной независимости.

Принципы социальной реабилитации:

1. как можно более раннее начало реабилитационных мероприятий;
2. непрерывность и поэтапность их проведения;
3. системность и комплексность;

4. индивидуальный подход;
5. доступность и преимущественная бесплатность для наиболее нуждающихся.

Показателем эффективности социальной реабилитации является критерий успешности адаптации человека к социальным условиям, и по возможности корректировка социальных условий, которые привели к нарушению социального функционирования данного индивида. А это определяется степенью социализации человека.

Субъектом социальной реабилитации могут выступать: государство, общественные и политические объединения, конфессии, органы местного управления, профессиональные социальные работники. Субъект социальной реабилитации обязан осуществлять индивидуальный подход: то есть выработку такой программы, которая помогла бы человеку приспособится к конкретным социальным условиям жизни и реализовать себя в этих условиях в полной мере. Индивидуальный подход предполагает:

1. всесторонний учет социального положения объекта.
2. учет потребностей и интересов объекта.
3. нахождение нужных технологий, форм и методов работы в зависимости от объекта.
4. знание теоретических, практических наработок, их учет и умение их применять.
5. знание законов и нормативно-правовых документов.

Объектом социальной реабилитации является человек или группа лиц, или еще более крупная общность людей, в отношении которых проводятся определенные реабилитационные мероприятия.

Объекты социальной реабилитации можно подразделить на активные – стремящиеся пройти курс реабилитационных мероприятий и улучшить свое положение и пассивных – избегающих вмешательства и не желающих ничего менять, либо равнодушно относящихся к своему положению. Иногда возникает ситуация, когда практически каждый человек попадает в категорию лиц, нуждающихся в реабилитации, то есть в восстановлении этой личности в правах, которые могут быть провозглашены но не исполнены.

Социальная реабилитация рассматривается как новый, более высокий уровень социальной работы. Главное отличие работы на уровне социальной реабилитации заключается в следующем. Социальная работа проводится в рамках существующего законодательства. Роль социального работника сводиться к функционированию в рамках системы, обеспечение соблюдения законодательных актов в отношении той или иной категории социально незащищенных граждан. При этом в российской реальности социальный работник ведет себя как пассивный участник в процессе взаимодействия со своими клиентами, то есть ждет, кто обратиться за помощью и прослеживает, что при наличии всех нужных документов, человек получит весь набор полагающихся ему услуг. С точки зрения социальной реабилитации важно не просто обеспечить реализацию существующего закона. Но проследить способствует ли существующее законодательство реализации прав человека, даже если он не является клиентом социальных служб.

Суть задания по дисциплине «Социальная реабилитация» заключается в следующем. Используя полученные знания об особенностях и технологиях социальной работы с той или иной категорией граждан, знание социального законодательства, нормативной базы, провести анализ уровня социального благополучия, не с точки зрения соблюдения норм существующего права, а с точки зрения реализации их естественных прав, которые определяет международное законодательство и конституция РФ.

Выбор индивидуальных проектных заданий по дисциплине «Социальная реабилитация» зависит от формы обучения студентов. Студенты заочной и вечерней формы обучения в большей степени ориентированы на профессию социального работника, многие из них получают образование, уже являясь работниками социальных служб. Их профессиональный интерес формирует объект и предмет исследования, их работа носит практическиоринтированный характер, результаты могут быть использованы в их деятельности. Часто тему исследования по предмету социальная реабилитация студенты делают темой своей дипломной работы.

Например, работа студента Дубинина Александра Григорьевича «Организация медико-социальной реабилитации больных, перенесших острое нарушение мозгового кровообращения, на примере учреждения социальной защиты населения г. Зеленогорска». Тема работы посвящена вопросу реабилитации больных, перенесших острое нарушение мозгового кровообращения. Актуальность выбранной темы обусловлена, прежде всего, распространенностью сосудистых заболеваний головного мозга, и необходимостью обоснования комплексного подхода к реабилитации, состоящей из разрозненных методик и способов, которые на современном этапе формируют систему, реализация которой осуществляется многими специалистами.

В своей дипломной работе автор ставит цель показать преимущество комплексного подхода в системе медико-социальной реабилитации больных, перенесших острое нарушение мозгового кровообращения, на примере учреждения социальной защиты населения г. Зеленогорска. Первая глава посвящена анализу литературы по проблеме реабилитации больных с ОНМК, сопоставлению и оценке точек зрения различных авторов, изучению роли среднего медицинского персонала и социального работника в реабилитационном процессе. Во второй главе автор обращается к современному представлению о реабилитации, в частности к основным аспектам реабилитации больных, перенесших острое нарушение мозгового кровообращения. В третьей главе автор изучает социально-гигиеническую характеристику больных, перенесших ОНМК, и реабилитационные мероприятия, проводимые за период с 2006 - 2008г. на базе отделения социально-медицинской реабилитации инвалидов муниципального учреждения «Комплексный центр социального обслуживания населения» г. Зеленогорска. На основании изученных литературных данных и собственного исследования автор делает выводы и предлагает рекомендации для среднего медицинского персонала и социальных работников в целях оптимизации процесса восстановительного лечения. Автор опирается на собственный опыт работы с больными, перенесшими ОНМК, что придает особую значимость результатам работы.

Работа студента группы Пироговой Елены Александровны. «Меры решения социальных проблем сиротства в РФ», посвящена анализу путей решения проблем сиротства. Цель исследования на примере Красноярского краевого Центра усыновления выявить наиболее оптимальные пути социализации детей-сирот. Цель реализована в решении следующих задач: рассмотрены причины сиротства, психологический портрет матери, отказывающейся от ребенка; систематизированы виды семейного устройства детей, оставшихся без попечения родителей; проанализирована технология усыновления. С точки зрения реабилитации необходимо, осуществляя индивидуальный подход к каждому ребенку и к каждой семье, обеспечить качественный отбор замещающих семей. Одной из главных проблем замещающей семьи является то, что люди не всегда с должной ответственностью относятся к роли приемных родителей, что приводит к явлению, которое получило название «круговорот детей». Детей забирают от семьи, потом устраивают в приемную семью, откуда они зачастую опять попадают в детский дом. Автор выявляет проблемы, возникающие при усыновлении, и определяет возможные пути их решения.

Сложнее со студентами дневной формы обучения, выбирая профессию социального работника, они не всегда отчетливо представляют специфику работы. Доступ к реалиям социальной работы для них ограничен непродолжительной практикой. Учитывая особенности обучения студентов на дневной форме, по дисциплине «Социальная реабилитация» был осуществлен проект «Путеводитель по Томску для маломобильных групп населения». В рамках создания этого проекта была дана оценка реальной доступности многих социальных объектов и улиц Томска. Студенты провели оценку некоторых улиц и степень доступности социальных объектов в Ленинском, Кировском, Советском и Октябрьском районах города Томска, ориентируясь на строительные нормы, обеспечивающие доступность зданий для инвалидов.

Термин «доступная» или «безбарьерная» среда упоминается во многих законодательных актах. Безбарьерная среда (дизайн). Этот термин применяется к элементам окружающей среды, в которую могут свободно заходить, попадать и которую могут использовать люди с физическими, сенсорными или интеллектуальными нарушениями. В соответствии с нормативными документами к маломобильным группам населения относятся:

- инвалиды с поражением опорно-двигательного аппарата (включая инвалидов, использующих кресла-коляски);
- инвалиды с нарушением зрения и слуха;
- лица преклонного возраста (60 лет и старше);
- временно нетрудоспособные;
- беременные женщины;
- люди с детскими колясками;
- дети дошкольного возраста.

В Октябрьском районе объектом исследования был выбран ДК Авангард, который находится на ул. Ивана Черных. В ДК Авангард проводятся показательные концерты, действуют различные кружки, в том числе кружки самодеятельности для расположенного неподалеку Дома ветеранов. Дорога, соединяющая дом ветеранов и ДК достаточно хорошего качества, что позволяет перемещаться на инвалидных колясках. К ДК и дому ветеранов сделаны хорошие пандусы, соответствующие требованиям. Хотя есть и препятствия – пандусы на переходе оборудованы только на одной стороне, что затрудняет передвижение на инвалидных колясках. Для слепых людей светофоры на перекрестках снабжены звуковыми сигналами.

Ленинский район представлен исследованием ситуации доступности переулка 1905 года от проспекта Ленина до площади Соляной. Это склон, не оборудованный поручнями, что делает проблематичным не только передвижение маломобильных групп населения, но и всех остальных людей. На пересечении с улицей Розы Люксембург передвижение затрудняется высокими бордюрами. На другой стороне улицы располагается здание, в котором расположены магазины, парикмахерская, учреждение, оказывающее юридические услуги, вход для инвалида недоступен: отсутствуют пандусы, поручни, и другие средства, обеспечивающие доступность. Парковка у здания не оборудована специальными знаками и разметкой для парковки специальных транспортных средств инвалидов.

В Кировском районе было проведено исследование маршрута от вокзала Томск 1 до ТПУ. Проблема доступности вагонов в расчет не бралась, считалось, что с этим человек справился, хотя вагонов оборудованных для перевозки инвалидов колясочников мало.

Попасть на вокзал Томск 1 не представляется сложным, ступенек при входе и выходе нет. Чтобы выйти на вокзальную площадь надо преодолеть несколько довольно высоких ступенек, обойти их не возможно. Транспорта, оборудованного для нужд инвалидов колясочников практически нет. Но расстояние от вокзала до ТПУ можно преодолеть пешком по проспекту Кирова, который доступен для инвалидов, бордюры скошены, занижены. Путь к главному корпусу ТПУ сложен, так как ступенек при входе не миновать и обойти их нет возможности. Корпуса ТПУ не приспособлены для нужд инвалидов, даже самые приспособленные 19 и 9 корпус, на входе имеют ступеньки. Главный корпус, 8 корпус, 10 корпус это большое количество ступеней на входе. Все приемные комиссии расположены на втором этаже. Исследование общежития тоже показало неподготовленность для проживания инвалидов.

Советский район представлен исследованием доступности для маломобильных групп населения Хобби – центра. Путь к нему от остановки троллейбусное депо, так же не соответствует требованиям. Тротуар отделен от дороги высокими бордюрами, самостоятельно человек в коляске не сможет их преодолеть, передвижение по проезжей части опасно, так как движение там достаточно оживленное. При входе в Хобби-центр лестница, которая снабжена пандусом в виде двух рельс, положенных под углом, настолько крутым, что пользоваться им невозможно.

Внутри подняться на второй этаж и спуститься в концертный зал не представляется возможным, так как лестницы круты, а специального подъемного оборудования нет. Таким образом, Хобби-центр закрыт для некоторых категорий людей.

Анализируя маршруты в Советском районе по улице Сибирской, студенты отметили такие препятствия, как ступени, ямы, бордюры, трамвайные пути с очень высокими рельсами, узкие двери, крутые спуски и подъемы, на пути к таким социально-значимым объектам, как аптека, поликлиника, почта.

Проанализировали пути по улице Фрунзе до кинотеатра киномир, от студенческих общежитий до Новособорной, где на пути колясок лестницы и ступени, не приспособленные для продвижения маломобильных категорий населения.

Таким образом, можно сделать вывод, что реализация междисциплинарного подхода в рамках дисциплины «Социальная реабилитация» способствует формированию профессиональных компетенций. В свете социальной реабилитации клиент выступает не только как нуждающийся, в определенном минимуме жизненных средств. Клиент предстает как личность, которой свойственен определенный потенциал самореализации. К важнейшим направлениям реабилитационной деятельности следует отнести: социальную реабилитацию инвалидов, пожилых граждан, социально-педагогически и запущенных детей и подростков, военнослужащих, участвовавших в военных конфликтах и др.

Учебная дисциплина «Социальная реабилитация» нацелена на то, чтобы сформировать у студентов знания, умения и навыки реабилитационного характера. Основными задачами изложения и изучения данной дисциплины выступают приобретение студентами знаний о механизме социальной реабилитации, ее аспектах, функциях и основных принципах и методах; умений выбрать адекватную технологию с учетом специфики социального объекта, нуждающегося в социальной реабилитации. Для этого необходимо знание специфических черт различных категорий населения, нуждающихся в социальной реабилитации.

Основное содержание дисциплины студенты осваивают на лекционных и практических занятиях, а также в процессе самостоятельной работы во внеаудиторное время. Важная роль в усвоении материала отводится проектному исследованию студента. Тема такого исследования определяется на основе самостоятельного выбора, что способствует успешному усвоению дисциплины и применению полученных знаний в профессиональной деятельности специалиста.

Sozialpädagogische Kompetenzen für die Arbeit mit Kindern und Jugendlichen

Wolfgang Krieger, Deutschland, Ludwigshafen am Rhein

1. Der Kompetenzbegriff

Der Begriff der Kompetenz tritt in der deutschen Sprache in zweifacher Bedeutung auf. Zum einen bezeichnet er einige Fähigkeiten, die notwendig sind, um eine bestimmte Aufgabe wahrzunehmen oder ein bestimmtes Problem zu lösen, zum anderen meint er die Zusprache von Verantwortung, Zuständigkeiten und Befugnissen für einen bestimmten Handlungsbereich. Für unsere Thematik ist vor allem der erste Begriff von Bedeutung, da es um die Zielvorstellungen in der Ausbildung von Studierenden geht.

Der Kompetenzbegriff hat eine lange Geschichte in der Motivations- und Intelligenzpsychologie, ferner parallel dazu auch in der Linguistik. Es wurde dabei immer wieder diskutiert, ob der Begriff nur generelle und umfassende Dispositionen meint oder ob er auf die Grundlagen zur Bewältigung konkreter Situationen zielt, beziehungsweise, ob der Begriff nur kognitive Leistungsvoraussetzungen bezeichnen solle oder auch andere psychische Dispositionsbereiche umfassen solle. Dass das Verfügen über gewisse separate Fähigkeiten in der Summe noch nicht dazu führt, dass Individuen tatsächlich in der Lage sind, in entsprechenden Situationen auf diese Fähigkeiten zurückzugreifen, hat zum ersten im Anschluss an eine Theorie von Noam Chomsky (1969) zu einer Unterscheidung zwischen Kompetenz und Performanz geführt, es hat aber zum zweiten in den letzten Jahren auch zu einigen Untersuchungen über die Transfervoraussetzungen von Wissensvermittlung und praktischer Anwendung von Wissen Anlass geboten. Wir wissen heute, dass die Anwendung von Wissen in konkreten Situationen nicht vorausgesetzt werden kann, sondern dass Menschen lernen müssen, bestimmte Wissensinhalte mit bestimmten Merkmalen von Situationen durch Erfahrung zu verknüpfen und dass daher Wissenstransfer geübt werden muss.

2. Das Kompetenzmodell von Lothar Reetz

Basierend auf dem persönlichkeitspsychologischen Konzept von Heinrich Roth (1968/1971) hat Lothar Reetz Anfang der Neunzigerjahre ein Kompetenzmodell für berufliche Handlungsfähigkeit entwickelt, welches im Prinzip auf verschiedene Berufsfelder anwendbar ist, auch wenn dort die einzelnen Kompetenzbereiche von sehr unterschiedlicher Bedeutung sein mögen [3]. Die Unterscheidung bei Roth von Sachkompetenz und intellektueller Mündigkeit, Sozialkompetenz und sozialer Mündigkeit und Selbstkompetenz und moralischer Mündigkeit [2] greift Reetz in seiner Systematik auf und führt ihr entsprechend drei Kompetenzklassen auf:

1. die persönlich-charakterlichen Grundfähigkeiten wie Einstellungen, Normbewusstsein und Haltungen,
2. die leistungs-tätigkeits-aufgabengerichteten Fähigkeiten wie der Umgang mit Entscheidungen und Problemen und die Entwicklung von Konzepten und
3. die sozialgerichteten Fähigkeiten wie die Kooperations-, Konflikt und Verhandlungsfähigkeit.

3. Jugendhilfe in Deutschland – Anforderungen an die Professionellen

Die Aufgaben der Jugendhilfe werden in Deutschland im achten Buch des Sozialgesetzes geregelt, im sogenannten Kinder- und Jugendhilfegesetz. Dort wird die Jugendhilfe sich in fünf Leistungsbereiche gegliedert.

- den Bereich der Kindertageseinrichtungen/Kindergärten und Kindertagespflege,
- den Bereich der verbandlichen, offenen und mobilen Jugendarbeit und den Bereich der Jugendsozialarbeit und des Jugendschutzes,
- den Bereich der Angebote zur Förderung der Erziehung in der Familie, der Betreuung von Kindern in Notsituationen und der Beratung bei Trennung und Scheidung,
- den Bereich der Erzieherischen Hilfen und
- den Bereich der weiteren Aufgaben.

Betrachten wir die Praxisfelder der Jugendhilfe, so geht es hier um Leistungen von einer enormen Bandbreite und Varianz. Sozialpädagogen beraten Sorgeberechtige und unterstützen sie in ihrer Erziehungskompetenz, sie fördern Kindern und Jugendliche in allen möglichen Leistungsbereichen, betreuen sie und verbessern ihre Lebensbedingungen, sie nehmen für sie Partei und verschaffen ihren Interessen Gehör, sie stellen in pädagogischer Absicht Ziele und Regeln für ein Zusammenleben auf und leiten Gruppen an und sie bringen ihre Anliegen und Notlagen in die Öffentlichkeit. Ihre Handlungen sind in eine Reihe von *Referenzsystemen* eingespannt: Sie entscheiden ihr Handeln in Rücksicht auf die Kinder und Jugendlichen, in Rücksicht auf deren Sorgeberechtigte und Angehörige, in Rücksicht auf den Einrichtungsträger, in Rücksicht auf das Jugendamt und andere behördliche Einrichtungen, in Rücksicht auf eine Öffentlichkeit und auf politische Organe und vor allem auch in Rücksicht auf sich selbst, auf das eigene Wissen und Wollen, auf die eigenen Wahrnehmungen und Werthaltungen. In diesem Referenzrahmen formieren sich die besonderen Kompetenzerfordernisse, die für Mitarbeiter in der Jugendhilfe zu spezifizieren sind.

Ihre Kompetenzen bilden die Basis, um die Aufgaben in der Jugendhilfe zu bewältigen. [1] Vergegenwärtigen wir uns daher, welches diese Aufgaben sind. Sie bestehen darin,

- junge Menschen in ihrer individuellen und sozialen Entwicklung zu fördern,
- durch Beratung und Unterstützung soziale Benachteiligungen zu verhindern oder ihnen entgegen zu wirken und Entwicklungskrisen vorzubeugen,
- „Hilfe zur Erziehung" zu leisten und die Erziehungsfähigkeit der Eltern zu unterstützen,
- positive Lebensbedingungen und eine kinder- und familienfreundliche Umgebung für die Kinder und Jugendlichen sicherzustellen,
- an gerichtlichen Verfahren des Jugend-/Vormundschafts- und Familiengerichtes mitzuwirken,
- sich „anwaltschaftlich" (parteilich) für bessere Lebensbedingungen junger Menschen einzusetzen.

4. Eine Systematik der Kompetenzbereiche für die Arbeit in der Jugendhilfe

Wir wollen nun versuchen, das Kompetenzmodell von Reetz für das Praxisfeld der Jugendhilfe anzuwenden und so die drei Kompetenzbereiche Selbst-, Sach- und Sozialkompetenz fachlich genauer zu betrachten:

1. Zur Selbstkompetenz: Die Dispositionen einer Person, sich selbst angemessen einschätzen zu können, mit den eigenen psychischen Impulsen reflexiv und willentlich gesteuert umgehen zu können, eigene Erfahrungen analysieren und strukturiert auswerten zu können, zielorientiert eigene Handlungen und soziale Prozesse planen zu können und seine eigenen Entscheidungen im Rahmen zuverlässiger Maßstäbe verantworten zu können, stellen die wesentlichen Komponenten der Selbstkompetenz dar. Ein zentraler Bereich der Selbstkompetenz, der eng mit der Selbstreflexion zusammenhängt, ist ferner die ethische Kompetenz des Individuums. Zu ihr gehört neben den Haltungen und Einstellungen, dem Wissen um Normen, Werte und Ehrbegriffe auch eine situativ verankerte Moralität, die prosoziale Emotionen wie Mitleid und Hilfsbereitschaft, aber auch geteilter Freude, hervorbringt und damit erst die motivationale Bereitschaft zu ethisch fundiertem Handeln erzeugt. Für eine pädagogische Haltung ist diese Moralität von grundlegender Bedeutung.

Die planerischen Fähigkeiten werden heute in der Jugendhilfe insbesondere in der Umsetzung von Förderplänen und Hilfeplänen und konkreter noch im Bereich der Erziehungsplanung stärker nachgefragt. Im Umgang mit Menschen, die sich nicht wie Maschinen programmieren lassen, heißt dies, dass der Pädagoge warten können muss, bis sich Gelegenheiten einstellen, und dass er Fehler und Rückschläge stets als Anlass zum Lernen wertet und nicht als Grund zur Resignation.

In der Jugendhilfe erfahren „gefestigte", besonnene und geduldig souveräne Persönlichkeiten, die ein aufrichtiges Interesse am Wohlergehen und an einer positiven Entwicklung der Kinder und Jugendlichen haben, mehr Akzeptanz bei den Kindern und Jugendlichen. Eine optimistische Grundhaltung, die mit Wertschätzung für das Kind und pädagogischer Anteilnahme in freudigen wie betrüblichen Situationen einhergeht, stellt eine günstige Voraussetzung für eine gute Beziehung zum Kind dar. Diese Anforderungen an die Selbstkompetenz gelten im Übrigen auch für die Arbeit mit Familien, die für ihr erzieherisches Handeln feste Orientierungen suchen.

2. Zur Sachkompetenz: Fachlich kompetent handelt derjenige, der seine Handlungen auf ein umfangreiches und situativ angemessenes Erklärungs- und Deutungswissen begründen kann und über ein erfolgreich anwendbares Methodenwissen verfügt. Im Wesentlichen lassen sich so zwei Bereiche der Fachkompetenz unterscheiden, nämlich eine Deutungs- und Erklärungskompetenz, die vor allem auf theoriegestütztem Wissen beruht, und eine methodische

Kompetenz, die Methoden der Fallanalyse wie auch Methoden der Intervention umfasst.

Für den ersteren Bereich, den *Wissensgrundlagen* der fachlichen Kompetenz, ist für den Bereich der Jugendhilfe eine ganze Reihe von Wissensgebieten von zentraler Bedeutung, die das Expertenwissen des Sozialpädagogen ausmachen:

- rechtliche Grundlagen im Familienrecht und im Kinder- und Jugendhilferecht,
- psychologische, insbesondere lern- und entwicklungspsychologische, aber auch sozialpsychologische Theorien,
- erziehungswissenschaftliche Theorien,
- soziologische Theorien, die sich mit den gesellschaftlichen Rahmenbedingungen der Entstehung von sozialen und individuellen Problemen befassen, und
- kulturologisches Wissen, insbesondere im Bereich der Deutung von kulturspezifischen Symbolen und im Bereich der kulturspezifischen Wertvorstellungen und Normen.

Im zweiten Bereich der *methodischen Kompetenzen* geht es

- zum Ersten um diagnostisch-analytische Methoden des Fallverstehens und der sozialpädagogischen Diagnose,
- zum Zweiten um Interventionsmethoden wie Methoden der Beratung, der Gruppenarbeit, des Empowerment, aber auch um Methoden des zielorientierten erzieherischen Förderns etwa im Rahmen von Förderplänen oder Hilfeplänen,
- zum Dritten um pädagogisch-praktische Kompetenzen im Umgang mit Erziehungsmitteln (Ermutigung, Bildungsförderung und Aktivierung des Klienten) und in der Herstellung eines sozialisierenden Beziehungsklimas im erzieherischen Gruppen.

Eine dritte Form der fachlichen Kompetenz benennt der Deutsche Berufsverband für Soziale Arbeit (DBSH) als *die strukturell-strategische Kompetenz* (Qualitätskriterien des DBSH). Sozialpädagogen in der Jugendhilfe arbeiten im Wirkungsfeld verschiedener Institutionen und haben deren Interessen zu berücksichtigen. Ihr Erfolg hängt davon ab, dass es ihnen gelingt, die Interessen des Einrichtungsträgers, des Jugendamtes, der regionalen Politik und der Öffentlichkeit mit ihren eigenen sozialpädagogischen Anliegen möglichst in Einklang zu bringen und ihre Arbeit nach außen überzeugend darzustellen. Strategische Kompetenz wird auch benötigt, wenn es gilt, bei der Verbesserung der Organisationsstrukturen der eigenen Einrichtung konstruktiv mitzuwirken. Eine weitere Form der strategischen Kompetenz ergibt sich aus der Vermittlung zwischen System und Lebenswelt, zwischen amtlichem Auftrag und individueller Bedürfnislage, die im Blick auf die Klientel zu leisten ist.

3. Zur Sozialkompetenz: Sozialpädagogen in der Jugendhilfe müssen in der Lage sein, Beziehungen zur Klientel so zu gestalten, dass sie von Vertrauen und Zuversicht getragen sind, dass sie ein gemeinschaftliches Vereinbaren und Verfolgen von Interventionszielen ermöglichen, dass Konflikte und divergierende Interessen offen besprochen und konstruktiv bearbeitet werden können. Insbesondere dort, wo Eingriffe gegen den Willen der Sorgeberechtigen oder der Kinder und Jugendlichen erfolgen und somit Zwangssituationen bestehen, müssen Sozialpädagogen in der Lage sein, die Notwendigkeit von Interventionen zu verdeutlichen und Verbindlichkeit herzustellen. Dies braucht eine versierte Verhandlungsfähigkeit, deren Fundament die Balance zwischen gesetzlich begründeten Interventionen und vertrauensschaffender Kommunikation darstellt.

Sozialer Kompetenzen bedarf es auch im Umgang mit Kollegen und in der Zusammenarbeit mit Mitarbeitern in anderen Professionen. Hierher gehören Teamfähigkeit, Kooperationsfähigkeit und Integrationsfähigkeit.

All diese Kompetenzen bezeichnen individuelle und interpersonale Fähigkeiten. Zum Bereich der sozialgerichteten Fähigkeiten gehören aber für die Soziale Arbeit sicherlich auch die Fähigkeiten, seine professionelle Identität nach außen zu zeigen und öffentliches Bewusstsein für die Lebenssituation und das kulturelle Selbstverständnis der Klientel zu schaffen, ferner die Fähigkeit, gesamtgesellschaftliche Verantwortung für den eigenen Handlungsbereich zu übernehmen, Teilhabe an politischen Prozessen zu artikulieren und das eigene Handlungsfeld vor den Maßstäben der Ökonomie wie der sozialen Gerechtigkeit zu legitimieren.

5. Kompetenzvermittlung für die Jugendhilfe im Studium der Sozialen Arbeit

Ich will im Folgenden kurz darstellen, wie wir an der Hochschule Ludwigshafen versuchen, den Studierenden der Sozialen Arbeit die genannten Kompetenzen zu vermitteln, oder bescheidener ausgedrückt, diese Kompetenzen zu fördern. Ich werde dazu wieder auf das Modell der Kompetenzklassen von Reetz zurückgreifen und aufzeigen, welche Kompetenzen in welchen Lehrveranstaltungen bzw. auch durch die Praktika und ihre fachliche Begleitung gefördert werden können.

Selbstkompetenz

Die Entwicklung von Einstellungen und Haltungen wie auch die Förderung der Fähigkeit zu reflektierten Selbstwahrnehmung und Selbstregulation sind wichtige Anliegen in einer Reihe von Veranstaltungen, teils im Bereich der Methodenvermittlung, teils im Bereich der Ethik und im Besonderen auch durch den Erfahrungsaustausch zwischen Dozenten und Studierenden in der Schwerpunktveranstaltung zur Jugendhilfe. Natürlich werden diese Fähigkeiten auch maßgeblich durch die Erfahrungen in den Praktika und ihre Thematisierung während der Supervision beeinflusst. Im Einzelnen:

- Selbsterfahrung in der Gruppe in Methodenveranstaltungen, insbesondere im Bereich der ästhetischen Praxis,
- Selbsterfahrung in den Praktika,
- Supervision während der Praktika,
- Erfahrungsaustausch in der Schwerpunktveranstaltung Jugendhilfe,
- Selbstreflexion in Veranstaltungen zur Ethik.

Sachkompetenz

Die Fähigkeit zur professionellen Fallanalyse, die Fähigkeit sachlich begründete Entscheidungen zu treffen, und die Fähigkeit, methodisch angemessen und wirksam mit der Klientel zu arbeiten, beruhen zum einen auf dem Wissen und den Theoriekenntnissen, die während des Studiums an die Studierenden vermittelt worden sind, zum anderen auf dem Stand der methodischen Kompetenzen, über die die Absolventen verfügen.

Im Bereich der Wissensvermittlung erhalten die Studierende Kenntnisse aus verschiedenen human- und sozialwissenschaftlichen Disziplinen, teilweise in zweisemestrigen Seminaren und Vorlesungen, teilweise auch über fünf oder sechs Semester hinweg. Viele dieser Kenntnisse sind auch für die Arbeit mit Kindern und Jugendlichen und mit Familien von zentraler Bedeutung. Im Einzelnen:

- rechtliche Grundlagen (Familienrecht, Kinder- und Jugendhilferecht etc.),
- erziehungswissenschaftliche Lehrveranstaltungen,
- psychologische Lehrveranstaltungen,
- soziologische und sozialpolitologische Lehrveranstaltungen,
- ethische Lehrveranstaltungen.

Zum Zweiten werden die Studierenden in verschiedenen Veranstaltungen im Rahmen des Studienangebotes ansatzweise mit einigen Methoden vertraut gemacht. Methodenkompetenz wird so vermittelt

- in mehreren Seminaren zu diagnostisch-analytischen Methoden des Fallverstehens und der sozialpädagogischen Diagnose,
- in einem Methodenworkshop Beratung,
- in einem Methodenworkshop Gruppenarbeit,
- in einem Methodenworkshop Empowerment und Öffentlichkeitsarbeit,
- Methodenworkshop systemische Methoden,
- in einem ganzjährigen Projektangebot zu ästhetischen Handlungsmethoden im Lehrbereich Ästhetische Bildung,
- und in einer spezifischen Reflexion zu Methoden der pädagogischen Förderung im Schwerpunktseminar Jugendhilfe.

Sozialkompetenz

Soziale Kompetenzen wie Kooperationsfähigkeit, Konflikt- und Verhandlungsfähigkeit werden im Rahmen des Studiums zum einen in methodisch ausgerichteten Workshops vermittelt, zum anderen durch die Selbstreflexion während der Praktika gefördert. In den Workshops entwickeln die Studierenden soziale Fähigkeiten durch praktische Übungen in Gruppen oder in Paaren – in der Regel im konstruktiven Umgang mit einer Projektidee oder einer Aufgabe. Im Einzelnen:

- soziale Selbsterfahrung und -erprobung in Workshops der ästhetischen Bildung,
- gruppendynamische Selbsterfahrung im Methodenworkshop Gruppenarbeit.

Während ihrer Praktika werden die Studierenden zum einen vor Ort von einem Anleiter begleitet, der mit ihnen unter anderem über ihr kommunikatives Verhalten den Klienten wie auch dem Team gegenüber spricht oder ihre soziale Wirkung auf die Klientel thematisiert. Dabei wird das Augenmerk auch auf die Konflikt- und Verhandlungsfähigkeit in den Gesprächen mit der Klientel gerichtet. Ferner erhalten die Studierenden während des Praktikums eine regelmäßige Supervision durch professionelle Supervisoren, in welcher ebenfalls Fragen der sozialen Wahrnehmung, der Teamfähigkeit usw. angesprochen werden. Im Einzelnen:

- Selbstreflexion zur sozialen Kompetenz durch die Anleiter während der Praktika,
- Selbstreflexion zur sozialen Kompetenz durch die Supervision während der Praktika.

Literatur:

[1] Flad, Carola/Schneider, Sabine/Treptow, Rainer (2008): Handlungskompetenz in der Jugendhilfe. Eine qualitative Studie zum Erfahrungswissen von Fachkräften. Wiesbaden (VS Research).
[2] Negt, Oskar (1997): Gesellschaftliche Schlüsselqualifikationen. Sechs Kompetenzen zur Gesellschaftsveränderung. In: *Widerspruch* 33 (1997), S. 3-23.
[3] Reetz, Lothar (1990): Zur Bedeutung der Schlüsselqualifikationen in der Berufsbildung. In: Reetz, L./Reitmann, Th. (Hrsg.): „Schlüsselqualifikationen. Dokumentation des Symposiums in Hamburg „Schlüsselqualifikationen – Fachwissen in der Krise?" Materialien zur Berufsausbildung. Bd. 2. Hamburg (Feldhaus).

Социально-педагогические компетенции для работы с детьми и молодёжью

Кригер Вольфганг, ФРГ, Людвигсхафен на Рейне

1. Понятие компетентность

Понятие компетентность выступает в немецком языке в двух значениях. В одном оно означает способности, которые необходимы, для восприятия определённого задания или решения определённой проблемы, в другом означает ответственность, обязанности и полномочия для определённой области деятельности. Для нашей темы особенно важно первое значение понятия, т.к. речь идёт о целях в обучении студентов.

Понятие компетентности имеет свои исторические корни в психологии мотивации и интеллекта, отдалённо параллельно к тому же и в лингвистике. Всегда шла дискусссия о том, что понятие компетентности имеет ввиду лишь только общее, комплексное содержание или что понятие направленно на решение конкретной ситуации, т.е. понятие подразумевает только когнитивные функциональные требования или содержит другие психические диспозиции.

Существование определённых способностей у индивида - в сумме не всегда ведёт к тому, что индивидуумы в состоянии в определённых ситуациях использовать эти способности. Во первых, это привело к разделению на компетентность и языковую деятельность по теории Ноама Хомского, во вторых, в последние годы были предложены некоторые исследования о возможностях передачи знаний и практическом их применении. Мы знаем сегодня, что не возможно безусловно ожидать применения знаний в конкретной ситуации, что люди должны учиться, соединять определённые знания с определёнными признаками во время их опыта в ситуации и, таким образом, тренировать передачу знаний.

2. Модель компетенции Лотара Ритца

Основываясь на лично-психологическом концепте Гейнриха Рота (1968/1971), Лотар Ритц создал в начале 90-ых так называемую модель компетенции для профессиональных навыков, которая применительна в разных областях, даже если области компетентности там имеют различные значения. [3]

Различение Рота на компетенцию деловую и интеллектуальное совершенство, социальную компетентность и социальное совершенство и на персональную компетентность и моральное совершенство [2] использует в своей систематизации Ритц и выводит из них три класса компетенции:

- персонально-характерные основные способности, как позиция, осознание норм и самообладание,
- функционально-деловые и на решение задач направленные способности, как решение проблем, способность к принятию решений и умение развить концепт и
- социальнонаправленные способности, как способность к кооперированию, конфликтам и переговорам.

3. Помощь молодёжи в Германии - требования к профессионалам

Задачи помощи молодёжи в Германии указаны в 8 Книге Социального Кодекса, так называемого закона помощи детям и молодёжи. Там работа с детьми и молодёжью делится на 5 областей.

- работа в области детских садов, детских дневных учреждений и организации дневного ухода за детьми,
- область объединений, открытой и мобильной работы с молодёжью и область социальной работы с молодёжью и её охране,
- область предложений к требованиям воспитания в семье, ухода за детьми в экстремальных случаях и консультация в связи с разводами родителей,
- область воспитательной помощи
- и другими задачами.

Рассматривая практическое поле работы с молодёжью, нужно заметить обширность и разнообразие различных услуг. Работники социального образования консультируют людей, имеющих родительские права, и поддерживают их в их воспитательной компетенции, они содействуют детям и молодым людям во всех возможных областях, они заботятся и улучшают их жизненные условия, они поддерживают их и защищают их интересы, они устанавливают цели и правила для сосуществования с педагогической точки зрения и направляют группы, а также несут их просьбы и информацию о бедственном положении в общественность. Действия работников заложены в ряде *систем референций*: Они решают действовать, принимая во внимании интересы детей и молодых людей, людей, имеющих родительские права и членов их семей, интересы учреждений, управления по делам молодежи и других официальных учреждений, а так же интересы общественности политических органов и прежде всего, также свои интересы, принимая во внимание собственное знание и желание, собственные восприятия и ценностные отношения. В этих рамках формируются особенные требования к компетентности, которую нужно специфицировать для работников с молодёжью.

Их компетенция образует основу для решения задач в работе с детьми и молодёжью. [1] Представим себе, какими могут быть эти задачи.

Они состоят из того, чтобы

- содействовать молодым людям в их индивидуальном и социальном развитии,
- предотвращать причинения ущерба или противодействовать ему и предотвращать кризисы развития посредством консультаций и поддержки,
- „Помогать в воспитании" и поддерживать воспитательную способность родителей,
- обеспечивать положительные жизненные условия и бдагоприятную среду для детей и молодых людей,
- участвовать в судебных процессах молодежи и суда опеки и семейного суда,
- выступать за лучшие жизненные условия молодых людей в их интересах в правовом поле.

4. Систематика областей компетенции для работы в помощи детям и молодёжи

Сейчас мы попытаемся применить компетентную модель Ритца в практическом поле и профессионально рассмотреть, таким образом, 3 области компетенции: самокомпетенцию, предметную и социальную компетенцию поточнее:

К самокомпетенции: Предрасположенность человека уметь оценивать самого себя, способность обращаться с собственными психическими импульсами и ими управлять, способность анализировать собственные опыты и умение оценивать их структурно, целенаправленно планировать собственные действия и социальные процессы и способность отвечать за собственные решения в надежных рамках, представляют собой существенные компоненты самокомпетенции.

Центральной областью самокомпетенции, которая тесно связанна с самооценкой, является компетенция этики индивидуума. К ней принадлежит, наряду с отношениями и установками, знаниями о нормах, ценностях и понятия чести, также с ситуацией связанная мораль, которая преподносит просоциальные эмоции, как сочувствие и готовность помочь, но также и разделенная радость, преподносит и вместе с тем производит мотивационную готовность к этически обоснованным действиям. Для педагогического отношения эта мораль имеет основополагающее значения.

Сегодня способности планировать всё сильнее востребованы в работе с молодёжью, в частности, в преобразовании планов развития и планов помощи и более конкретно еще в области воспитательного планирования. В обращении с людьми, которых нельзя программировать как машины, это означает, что педагог должен быть готов ждать случая, и что ошибки и возврат в прошлое должны лишь служить поводом для учения и не быть причиной безразличия.

В работе с детьми и молодёжью большее признание у детей и молодёжи получают "крепкие", осмысленные, терпеливые суверенные личности, у которых есть реальный интерес к благополучию и к положительному развитию детей и молодых людей. Оптимистичность, которая сопровождается уважением по отношению к ребенку и педагогическим участием, как в радостных так и в печальных ситуациях, представляет собой благоприятную предпосылку для хороших отношений с ребенком. Эти требования к самокомпетенции действуют, впрочем, также для работы с семьями, которые ищут твёрдые ориентиры в их воспитательных действиях.

К предметной компетенции: Профессионально компетентно действует тот, кто может обосновывать свои действия на основании обширных и по ситуации уместных знаний и располагает успешно применимыми знаниями методов. По существу, можно различать, таким образом, 2 области профессиональной компетенции, а именно: компетенцию интерпретации и значения, которая основывается, прежде всего, на теоретических знаниях и методическую компетенцию, которая охватывает методы анализа случая, а также методы интервенции.

Для первой области профессиональной компетенции, *основами знаний*, составляющими экспертные знания работника социального образования: являются целый ряд областей знаний, имеющих центральное значение, а именно:

- правовые основы в семейном кодексе и в детском праве и праве помощи молодёжи,
- психологические, в частности, теории обучения и развития,, а также и социально-психологические теории,
- воспитательно-научные теории,

- социологические теории, которые занимаются условиями возникновения социальных и индивидуальных проблем в обществе,
- культурологические знания, в частности, в области интерпретации специфических для культуры символов и в области специфических для культуры представлений о ценностях и нормах.

Во второй области *методической компетенции* речь идёт о:
- во-первых, о диагностическо-аналитических методах понимания и социально-педагогической диагностики,
- во-вторых, о методах интервенции, как методах консультирования, работы с группами, Empowerment (предоставлений полномочий), а также о методах ориентированного воспитательного содействия, например, в рамках планов развития или планов помощи,
- в-третьих, о педагогически-практических компетенциях в обращении со средствами воспитания (поощрение, образовательное содействие и активизация клиента) и в установлении социализирующего климата отношений в воспитательной группе.

Немецкая профсоюзная ассоциация социальных работников (DBSH) называет третью форму профессиональной компетенции *структурно-стратегической компетенцией* (высококачественные критерии DBSH). Работники социального образования работают в поле деятельности различных учреждений и должны учитывать их интересы. Успех их работы зависит от того, как им удастся совместить интересы учреждений, управления по делам молодежи, региональной политики и общественности с их собственными социально-педагогическими интересами и при этом выставить это убедительно. Стратегическая компетенция также необходима, в случае конструктивного участия в улучшении организационных структур собственного учреждения. Следующая форма стратегической компетенции происходит в результате посредничества между системой и жизненным миром, между официальным заказом и индивидуальным потребностями, которые нужно учитывать в зависимости от клиента.

К социальной компетенции: Работники социального образования должны уметь создавать отношения с клиентурой таким образом, чтобы они были выстроены на доверии и уверенности, что они содействуют совместному согласованию и следуют целям интервенции, так что конфликты и расходящиеся интересы могли бы открыто обсуждаться и конструктивно решаться. В частности там, где вмешательства происходят вопреки воле людей, имеющих родительские права или детей и молодых людей и, таким образом, возникают ситуации принуждения, работники социального образования должны пояснять необходимость интервенций и организовать посредничество. Это нуждается в умении сведуще участвовать в разбирательстве дел, на основании баланса между законом обоснованных интервенций и доверительной коммуникации.

Социальная компетенция необходима также в обращении с коллегами и в сотрудничестве с работниками других профессий. Сюда относятся способность работать в группе, способность к кооперации и способность к интеграции.

Вся эти компетенции означают индивидуальные и интерперсональные способности. К области социально-направленных способностей принадлежат, однако, для социальной работы, способность проявлять свою профессиональную идентичность и создавать общественное осознание в жизненной ситуации и культурное самосознание клиента, а также способность принимать ответственность за собственные действия в обществе, участвовать в политических процессах и узаконивать собственное поле действия в масштабах экономики, как социальной справедливости.

5. Компетентное посредничество в работе по оказанию помощи детям и молодёжи при изучении социальной работы

Далее я хочу коротко представлять, как мы пытаемся в нашем ВУЗе привить упомянутые компетенции студентам Социальной работы, или, выражаясь скромнее, преподать. Я возвращусь для этого снова к модели компетентных классов Ритца и укажу, какие компетенции и на каких занятиях или также благодаря какой практике и ее специальному сопровождению мы прививаем.

Самокомпетенция

Развитие установок и отношений, а также содействие к способности отраженному самовосприятию и саморегулированию - это важные компоненты в ряде лекций, частично в области методов посредничества, частично в области этики и, прежде всего, также через обмен опытом между доцентом и студентом во время специальных лекций на тему помощи детям и молодёжи. Естественно, на эти способности также существенно влияет опыт, полученный на практике и тематизация во время обмена этим опытом. А именно:

- Самопостижение в группе в методологических мероприятиях, в частности, в области эстетической практики,
- Самопостижение на практике,
- Обмен полученным опытом во время практики,
- Обмен опытом на семинарах с углублённым изучением вопроса помощи детям и молодёжи ,
- Самоотражение на лекциях по этике.

Предметная компетенция

Способность к профессиональному анализу, способность принимать по-деловому обоснованные решения и способность, методически уместно и эффективно работать с клиентурой, основываются, с одной стороны, на теоретических знаниях, которые преподавались студентам во время учебы, с другой стороны, на уровне методической компетенции, которыми владеют выпускники.

В области передачи знаний студенты получают знания из различных общественно-гуманитарных и социально-научных дисциплин, частично в двухсеместровых семинарах и лекциях, частично также на протяжении 5-6 семестров. Многие из этих знаний имеют центральное значение для работы с детьми и молодыми людьми и с семьями. А именно:

- правовые основы (семейный кодекс, детское право и право работы с молодёжью и т. д.),
- педагогические занятия,
- психологические занятия,
- социологические и социально-политические занятия,
- этические занятия.

Во-вторых, студентов знакомят на различных занятиях в рамках обучения с несколькими методами работы.

Методологическая компетенции преподаётся следующим образом

- на нескольких семинарах о диагностически-аналитических методах понимания случая и социально-педагогического диагноза,
- в мастер-классе методов консультации,

- в мастер-классе методов групповой работы,
- в мастер-классе методов „Empowerment" (доверенности) и работе с общественностью,
- Мастер-класс системных методов,
- в круглогодичном проекте о эстетических методах действия, в учебном отделении Эстетическое образование,
- и в специфической рефлексии к методам педагогического содействия в семинаре с углублённым изучением помощи детям и молодёжи.

Социальная компетенция

Социальная компетенция как способность к кооперации, улаживанию конфликтов и качественном разбирательстве дел преподаётся в рамках учебы, с одной стороны, в методически направленных мастер-классах, с другой стороны, через самоотражение во время практики. В мастер-классах студенты развивают социальные способности практическими упражнениями в группах или в парах – как правило, в конструктивном обращении с проектной идеей или заданием. А именно:

- Социальное самопостижение и испытание в мастер-классах эстетического образования,
- Групповое динамичное самопостижение в мастер-классе методом групповой работы.

Во время практики студентов сопровождают, с одной стороны, руководитель на практике, который обсуждает с ними в том числе и коммуникативное поведение клиента, а также поведение в коллективе или профессионально обсуждает социальное воздействие на клиента. При этом внимание уделяется также способности к конфликтности и способности участвовать в разбирательстве дел в переговорах с клиентурой. В дальнейшем студенты во время практики регулярно посещают супервидение, то есть обсуждение возникающих во время практики проблем и полученного опыта, которое ведёт профессиональный руководитель, где также разбираются вопросы социального восприятия, способности работы в группе и т. д. А именно:

- Самоотражение к социальной компетенции благодаря инструкторам во время практик,
- Самоотражение к социальной компетенции благодаря супервидению во время практик.

Список использованной литературы:

[1] Flad, Carola/Schneider, Sabine/Treptow, Rainer (2008): Handlungskompetenz in der Jugendhilfe. Eine qualitative Studie zum Erfahrungswissen von Fachkräften. Wiesbaden (VS Research).

[2] Negt, Oskar (1997): Gesellschaftliche Schlüsselqualifikationen. Sechs Kompetenzen zur Gesellschaftsveränderung. In: *Widerspruch* 33 (1997), S. 3-23.

[3] Reetz, Lothar (1990): Zur Bedeutung der Schlüsselqualifikationen in der Berufsbildung. In: Reetz, L./Reitmann, Th. (Hrsg.): „Schlüsselqualifikationen. Dokumentation des Symposiums in Hamburg „Schlüsselqualifikationen – Fachwissen in der Krise?" Materialien zur Berufsausbildung. Bd. 2. Hamburg (Feldhaus).

Die Master-Klasse als Technologie der Förderung von kulturellen Schlüsselkompetenzen bei angehenden Sozialarbeitern

Julia Rybasova, Russland, Kasan

Zur Entwicklung von kulturellen Schlüsselkompetenzen bei Bachelorstudierenden der Sozialen Arbeit an der Universität trägt ein entsprechendes Lehr-Ausbildungsumfeld der Hochschule wesentlich bei. Nach der FGOS WPO Qualifikationsverordnung 040400 zur Studienrichtung „Bachelor Soziale Arbeit" sind Kapazitäten der Hochschule zur Entwicklung kultureller Schlüsselkompetenzen bei den Absolventen (wie soziale Interaktion, Selbstorganisation und Selbstmanagement) bei der Ausarbeitung des Bachelorprogramms zu bestimmen. Für eine allseitige Studierendenentwicklung soll in der Hochschule ein entsprechendes soziokulturelles Umfeld geschaffen werden. Folglich muss die Entwicklung von kulturellen Schlüsselkompetenzen unter Einbeziehung vieler Aspekte angegangen werden. [1] Lernstoff und Lehrmethodik haben sich an der Entwicklung der kulturellen Schlüsselkompetenzen auszurichten, insbesondere betrifft dies den humanwissenschaftlichen Lehrbereich.

Der moderne Ausbildungsprozess ist nicht ohne Einführung und Einsatz innovativer Unterrichtsmethoden und studentischer Ausbildungstechnologien möglich. Auch wir sehen im Laufe der Vorbereitung der zukünftigen Sozialarbeiter die Nutzung innovativer Unterrichtsmethoden vor. Wir werden es am Beispiel des Unterrichtens in den Disziplinen des humanwissenschaftlichen Zyklus beschreiben. So wenden wir zum Beispiel in praktischen Vorlesungen (Seminaren) des Studienfaches „Soziale Kulturologie" die Technologie des „Kulturdialogs" an. Der Kulturdialog basiert auf den Ideen M.M. Bachtins „Über die Kultur als Dialog" und W.B. Biblers „Philosophische Logik der Kultur". [3] Das Ziel der Technologie „Kulturdialog" ist die Bildung des dialogischen Bewusstseins und dialogischen Denkens sowie die Abkehr von einem flachen Rationalismus und einer monophilen Kultur. Der Dialog im Rahmen des Lernprozesses stellt einen bilateralen Informationsaustausch vom Lehrer zum Studierenden und umgekehrt vom Studierenden zum Lehrer dar. Das Studium des Faches Soziale Kulturologie setzt das Wissen voraus, welches im Verlauf der Kurse in den Studienfächern Geschichte, Kulturologie und Methodik der Sozialen Arbeit erworben worden ist. Die in der Sozialarbeit erworbenen Kenntnisse werden wiederum benötigt für die Studienfächer Interkulturelle Kommunikation, Deontologie der Sozialen Arbeit, innovative Methodiken und Technologien der Sozialen Arbeit. Die vorliegende Integration der Fächer erlaubt unserer Ansicht nach einerseits den Modellaufbau der Fachkompetenzen angehender Sozialarbeiter und andererseits die Entwicklung der kulturellen Schlüsselkompetenzen.

Eine weitere gleichermaßen interessante innovative Lehrtechnologie für angehende Sozialarbeiter ist die Master-Klasse. Die Master-Klasse verfolgt folgende Ziele:

- die Bereitstellung von soziokulturellen Mitteln zur Selbstentwicklung,
- das Bewusstwerden der eigenen Stellung in der Berufswelt,
- die Einschätzung der Berufsperspektiven,
- der Übergang von einer Kultur der Nützlichkeit zu einer Kultur der Werte.

Die Master-Klasse ist eine originäre Organisationsform der Lernaktivitäten von Studierenden in kleinen Gruppen zusammen mit dem Lehrer, dem so genannten Master. Die Master-Klassen-Technologie fördert einen suchenden und kreativen Ansatz bei den Studierenden.

Die Master-Klasse stellt ein besonderes Genre der Verallgemeinerung und der Verbreitung fachlicher Erfahrung dar. Sie ist eine originäre Methode bzw. „Verfasser-Methode". Sie hat eine eigene Struktur. Die Besonderheit der Master-Klasse besteht im Vergleich zu traditionellen Unterrichtsformen in der Suche seitens Studierender wie auch des Dozenten (des Masters) nach kreativen Lösungen für pädagogische Probleme (als Master wird der Pädagoge verstanden, der die Klasse führt).

Die Besonderheiten der Master-Klasse sind:

1. eine neue Herangehensweise an die Philosophie der Ausbildung, die eingefahrene Vorstellungen überwindet,
2. die Methode des selbständigen Arbeitens in kleinen Gruppen mit der Möglichkeit des Meinungstausches,
3. die Herstellung von Bedingungen für die aktive Mitwirkung aller Studenten,
4. die Aufstellung einer zu lösenden Aufgabe und das Durchspielen unterschiedlicher Situationen,

5. Kreativität fördernde Techniken bei den Teilnehmern der Master-Klasse wie auch beim Master,
6. Arbeitsformen, -methoden und -technologien, die den Teilnehmern nicht aufgezwungen, sondern angeboten werden,
7. der Lernprozess ist wichtiger als die erworbene Kenntnis,
8. Formen der Interaktion sind Zusammenarbeit, eine gemeinsame Suche und eine schöpferische Gruppenleistung.

Die Master-Klasse als eine Technologie der Weitergabe von Fachkenntnissen erfordert eine spezifische Organisation und Durchführung. Sie soll einen konkreten methodischen Zugang, eine Erarbeitungsmethodik oder eine Lehrtechnologie demonstrieren. Die Master-Klasse richtet die Tätigkeit der Teilnehmer auf die Lösung des vorgegebenen pädagogischen Problems aus. Dennoch können die Teilnehmer den Problemlösungsweg, die Mittel zur Zielerreichung und auch das Arbeitstempo frei wählen.

Das wesentlichste Element der Master-Klasse ist die Gruppenarbeit. Kleine Gruppen von Studenten/Teilnehmern können entweder auf Veranlassung des Masters oder spontan auf eigene Initiative hin von den Studenten gebildet werden. Der Master kann die Zusammensetzung der Gruppe unter Berücksichtigung des Wissensstandes und persönlicher Charakteristiken von Studenten (Extraversion bzw. Introversion, Denkstil, Emotionalität, Führungseigenschaften etc.) korrigieren.

Für den Master ist es bei der Vorbereitung und Durchführung einer Master-Klasse wichtig, ein eigenes Verständnis über seine Position zu gewinnen. Die Master-Rolle ist vor allem die Rolle eines Beratenden, der hilft, den Lernprozess der Studierenden zu organisieren und den Prozess der Aneignung beruflicher Perspektiven voraus zu entwerfen.

Bei der Durchführung der Master-Klasse geht es nicht einfach darum, Wissen weiterzugeben. Vielmehr versucht der Master alles, damit die Teilnehmer der Master-Klasse aktiv werden, und zeigt Möglichkeiten zu ihrer Selbstentwicklung auf. Alle Aufgaben und Aktivitäten des Masters richten sich auf das Sensibilisieren des Vorstellungsvermögens der Teilnehmer und auf das Schaffen einer offenen, freundlichen und Kreativität fördernden Atmosphäre.

Der Master schließt eine offizielle Bewertung der Teilnehmer einer Master-Klasse aus. Die Bewertung der Teilnehmerleistung wird durch ihre Selbstpräsentation während der Master-Klasse möglich. In der Interaktion mit den Teilnehmern sollte der Master persönliche Eigenschaften wie Gesprächigkeit, Intelligenz, Überzeugungen, Charakter, Wille, Temperament und vieles mehr an den Tag legen.

Wir heben folgende Qualitätskriterien für die Vorbereitung und Durchführung der Master-Klasse hervor:

1. Vorstellung der Idee der Master-Klasse,
2. Exklusivität der Themen der Master-Klasse,
3. Teilnehmer-Motivation,
4. Optimalität der Mittel zur Durchführung der Master-Klasse,
5. Effektivität der Ergebnisse der Master-Klasse,
6. erfolgreiche Konzeption der Master-Klasse,
7. Schauspielerisches Können der Teilnehmer im Sinne von Improvisationsfähigkeit, Grad des emotionalen Einflusses auf das Publikum,
8. allgemeine Fähigkeiten: Belesenheit, flexibles Denken, Unterhaltungsstil, Umgang mit eigenen Erfahrungen.

Während der Master-Klasse benutzen wir eine interaktive Kommunikationsform, z.B. die öffentliche Präsentation mit Elementen des professionellen Theaters. [6] So wird anhand dieser Technologie etwa eine Arbeitssituation oder ein Teil davon nachgespielt. Zu Anfang einer Master-Klasse entwerfen wir ein Drehbuch, in welchem eine konkrete Situation beschrieben wird, die Funktionen und Pflichten der Teilnehmer festgelegt sowie die Aufgaben vergeben werden.

Die Technologie der Master-Klasse in Theaterform wurde zum Thema "Die Universität: gestern, heute und morgen" vorbereitet und durchgeführt. Die Vorlesung fand als öffentliche Präsentation mit zwei Dozenten und angehenden Sozialarbeitern und Psychologen statt, die Studierende der CHOU WPO an der „Akademie der sozialen Bildung" sind.

Das von uns entworfene Szenarium beschrieb ein konkretes historisches Entstehungsmodell von Universitäten im Mittelalter. Die Dozenten stellten Ziele auf und bestimmten Spielfiguren und ihre Schauspieler: Bibliothekar, Mönch Alkuin, sein Schüler Pippin, Ekatharina die Große, Denis Diderot, Robert de Sorbonne, Rodger Bacon, Vittorino da Feltre, Jan Amos Komensky und andere.

Während der Vorlesung wurde von den Dozenten betont, dass die Universität eine Quelle der Wissenschaft, Weisheit und Aufklärung war. Ihre Aufgabe bestand nicht nur in der Bewahrung und Weitergabe des vorhandenen Wissens, der geistigen und kulturellen Werte und der hervorragenden Beispiele menschlicher Leistungsfähigkeit zum Ziel, sondern auch in der Erneuerung der Kultur.

Im Laufe der Geschichte entstanden gerade an den Universitäten neue Kenntnisse (und Kompetenzen), neue wissenschaftliche Theorien und universelle wissenschaftliche Positionen für das Verständnis des Lebens und des Menschen. Das Ziel der Universität bestand in einer universellen Bildung der Studierenden, die anschließend der Elite der Gesellschaft angehörten. Die Idee der Universität findet sich schon in ihrem Namen „universitas" wieder, was im Lateinischen „Gesamtheit" bedeutet.

Seit den Zeiten des Erasmus von Rotterdam symbolisiert die Universität die organische Ganzheit der Wissenschaft. Das Hauptziel der Universität ist es, bei junge Menschen die Idee der Wissenschaft zu wecken und ihnen zu helfen, diese Idee in ein konkretes Gebiet des Wissens zu transferieren. Wissenschaftler zu werden heißt eine „zweite Natur" zu bekommen bzw. eine andere Weltsicht durch die Brille (Optik) der Wissenschaft zu erhalten, heißt Berücksichtigung der Einheit und Ganzheit des Wissens, Durchführung von eigenständigen Forschungen und Streben nach echter Wahrheit (Friedrich Schleiermacher).

Im universitären Rahmen bedeutet die Vollständigkeit des Wissens die Verfügung über ein Basiswissen in historischen Wissenschaften, Kultur-, Sozial- und Naturwissenschaften; ferner ein Allgemeinwissen und ein solides theoretisches Wissen im Rahmen einer Spezialisierung.

Mit unserer Master-Klasse zum Thema Universität konnten wir den Zuhörern zeigen, wie die ersten Universitäten Europas und Russlands entstanden sind und welche Lehrformen und -methoden in diesen angewandt wurden. Den Studierenden wurde die Bedeutung der Begriffe „Bachelor", „Master", „Dozent", „Professor" usw. erklärt. Den größten Teil in der Struktur der Master-Klasse nahm die Entstehungsgeschichte der Universitäten Russlands ein mit Schwerpunkten auf Geschichte, wissenschaftlichen Schulen, berühmten Dozenten und Studenten der kaiserlichen Universität Kasan N. I. Lobachewski wie N.N. Sinin, A. M. Butlerow, I.A. Boduen de Kurten, E. K. Zawojiski, W. I. Uljanow-Lenin, W. M. Bechterew und anderen.

Die Sorge um das Gedeihen der Universitäten war eine wichtige Staatsaufgabe jedes Kaisers. Die praktische Umsetzung dieser These haben wir anhand der Epoche des aufgeklärten Absolutismus unter Katharina der Großen gezeigt. Katharina die Große hatte mit französischen Denkern und Philosophen einen regen

Schriftverkehr. Sie bat um ihren Rat zur Entwicklung der Hochschulbildung in Russland. Während der Master-Klasse entwarfen die Teilnehmer eine Inszenierung des Schriftverkehrs zwischen Katharina der Großen und Denis Diderot, der seine Sichtweise der universitären Bildung in Russland im „Plan einer Universität bzw. einer Schule der öffentlichen Vermittlung der Wissenschaften für die Regierung Russlands" beschrieb.

Hier ist ein Bruchstück der Inszenierung:

Katharina: Sehr geehrter Herr Diderot, ich glaube, Sie verstehen die Wichtigkeit und die Bedeutung der Universitäten und der Bildung für den russischen Staat. Deswegen erlaube ich es mir, nach Ihrem Rat zu suchen und Sie zu bitten, einen Bildungsplan vom ABC bis zur Universität hinauf zu entwerfen.

Diderot: Gnädige Herrscherin! Die Universität ist berufen zur systematischen Bildung und zur Weitergabe des Wissens an die Schüler. Die Lehre an den Universitäten erfolgt durch vom Staat bezahlte Professoren, welche den Studenten das Wissen aller Wissenschaften vermitteln. Eine Universität besteht aus Fakultäten. Während der Lehre soll es streng nach einem Lehrplan gehen. Jedoch ist der Lehrplan kein Dogma. Mit der Verwaltung der Universitäten befasst sich der Hauptinspektor, eine erfahrene und weise Person. Universitäten befinden sich in neuen Gebäuden. Eine Universität ist eine Einheit. Die nach Wissen strebende Jugend soll Bibliotheken besuchen und nach Vorlesungen lernen. Es müssen für Studenten die besten Bedingungen geschaffen werden und um die Universitäten herum Parkanlagen, Brunnen und Alleen angelegt werden.

Wir können sagen, dass die Studenten sich an der Vorlesung aktiv engagiert haben: Sie lernten zusammen mit den Dozenten die Entstehungsgeschichte der Universitäten kennen und studierten die Primärquellen. Die Studenten verfassten Dialoge über die Bedeutung des Wissen, der Wissenschaft und der Bildung auf der Grundlagen ihrer erworbenen Kenntnisse im Namen von Robert de Sorbonne, Jan Amos Komensky, Vittorrino da Feltre und anderen. Die Zuhörer der Master-Klasse hatten die Möglichkeit, die Poesie der wandernden Studenten und die Entstehungsgeschichte der studentischen Hymne „gaudeamus igitur" kennenzulernen. Das erworbene Wissen hat das Allgemeinwissen der Studenten erweitert und sie mit der Welt der Geschichte und der Bildung bekannt gemacht.

Im Verlauf der Master-Klasse haben wir den Blick der Zuhörer auf die Tatsache gelenkt, dass viele Ausprägungen der gegenwärtigen Hochschulbildung ihre

Wurzeln im Mittelalter haben: so die Autonomie der Universität, die akademische Mobilität, die soziale Partnerschaft, das Tutorium, die lebenslange Bildung und so weiter. Um die emotional Wirkung der Master-Klasse zu erhöhen, haben wir interessante Video- und Audio-Präsentationen vorbereitet. Während der Master-Klasse haben die Studenten unter der Leitung der Dozenten ihre Erfahrungen, ihr Wissen und ihre Fähigkeiten vorgeführt, konnten sich in die Figuren wichtiger Personen der Geschichte einfinden, konnten ihre Handlungen verstehen und eine adäquate Darstellungsform für diese Personen finden. Außerdem hat die Master-Klasse geholfen, auch weniger motivierte Studenten in den aktiven Lernprozess einzubeziehen.

Die Zuhörer der Master-Klasse wurden auf die Tatsache aufmerksam gemacht, dass im gegenwärtigen System der Hochschulbildung nach der Schaffung eines einheitlichen Hochschulraums (Bologna Prozess) folgende neue Tendenzen zu sehen sind:

1. die Entwicklung eines mehrstufigen Systems, dessen Vorteil die akademische Mobilität ist,
2. eine Bereicherung der Hochschulbildung mit modernen Informations- und Modultechnologien,
3. ein Prozess der Integration aller Hochschulen, was zur Entstehung von Gemeinsamkeiten der Universitäten führt,
4. eine Erneuerung der Hochschulbildung unter Berücksichtigung der Vorgabe von internationalen Standards (Evaluation neuer Lehrpläne, Bildungsstandards, neuer Ausbildungstechnologien und Managementstrukturen).

Die gegebenen Prozesse rufen das Problem der Auswahl der Methoden und der Formen der Ausbildung der Studenten seitens der Dozenten wieder auf den Plan. Die weltweite Erfahrung zeigt verschiedene Wege seiner Lösung. Einige Universitäten bevorzugen den glänzenden Redner und den Lektor, den geschickten Propagandisten der wissenschaftlichen Errungenschaften, der es versteht, bei den Studierenden das Interesse für die Erkenntnis der Wahrheit zu erwecken. Andere sehen in der Universität weniger eine Bildungseinrichtung als eine privilegierte wissenschaftliche Institution. Jedoch bereiten die modernen Universitäten die Absolventen nicht nur zu Forschungstätigkeiten, sondern auch für die berufliche Arbeit vor.

Nach Meinung von S.I. Hessen sollen nur die Wissenschaftsinteresse die Universität in ihrem inneren Wesen bestimmen und nicht die nebensächlichen Interessen des Staates. Deshalb sind alle Universitäten im Grundverständnis eines wissenschaftlichen, historischen und intellektuellen Zentrums der Entwicklung in beliebigen Gesellschaften [4] vergleichbar.

Im Laufe der Entwicklung der Universitätsbildung hin zu einem "kulturellwertmäßigen und historischen" Paradigma hat diese sich mehr und mehr auf die Aneignung der universellen Elemente der Kultur gestützt. Sie richtete sich auf eine vielseitige Erkenntnis der Welt aus. Im Rahmen des vorliegenden Paradigmas erlangten die Absolventen der ersten Universitäten den höchsten Titel eines gebildeten Menschen – des Philosophen oder des Theologen. Die Strategie der Bildung, die mit der Beherrschung sowohl des kulturellen Erbes der Vergangenheit als auch der modernen Errungenschaften der Wissenschaft verbunden ist, steht in einem Verhältnis zum Phänomen der klassischen Bildung.

So soll der Prozess der Entwicklung kultureller Schlüsselkompetenzen der Bachelorstundenten der Sozialen Arbeit das Entstehen der historischen und kulturellen Interessen bei den Studenten unterstützen. Die Master-Klassen als spezifische Form der Organisation der Lehrtätigkeit tragen dazu bei, bei den Studenten eine schöpferische Beziehung zur Gesellschaft, zu sich selbst und zu ihrer zukünftigen beruflichen Arbeit entstehen zu lassen.

Literatur:

1. Федеральный Государственный Образовательный Стандарт Высшего Профессионального Образования по направлению подготовки 040400 Социальная работа (Квалификация (Степень) "Бакалавр") (в ред. Приказа Минобрнауки РФ от 31.05.2011 №1975).
2. Бахтин М.М., Философская эстетика 1920-х годов. — М.: Русские словари; Языки славянских культур, 2003.
3. Библер В.С., Михаил Михайлович Бахтин или поэтика культуры. — М. 1991.
4. Гессен С.И., Основы педагогики. Введение в прикладную философию. Уч. пособие для вузов. М.: Школа-Пресс, 1995.
5. Пахомова Е.М., Изучение и обобщение педагогического опыта. // Методист. -2005. – № 2.
6. Пахомова Е.М., Дуганова Л.П. Учитель в профессиональном конкурсе: учебно-методическое пособие. – М.: АПКиППРО, 2006.
7. Селевко Г.К., Альтернативные педагогические технологии. – М.: НИИ школьных технологий, 2005.
8. Селевко Г.К., Педагогические технологии на основе дидактического и методического усовершенствования УВП. – М.: НИИ школьных технологий, 2005.

Мастер-класс как технология формирования общекультурных компетенций будущего социального работника

Рыбасова Юлия Ю., Россия, Казань

Формированию общекультурных компетенций социальных работников - бакалавров в образовательном процессе вуза способствуют соответствующая учебно-образовательная среда высшей школы. В ФГОС ВПО по направлению подготовки 040400 – Социальная работа (Квалификация (Степень) «Бакалавр») определено, что при разработке бакалаврских программ должны быть определены возможности вуза в формировании общекультурных компетенций выпускников (компетенций социального взаимодействия, самоорганизации и самоуправления). В высшем учебном заведении должна быть создана социокультурная среда для всестороннего развития студентов. Следовательно, задача формирования общекультурных компетенций бакалавра – будущего социального работника должна решаться комплексно [1]. На ее решение должны быть ориентированы как содержание учебных дисциплин, так и методика их преподавания. В особенности это касается дисциплин гуманитарного блока учебного плана.

Современный образовательный процесс в высшей школе невозможен без внедрения и использования инновационных технологий обучения студентов. В процессе подготовки будущих социальных работников мы также предусматриваем использование инновационных образовательных технологий. Опишем это на примере преподавания дисциплин гуманитарного цикла. На семинарских занятиях по курсу «Социальная культурология» мы используем такой вид технологии, как «Диалог культур». В ее основу положены идеи М.М. Бахтина «о культуре как диалоге» и положения «философской логики культуры» В.С.Библера [3]. Целью данной технологии является: формирование диалогического сознания и мышления, освобождение от плоского рационализма и монофилии культуры. Диалог в учебном процессе выступает как двусторонняя информация, которая передается от преподавателя к студенту и от студента к преподавателю. Изучение курса «Социальная культурология» базируется на знаниях, полученных в ходе изучения курсов: «История», «Культурология», «Технология социальной работы». Знания, полученные в результате освоения курса, могут быть применены для изучения дисциплин: «Межкультурные коммуникации», «Деонтология социальной работы», «Инновационные методики и технологии в социальной работе». Данная интеграция, на наш взгляд, позволяет выстроить модель будущей профессиональной деятельности социального работника, с одной стороны, и сформировать общекультурные компетенции, с другой стороны.

Не менее интересной инновационной технологией подготовки будущих социальных работников является проведение мастер-классов. Целевыми ориентирами при подготовке и проведении мастер-классов выступают:
- предоставление студентам социокультурных средств саморазвития,
- осознание будущими социальными работниками своего места в профессиональном сообществе,
- понимание студентами перспектив в профессии;
- переход от «культуры полезности к культуре достоинства».

Мастерская – это оригинальный способ организации деятельности студентов в составе малой группы при участии преподавателя – Мастера. Технология мастер-классов стимулирует поисковый, творческий характер деятельности студентов.

Мастер-класс – это особый жанр обобщения и распространения профессионального опыта. Он представляет собой оригинальный метод или авторскую методику, имеет собственную структуру. Мастер-класс отличается от традиционных видов учебных занятий тем, что в процессе его проведения идет поиск творческого решения педагогической проблемы как со стороны студентов - участников мастер-класса, так и со стороны Мастера (под Мастером подразумевается педагог, ведущий мастер-класс).

Особенности мастер– класса:
1. Новый подход к философии обучения, ломающий устоявшиеся стереотипы.
2. Метод самостоятельной работы в малых группах, позволяющий провести обмен мнениями.
3. Создание условий для включения всех студентов в активную деятельность.
4. Постановка проблемной задачи и решение ее через проигрывание различных ситуаций.

5. Приемы, раскрывающие творческий потенциал, как Мастера, так и участников мастер-класса.
6. Формы, методы, технологии работы должны предлагаться, а не навязываться участникам.
7. Процесс познания гораздо важнее, чем само знание.
8. Форма взаимодействия – сотрудничество, сотворчество, совместный поиск.

Мастер-класс как локальная технология трансляции профессионального опыта имеет свои требования к организации и проведению. Он должен демонстрировать конкретный методический прием или метод, методику преподавания, технологию обучения. Мастер-класс направляет деятельность участников на решение поставленной педагогической проблемы. Однако внутри каждого задания студенты абсолютно свободны: они самостоятельно выбирают путь решения проблемы, средства для достижения цели, а также темп работы.

Важнейший элемент технологии мастер-класса – групповая работа. Малые группы студентов – участников могут определяться Мастером, но и могут образовываться стихийно, по инициативе участников. Мастер может корректировать состав групп, в зависимости от уровня подготовленности и индивидуальных личностных качеств студентов (экстра- и интравертность, тип мышления, эмоциональность, лидерство и т.д.).

При подготовке и проведении мастер-класса педагогу важно правильно определить собственную позицию. Позиция Мастера – это, прежде всего, позиция консультанта и советника, помогающего организовать учебную работу студентов, осмыслить ими процесс освоения способов профессиональной деятельности.

Проводя мастер-класс, Мастер никогда не стремится просто передать знания. Он старается активизировать студентов, сделать их активными, подсказать возможности саморазвития. Все задания Мастера и его действия направлены на то, чтобы активизировать воображение участников, создать атмосферу открытости, доброжелательности, творчества.

Мастер исключает официальное оценивание работы участников мастер-класса. Оценка деятельности студентов в процессе мастер-класса возможна через их самопрезентацию. Во взаимоотношениях с участниками Мастер должен проявить свои личностные качества: коммуникативность, общекультурное развитие, интеллигентность, убеждения, характер, волю, темперамент и др.

Мы выделяем следующие критерии качества подготовки и проведения мастер-класса:

1. Презентативность идей мастер-класса.
2. Эксклюзивность темы мастер-класса.
3. Мотивированность участников мастер-класса.
4. Оптимальность средств проведения мастер-класса.
5. Эффективность результатов мастер-класса
6. Технологичность мастер-класса.
7. Артистичность как способность участников к импровизации, степень эмоционального воздействия на аудиторию.
8. Общая культура. Эрудиция, нестандартность мышления, стиль общения, культура интерпретации своего опыта.

В процессе проведения мастер-класса мы используем интерактивную форму обучения, например, бинарную лекцию с элементами технологии делового театра [6]. При помощи данной технологии разыгрывается какая-либо профессиональная ситуация, фрагмент и т.д. На этапе разработки мастер-класса нами составляется сценарий, где описываются конкретная ситуация, функции и обязанности действующих лиц, их задачи.

Реализация технологии мастер-класса в форме делового театра осуществлялась нами в ходе подготовки и проведения мастер-класса по теме: «Университет: вчера, сегодня, завтра». Занятие проводилось в виде бинарной лекции - диалога двух преподавателей с элементами делового театра, в котором приняли участие студенты – будущие социальные работники и психологи, обучающиеся в ЧОУ ВПО «Академия социального образования».

Нами был составлен сценарий, где была описана конкретная историческая модель возникновения университетов в Средние века. Преподавателями были сформулированы задачи, определены действующие лица и исполнители: библиотекарь, монах Алкуин и его ученик Пипин, Екатерина Великая, Дени Дидро, Робер Сорбонн, Роджер Бэкон, Витторино де Фельтре, Ян Амос Коменский и др.

В ходе бинарной лекции преподаватели подчеркнули, что университет всегда был источником научных знаний, мудрости и просвещения. Его задача заключалась не только в сохранении и передаче существующих знаний, духовных и культурных ценностей, высших образцов человеческой деятельности, но и в обновлении культуры. В процессе истории именно в университетах рождалось новое знание (компетенции), создавались научные теории и формировались универсальные мировоззренческие позиции для понимания жизни и человека. Университет стремился дать универсальное образование учащимся, которые впоследствии входили в элиту общества. Идея университета раскрывается в самом названии Universitas, что в переводе с латинского означает «совокупность».

Со времен Эразма Роттердамского «университет» символизирует органическую целостность науки. Главная задача университета состоит в том, чтобы пробуждать в молодых людях идею науки, помогать им привносить эту идею в конкретную область знания. Стать ученым – все равно что приобрести «вторую природу» или способность воспринимать мир через оптику науки, учитывать единство и целостность знания, проводить самостоятельные исследования и стремиться к подлинному открытию (Ф. Шлейермахер).

В условиях университета полнота знания проявляется в том, что в этот термин вкладывают знание основ исторических, культурных, гуманитарных и естественных наук; общеобразовательные знания и серьезную теоретическую подготовку в рамках конкретной специализации.

Проведенный нами мастер-класс позволил показать слушателям, как зарождались первые университеты в Европе и России, какие формы и методы обучения в них применялись. Студенты получили знания о сущности понятий «бакалавр», «магистр», «доцент», «профессор» и др. Важное место в общей структуре мастер-класса мы уделили истории возникновения университетов в России, акцентировав внимание на истории, научных школах, великих преподавателях и студентах Казанского Императорского университета – Н.И. Лобачевском, Н.Н. Зинине, А.М. Бутлерове, И.А. Бодуэне-де-Куртене, Е.К. Завойском, В.И. Ульянове-Ленине В.М. Бехтереве и др.

Забота о процветании университетов – важная государственная задача каждого императора. Данный тезис мы продемонстрировали на примере Эпохи просвещенного абсолютизма Екатерины Великой. Как известно, Екатерина II вела активную переписку с французскими мыслителями и философами и просила у них совета о развитии системы высшего образования в России. На занятии студентами была показана инсценировка переписки Екатерины Великой и Дени Дидро, который описал свое видение университетского образования России в «Плане университета или школы публичного преподавания наук для Российского правительства».

Позвольте привести фрагмент инсценировки:

> *Екатерина:* Уважаемый Дидро, я думаю, что вы побнимаете всю важность и значимость университетов и образования для государства Российского. Поэтому смею обратиться к Вам за советом и просить составить план обучения юношества от азбуки до университета.
>
> *Дидро:* Всемилостивейшая государыня! Университет призван давать систематичное образование и давать ученикам знания. Преподавание в университете ведут оплачиваемые государством профессоры, которые сообщают студентам знания по всем наукам. Университет состоит из факультетов. В основе преподавания надо неукоснительно следовать учебному плану. Но он не является догмой. Управлением в университете занимается главный инспектор – опытный и мудрый человек. Сами университеты размещаются в новых зданиях. Университет – это комплекс. Молодежь, стремящаяся к знаниям, должна посещать библиотеки, заниматься после занятий. Для студентов надо создать самые наилучшие условия, а вокруг университетов разбить парки, фонтаны, аллеи.

Мы можем отметить, что студенты приняли самое активное участие в работе мастер-класса: они совместно с преподавателями знакомились с историей возникновения университетов, читали первоисточники. На основе полученных знаний студенты сочиняли диалоги о роли знания, науки, просвещения от лица Роберта Сорбонна, Яна Амоса Коменского, Витторино де Фельтре и др. Слушатели мастер-класса имели возможность познакомиться с поэзией странствующих студентов-вагантов, а также узнать историю возникновения студенческого гимна «Гаудеамус». Полученные знания, безусловно, расширили кругозор студентов, приобщили их к миру истории и образования.

В ходе проведения мастер-класса мы акцентировали внимание слушателей на том, что многие явления современного высшего образования уходят корнями в средневековье: например, университетская автономия, академическая мобильность, социальное партнерство, тьюторство, образование в течение всей жизни и т.д. Для того, чтобы усилить эмоциональный эффект мастер-класса, мы подготовили яркие презентации, видео-и аудио-ряд. При проведении мастер-класса студенты под руководством преподавателей умело показали опыт, знания, навыки, сумели вжиться в образ исторического лица, понять его действия, найти адекватный историческому персонажу образ. Кроме того, наше занятие позволило включить в активную познавательную деятельность слабо мотивированных студентов.

В ходе мастер-класса было акцентировано внимание слушателей на том, что в современных условиях в системе университетского образования, связанным с вхождением в мировое образовательное пространство (Болонский процесс) имеют место ряд преобразовательных тенденций:

- развитие многоуровневой системы, преимущество которой состоит в академической мобильности;
- обогащение вузовского образования современными информационными и модульными технологиями;
- процесс интеграции всех высших учебных заведений, что приводит к появлению университетских комплексов;
- обновление высшего профессионального образования с учетом требований мировых стандартов (апробация новых учебных планов, образовательных стандартов, новых образовательных технологий и структур управления).

Данные процессы актуализируют проблему выбора преподавателем методов и форм обучения студентов. Мировой опыт демонстрирует разные пути ее решения. Одни университеты отдают предпочтение блестящему оратору и лектору, умелому пропагандисту научных достижений, который умеет вызвать у студентов интерес к познанию истины. Другие видят в университете не столько учебное заведение, сколько привилегированную научную школу. Однако современные университеты готовят своих выпускников не только к научно-исследовательской, но и профессиональной деятельности.

По мнению С.И. Гессена, только наука должна определять университет в его внутреннем бытии, а не посторонние науке интересы государства. Поэтому все университеты едины в основной идее научного, исторического и интеллектуального центра развития любого общества [4].

В процессе развития университетского образования «культурно-ценностная и историческая» парадигма опирается на освоение универсальных элементов культуры. Она ориентирует на разностороннее познание мира. В рамках данной парадигмы выпускники первых университетов получали высшее звание образованного человека – философа или богослова. Стратегия образования, связанная с овладением культурным наследием прошлого и современными достижениями науки, относится к феномену классического образования.

Таким образом, процесс формирования общекультурных компетенций бакалавров - будущих социальных работников должен содействовать становлению исторических и культурных интересов студентов. Мастер-классы как форма организации учебной деятельности студентов способствуют активизации у студентов творческого отношения к социуму, к себе, к будущей профессиональной деятельности.

Список использованной литературы:

1. Федеральный Государственный Образовательный Стандарт Высшего Профессионального Образования по направлению подготовки 040400 Социальная работа (Квалификация (Степень) "Бакалавр") (в ред. Приказа Минобрнауки РФ от 31.05.2011 №1975).
2. Бахтин М.М. Философская эстетика 1920-х годов. — М.: Русские словари; Языки славянских культур, 2003.
3. Библер В.С. Михаил Михайлович Бахтин или поэтика культуры. — М. 1991.
4. Гессен С.И. Основы педагогики. Введение в прикладную философию. Уч. пособие для вузов. М.: Школа-Пресс, 1995.
5. Пахомова Е.М. Изучение и обобщение педагогического опыта. // Методист. -2005. – № 2.
6. Пахомова Е.М., Дуганова Л.П. Учитель в профессиональном конкурсе: учебно-методическое пособие. – М.: АПКиППРО, 2006.
7. Селевко Г.К. Альтернативные педагогические технологии. – М.: НИИ школьных технологий, 2005.
8. Селевко Г.К. Педагогические технологии на основе дидактического и методического усовершенствования УВП. – М.: НИИ школьных технологий, 2005.

Autoren und Autorinnen / Авторы

Aitbaeva, Perisat M. (Bishkek), Айтбаева Перизат Мурзакматовна, кандидат социологических наук, доцент, Бишкекский Гуманитарный Университет (БГУ), Социально-психологический факультет, Кафедра социальной работы и практической психологии – Kandidatin der Soziologie, Dozentin, Humanwissenschaftliche Universität Bischkek (BGU), Fakultät für Sozial-Psychologie, Lehrstuhl für Soziale Arbeit und praktische Psychologie.

Bogacheva, Larissa (Ludwigshafen am Rhein), Богачева Лариса Викторовна, дипломированный переводчик, дипломированный социальный педагог, выпускница, Высшее Учебное Заведение города Людвигсхафен на Рейне, Факультет социального обеспечения и здравоохранения, социальный работник ведомства по социальным вопросам и пожилым людям города Гейдельберг – Diplom-Übersetzerin, Diplom-Sozialpädagogin, Absolventin, Hochschule Ludwigshafen am Rhein, Fachbereich Sozial- und Gesundheitswesen, Sozialarbeiterin im Amt für Soziales und Senioren der Stadt Heidelberg.

Chaplinskaya, Yana Igorevna (Tomsk), Чаплинская Яна Игоревна, выпускница диплом менеджмента, Национальный Исследовательский Томский Политехнический Университет (ТПУ), Институт социально-гуманитарных технологий, Кафедра философии – Absolventin Diplom Management, Staatliche wissenschaftliche polytechnische Universität Tomsk (TPU), Institut für sozial- und humanwissenschaftliche Praxis, Lehrstuhl für Philosophie.

Dallmann, Hans-Ulrich (Ludwigshafen am Rhein), Дальман Ганс-Ульрих, профессор, доктор теологии, Высшее Учебное Заведение города Людвигсхафен на Рейне, Факультет социального обеспечения и здравоохранения, область преподавания: этика социальной работы – Professor, Doktor der Theologie, Hochschule Ludwigshafen am Rhein, Fachbereich Sozial- und Gesundheitswesen, Lehrgebiet: Ethik der Sozialen Arbeit.

Fadeeva, Vera N. (Tomsk), Фадеева Вера Николаевна, кандидат философских наук, доцент, Национальный Исследовательский Томский Политехнический Университет (ТПУ), Институт социально-гуманитарных технологий, Кафедра философии – Kandidatin der Philosophie, Dozentin, Staatliche wissenschaftliche polytechnische Universität Tomsk (TPU), Institut für sozial- und humanwissenschaftliche Praxis, Lehrstuhl für Philosophie.

Khachatryan, Artak K.(Yerevan), Хачатрян Артак Карапетович, кандидат философских наук, доцент, Ереванский Государственный Университет (ЕГУ), Социологический факультет, Кафедра социальной работы и социальных технологий – Kandidat der Philosophie, Dozent, Staatliche Universtät Erivan (SUE), Fakultät für Soziologie, Lehrstuhl für Soziale Arbeit und Soziale Praxis.

Krieger, Wolfgang (Ludwigshafen am Rhein), Кригер Вольфганг, профессор, доктор философских наук, Высшее Учебное Заведение города Людвигсхафен на Рейне, Факультет социального обеспечения и здравоохранения, область преподавания: педагогика – Professor, Doktor der Philosophie, Hochschule Ludwigshafen am Rhein, Fachbereich Sozial- und Gesundheitswesen, Lehrgebiet: Erziehungswissenschaften.

Kvesko, Raisa Bronislavovna (Tomsk), Квеско Раиса Брониславовна, кандидат философских наук, доцент, Национальный Исследовательский Томский Политехнический Университет (ТПУ), Институт социально-гуманитарных технологий, Кафедра философии – Kandidatin der Philosophie, Dozentin, Staatliche wissenschaftliche polytechnische Universität Tomsk (TPU), Institut für sozial- und humanwissenschaftliche Praxis, Lehrstuhl für Philosophie.

Kvesko, Svetlana Bronislavovna, (Tomsk), Квеско Светлана Брониславовна кандидат физико-математических наук, доцент кафедры управления качеством факультета инновационных технологий Национального Исследовательского Томского Государственного Университета (ТГУ) – Kandidatin der Physik und Mathematik, Dozentin am Lehrstuhl für Qualitätsmanagement an der Fakultät für innovative Praxis der Nationalstaatlichen Forschungsuniversität Tomsk (TGU).

Lorenz, Annegret (Ludwigshafen am Rhein), Лоренц Аннегрет, профессор, доктор правовых наук, Высшее Учебное Заведение города Людвигсхафен на Рейне, Факультет социального обеспечения и здравоохранения, область преподавания: право социально работы – Professor, Doktor der Rechtswissenschaften, Hochschule Ludwigshafen am Rhein, Fachbereich Sozal- und Gesundheitswesen, Lehrgebiet: Recht der Sozialen Arbeit.

Makienko, Marina A. (Tomsk). Макиенко Марина Алексеевна, кандидат философских наук, доцент, Национальный Исследовательский Томский Политехнический Университет (ТПУ), Институт социально-гуманитарных технологий, Кафедра философии – Kandidatin der Philosophie, Dozentin, Staatliche wissenschaftliche polytechnische Universität Tomsk (TPU), Institut für sozial- und humanwissenschaftliche Praxis, Lehrstuhl für Philosophieю

Maltabarov, Bakitbek A. (Bishkek), Малтабаров Бакытбек Амирович, кандидат социологических наук, доцент, Бишкекский Гуманитарный Университет (БГУ), Социально-психологический факультет, Кафедра социальной работы и практической психологии – Kandidat der Soziologie, Dozent, Humanwissenschaftliche Universität Bischkek (BGU), Fakultät für Sozial-Psychologie, Lehrstuhl für Soziale Arbeit und praktische Psychologie.

Melkumyan, Yuliana G. (Erivan), Мелкумян Юлиана Гагиковна, кандидат социологических наук, ассистент, Ереванский Государственный Университет (ЕГУ), Социологический факультет, Кафедра социальной работы и социальных технологий – Kandidatin der Soziologie, Assistentin, Staatliche Universtät Erivan (SUE), Fakultät für Soziologie, Lehrstuhl für Soziale Arbeit und Soziale Praxis.

Pfeil, Martin (Ludwigshafen am Rhein), Пфейль Мартин, доцент, Высшее Учебное Заведение города Людвигсхафен на Рейне, Факультет социального обеспечения и здравоохранения, область преподавания: право социальной работы – Dozent, Hochschule Ludwigshafen am Rhein, Fachbereich Sozal- und Gesundheitswesen, Lehrgebiet: Recht der Sozialen Arbeit.

Rybasova, Julia J. (Kasan), Рыбасова Юлия Юрьевна, кандидат педагогических наук, доцент, Академия Социального Образования (АСО), Факультет педагогики и психологии, Кафедра социальных и гуманитарных технологий – Kandidatin der Erziehungswissenschaften, Dozentin, Akademie für Sozialwissenschaften (ASO), Fakultät für Pädagogik und Psychologie, Lehrstuhl für sozial- und humanwissenschaftliche Praxis.

Turnaev, Valery I. (Tomsk), Турнаев Валерий Иванович, доктор исторических наук, профессор, Национальный Исследовательский Томский Политехнический Университет (ТПУ), Институт социально-гуманитарных технологий, Кафедра философии – Doktor der Geschichtswissenschaft, Professor, Staatliche wissenschaftliche polytechnische Universität Tomsk (TPU), Institut für sozial- und humanwissenschaftliche Praxis, Lehrstuhl für Philosophie.

Tuzikov, Andrej R. (Kasan), Тузиков Андрей Римович, доктор социологических наук, профессор, Казанский Национальный Исследовательский Технологический Университет (КНИТУ), Факультет промышленной политики и бизнес-администрирования, Кафедра "Государственного, муниципального управления и социологии" – Doktor der Soziologie, Professor, Staatliche wissenschaftlich technische Universität Kasan (KNITU), Fakultät für industrielle Politik und Wirtschaftsadministration, Lehrstuhl für Staats- und Kommunalwissenschaft und Soziologie.

Voroshilova, Anna (Ludwigshafen am Rhein), Ворошилова Анна Юрьевна, дипломированный переводчик, студентка, Высшее Учебное Заведение города Людвигсхафен на Рейне, Факультет социального обеспечения и здравоохранения – Diplom-Übersetzerin, Studierende, Hochschule Ludwigshafen am Rhein, Fachbereich Sozial- und Gesundheitswesen.

Weiler, Barbara (Ludwigshafen am Rhein), Вейлер Барбара, преподаватель для особых задач, Высшее Учебное Заведение города Людвигсхафен на Рейне, Факультет социального обеспечения и здравоохранения, область преподавания: теория Социальной Работы – Lehrkraft für besondere Aufgaben, Hochschule Ludwigshafen am Rhein, Fachbereich Sozal- und Gesundheitswesen, Lehrgebiet: Theorie der Sozialen Arbeit.

Yachina, Zulfija Sch. (Kasan), Яхина Зульфия Шамильевна, кандидат психологических наук, доцент, Академия Социального Образования (АСО), Набережночелнинский Педагогический Институт – Kandidatin der Psychologie, Dozentin, Akademie für Sozialwissenschaften (ASO), Nabereschno-Tschelninskij-Institut für Pädagogik.

Zinurova Raushana I. (Kasan), Зинурова Раушания Ильшатовна, доктор социологических наук, профессор, Казанский Национальный Исследовательский Технологический Университет (КНИТУ), Институт управления инновациями, Кафедра "Менеджмента и предпринимательской деятельности" – Doktor der Soziologie, Professor, Staatliche wissenschaftlich technische Universität Kasan (KNITU), Institut für innovative Wissenschaft, Lehrstuhl für Management und Unternehmertätigkeit.